(Conserver la couverture)

CARTULAIRE

DE L'ABBAYE CISTERCIENNE

DE

FONTAINE-DANIEL

PUBLIÉ ET TRADUIT

PAR

A. GROSSE-DUPERON ET E. GOUVRION

MAYENNE

IMPRIMERIE POIRIER-BEALU

M.D.CCC.XCVI.

CARTULAIRE

DE L'ABBAYE CISTERCIENNE

DE

FONTAINE-DANIEL

PUBLIÉ ET TRADUIT

PAR

A. GROSSE-DUPERON ET E. GOUVRION

MAYENNE

IMPRIMERIE POIRIER-BEALU

M.D.CCC.XCVI.

CARTULARIUM

ABBATIÆ BEATÆ MARIÆ

FONTIS DANIELIS

CISTERTIENSIS ORDINIS

CARTULAIRE

DE L'ABBAYE CISTERCIENNE

DE

FONTAINE-DANIEL

PUBLIÉ ET TRADUIT

PAR

A. GROSSE-DUPERON ET E. GOUVRION

MAYENNE

IMPRIMERIE POIRIER-BEALU

M.D.CCC.XCVI.

Ce volume renferme les pièces du Cartulaire de l'abbaye de Fontaine-Daniel de la collection Gaignières (Bibl. nat. lat., n° 5.475), moins celles qui ont trouvé place dans notre *Étude historique* de ce monastère. Nous y avons ajouté plusieurs chartes, qui sont pour la plupart inédites.

IL A ÉTÉ TIRÉ DE CET OUVRAGE 205 EXEMPLAIRES

NUMÉROTÉS A LA PRESSE,

LES 25 PREMIERS SUR PAPIER DE HOLLANDE.

N°

ARMOIRIES
DE L'ABBAYE DE FONTAINE DANIEL.

CARTULAIRE

DE L'ABBAYE DE

FONTAINE-DANIEL

I

Donation par Herbert de B...

Avant 1187.

Willelmus, Dei gratiâ cenom. episcopus........
Notum..... Herbertum de Buslonio, militem, universas possessiones suas quas jure hereditatis possidebat et quas acquisierat, monasterio Beatæ Mariæ Clarimontis, post mortem suam, in perpetuam elemosinam dedisse; ità tamen quòd si ipse uxorem duxerit et exindè prolem susceperit, universæ res illæ ad heredes ejus propriæ revertentur, et, pro recognitione rerum illarum, reddet singulis annis dictis fratribus Clarimontis V solidos andegavos.

Monachi verò ipsum (Herbetum) et Hamelinum, fratrem ejus, quandòcumque ipsi ad religionem eorum migrare voluerint, sivè in morte, sivè in vitâ, in fratres benignè recipient.

Hoc concessit Hamelinus, frater ejus, de cujus feodo sunt res illæ.....

Nos elemosinam illam gratam habentes, sigillo nostro fecimus communiri.

Interfuerunt Johannes, decanus de Passeis ; Raginaudus Grude ; Willelmus de Villanà ; Johannes Medicus ; Andreas Burgonensis ; Helyas Giraudi ; et plures alii.

[Guillaume(1), par la grâce de Dieu, évêque du Mans...

(Qu'il soit) connu (que) Herbert de B...., chevalier, a donné en perpétuelle aumône au monastère de la bienheureuse Marie de Clermont(2), pour en jouir après son décès, l'universalité des biens qu'il possédait d'héritage et de ceux dont il avait fait l'acquisition ; à la condition toutefois que, s'il venait à se marier et de son union avait des enfants, la propriété du tout reviendrait à ses héritiers ; et, pour cela, le donateur ferait en récompense, chaque année, aux frères de Clermont une rente de cinq sols angevins.

De plus, à quelqu'époque que ledit Herbert et son frère Hamelin voudraient entrer en religion, ils seraient accueillis avec bienveillance à l'abbaye et traités comme frères de l'Ordre, soit pendant leur vie, soit lors de leur mort.

Hamelin, frère d'Herbert, dans le fief duquel se trouvent les biens dont il s'agit, a donné son consentement à la donation....

Nous tenons cette aumône pour agréable ; aussi avons-nous fait valider le présent par l'apposition de notre sceau.

Ont été présents : Jean, doyen de Passais ; Renauld Grudé ; Guillaume, de Villaine ; Jean Mége ; André, de Bourgon(3) ; Hélie Giraud et plusieurs autres.]

---

(1) Guillaume de Passavant ou Guillaume Barraud. Il y a probablement identité de personnes entre ces deux évêques *(voir article bibliographique de M. A. Ledru, dans l'Union hist. de la Province du Maine, T. III, p. 127).*

(2) Clermont, paroisse d'Ollivet, près Laval.
Dans la copie du Cartulaire de Fontaine-Daniel *(Fonds Gaignières)* figurent quelques chartes qui, comme celle-ci, paraissent n'intéresser que Clermont. Elles se rattachent à des conventions ultérieures entre les deux abbayes.

(3) André, de Bourgon, était un moine originaire de Bourgon, paroisse de l'ancien archidiaconé de Laval. Le nom des moines est généralement suivi de celui de leur lieu de naissance.

II

Gage par Guérin de Saint-Berthevin.
1188.

Sciant omnes quòd ego Garinus de Sancto Bertivino, filius Gerberti, tradidi in vadimonium monachis de Claromonte, concedente Emmâ, uxore meâ, et filio meo Huberto et fratribus meis Mabone et Odone, omnia servitia mea quæ habebam in grangiâ de Gaudinerià, in feodo de Bor.

Anno 1188.

In præsentiâ Fulconis, abbatis Clarimontis.

Testibus : Fulcone Girardo, priore ; Rainaldo de Viers, Hugone Tuchof, Roberto de Entrame, Odone de Bor, Guillelmo de Chaelon, Thomâ Bobe, Stefano de la Troser et aliis plurimis.

[Sachent tous que moi Guérin de Saint-Berthevin, fils de Gerbert, ai remis en gage aux moines de Clermont, du consentement d'Emma, mon épouse, de mon fils Hubert et de mes frères Mabon et Odon, tous les services qui m'étaient dus par la métairie de la Gaudinière[1], dans le fief de Bor[2].

L'an 1188.

En présence de Fouques, abbé de Clermont.

Témoins : Fouques Girard, prieur ; Renauld de Viers, Hugues Tuchœuf, Robert d'Entrammes, Odon de Bor, Guillaume de Chalons, Thomas Bobe, Etienne de la T..... et plusieurs autres.]

---

(1) La Gaudinière, paroisse de Martigné.

(2) Bor n'aurait-il pas été écrit pour Boz ? En parlant de Odon de St-Berthevin, M. Stéphane Couanier de Launay le qualifie seigneur de St-Berthevin, de Sacé et de Boz (*Histoire de Laval*). — Un Odon de Bor figure comme témoin dans une charte de Guy II de Laval, du 11 novembre 1039 (*Cartulaire de Laval et de Vitré publié par M. Bertrand de Broussillon, dans le Bulletin de la Commission Hist. et Archéo. de la Mayenne, 1891, T. VIII, p. 87*). Mabon de Bolz est cité comme témoin dans la charte de fondation de l'abbaye de Clermont. (*Mémoires de Maucourt de Bourjolly, T. I, p. 139*).

III

Donation par Horry de Gérennes.

1188.

Raginaldus, cenomanensis episcopus.....
Horricus de Gerene, miles, dedit abbatiæ Clarimontis....
Concesserunt uxor ejus et filii ejus, Gaufridus primogenitus et Hugo, frater ejus, in manu Fulchonis, abbatis.
Anno 1188.

[Renauld⁽¹⁾, évêque du Mans....
Horry de Gérennes⁽²⁾, chevalier, a fait donation à l'abbaye de Clermont de....
L'épouse de Horry, ses fils Geoffroy, l'aîné, et Hugues, frère de ce dernier, ont donné leur consentement aux mains de Fouques, abbé.
L'an 1188.]

IV

Transaction avec Fouques de Chalons.

1189.

Universis..... Juhellus de Meduanâ.....
Inter monachos Clarimontis et Fulque de Chaelon controversia fuit pro terrâ et feodo Hamelini Orbi, quam abbas Clarimontis ab omnibus donationibus acquisierat, scilicet Garini juvenis de Sancto Bertevino, Roberti de Aron, Johannis de Landà, et heredum eorum.

---

(1) Renauld, évêque du Mans, de 1187 à 1189.
(2) Gérennes, fief situé paroisse de Deux-Evailles et relevant de la châtellenie de Brée.

Et Fulque de Chaelon eam suam esse dicebat....

Pacem fecerunt apud Meduanam, in plenâ curiâ.

Dictus Fulque totam terram et feodum Hamelini Orbi, scilicet Salicem Reginaldi et ortos et feodum de Marcireio monachis Clarimontis reliquit ; et abbas Clarimontis, Fulco nomine, voluntate fratrum suorum, concessit eidem Fulque mectariam de Monmacever ; et Johannes ...andâ et filius ejus Gaufridus saiserunt Fulque de Chaelon de mecteriâ de Monmacever, antè me.

Actum anno 1189.

Testibus : Johanne, presbitero de Martineio ; Hugone Molendinario, senescallo meo ; Hamelino de Bullo ; Roberto de Aron ; Johanne de Andegaviâ ; Ernulfo de Colongis ; Garino Mocart ; — de parte monachorum, Fulcone, abbate et aliis....

Sigillo meo et abbatis Clarimontis.

[A tous..... Juhel de Mayenne (1).....

Une contestation s'est élevée entre les moines de Clermont et Fouques de Chalons, relativement à la terre et au fief d'Hamelin Orbes, que l'abbé de Clermont avait acquis par diverses donations, de Guérin de Saint-Berthevin le jeune, de Robert d'Aron (2), de Jean de La Lande et de leurs héritiers. Quant à Fouques, il disait que cette terre était à lui.....

Ils ont fait la paix à Mayenne, en pleine cour.

Fouques a abandonné en leur entier aux moines de Clermont la terre et le fief d'Hamelin Orbes, comprenant le Saule-Renauld (3), les jardins et les fiefs de la Marcirais (4) ; et l'abbé de Clermont, qui porte également le nom de Fouques, a, du consentement de ses frères, accordé à Fouques de Chalons la métairie de Montmassuet (5) ; Jean de la Lande et

---

(1) Juhel III, fils de Geoffroy IV de Mayenne et d'Isabelle de Meulan.

(2) Aron le Bruant, près Mayenne.

(3) Aujourd'hui le Saudrenault, paroisse de Martigné.

(4) La Marcirais, paroisse de Martigné.

(5) Montmassuet, même paroisse.

son fils Geoffroy ont, en ma présence, donné à Fouques de Chalons la saisine de cette métairie.

Fait l'an 1189.

Témoins : Jean, prêtre de Martigné ; Hugues Le Meunier, mon sénéchal ; Hamelin de Buleu ; Robert d'Aron ; Jean d'Anjou ; Ernouf de Coulonges ; Guérin Mocart ; — et du côté des moines, Fouques, abbé, et autres....

Sous mon sceau et le sceau de l'abbé de Clermont.]

V

Accord avec Marcouf de Martigné.

1191.

Universis Sanctæ Matris Ecclesiæ filiis, Hamelinus, Dei gratiâ cenomanensis episcopus, salutem.

Notum fieri curavimus quòd cùm monachis qui sunt de ordine cisterciensi a domino papâ generaliter sit indultum ne ipsi de terris suis, quas propriis manibus aut sumptibus excolunt, decimas reddere teneantur, Marculfus de Martigneio privilegium apostolicum, quo monachi contrà hoc se tuentur, non attendens, a monachis Clarimontis, qui sunt de ordine illo, de terrâ Salicis Reginaldi et de feodo Hamelini Orbi decimas requirebat.

Tandem verò idem Marculfus ad præsentiam nostram accedens, decimas illas, quas priùs requisierat, et insuper decimas terræ Remonis de Montmarnier et Johannis Fabri et Christiani Aupez, de terrâ scilicet quæ est de feodo monachorum, monasterio Clarimontis et fratribus in perpetuam elemosinam dedit et concessit liberas et immunes. — Prædicti verò monachi eidem Marculfo, pro elemosinâ illâ, XL solidos cenomanenses et unum pullum ex caritate domûs dederunt, et fratres ejus defunctos, qui in sententiâ excommunicationis inciderant, absolvi fecerunt.

Hanc autem elemosinam idem Marculfus cum meo annulo in manu meâ tradidit, concessit et dimisit, et ego cum eodem annulo elemosinam illam in manu Guillelmi de Buignon, cellarii ecclesiæ ejusdem domûs abbatiæ Clarimontis, concessi. — Hanc etiam donationem Galterius de Chauvoneriâ et Raginaldus de Lignou et Garinus Havart, nepotes ejus, concesserunt. Nos quoque eamdem donationem ratam habentes, ut fideliùs in perpetuum conservetur, eamdem litteris annotari et sigillo nostro fecimus communiri.

Acta verò sunt hæc anno Incarnationis Verbi M° C° XC° I°.

Huic rei interfuerunt : Guillelmus, archidiaconus noster ; et Guillelmus, archipresbyter noster ; et Petrus de Altanosiâ, decanus de Sabolio ; et Guillelmus Viscunsus, Lavallensis decanus ; et Hamelinus de Hatonalliâ ; Johannes, presbyter de Marligneio ; Hugo Aucquelin ; Radulfus, Ebronensis præfectus ; Gaufridus, prior Lavallensis ; Gaufridus Valerius, Hamelinus de Cormeriis, milites de Templo ; Hugo Allemer, Raginaldus Curtus, Hugo Curtus ; Robertus de Aroon, conversus Clarimontis et Guillelmus de Buignon, cellarius ejusdem domus et alii plures, qui hoc viderunt et audierunt.

[A tous les fils de la Sainte Mère Eglise, Hamelin (1), par la grâce de Dieu évêque du Mans, salut.

Nous prenons soin de porter à votre connaissance ce qui suit :

Bien que par indult général, accordé par notre seigneur le pape, les moines de l'ordre de Citeaux ne soient pas tenus de payer la dime de leurs terres, lorsqu'ils les cultivent, soit de leurs propres mains, soit par des gens à leur service, Marcouf de Martigné, sans se préoccuper de ce privilège dont se prévalent les moines de Clermont, qui sont dudit

---

(1) Hamelin, évêque du Mans, de 1190 à 1214.

ordre de Citeaux, leur réclamait les dîmes du Saule-Renauld et du fief d'Hamelin Orbes [1].

Enfin Marcouf, s'étant rendu près de nous, a donné et accordé aux moines de Clermont, en perpétuelle aumône, avec toutes franchises et immunités, les dîmes qui faisaient l'objet de leurs réclamations précédentes, et, en plus, les dîmes des terres de Remon de Montmarnier, de Jean Le Febvre et de Chrétien Aupez, qui sont du fief des moines. De leur côté, ces derniers ont, en considération de cette aumône, donné audit Marcouf, de la charité de leur maison, quarante sols manceaux et un poulet, et ont en outre fait absoudre ses frères défunts, qui étaient tombés sous le poids d'une sentence d'excommunication.

Marcouf, par la tradition qu'il m'a faite de mon propre anneau, a opéré la délivrance, l'abandon et le dessaisissement de ladite aumône en ma faveur ; et ensuite, j'ai accordé cette aumône à l'abbaye de Clermont en la personne de Guillaume, de Bignon, cellérier de ce monastère, par la remise que je lui ai faite du même anneau.

En outre, cette donation a été consentie par Gaultier de la Chauvonnière, Renauld de Lignou [2] et Guérin Havard, neveux de Marcouf.

[1] « Par la reigle de l'ordre de Cyteaux, les abbayes dudit ordre ne peuvent
« tenir seigneuries, hommages, justices, villages, églises parrochiales ou
« autres, ainsi qu'il est dit in cap. *Recolentes, extr. de statu monach.* —
« Et tout leur employ estait à travailler de leurs mains après le service
« divin : pourquoy leur fut octroyé privilège de ne payer dixme des terres
« qu'ils labouroient de leurs propres mains, *cap. ex parte. Extr. De Decimis.*
« Mais comme l'esprit de l'homme n'est jamais content et désire davantage,
« ils ont audit Ordre establi tant de domaines, métairies, estangs et autres
« mesnages des champs qu'ils sont devenus riches et se sont perdus comme
« les autres. Dès le temps de saint Bernard, qui fut presque au commen-
« cement dudit Ordre de Cyteaux, ceux de Cluny et de saint Benoist estaient
« jà si riches, que ce bon sainct en une épistre se plaint que la saincteté et
« simplicité religieuse n'y estait plus. De vray, ceux de Cluny ont mis la main
« bien avant aux grandeurs de ce monde : car ils n'ont voulu recevoir des
« fondations, sinon qu'on leur octroyast la justice et seigneurie au mesme
« lieu de son monastère et y en a bien peu d'autres. » *(Coutume de Nivernais, par Guy Coquille, publiée par Dupin, page 135.)*

[2] Lignou, aujourd'hui Ligneul. Le Grand et le Petit Ligneul, villages de la Bazouge-des-Alleux.

Ratifiant la même donation, nous l'avons fait rédiger par écrit et munir de notre sceau, pour en assurer à perpétuité la fidèle exécution.

Ces conventions ont été faites l'an 1191 de l'Incarnation du Verbe.

A cet acte intervinrent : Guillaume, notre archidiacre ; Guillaume, notre archiprêtre ; Pierre d'Anthenaise, doyen de Sablé ; Guillaume Le Visqueux, doyen de Laval ; Hamelin de la Hatonaille (1) ; Jean, prêtre de Martigné ; Hugues Auquelin ; Raoul, prévôt d'Evron ; Geoffroy, prieur de Laval ; Geoffroy Valére et Hamelin de Cormier, chevaliers du Temple ; Hugues Allemer ; Renauld Le Court, Hugues Le Court ; Robert d'Aron, convers de Clermont ; Guillaume, de Bignon, cellérier de cette abbaye et plusieurs autres qui ont vu et ouï l'arrangement.]

VI

Donation par Guillaume de Mayenne.

Vers 1195.

Notum sit omnibus præsentibus pariter ac futuris quòd (ego) Guillelmus de Meduanà dedi et concessi Deo et Beatæ Mariæ de Claromonte et fratribus ibidem Deo servientibus, in perpetuam elemosinam, pro salute animæ meæ et omnium antecessorum meorum et maximè Juhelli, patris mei, et matris meæ Clementiæ, unam meeteriam quam habebam juxtà Meduanam, quæ vulgò Tusca nuncupatur, cum duobus stagnis et nemore quod est juxtà et ad ipsam meeteriam pertinet, tali conditione quòd singulis (2) annis fieret generalis pitantia monachis

---

(1) Aujourd'hui les Hatonailles, commune de St-Germain-le-Fouilloux. Quelques années après, Hamelin de la Hatonaille devint doyen d'Ernée (1209).

(2) On lit au cartulaire : *omnibus annis*.

festo Sancti Clementis, quo pater meus venerabilis Juhellus rebus excessit humanis.

Hujus elemosinæ testes sunt : Fulco, Clarimontis tunc abbas; Girardus de Filgeriis, prior eodem tempore ; Guillelmus de Villanà ; Andreas de Borgon ; Andreas Meduanensis, qui priùs successit in prioratum, et Rainaldus de Cromerclo, et alii plures qui interfuerunt.

[Qu'il soit connu de tous présents et à venir que moi, Guillaume de Mayenne [1], ai, pour le salut de mon âme et des âmes de tous mes prédécesseurs et particulièrement de celles de Juhel, mon père et de Clémence, ma mère, fait donation et abandon, à titre d'aumône perpétuelle, à Dieu et à la bienheureuse Marie de Clermont et aux Frères qui y servent Dieu, une métairie que je possédais près de Mayenne, appelée la Touche, avec deux étangs et avec le bois voisin qui fait partie de la métairie. Cette libéralité est destinée à faire face chaque année aux frais de la pitance générale des moines, à la fête de Saint-Clément, anniversaire du jour où Juhel, mon vénérable père, a quitté ce bas monde.

Ont été témoins de cette aumône : Fouques, abbé de Clermont; Girard, de Fougères, prieur actuel de l'abbaye ; Guillaume, de Villaine ; André, de Bourgon ; André, de Mayenne, précédent prieur; Renauld, de Cormeray et plusieurs autres assistants.]

VII

Confirmation par Juhel III de Mayenne.

v. 1195.

Universis fidelibus præsentem paginam inspecturis, Juhellus de Meduanà, salutem.

Sciant omnes quòd Guillelmus de Meduanà, avun-

---

[1] Guillaume de Mayenne, fils de Juhel II et de Clémence de Bellême, frère de Geoffroy IV et oncle de Juhel III.

culus meus, dedit et concessit Deo et Beatæ Mariæ de Claromonte et fratribus ibidem Deo servientibus, in perpetuam elemosinam, pro salute animæ suæ et omnium antecessorum suorum et maximè Juhelli, patris sui et matris suæ Clementiæ et Gaufridi fratris sui, patris mei, medietariam quam habebat juxtà Meduanam, quæ vulgò Tuscha vocatur, cum duobus stagnis et nemore quod est juxtà et ad ipsam medietariam pertinet, tali conditione quòd omnibus annis fieret generalis pitantia monachis festo Sancti Clementis, quo pater suus rebus excessit humanis. Hujus elemosinæ testes sunt : Fulco, Clarimontis tunc abbas, Girardus de Fulgeriis, Andreas de Burgun, Rainaldus de Cromercio, Andreas de Meduanâ et plures alii qui interfuerunt.

Hoc ego Juhellus concessi, et ut meliùs conservetur, sigilli mei impressione signavi.

[A tous les fidèles qui prendront connaissance du présent écrit, Juhel de Mayenne, salut.

Que tous sachent que Guillaume de Mayenne, mon oncle, a, pour le salut de son âme, des âmes de tous ses prédécesseurs et surtout de celles de Juhel, son père, de Clémence, sa mère et de Geoffroy, son frère, dont je suis le fils, donné et concédé en perpétuelle aumône à Dieu, à la bienheureuse Marie de Clermont et aux Frères qui servent Dieu dans cette abbaye, la métairie qu'il possédait près de Mayenne, connue sous le nom de la Touche, avec deux étangs et avec le bois voisin qui dépend de la métairie : cette donation a été faite à la condition qu'il y eût chaque année, le jour de la fête de Saint-Clément, date de la mort de son père, pitance générale pour les moines. Les témoins désignés dans cet acte sont : Fouques, alors abbé de Clermont ; Girard, de Fougères ; André, de Bourgon ; Renauld, de Cormeray ; André, de Mayenne et plusieurs autres assistants.

J'ai donné mon agrément à la donation dont il s'agit, et, pour en mieux assurer le maintien, l'ai scellée de mon sceau.]

VIII

Accord avec Odon Bifox et Eremburge, son épouse.

1197.

Universis.... Juhellus de Meduanâ et Isabel, mater ejus......

Odo Bifox et uxor ejus Eremburgis contendebant cum monachis Clarimontis de pluribus servitiis quæ monachis interrogabant in terrâ suâ de Montibus : tandem pacem fecerunt. — Monachi concesserunt dicto Odoni terram suam de Montibus, scilicet meeteriam Silvestri et molendinum et feodum Drois Bolon et homines censuales, qui in eo sunt. Si Odo prior obierit, terra ista de Montibus redibit libera in manus monachorum : similiter fiet, si uxor ejus Eremburgis obierit prior.

Odo reddet monachis, singulis annis, pro recognitione, XXX solidos cenomanenses.

Concesserunt Richendis, mater Eremburgis et ipsa Eremburgis, uxor Odonis et Andreas, frater Eremburgis.

Actum anno 1197, apud Harperiam.

Testibus : Gaufrido, Clarimontis abbate ; Johanne, de Vitreio ; Guillelmo, de Villanâ, cellarario Clarimontis ; Gauterio, de Novilete et aliis.

[A tous..... Juhel de Mayenne et Isabelle, sa mère....

Odon Bifox et Eremburge, sa femme, étaient en contestation avec les moines de Clermont au sujet de plusieurs services qu'ils leur réclamaient sur leur terre de Monts. Ils ont fini par se concilier. Les moines ont abandonné à Odon la terre de Monts, c'est-à-dire la métairie de Sylvestre, le moulin et le fief de Drot[1] Bolon, ainsi que les hommes sujets à cens qui occupent ce fief. Si Odon vient à mourir le premier (c.-à-d. avant sa femme), la terre de Monts rentrera libre de tous droits aux mains des moines ; il en sera du reste de même, si c'est son épouse Eremburge qui prédécède.

En récompense, Odon paiera chaque année aux moines trente sols manceaux.

Ont donné leur agrément Rechinde[1], mère d'Eremburge, Eremburge elle-même, femme d'Odon, et André, frère d'Eremburge.

Fait à la Herperie[2], l'an 1197.

Témoins : Geoffroy, abbé de Clermont ; Jean, de Vitré ; Guillaume, de Villaine, cellérier de Clermont ; Gaultier, de Neuvillette et autres.]

IX

Donation par Constance de Craon.
V. 1198.

Universis...... Mauricius de Credone....

Constancia, soror mea, pro salute animæ suæ, dedit in perpetuam elemosinam abbatiæ de Clareio, quam dominus Juhellus, frater meus, statuit apud Harperiam, XX solidos annui redditûs in maritagio suo apud Chantoce, ad emendum oleum ad usum lampadis quæ die et nocte in ecclesiâ ardebit.

Actum in eâdem abbatiâ, quandò conventus eam primùm intravit....

---

(1) Rechinde, c'est-à-dire la Rechignée ou la Mélancolique, féminin de Rechin. Les surnoms de cette nature étaient jadis très nombreux et leurs possesseurs, même les princes, les portaient sans déplaisir. Il y en avait d'agréables, comme : Belenfant, Blenchaussé ; mais d'ordinaire ils étaient désobligeants : Mauvoisin, Malœuvre, Malmouche ; on en trouvera quelques-uns dans le cartulaire.

(2) La Herperie, paroisse de Belgeard, où Juhel III avait d'abord installé

Testibus : domino Juhello de Meduanâ ; dominâ Isabelli, matre meâ ; dominâ Gervasiâ ; Gaufrido, abbate Clarimontis ; fratre Laurentio, abbate Clarci, et toto conventu..........

Confirmavi.

[A tous...... Maurice de Craon(1).....

Constance(2), ma sœur, a, pour le salut de son âme, donné en perpétuelle aumône, à l'abbaye de Clairet, que Monseigneur Juhel, mon frère, a fondée à la Herperie, vingt sols de rente annuelle, à prendre à Chantocé(3), sur son apport en mariage. Cette rente est destinée à l'achat de l'huile nécessaire à l'entretien d'une lampe qui brûlera nuit et jour dans l'église.

Fait dans ladite abbaye, le jour où les moines y ont fait leur première entrée.

Témoins : Monseigneur Juhel de Mayenne ; dame Isabelle, ma mère ; dame Gervaise(4) ; Geoffroy, abbé de Clermont ; frère Laurent, abbé de Clairet et tout le couvent......

J'ai confirmé.]

X

Donation par Thibauld de Mathefelon.

V. 1200.

Universis..... Theobaldus de Mathefelon, salutem...

Dedi in perpetuam elemosinam, pro salute animæ meæ, monachis abbatiæ novæ quæ fundata est apud Harperiam, VIII libras andegavias annui redditûs et unum hominem liberum....

---

(1) Maurice III, fils de Maurice II de Craon et de Isabelle de Meulan, veuve de Geoffroy IV de Mayenne.
(2) Constance de Craon, épouse de Pierre IV de la Garnèche.
(3) Chantocé (suprà Ligerim), actuellement canton de St-Georges-sur-Loire.
(4) Gervaise de Dinan, épouse de Juhel III de Mayenne.

Sigillo meo.

Testibus : Petro, decano Sabolii ; Aalardo, clerico ; Willelmo, clerico et pluribus aliis.

[A tous......, Thibauld de Mathefelon⁽¹⁾, salut...

J'ai donné en perpétuelle aumône, pour le salut de mon âme, aux moines de l'abbaye nouvellement fondée à la Herperie, huit livres angevines de rente annuelle, et un homme exempt de toutes coutumes.....

Sous mon sceau.

Témoins : Pierre ⁽²⁾, doyen de Sablé ; Alard, clerc ; Guillaume, clerc et plusieurs autres.]

XI

Donation par Juhel III de Mayenne.

V. 1200.

Universis.... Juhellus, dominus Meduanæ.....

Pro salute animæ meæ dedi Beatæ Mariæ et abbatiæ meæ de Clareio, quam ego fundavi apud Harperiam, Robinum de Andegaviâ et heredem ejus, liberum ab omni consuetudine....... et herbergamentum Salomonis judei de Meduanâ, cum pertinentiis.......

Signum mei.

[A tous......, Juhel, seigneur de Mayenne.....

J'ai donné pour le salut de mon âme à la bienheureuse Marie et à l'abbaye de Clairet, fondée par moi à la Herperie,

---

(1) Thibauld II de Mathefelon, mari d'Agnès de Craon et beau-frère de Juhel III de Mayenne. Agnès, fille de Maurice II de Craon et d'Isabelle de Meulan, était sœur utérine de Juhel III ; on a vu que ce dernier était né du premier mariage d'Isabelle de Meulan avec Geoffroy IV de Mayenne. Par ailleurs, Thibauld II de Mathefelon, né du mariage de Thibauld I et de Mahaut de Mayenne, fille de la première union de Geoffroy IV avec Constance de Bretagne, se trouvait être le neveu de Juhel III.

(2) Pierre d'Anthenaise.

Robin d'Anjou et son héritier, exempts de toute coutume.....
et l'herbergement de Salomon le juif, de Mayenne, avec ses
dépendances.....

(Ici) mon seing.]

XII

Donation par Pierre de Villeray.
v. 1200

Juhellus, dominus Meduanæ, universis.....
Petrus de Villareio dedit Beatæ Mariæ et monachis
de Clareio totum tenementum suum de Griarderiâ
cum pertinentiis, cum filio suo Willelmo, et habuit
de caritate sibi et nepoti suo Nicholao XII libras et
dimidiam cenomanenses ; hanc elemosinam posuerunt Petrus et filius ejus Willelmus super altare et
coràm me concesserunt.

Hoc et concessit Ascelina, filia dicti Petri et Joscia,
soror ejusdem Ascelinæ.

Actum apud Meduanam.

Testibus his : Roberto, comite de Molleris ; Gaufrido,
abbate Clarimontis ; Laurentio, abbate Clarei ; Willelmo, de Bugnon ; Hugone de Gaudeschià ; Thomà Malo-
infante et pluribus aliis.

Ego Juhellus confirmavi.

[A tous....., Juhel, seigneur de Mayenne....

Pierre de Villeray[1] a donné, de concert avec son fils
Guillaume, à la bienheureuse Marie et aux moines de Clairet
tout son ténement de la Grinhardière, avec ses dépendances,
et a reçu, de la charité des moines, pour lui et son neveu
Nicolas douze livres et demie mancelles. Pierre et son fils

---

(1) Villeray, paroisse de Saint-Baudelle.

Guillaume ont déposé sur l'autel la charte de cette aumône et réitéré en ma présence leur libéralité.

Ont aussi donné leur agrément Asceline, fille dudit Pierre et Jossée, sœur de cette Asceline.

Fait à Mayenne.

Ont été témoins : Robert, comte de Mollières ; Geoffroy, abbé de Clermont ; Laurent, abbé de Clairet ; Guillaume, de Bignon ; Hugues de la Gaudesche ; Thomas Malenfant et plusieurs autres.

Moi, Juhel, ai confirmé.]

XIII

Accord avec Jean de Montgenard.
v. 1200.

Inter monachos Clarimontis et J. de Montgenart, militem, cùm contentio esset super quibusdem redevantiis, quas a monachis exigebat, in curiâ Huberti de Sancto Bertevino, qui dominus erat feodi, conveniunt.

[Pour terminer le conflit qui existait entre les moines de Clermont et Jean de Montgenard(1), chevalier, au sujet de certaines redevances que celui-ci exigeait d'eux, il est intervenu un arrangement à la cour d'Hubert de Saint-Berthevin, qui était seigneur de fief.]

XIV

Droits accordés par Hubert de Saint-Berthevin.
1203.

Universis.... Hubertus de Sancto Bertevino........
Cùm in forestâ de Burgun ad nemus mortuum et

---

(1) Montgenard, paroisse de Martigné.

pasturam et lettariam monachis Clarimontis, sine aliquo jure eorum, de solâ voluntate meâ, — sicut antecessores mei fecerunt, — aliquendiû permississem, — tandem quia ipsi mihi auxiliati sunt in necessitate meâ, dedi eis in elemosinam ipsum nemus mortuum et lettariam ejusdem forestæ ad usum grangiæ de Champo et pasturam ad omnia animalia.

Plegei sunt avunculi mei Odo et Mabon, — Robertus de Brée, Johannes de Montgenart, Robertus Guichart, Renardus de Chantelou.

Sigillo meo, cum sigillis domini Juhelli de Meduanâ et domini Guidonis de Lavalle, qui plegii sunt et custodes.

Anno 1203.

His testibus : Gaufrido, abbate Clarimontis ; — Willelmo, de Bugnon ; fratre Johanne, de Champou ; Petro de Altrachâ ; Evesco de Montgenart et pluribus aliis.

[A tous..... Hubert de Saint-Berthevin....

Je permettais depuis quelque temps aux moines de Clermont d'aller dans la forêt de Bourgon(1), au bois mort, à la pâture et à la litière, sans qu'ils y eussent aucun droit et de mon seul bon plaisir, comme le faisaient du reste mes ancêtres. Aujourd'hui, en considération du secours que les religieux m'ont apporté dans la nécessité où je me trouvais, je leur ai donné, à titre d'aumône, le droit de prendre dorénavant du bois mort et de la litière dans ladite forêt pour l'usage de la ferme de Champoux(2) et le droit de pâture pour tous leurs animaux.

Se constituent plèges mes oncles Odon et Mabon, Robert de Brée, Jean de Montgenard, Robert Guichard et Renard de Chantelou(3).

Scellé de mon sceau et des sceaux des seigneurs Juhel de

---

(1) Forêt de Bourgon, paroisses de Montourtier, Jublains et Belgeard.
(2) Champoux ou Champeux, paroisse de Montourtier.
(3) Chantelou, seigneurie située paroisse de Ste-Melaine, près Laval.

Mayenne et Guy de Laval (1), qui se portent plèges et gardiens.
L'an 1203.

Ont été témoins de ce qui précède Geoffroy, abbé de
Clermont; Guillaume, de Bignon; frère Jean, de Champoux; Pierre d'Autrêche; Evêque de Montgenard et plusieurs
autres.]

XV

Transaction avec Hubert de Saint-Berthevin.
1203.

....
Sciant, tàm præsentes quàm futuri, quòd cùm Garinus de Sancto Bertevino, in obitu suo, dedisset monachis Clarimontis LX solidos de redditu suo, pro salute
animæ suæ et Emmæ, uxoris suæ et filii sui Huberti,
ad victum unius monachi; dictus Hubertus, ejusdem
Garini filius, talem posteà cum monachis compositionem fecit, quòd ei illos LX solidos pro XL solidis
quitaverunt. — Hunc ergò redditum dictus Hubertus,
assensu avunculorum suorum Odonis et Mabonis, monachis dedit in hunc modum.....

Anno 1203.

Testibus : domino Guidone de Laval ; dominâ Isabel
de Meduanâ ; Petro de Altinoisiâ, decano Sabolii ;
Roberto de Bree et Emmâ, uxore ejus ; Johanne de
Montgenart et Evesquo, fratre ejus ; Radulfo de Chambrel ; Gaufrido, abbate Clarimontis ; fratre Willelmo
de Bugnon ; fratre Laurentio et pluribus aliis.

Quod ut firmiùs teneatur, ego Hubertus de Sancto
Bertevino, filius Garini, sigillo meo confirmari feci.

(1) Guy IV, sire de Laval.

[..........
Sachent tous présents et à venir que, lors de son décès, Guérin de Saint-Berthevin avait, en vue de son salut et du salut d'Emma, son épouse, et de Hubert, son fils, donné aux moines de Clermont soixante sols de rente, pour la nourriture d'un moine. Cet Hubert, fils de Guérin, a composé ensuite avec les moines et ceux-ci l'ont déchargé des soixante sols, moyennant le paiement de quarante sols de rente seulement. Comme conséquence, il a, du consentement de ses oncles Odon et Mabon, fourni aux moines ces quarantes sols de la manière suivante.....

L'an 1203.

Témoins : Monseigneur Guy de Laval ; dame Isabelle de Mayenne ; Pierre d'Anthenaise, doyen de Sablé ; Robert de Brée et Emma, son épouse ; Jean de Montgenard et Evêque, son frère ; Raoul de Chambray ; Geoffroy, abbé de Clermont ; frère Guillaume, de Bignon ; frère Laurent et plusieurs autres.

Pour assurer la ferme exécution de cet écrit, moi, Hubert de Saint-Berthevin, fils de Guérin, l'ai fait confirmer par l'apposition de mon sceau.]

XVI

Ratification par Thibault de Mathefelon.

1204.

Universis fidelibus præsentes litteras inspecturis Theobaldus de Mathefelon, salutem in Domino.

Noverit universitas vestra quòd ego, pro salute animæ meæ, Deo et Beatæ Mariæ et monachis Abbatiæ de Clareto, ordinis cirterciensis, quam Dominus Juhellus de Meduanâ fundavit, benignè concessi et præsenti cartâ confirmavi elemosinas quas ipse Juhellus, avunculus meus, eidem abbatiæ dedit : videlicet totum

Parcum de Meduanâ ; — magnum stagnum de Motâ, quod est in aquâ Anvoriæ et molendinum ejus ; — stagnum et molendinum Bondyæ, quæ sunt in eâdem aquâ ; — totum Saletum et totum Poylleium, cum omnibus pertinentiis eorumdem nemorum ; — et post obitum Raginaldi Falconarii totam terram ipsius Raginaldi, quæ est juxtâ Parcum, et quidquid ipse Raginaldus habuit in Loheriâ et in burgo Sancti Georgii.

Dedit insuper dominus Juhellus eidem abbatiæ omnia molendina sua de Villâ Meduanæ, itâ quietè et liberè quòd nec ipse, nec aliquis hæredum suorum, vel aliquis alius possit aliquid facere per quod redditus eorumdem molendinorum in aliquo minuatur.

Dedit et Dominus Juhellus ipsi abbatiæ molendinum de Grenor, et totum dominium suum in (aquâ) Meduanæ, et tres grangias, quas ipse Juhellus emit ab abbatiâ Clarimontis, pro quibus dedit abbatiæ omnia molendina sua de aquâ Horneiæ in perpetuum habenda.

Præterea dedit dictus Juhellus prædictæ abbatiæ suæ totam Harperiam, cum pertinentiis suis, et totum Mesamiart (?) cum Burgo-novello, et Brolium Legardis, et Boscum Bochardi, cum pertinentiis eorum, itâ integra quòd nihil in eis retinuit, nisi tamen in hominibus justitiam, districtionem et defensionem eorum, et quòd eos, quandò sibi placuerit, poterit talliare.

Apud Meduanam autem dedit dominus Juhellus eidem abbatiæ vineas Salomonis, judei, et herbergamentum ejusdem Salomonis, et unum hominem in eodem herbergamento, ab omnibus quæ ad ipsum Juhellum pertinent liberum et quietum, Robinum de Andegaviâ et hæredem ejus ; — et in eâdem Villâ Meduanæ virgultum suum, quod est juxtâ aquam Meduanam.

Apud Regisvillam dedit dominus Juhellus eidem abbatiæ suæ quidquid ipse habebat in bergariâ et in messeriâ ; — et maresium Galischar ; — et XXII quarterios ordei in galbagio ; — et XXX quarterios frumenti annuatim capiendos in suo frumento frumentagii sui de Regisvillà, festo Sancti Michaelis ; — et quandiù Raginaldus Falconarius vixerit, pro redditû ejusdem Raginaldi, LX quarterios frumenti, eodem festo, singulis annis capiendos in suo frumento frumentagii sui de eâdem villà, per manum granatarii sui.

Dedit et sæpedictæ abbatiæ suæ dominus Juhellus et omnibus pertinentiis ejusdem abbatiæ in omnibus forestis suis boscum (mortuum) ad focum, et usagium ad ipsam abbatiam construendam et ad omnia ædificia monachorum ipsius abbatiæ reparenda et construenda, ad demonstrationem suam.

Et dedit eisdem monachis habere in eisdem forestis, sine pasnagio, quandò et ubi aliis porcis communes erunt, proprios porcos.

Hæc omnia, sicut supradictum est, dedit dominus Juhellus in puram et perpetuam elemosinam supradictæ abbatiæ suæ et ei concessit ut quidquid, salvo jure suo, justis modis poterit adipisci in totâ terrâ ejus, habeat, teneat et possideat benè et pacificè et quietè.

Ego autem Theobaldus, nepos domini Juhelli, omnia supradicta eidem abbatiæ concessi et ut firmiter teneatur præsentem cartam sigillo meo confirmavi.

.... Durestal.

Anno ab Incarnatione Domini 1204.

[A tous les fidèles qui prendront connaissance des présentes lettres, Thibauld de Mathefelon, salut dans le Seigneur.

Que chacun de vous sache que, pour le salut de mon âme, j'ai gracieusement abandonné à Dieu, à la bienheureuse Marie et aux moines de l'abbaye de Clairet de l'ordre de Citeaux, fondée par monseigneur Juhel de Mayenne, mon oncle, et que par la présente charte j'ai confirmé les aumônes qu'il a faites à cet abbaye, savoir : tout le Parc de

Mayenne [1]; — le grand étang de la Motte, qui est sur la rivière d'Anvore et son moulin; — l'étang et le moulin de Bondie [2], qui sont sur la même rivière; — tous les bois de Salair [3] et Poillé [4], avec toutes leurs dépendances; — la terre entière de Renauld Fauconnier, qui se trouve près du Parc, pour en jouir seulement après le décès de celui-ci; — et tout ce que ledit Renauld a possédé à Loyère [5] et au bourg de Saint-Georges.

Monseigneur Juhel a encore donné à ladite abbaye tous ses moulins de la ville de Mayenne, si francs et si quittes que ni lui, ni aucun de ses héritiers, ni qui que ce soit puisse rien faire qui en diminue le revenu.

Monseigneur Juhel a également donné à l'abbaye de Clairet le moulin de Grenoux, tout son droit de seigneurie sur la rivière de Mayenne et trois métairies qu'il avait acquises, à titre d'échange, de l'abbaye de Clermont, à laquelle il avait cédé en retour, à perpétuité, tous ses moulins sur la rivière d'Ernée; toute la Herperie, avec ses dépendances; M.... en entier, avec le Bourgnouvel, Belgeard, le Bois-Bouchard, et leurs dépendances; tel que le tout consiste, sans en rien retenir, à l'exception cependant de la justice, du droit de coercition et de protection à exercer à l'égard des hommes et aussi du droit de taille à leur appliquer, quand bon semblera au donateur.

Monseigneur Juhel a aussi donné à l'abbaye de Clairet les vignes de Salomon le juif, l'herbergement de ce Salomon, l'homme par lequel il sera occupé, c'est-à-dire Robin d'Anjou et son héritier (celui-ci sera franc et quitte vis-à-vis dudit seigneur); et encore, dans la ville de Mayenne, le verger du donateur, qui est situé près la rivière de ce nom.

(1) Le Parc, paroisse de St-Baudelle.
(2) Dans son dictionnaire topographique, M. Léon Maître place l'ancien moulin de Bondie, aujourd'hui détruit, en la commune de Châtillon-sur-Colmont. D'un autre côté, nous trouvons dans les biens de l'abbaye de Fontaine-Daniel, vendus lors de la Révolution, le *pré de Bondie*, situé commune de St-Georges-Buttavent, près la Leverie.
(3) Salair, en St-Georges-Buttavent.
(4) Poillé, paroisse de Contest.
(5) Loyère, paroisse d'Aron.

Monseigneur Juhel a de plus donné à la même abbaye tout ce qu'il possédait à Réville [1] en bergerie et en messerie, le marais de Galichar [2], vingt-deux quartiers d'orge sur son droit de gerbage, trente quartiers de froment à prendre chaque année sur le blé de son fromentage de Réville, à la fête Saint-Michel, et, pendant la vie de Renauld Fauconnier, comme compensation du revenu dont jouit ce dernier, soixante quartiers de blé, à toucher également chaque année, à la fête Saint-Michel, sur le même fromentage, le tout par les mains de son grenetier.

Monseigneur Juhel a en outre donné dans toutes ses forêts, pour les besoins de l'abbaye et de ses dépendances, le bois mort nécessaire au chauffage et, sur montrée dudit seigneur, les bois d'usage utiles aux constructions du monastère et aux constructions et réparations de tous les autres bâtiments que les moines feront édifier.

Enfin, il a concédé aux moines le droit d'avoir, sans payer de panage, leurs porcs dans lesdites forêts, pendant la saison et dans les endroits où l'on a coutume de mettre les autres porcs.

Toutes ces donations, Monseigneur Juhel les a faites à ladite abbaye en pure et perpétuelle aumône et a consenti en sa faveur que, sous réserve de son droit, elle ait, détienne et possède pleinement, en paix et tranquillement tous les biens qu'elle pourra acquérir dans toute sa terre, en vertu de titres réguliers.

Quant à moi Thibauld, neveu de Monseigneur Juhel, j'ai donné mon adhésion à toutes les libéralités sus-mentionnées qu'il a faites à l'abbaye de Clairet; et, afin que cet acte acquière plus d'autorité, je l'ai confirmé par l'apposition de mon sceau.

.....Durtal [3].

L'an de l'Incarnation du Seigneur 1204.]

---

(1) Réville, paroisse du Cotentin, près Valognes.
(2) Galichar, paroisse de Réville.
(3) Durtal, près Baugé, au confluent de l'Argance et du Loir.

XVII

Donation par Thibauld de Mathefelon.
1204.

Universis...., Willelmus, andegavensis episcopus,...
Theobaldus de Mathefelon dedit in perpetuam elemosinam, pro salute animæ suæ et uxoris suæ Agnelis, abbatiæ Beatæ Mariæ de Fonte-Danielis, quam dominus Juhellus de Meduanâ fundavit, VIII libras andegavias, quas ipse Theobaldus annuatim habebat in passagio de Credone et unum hominem in eâdem villâ liberum, cum herbergamento Britonis, fabri, sicut in cartâ Theobaldi vidimus contineri.....

Concessimus et sigillo nostro confirmavimus.
Actum apud Andegaviam, anno 1204.

[A tous...... Guillaume[1], évêque d'Angers......
Thibauld de Mathefelon a, pour le salut de son âme et de l'âme d'Agnès, son épouse, donné en perpétuelle aumône à l'abbaye de la bienheureuse Marie de Fontaine-Daniel, qui est de la fondation de Monseigneur Juhel de Mayenne, savoir : huit livres angevines, que le donateur touchait annuellement sur le passage de Craon, et, dans la ville de Craon, un homme exempt de coutume, ainsi que l'herbergement de Breton le forgeron, tel que le tout est spécifié dans la charte de Thibauld, que nous avons vue.....

Nous avons donné notre agrément à cette donation et l'avons confirmée de notre sceau.
Fait à Angers, l'an 1204.]

---

[1] Guillaume de Beaumont, évêque d'Angers, de 1202 à 1240.

XVIII

Fondation de l'Abbaye de Fontaine-Daniel par Juhel III de Mayenne.

1205.

In nomine sanctæ et individuæ Trinitatis.

Ego Juhellus, dominus Meduanæ et Dinani, notum facio præsentibus et futuris, quòd ego, pro salute animæ meæ, patris mei et matris meæ, et heredum et antecessorum et successorum meorum, fundavi abbatiam de ordine cisterciensi, in loco qui appellatur Fons Danielis et est in Salerto : cui abbatiæ de Fonte Danielis et monachis in eâ Deo servientibus dedi et concessi, in puram et perpetuam elemosinam, omninò liberam et quietam, ipsum nemus de Salerto totum et totum nemus de Poylleio, tàm in terris quàm in nemoribus, cum omnibus pertinentiis eorumdem nemorum ; Ità quòd, propter fortitudinem terræ, monachi de Fonte Danielis ipsa nemora, sinè assensu domini terræ, in terram arabilem redigere non poterunt, sed omnibus aliis modis in ipsis et de ipsis nemoribus quidquid voluerint facere poterunt, sicut de propriis et dominicis nemoribus suis.

Dedi etiam eidem abbatiæ meæ de Fonte Danielis totum Parcum meum de Meduanâ, cum Halâ de Anvoriâ, et magnum stagnum de Molâ, quod est in aquâ Anvoriæ, et molendinum ejusdem stagni, et stagnum et molendinum Bondyæ, quæ sunt in eâdem aquâ ; et totam terram Reginaldi Falconarii, quæ est juxtà Parcum, et quidquid ipse Reginaldus habuit in burgo Sancti Georgii et in Loheriâ : quod factum est assensu ejusdem Reginaldi, qui omnia quæ ex dono patris mei tantùm dùm viveret habebat, eidem abbatiæ in elemosinam concessit.

Dedi etiam eidem abbatiæ locum in quo sita est, et circà ipsum locum terram, in quà fratres de Monguion ex dono meo habebant quadragenta tres solidos annui redditûs : sed hanc terram emi ab hominibus qui eam tenebant et heredibus eorum ; et pro reditu terræ ejusdem feci exchangium in forestà meà fratribus de Monguion, ad voluntatem ipsorum.

Dedi etiam et concessi ipsi abbatiæ de Fonte Danielis totam terram et homines de Cæpeleriâ et de Rochà et de Chauvoneriâ, cum pertinentiis suis : in quâ videlicet terrâ fratres de Monguion tantùm reditum habebant ; sed pro toto eorumden reditu eis exchangium factum est in parte reditûs molendinorum de Meduanâ : quæ scilicet omnia molendina de villà Meduanæ et quidquid in eis vel pertinentiis eorum habebam, dederam et concesseram abbatiæ de Fonte Danielis in puram et perpetuam elemosinam, ità liberam et quietam quòd nec ego, nec aliquis alius possit aliquid facere, per quod eorumdem molendinorum reditus minuatur.

Item. — Dedi eidem abbatiæ quidquid habebam in fayllio de Chauvoneriâ, et terram quæ est juxtà fayllium de Poylleio : quod suum est ; et exclusas meas et piscarias in aquâ Meduanæ, et totum dominium meum quod habebam in eâdem aquâ ; et, ad opus infirmorum fratrum, molendinum de Grenor, cum totà moltà de Harperiâ et de Burgo novello et de Broylo Leiardis, quam molendinum de Broylo Leiardis capere non poterit.

Dedi etiam eidem abbatiæ vineas apud Meduanam, quæ fuerunt Salomonis judæi et Bonell, et herbergamentum ejusdem Salomonis judæi, quod est apud Meduanam, cum omnibus pertinentiis suis : in quo herbergamento monachi de Fonte Danielis semper habebunt aliquem hominem, cum ipso herbergamento liberum et quietum de omnibus quæ ad me vel ad heredem meum pertinent.

Dedi insuper eidem abbatiæ, ad elemosinam pauperum qui ad portam venient manu tenendam sive in pane, sive in pannis, sive in calceamentis, cum consilio abbatis Clarimontis, totam decimam partem reditûs mei de terrâ examplatâ in forestâ et circà forestam de Fossaloven et de terrâ de Groleio, quocumque modo illum habiturus sum reditûs ego, vel heres meus, sivè in bladio, sivè in pecuniâ, ipso die quo ipse reditus recipietur per manum servientis mei ; tam de totâ terrâ quæ jàm examplata est in Fossaloven et circà, quàm de terrâ illà quæ ibi a me vel ab herede meo de cætero examplabitur.

Et dedi eidem abbatiæ quidquid habebam vel habiturus sum in decimâ hominum qui habitant vel habitaturi sunt in eâdem terrâ, videlicet duas partes decimæ terræ illius, et decimam totam molendini mei, quod est juxtà Fossamloven.

Preterèà dedi abbatiæ de Fonte Danielis, tres grangias, cum omnibus pertinentiis earum, scilicet Champoetum, Alodium, Salicem Reginaldi, cum Gaudineriâ et Massileiâ : quas grangias ego emi a domino Gaufrido, abbate et conventu Clarimontis ; et pro his omnibus dedi abbatiæ Clarimontis omnia molendina mea de Herneiâ et de Vahaiâ, cum omnibus pertinentiis suis, in perpetuam elemosinam habenda.

Item. — Dedi eidem abbatiæ de Fonte Danielis apud Regisvillam quidquid ego habebam in berguerià, et viginti solidos cenomanenses in galbagio, et quidquid habebam in maresio Galichar, et, in eodem maresio, vel circà ipsum maresium, unum hominem semper cum herbergamento suo liberum et quietum de omnibus quæ ad me pertinent.

Dedi insuper eidem abbatiæ de Fonte Danielis et concessi quidquid habebam apud Fontineum et apud Moschans, in Normaniâ, cum omnibus pertinentiis suis, itâ liberè et quietè, quòd nihil juris vel dominii mihi vel heredibus meis retinui in eisdem maneriis vel pertinentiis eorum; sed quidquid habebam, eidem abbatiæ in puram et perpetuam elemosinam totum dedi pro exchangio Harperiæ.

Dedi etiam eidem abbatiæ et omnibus hominibus ejus et omnibus rebus ad ipsam pertinentibus libertatem, et franchisiam et quitanciam per totam terram meam de omnibus rebus quæ ad me, vel ad heredem meum pertinent.

Si quis verò hominum suorum quos in terrâ meâ de Cenomaniâ habent, aliquid forefecerit pro quo, secundum leges humanas, membrum perdere vel mori debeat, meum erit capere ipsum et de ipso judicium et justitiam facere; nihil tamen de homine capere potero, ego vel serviens meus, sed monachi de Fonte Danielis hominis sui, si reus fuerit, captallum et emendationem, si voluerint, habebunt.

Dedi etiam et concessi eidem abbatiæ et omnibus pertinentiis suis, in omnibus forestis meis et nemoribus usagium ad ipsam abbatiam construendam et reparandam et ad omnia ædificia monachorum eorumdem construenda et reparanda, ad demonstrationem servientis mei, et etiam boscum mortuum ad focum in Hardangiâ ad usum grangiæ de Loheriâ; et habere porcos proprios sinè pasnagio in omnibus forestis meis, quandò et ubi aliis porcis erunt communes.

Dedi etiam eidem abbatiæ medietariam de Burgo novo, quæ fuit Willelmi de Meduanâ, et pratum ejusdem juxtà stagnum de Motâ, et pratum Galterii de Meduanâ, pratum de Marcleio cum libertate suâ, et medietariam de Brollo.

Prætereà Gervasia, uxor mea, filia Alani de Dinano, quæ mecum hujus abbatiæ fundatrix est, pro salute animæ suæ et patris sui et matris suæ, dedit et concessit, assensu meo, in puram et perpetuam elemosinam eidem abbatiæ vigenti sex quartarios frumenti in reditu de Becherel, annuatim capiendos in nativitate Beatæ Mariæ, et in passagio de Romileio quinquagenta solidos cenomanenses, in festo decollationis Sancti Johannis Baptistæ.

Volo igitur et firmiter constituo et concedo ut sæpedicta abbatia de Fonte Danielis omnia suprascripta, quæ ei a me, vel uxore et matre meâ data sunt in puram et perpetuam elemosinam, et quidquid in terrâ meâ totâ, salvo jure meo, justis modis poterit adipisci, — habeat, et teneat et possideat, benè et pacificè et quietè, cum omnibus pertinentiis suis.

Has itaque elemosinas ego Juhellus de Meduanâ et Isabella, mater mea, et Gervasia, uxor mea, abbatiæ de Fonte Danielis, quam fundavimus, in puram et perpetuam elemosinam dedimus et concessimus, et cum libro super sanctum altare posuimus, ipsâ die Ascensionis dominicæ quâ conventus primò ingressus est abbatiam de Fonte Danielis, quæ sita est in Salerto, — anno ab Incarnatione Domini millesimo ducentesimo quinto, decimo quarto kalendas Junii, eodem anno factum est exchangium de Harperiâ.

Hi sunt testes tàm donationis quàm exchangii : Gaufridus, abbas Clarimontis ; Radulphus, abbas Campaniæ ; et conventus Fonte Danielis ; Domina Havoys de Lavalle ; Herbertus de Loge ; Willelmus de Erquene ; Petrus de Credone ; Thomas Malus-infans ; Willelmus Roussel ; Alanus Le Geai ; Johannes Rufus ; Radulphus de Mauni et plures alii.

Quod ut firmiùs teneatur, sigillo meo feci roborari.

Publ.: GUYARD DE LA FOSSE, Hist. rel. Mayenne, preuves p. XVIII.

(Au nom de la sainte et indivisible Trinité.

Moi Juhel, seigneur de Mayenne et de Dinan, fais connaître à tous présents et à venir que, pour le salut de mon âme, de celles de mon père, de ma mère, de mes héritiers, de mes prédécesseurs et successeurs, j'ai fondé une abbaye de l'ordre de Cîteaux dans un lieu qu'on appelle *Fontaine-Daniel* et qui se trouve en Salair.

J'ai donné et concédé en pure et perpétuelle aumône à cette abbaye et aux moines qui y servent Dieu, pour qu'ils en jouissent francs et quittes, tout ce bois de Salair et le bois entier de Poillé, tant en fonds qu'en bois, avec toutes leurs dépendances; à la condition toutefois que les moines ne pourront, à cause de la valeur de la terre, convertir ces bois en terre arable sans le consentement du seigneur de fief; mais au reste ils pourront par ailleurs et de toute autre manière faire dans ces bois et de ces bois tout ce qu'ils voudront, comme de forêts de leur domaine propre.

J'ai encore donné à madite abbaye de Fontaine-Daniel tout mon parc de Mayenne, avec la Haie d'Anvore, le grand étang de la Motte qui est sur la rivière d'Anvore et le moulin du même étang; l'étang et le moulin de Bondie, qui sont sur la même rivière; toute la terre de Renauld Fauconnier, qui se trouve près du Parc; tout ce que le même Renauld a possédé dans le bourg de Saint-Georges et à Loyère: cette dernière donation a eu lieu du consentement dudit Renauld, qui a, en effet, concédé en aumône à l'abbaye tout ce qu'il avait reçu en jouissance, sa vie durant, des libéralités de mon père.

J'ai aussi donné à l'abbaye le lieu dans lequel elle est située et la terre qui l'environne, sur laquelle les Frères de Montguyon[1] possédaient, par don antérieur de ma part, quarante-trois sols de rente annuelle. Depuis, j'ai acheté cette terre des hommes qui la tenaient, ainsi que de leurs héritiers, et en retour de la rente due par ladite terre, j'ai donné en échange aux frères de Montguyon et à leur satisfaction l'équivalent dans ma forêt.

(1) Le prieuré de Montguyon était situé paroisse de Placé.

J'ai de plus donné et concédé à l'abbaye la terre entière et les hommes de la Sepellière[1], de la Roche et de la Chauvonnière, avec toutes dépendances : il est expliqué que sur cette terre les Frères de Montguyon avaient une rente et que pour la leur fournir en entier, il leur a été donné l'équivalent à prendre sur partie du revenu des moulins de Mayenne. Il convient de rappeler que ces moulins de la ville de Mayenne et tout ce que je possédais de droits sur eux et rs dépendances, je les avais déjà donnés et concédés à baye de Fontaine-Daniel, en pure et perpétuelle aumône, afin qu'elle ait une possession si franche et si nette, que ni moi ni personne puissions faire quoi que ce soit pour en diminuer les revenus.

J'ai de même donné à l'abbaye tout ce que je possédais dans la futaie de la Chauvonnière, ainsi que la terre qui est près de la futaie de Poillé (cette futaie lui appartient déjà) ; mes écluses et mes pêcheries sur la rivière de Mayenne, ainsi que toute ma seigneurie sur cette même rivière ; et, pour l'assistance des frères infirmes, le moulin de Grenoux, avec toute la mouture de la Herperie, de Bourgnouvel et de Belgeard : le moulin de Belgeard ne pourra se saisir de cette mouture.

J'ai en outre donné à l'abbaye les vignes, sises à Mayenne, qui ont appartenu à Salomon et à Bonet, ainsi que l'hergement dudit Salomon, qui est situé à Mayenne, avec toutes ses dépendances : dans cet hergement les moines de Fontaine-Daniel auront à perpétuité un homme qui, aussi bien que le logis, sera libre et affranchi de tous droits vis-à-vis de moi et de mon héritier.

Pour faire, de concert avec l'abbé de Clermont, aux pauvres qui viendront tendre la main à la porte, une aumône soit en pain, soit en vêtements, soit en chaussures, j'ai aussi donné la dixième partie de mes rentes de la terre défrichée en la forêt et autour de la forêt de Fosse-Louvain, ainsi

---

(1) Aujourd'hui les Sepellières, en Contest.

que de la terre de Grolay [1], et cela de quelque manière que moi ou mon héritier recevions ces rentes, qu'elles soient en blé ou en argent. Cette portion sera touchée par les moines le jour même où mon sergent aura reçu les redevances dont il s'agit, et elle comprendra la dixième partie des rentes tant de la terre déjà défrichée dans la forêt de Fosse-Louvain et aux alentours, que de celle qui y sera défrichée à l'avenir par moi ou mon héritier.

J'ai de même donné à l'abbaye tout ce que je possède et posséderai, en dîmes, sur les hommes qui habitent ou habiteront ladite terre (de Grolay), je veux dire deux parts de la dîme de cette même terre et la dîme entière de mon moulin, situé près de Fosse-Louvain.

J'ai ensuite donné à l'abbaye de Fontaine-Daniel trois métairies, avec leurs appartenances, savoir : Champoux, l'Alleu, le Saule-Renauld, y compris la Gaudinière et la Marcirais ; métairies que j'ai acquises de Dom Geoffroy, abbé de Clermont et du couvent ; et c'est en échange de ces diverses propriétés qu'a eu lieu de ma part en faveur de l'abbaye de Clermont l'abandon, à perpétuité et à titre d'aumône, de tous mes moulins d'Ernée et de Vahais, avec leurs dépendances.

J'ai aussi donné à l'abbaye de Fontaine-Daniel tout ce que je possède à Réville en bergerie, plus vingt sols manceaux sur mon gerbage, en outre tout ce que j'ai au marais de Galichar ; et j'ai accordé qu'elle ait un homme, dans ce marais ou dans son voisinage, qui soit, ainsi que son hebergement, libre et exempt à jamais de tout devoir vis-à-vis de moi.

J'ai encore donné et concédé à ladite abbaye de Fontaine-Daniel tout ce que je possède à Fontenay [2] et à Montchamp [3], en Normandie, sans aucune réserve ; et elle en aura la jouissance libre et franche, car je n'ai retenu ni droit, ni seigneurie sur ces manoirs et leurs dépendances, soit à mon

---

(1) Grolay, aujourd'hui hameau de Désertines.
(2) Fontenay-le-Pesnel, près Caen.
(3) Montchamp, près Vire.

profit, soit à celui de mes héritiers : ces dernières possessions sont données à l'abbaye en pure et perpétuelle aumône, en échange de la Herperie (qui m'a été rendue).

J'ai donné également à l'abbaye, à tous ses hommes et pour tout ce qui lui appartient, liberté, franchise et exemption par toute ma terre des droits que moi et mon héritier pourrions percevoir.

Si l'un des hommes que l'abbaye possède dans ma terre du Maine venait à commettre quelque forfaiture qui, suivant les lois humaines, dût entraîner la perte d'un membre ou de la vie, ce serait à moi de m'en saisir, de le juger et d'exécuter la sentence ; néanmoins ni moi, ni mon sergent, ne pourrons rien prendre de cet homme ; au contaire, les moines auront, s'ils le veulent, le mobilier et l'amende de leur homme qui serait reconnu coupable.

J'ai encore donné et concédé en faveur de l'abbaye et de toutes ses possessions droit d'usage dans tous mes bois et forêts, pour la construction et la réparation de l'abbaye elle-même et pour la construction et la réparation de tous les bâtiments du monastère, le tout sur la montrée de mon sergent ; de plus, le droit de prendre, en Hardange, du bois mort destiné au chauffage de la métairie de Loyère, et d'avoir leurs porcs dans toutes mes forêts, aux saisons et cantonnements communs aux autres porcs, sans payer de panage.

J'ai aussi donné à l'abbaye la métairie du Bourgneuf et un pré voisin de l'étang de la Motte, qui ont appartenu à Guillaume de Mayenne ; le pré de Gaultier de Mayenne, le pré de Marcillé avec sa franchise, et la métairie du Breil.

Ensuite Gervaise, mon épouse, fille de Alain de Dinan, qui est avec moi la fondatrice de cette abbaye, a, de mon consentement, donné et concédé à l'abbaye, en pure et perpétuelle aumône, pour le salut de son âme et des âmes de ses père et mère, vingt-six quartiers de froment à prendre annuellement sur le revenu de Bécherel(1), à la nativité de la bienheureuse Marie, et cinquante sols manceaux sur le

---

(1) Bécherel, actuellement canton de Montfort (Ille-et-Vilaine).

passage de Romilly[1], à la fête de la décollation de Saint Jean-Baptiste.

En résumé, je veux que, par les présentes et irrévocables concession et constitution, l'abbaye de Fontaine-Daniel ait, tienne et possède légitimement, paisiblement et sans trouble toutes les libéralités ci-dessus mentionnées, qui lui ont été faites en pure et perpétuelle aumône, tant par moi que par mon épouse et ma mère, ainsi que l'ensemble des biens que le monastère pourra acquérir à justes titres dans l'étendue de ma terre, et avec toutes dépendances, mais sous réserve de mon droit.

C'est pourquoi, toutes les libéralités qui viennen. être mentionnées, moi Juhel de Mayenne, Isabelle, ma mère et Gervaise, mon épouse, nous les avons données et concédées, en pure et perpétuelle aumône, à l'abbaye de Fontaine-Daniel, dont nous sommes fondateurs, et les avons, avec la charte qui les renferme, déposées sur le saint autel le jour de l'Ascension du Seigneur, jour où le couvent est entré pour la première fois au monastère, qui est situé en Salair, l'an de l'Incarnation du Seigneur 1205, le 11 de calendes de juin, l'année même où a été conclu l'échange de la Herperie.

Les témoins tant de la donation que de l'échange sont : Geoffroy, abbé de Clermont ; Raoul, abbé de Champagne ; le couvent de Fontaine-Daniel ; Dame Avoise de Laval[2] ; Herbert de Logé[3] ; Guillaume d'Arquenay ; Pierre de Craon[4] ; Thomas Malenfant ; Guillaume Roussel ; Alain Le Geal ; Jean Le Roux ; Raoul de Mauni et plusieurs autres.

Pour donner plus de force à cette charte, je l'ai fait munir de mon sceau.]

---

(1) Romilly, près de Bécherel.

(2) Avoise de Craon, épouse de Guy VI de Laval, fille de Maurice II de Craon et d'Isabelle de Meulan, et sœur utérine de Juhel III.

(3) D'après M. le marquis de Beauchêne, la famille de Logé portait : « d'azur à trois quintefeuilles d'or, posées 2 et 1. » — *Essai historique sur le château de Lassay*.

(4) Pierre de Craon, frère utérin de Juhel III, né du mariage de Maurice II de Craon et d'Isabelle de Meulan.

XIX

Confirmation par Marguerite de Sablé.
1205.

Universis fidelibus præsentes litteras inspecturis, Margarita, domina Sabolii, salutem.

Sciatis quòd ego, ad petitionem dilecti avunculi mei, domini Juhelli de Meduanâ, concessi et præsenti cartâ confirmavi Deo et Beatæ Mariæ et abbatiæ de Saleto omnia dona et omnes elemosinas quas ipse dominus Juhellus dedit eidem abbatiæ, quam ipse fundavit, sicut in cartis ejus continetur.

Actum est hoc anno ab Incarnatione Domini 1205, mense Aprilis.

[A tous les fidèles qui prendront connaissance des présentes lettres, Marguerite, dame de Sablé [1], salut.

Sachez qu'à la demande de mon cher oncle, monseigneur Juhel de Mayenne, j'ai, pour Dieu et la bienheureuse Marie, agréé et par la présente charte confirmé, en faveur de l'abbaye de Salair [2], toutes les donations et toutes les aumônes qui ont été faites précédemment à cette abbaye par ledit seigneur Juhel, son fondateur, tel que le tout est consigné dans les titres du monastère.

Ceci a été fait l'an 1205 de l'Incarnation du Seigneur, au mois d'avril.]

---

[1] Marguerite de Sablé, épouse de Guillaume des Roches, sénéchal d'Anjou et du Maine, fille de Robert IV de Sablé, et de Clémence de Mayenne : celle-ci était sœur de Juhel III.

[2] L'abbaye de Fontaine-Daniel, ayant été établie dans le bois de Salair, en porta quelquefois le nom à l'origine.

XX

CONFIRMATION PAR HAMELIN, ÉVÊQUE DU MANS.
1205.

Hamelinus, Dei gratiâ cenomanensis episcopus, universis fidelibus præsentes litteras inspecturis, salutem in Domino.

Noverit universitas vestra quòd nobilis filius noster Juhellus, dominus Meduanæ, assensu nostro et voluntate Dei, gratiâ inspirante, fundavit abbatiam de Ordine Cisterciensi in terrâ suâ, quæ est in episcopatu nostro : quæ videlicet abbatia, in Saleto sita, FONS DANIELIS appellatur.

Dedit igitur dictus Juhellus de Meduanâ eidem abbatiæ de Fonte Danielis, in puram et perpetuam elemosinam, omninò liberam et quietam, totum nemus de Saleto et totum nemus de Poylleio, tàm in terris quàm in nemoribus, cum omnibus pertinentiis eorumdem nemorum, itâ quòd, propter fortitudinem terræ, monachi de Fonte Danielis ipsa nemora, sine assensu domini terræ, in terram arabilem redigere non poterunt, sed omnibus aliis modis in ipsis nemoribus et de ipsis nemoribus quidquid volent facere poterunt, sicut de propriis et dominicis nemoribus suis.

Dedit etiam eidem abbatiæ suæ de Fonte Danielis totum Parcum suum de Meduanâ, cum Haiâ de Anvorlâ, et magnum stagnum de Motâ, quod est in aquâ Anvoriæ et molendinum ejusdem stagni ; et stagnum et molendinum Bondiæ, quæ sunt in eâdem aquâ, et totam terram Raginaldi Falconarii, quæ est juxtà Parcum ; et quidquid ipse Raginaldus habuit in burgo Sancti

Georgii et in Loheriâ : quod factum est assensu ejusdem Raginaldi, qui omnia quæ ex dono patris domini Juhelli, tanquàm dùm viveret, habebat, eidem abbatiæ in elemosinam concessit.

Dedit etiam idem Juhellus eidem abbatiæ locum quo sita est et circà ipsum locum terram, in quà fratres de Monguion ex dono ejus habebant XLIII solidos annui redditûs; sed hanc terram ipse emit ab hominibus qui eam tenebant et heredibus eorum, et pro redditu terræ ejusdem fecit exchangium in forestà suâ fratribus de Monguion, ad voluntatem ipsorum.

Dedit etiam et concessit ipsi abbatiæ de Fonte Danielis totam terram et homines de Cepeleriâ et de Rochâ et de Chauvoneriâ, cum pertinentiis suis, in quâ videlicet terrâ fratres de Monguion solum redditum habebant, sed pro toto eodem redditu eis eschangium factum est in parte redditûs molendinorum de Meduanâ : quæ scilicet omnia molendina de Meduanæ villâ et quidquid in eis vel pertinentiis eorum idem Juhellus habebat, — dederat et concesserat abbatiæ de Fonte Danielis in puram et perpetuam elemosinam, ità liberam et quietam quòd nec ipse nec aliquis alius possit aliquid facere, per quod eorumdem molendinorum redditus minuatur.

Item. — Dedit eidem abbatiæ quidquid habebat in fayllio de Chauvoneriâ et terram quæ est juxtà fayllium de Poylleio, quod est ejusdem abbatiæ; et exclusas suas et piscarias in aquâ Meduanæ, et totum dominicum suum quod habebat in eâdem aquâ ; et ad opus infirmorum fratrum molendinum de Grenor, cum totâ mollà de Harperià et de Burgo-Novello et de Brollo Legardis, quam molendinum de Brollo Legardis capere non poterit.

Dedit etiam eidem abbatiæ apud Meduanam vineas quæ fuerunt Salomonis Judei et Bonell et ipsum herbergamentum Salomonis ejusdem, quod est apud Meduanam, cum omnibus pertinentiis suis : in quo herbergamento monachi de Fonte Danielis semper habebunt aliquem hominem cum ipso herbergamento liberum et quietum de omnibus quæ ad ipsum Juhellum, vel ad heredem ejus, pertinent.

Dedit insuper eidem abbatiæ ad elemosinam pauperum qui ad portam venient manuttenendam (*sic*), sive in pane, sive in pannis, sive in calciamentis, cum consilio abbatis Clarimontis, totam decimam partem redditûs sui de terrâ essamplatâ in forestâ et circâ forestam de Fossâloven et de terrâ de Groleio, quocumque modo habiturus est illum redditum ipse vel heres ejus, sive in bladio sive in pecuniâ, ipso die quo ipse redditus recipietur per manum servientis ejus; tàm de totâ terrâ quæ jàm essamplata est in Fossâloven et circâ, quàm de terrâ illâ quæ ab eo vel herede ejus de cætero essamplabitur.

Et dedit idem Juhellus eidem abbatiæ quidquid habebat vel habiturus est in decimâ hominum qui habitant vel habitaturi fuerunt in eâdam terrâ, videlicet duas partes decimæ ejusdem terræ et decimam totam molendini sui, quod est juxtà Fossamloven.

Præterea dedit eidem abbatiæ tres grangias, cum omnibus pertinentiis earum, videlicet Champolum, Alodium et Salicem Raginaldi, cum Gaudineriâ et Massileiâ : quas grangias ipse emit a domino Gaufrido et conventu Clarimontis, et pro his omnibus dedit eidem abbatiæ Clarimontis omnia molendina sua de Hernelâ et de Vahalâ, cum omnibus pertinentiis suis, in perpetuam elemosinam habenda.

Item. Dedit eidem abbatiæ de Fonte Danielis apud Regisvillam quidquid ipse habebat in bergueriâ et XX solidos cenomanenses in galbagio, et quidquid habebat in maresio Gasichar, et in eodem maresio vel circâ ipsum maresium, unum hominem semper cum herbergamento suo liberum et quietum de omnibus quæ ad eum pertinent.

Dedit insuper et concessit idem Juhellus eidem abbatiæ quidquid habebat apud Fontineium et apud Moschans, in Normanniâ, cum omnibus pertinentiis suis, itâ liberè et quietè quòd nihil juris vel dominii sui sibi vel heredibus suis retinuit in eisdem maneriis vel pertinentiis eorum; sed quidquid ibi habebat, eidem abbatiæ in puram et perpetuam elemosinam totum dedit, pro exchangio et recompensatione Harperiæ.

Dedit et eidem abbatiæ et omnibus hominibus ejus et omnibus rebus ad ipsam pertinentibus, libertatem et franchisiam et quitantiam per totam terram suam de omnibus rebus quæ ad ipsum vel ad heredem ipsius pertinent : si quis verò hominum monachorum ejusdem abbatiæ, quos in terrâ ejusdem Juhelli de Cenomanniâ habent, aliquid forisecerit pro quo, secundùm leges humanas, membrum perdere vel mori debeat, ipsius Juhelli erit ipsum capere, de ipso judicium et justiciam facere ; nihil tamen de homine illo capere poterit, ipse vel serviens ejus ; sed monachi de Fonte Danielis hominis sui, si reus fuerit, catallum et emendationem, si voluerint, habebunt.

Dedit etiam et concessit eidem abbatiæ et omnibus pertinentiis suis in omnibus forestis et nemoribus suis usuagium ad ipsam abbatiam construendam et reparandam et ad omnia ædificia monachorum eorumdem construenda et reparanda, ad demonstrationem servientis ejus; et etiam boscum mortuum ad focum in Hardangiâ ad usum grangiæ de Loheriâ, et habere porcos proprios, sine pasnagio, in omnibus forestis suis, quandò et ubi aliis porcis erunt communes.

Dedit adhùc eidem abbatiæ medietariam de Burgonovo, quæ fuit Guillelmi de Meduanâ, et pratum ejusdem juxtà stagnum de Motà et pratum Gallerii de Meduanà et pratum de Marcilleio, cum libertate suà et medietariam de Brolio.

Pretereà Gervasia, uxor ejus, filia Alani de Dinan, quæ cum eo hujus abbatiæ fundatrix est, pro salute animæ suæ, et patris sui et matris suæ, dedit et concessit, assensu ejus Juhelli, scilicet viri sui, in puram et perpetuam elemosinam, eidem abbatiæ : XXVI quarterios frumenti in redditu de Becherel, annuatim capiendos in nativitate Beatæ Mariæ, et in passagio de Romilleio L solidos cenomanenses, in festo decollationis Sancti Johannis Baptistæ.

Vult igitur idem Juhellus et firmiter constituit et concedit ut sæpedicta abbatia de Fonte Danielis omnia suprascripta quæ ei ab eo vel uxore ejus et matre data fuerunt in puram et perpetuam elemosinam et quidquid in totà terrà ejus, salvo jure ipsius, justis modis poterit adipisci, — habeat, teneat, possideat benè, pacificè et quietè, cum omnibus pertinentiis suis.

Has itàque elemosinas ipse Juhellus de Meduanà et Isabel, mater ejus et Gervasia, uxor ipsius, abbatiæ Fontis Danielis, quam fundaverunt, in puram et perpetuam elemosinam dederunt et concesserunt et cum libro super sanctum altare posuerunt, ipsà die Ascensionis dominicæ, quà conventus primò ingressus est abbatiam Fontis Danielis, quæ sita est in Saleto, anno ab Incarnatione Domini M° CC° V°, — XIV kalendarum Junii : — eodem anno factum est eschangium de Herperià.

Hi autem sunt testes tàm donationis quàm eschangii : Gaufridus, abbas Clarimontis; Guillelmus, abbas Campaniæ, et conventus Fontis Danielis; domina Haois de Lavalle ; Herbertus de Loge ; Guillelmus de Herquene ; Petrus de Creon ; Thomas Malus-infans ; Alanus Legai ; Johannes Ruffer ; Radulfus de Mauni et plures alii.

Nos igitur præfatam abbatiam de Fonte Danielis sub protectione nostrâ recepimus, et, ad petitionem domini Juhelli, præsentem cartam sigilli nostri auctoritate confirmavimus.

(Hamelin, par la grâce de Dieu, évêque du Mans, à tous les fidèles qui prendront connaissance des présentes lettres, salut dans le Seigneur.

Qu'il soit connu de vous tous que notre noble fils Juhel, seigneur de Mayenne, mu par la grâce et obéissant à la volonté de Dieu, a, de notre consentement, fondé une abbaye de l'ordre de Cîteaux, sur sa Terre, qui est dans notre évêché : cette abbaye, sise en Salair, se nomme Fontaine-Daniel.

Or, Juhel de Mayenne a donné en pure et perpétuelle, libre et franche aumône, tous les bois de Salair et de Poillé, tant en terre qu'en bois, avec toutes leurs dépendances, à la condition toutefois qu'à raison de la qualité de la terre les moines de l'abbaye ne pourront convertir en terre arable les bois dont il s'agit, sans l'assentiment du seigneur de fief, mais qu'au demeurant ils pourront par ailleurs faire dans et de ces bois tout ce qu'ils voudront, comme s'ils leur appartenaient en propre et étaient de leur domaine.

Il a aussi donné à son abbaye tout son Parc de Mayenne, avec la Haie d'Anvore et le grand étang de la Motte, sur le ruisseau d'Anvore, ainsi que le moulin de cet étang; l'étang et le moulin de Bondie, qui sont sur ledit ruisseau ; toute la terre de Renauld Fauconnier, sise près du Parc, et tout ce que ledit Renauld possédait au bourg de Saint-Georges et à Loyère : ceci a été fait du consentement de Renauld, qui a donné en aumône à l'abbaye tout ce qu'il avait reçu en jouissance, sa vie durant, de la liberté du père de monseigneur Juhel.

Ledit Juhel a encore donné à l'abbaye le lieu où elle est située et la terre qui l'environne, sur laquelle les Frères de Montguyon avaient, des largesses dudit seigneur, quarante-trois sols de rente annuelle : rappelons à cet égard que ce dernier a acheté cette terre des hommes qui la tenaient en fief, ainsi que de leurs héritiers, et qu'en compensation de la rente qui y était assise, il a donné aux Frères de Montguyon, à titre d'échange, l'équivalent à leur gré dans la forêt de Mayenne.

Il a en outre donné et concédé à l'abbaye la terre entière et les hommes de la Sepellière, de la Roche et de la Chauvonnière, avec toutes dépendances : nous faisons observer que les moines de Montguyon avaient seulement une rente sur cette terre, mais qu'en échange il leur a été donné l'équivalent à prendre dans partie du revenu des moulins de Mayenne ; cependant il est à noter que tous ces moulins de la ville de Mayenne et tous les droits que Juhel pouvait avoir sur eux et leurs dépendances, il les avait donnés et concédés à l'abbaye de Fontaine-Daniel en pure et perpétuelle aumône, si libre et si franche que ni lui-même, ni aucun autre, ne pût rien faire qui diminuât le revenu de ces moulins.

Il a de plus donné à l'abbaye tout ce qu'il possédait dans la futaie de la Chauvonnière et la terre qui est près de la futaie de Poillé (cette terre est également une dépendance de l'abbaye) ; ses écluses et ses pêcheries sur la rivière de Mayenne, avec tout son droit de seigneurie sur cette rivière ; et aussi, mais spécialement pour l'assistance des frères infirmes, le moulin de Grenoux, avec toute la mouture de la Herperie, du Bourgnouvel et de Belgeard, mouture dont le moulin de Belgeard ne pourra se saisir.

Il a encore donné les vignes situées à Mayenne, qui avaient appartenu à Salomon le juif et à Bonnet, ainsi que l'herbergement de Salomon, situé à Mayenne, avec ses dépendances : l'homme que les moines auront dans cet herbergement et l'herbergement même seront libres et quittes de tous droits seigneuriaux à l'égard tant de Juhel que de son héritier.

Il a donné pour l'aumône que fera l'abbaye aux pauvres qui viennent tendre la main à la porte, soit en pain, soit en vêtements, soit en chaussures, et en se concertant avec l'abbé de Clermont, la dixième partie de ses rentes provenant des terres défrichées dans la forêt de Fosse-Louvain et aux alentours, et de la terre de Grolay, de quelque manière que lui ou son héritier perçoive ces rentes, soit en blé, soit en argent :

cette part sera touchée le jour même où le sergent de Juhel aura reçu les rentes dont il s'agit et elle comprendra la dixième partie des redevances, tant de toute la terre déjà défrichée en Fosse-Louvain et aux environs, que de celle qui sera dans la suite mise en culture, soit par lui, soit par son héritier.

Ledit seigneur a donné tout ce qu'il avait et aurait de droit dans la dîme à recevoir des hommes qui habitent ou habiteront cette même terre (de Grolay), c'est-à-dire deux parts de la dîme de la terre et la dîme entière de son moulin, qui est près de Fosse-Louvain.

Il a ensuite donné trois métairies, avec leurs appartenances, savoir : Champoux, l'Alleu et le Saule-Renauld, avec la Gaudinière et la Marcirais ; métairies qu'il avait acquises de Dom Geoffroy et du couvent de Clermont, et en échange desquelles il avait cédé à l'abbaye de Clermont, comme perpétuelle aumône, tous ses moulins d'Ernée et de Vahais, toutes dépendances comprises.

Il a donné ce qu'il possédait en bergerie à Réville, plus vingt sols manceaux sur son gerbage, tout ce qu'il avait dans le marais de Galichar et, dans ce même marais ou aux environs, le droit d'avoir un tenancier et son herbergement, francs et quittes de tout devoir vis-à-vis de lui.

Il a donné tout ce qu'il possédait à Fontenay et à Montchamp, en Normandie, avec leurs dépendances, rendant le tout si franc et si quitte qu'il n'a retenu sur ces manoirs et leurs appartenances ni droit, ni seigneurie, pour lui-même ou ses héritiers ; enfin, tout ce qu'il avait dans cette contrée, il l'a abandonné à l'abbaye en pure et perpétuelle aumône, en échange et en retour de la Herperie.

Il a accordé à ladite abbaye, ainsi qu'à tous ses hommes et à tous ses biens, liberté, franchise et exemption par toute sa terre de tous les droits qui lui appartiennent et pourront appartenir à son héritier. Si donc quelqu'homme des moines, je parle de ceux qui habitent dans la seigneurie de Juhel, au Maine, venait à commettre un crime à raison duquel il devrait, selon les lois humaines, perdre un membre ou la vie, Juhel serait tenu de s'en saisir, de le juger et d'en faire justice : ledit seigneur ou son sergent ne pourront rien recevoir de cet homme ; au contraire, les moines auront, s'ils le veulent, le mobilier et l'amende de leur homme, dans le cas où il aurait été reconnu coupable.

Juhel a donné et concédé droit d'usage pour l'abbaye et toutes ses possessions dans tous ses bois et forêts, pour la construction et la réparation de l'abbaye et de tous les bâtiments du monastère, le tout sur la montrée de son sergent ; et en outre le droit de prendre en Hardange du bois mort pour le chauffage de la métairie de Loyère ; même le droit pour les moines d'avoir leurs porcs dans toutes ses forêts, aux saisons et cantonnements communs aux autres porcs, sans payer de panage.

Il a donné la métairie du Bourgneuf et un pré, voisin de l'étang de la Motte, qui ont appartenu à Guillaume de Mayenne ; le pré de Gaultier de Mayenne, le pré de Marcillé, avec sa franchise et la métairie du Breil.

Ensuite Gervaise, épouse de Juhel, fille d'Alain de Dinan, qui est avec son mari fondatrice de l'abbaye de Fontaine-Daniel, a donné et concédé, avec l'autorisation de celui-ci, en pure et perpétuelle aumône, pour le salut de son âme et des âmes de ses père et mère, vingt-six quartiers de froment par an sur le revenu de Bécherel, à la nativité de la bienheureuse Marie et cinquante sols manceaux sur le passage de Romilly, à la fête de la décollation de Saint Jean-Baptiste.

Ledit Juhel veut en définitive qu'au moyen de ces concession et constitution irrévocables l'abbaye de Fontaine-Daniel ait, tienne et possède légitimement, paisiblement et sans trouble, toutes les libéralités, sans exception, qui lui ont été faites en pure et perpétuelle aumône, par lui, par son épouse et par sa mère, ainsi que l'ensemble des biens que le monastère pourra acquérir à justes titres dans l'étendue de sa terre, sous réserve toutefois de son droit.

En conséquence Juhel de Mayenne, Isabelle, sa mère et Gervaise, son épouse, ont donné et concédé, en pure et perpétuelle aumône, à l'abbaye de Fontaine-Daniel dont ils sont les fondateurs, toutes les libéralités dont il s'agit, et les ont, avec la charte qui les renferme, déposées sur le saint autel, le jour de l'Ascension du Seigneur, jour où le couvent est entré pour la première fois au monastère, situé en Salair, l'an de l'Incarnation du Seigneur 1205, le 14 des calendes de juin, l'année même où a eu lieu l'échange de la Herperie.

Voici les noms des témoins tant de la donation que de l'échange : Geoffroy, abbé de Clermont ; Guillaume(1), abbé de Champagne ; le couvent de Fontaine-Daniel ; dame Avoise de Laval ; Herbert de Logé ; Guillaume d'Arquenay ; Pierre de Craon ; Thomas Malenfant ; Alain Le Geal ; Jean le Roux ; Raoul de Mauni et plusieurs autres.

Sur quoi, nous avons pris sous notre protection l'abbaye de Fontaine-Daniel et, à la demande de monseigneur Juhel, confirmé la présente charte, en l'appuyant de l'autorité de notre sceau.]

XXI

Donation par Constance de Craon, dame de la Garnesche.

V. 1205.

Universis præsentibus et futuris innotescat quòd ego Constancia, filia Mauritii de Credone, domina de la Garnesche, assensu et voluntate Petri, filii mei, quem tunc solum heredem habebam, dedi Deo et Beatæ Mariæ et abbatiæ de Fonte Danielis XX solidos turomenses, vel usitalis monetæ, in puram et perpetuam elemosinam, et concessi apud Chantocium in redditu meo de passagio Ligeris singulis annis in Nativitate Beatæ Mariæ capiendos, per manum illius qui prædictum passagium recipit, sive ad firmam, sive alio modo habuerit.

Sed, quia generationi generatio succedit et humanæ

---

(1) On a pu remarquer que l'acte de fondation porte Raoul, abbé de Champagne, et non Guillaume. *Voir notre Étude sur Fontaine-Daniel.*

actionis labilis est memoria, dictam donationem, ut robur perpetuum obtineat, litteris annotavi, et sigilli mei feci testimonio roborari.

Testibus his : Juhello de Meduanâ ; Petro de Credone, clerico ; Petro de la Garnesche, filio meo ; Isabelli de Meduanâ, matre meâ et pluribus aliis.

[Qu'il soit connu de tous, présents et à venir, que moi, Constance, fille de Maurice de Craon, dame de la Garnesche, ai, du consentement et de la volonté de mon fils Pierre, qui était alors mon seul héritier, donné en pure et perpétuelle aumône à Dieu, à la bienheureuse Marie et à l'abbaye de Fontaine-Daniel, vingt sols tournois, ou de monnaie courante, et les ai délivrés à prendre chaque année, à Chantocé, sur mon revenu du passage de la Loire : ils seront exigibles à la Nativité de la bienheureuse Marie et touchés du receveur dudit passage, qu'il le tienne à ferme ou autrement.

Mais, comme les générations se succèdent et que le souvenir des actions humaines est fugitif, j'ai rédigé par écrit cette donation, pour en assurer l'exécution à perpétuité, et je l'ai fait valider par l'impression de mon sceau.

Témoins de ce qui précède : Juhel de Mayenne ; Pierre de Craon, clerc ; Pierre de la Garnesche, mon fils ; Isabelle de Mayenne, ma mère et plusieurs autres.]

XXII

Confirmation par Barthélemy, archevêque de Tours.

1206.

Bartholomeus, Dei gratiâ Turonensis archiepiscupus, universis fidelibus etc.... (*Texte semblable à celui de la charte XX, donnée par Hamelin, évêque du Mans*). In testimonium præfatæ elemosinæ, sicut in autenlicis venerabilis fratris nostri Hamelini, cenomanensis episcopi, et ipsius Juhelli vidimus contineri.

Actum anno gratiæ M° CC° VI°, ordinationis nostræ tricesimo secundo.

[Barthelemy, par la grâce de Dieu archevêque de Tours, à tous les fidèles….

Pour assurer par un nouveau témoignage l'existence des aumônes qui sont énumérées plus haut, nous déclarons avoir vu tout ce qui précède dans des authentiques émanant de notre vénérable frère Hamelin, évêque du Mans et de Juhel lui-même.

Fait l'an de grâce 1206, la trente-deuxième année de notre ordination.]

XXIII

Confirmation par Philippe-Auguste, roi de France.

1206.

In nomine Sanctæ et Individuæ Trinitatis, amen.
Philippus, Dei gratiâ Francorum rex :

Noverint universi præsentes pariter et futuri quòd Juhellus de Meduanâ, fundator abbatiæ de Fonte Danielis, dedit et concessit in perpetuam elemosinam dictæ abbatiæ totum nemus de Saleto et de Poilleio, cum omnibus pertinentiis suis; et totum Parcum de Meduanâ; stagnum de Motâ, cum molendino ejus stagni; Bondie, cum molendino ejus; et totam Haiam de Anvoriâ, cum ipso loco in quo abbatia fundata est; totam terram de Cepeleriâ, de Chauvoneriâ, de Rochâ; totam terram Reginaldi Falconarii et quidquid idem Raginaldus habuit in burgo Sancti Georgii et in Loheriâ; omnia molendina ejusdem Juhelli, quæ sunt in villâ Meduanæ, cum pertinentiis suis ; molendinum de Grenor, et totum dominicum suum in aquâ Meduanæ.

Item. Apud Meduanam, vineas Boneti et Salomonis judeorum ; herbergamentum ejusdem Salomonis, quod est in eâdem villâ et in eodem herbergamento unum hominem semper liberum et quietum.

Concessit etiam dictus Juhellus et dedit eidem abbatiæ in puram elemosinam quidquid habet apud Fontanetum Paganelli et apud Moschans et Segrevillam, cum omnibus pertinentiis corumdem maneriorum ; et quidquid ipse habebat apud Regisvillam in bergariâ ; et XX solidos cenom. in galbagio, — et maresium Garsicar ; apud Becherel XX solidos, VI quarterios frumenti perpetui redditûs, — et L solidos cenom. in passagio de Romilleio, — et in Fossâloven unam masuram, — et decimam partem totius redditûs ejusdem Juhelli de terrâ examplatâ et examplandâ in eâdem forestâ de Fossâloven, — et duas partes decimarum ejusdem terræ, — et decimam molendini.

Dedit etiam et concessit dictus Juhellus dictæ abbatiæ tres granchias cum pertinentiis suis, videlicet : Champoium, Allodium, Salicem Reginaldi cum Gaudineriâ et Massilleiâ ; quas granchias idem Juhellus emit ab abbatiâ Clarimontis et propter hoc dedit in elemosinam eidem abbatiæ Clarimontis omnia molendina sua de Herneiâ et de Vahaiâ, cum omnibus pertinentiis, in perpetuam elemosinam habenda.

Item. — Dictus Juhellus dedit et concessit dictæ abbatiæ de Fonte Danielis et omnibus pertinentiis suis, in omnibus forestis et nemoribus suis usagium ad ipsam abbatiam et ad omnia ædificia monachorum construenda et reparanda, et habere proprios porcos in omnibus forestis suis, quandò et ubi aliis porcis erunt communes.

Dedit etiam et concessit dictus Juhellus eidem abbatiæ quidquid in terrâ ejus poteret abbatia illa justè adquirere, salvis redditibus ejusdem Juhelli, in perpetuum teneat et possideat.

Dedit etiam eidem abbatiæ et omnibus hominibus ejus et omnibus rebus ad ipsam pertinentibus libertatem et quitantiam de omnibus rebus quæ ad eum vel ad heredes suos pertinent, per totam terram suam.

Quod ut firmam obtineat stabilitatem, sigilli nostri auctoritate et regii nominis karactere inferiùs annotato, ad petitionem dicti Juhelli, præsentem paginam, salvo jure nostro, confirmamus.

Actum apud Chantoceium, anno ab Incarnatione Domini M° CC° VI°, regni verò nostri anno vigesimo septimo, astantibus in palatio nostro quorum nomina supposita sunt et signa :

(Dapifero nullo).

Signum Guidonis, buticularii.

Signum Mathei, camerarii.

Signum Droconis, constabularii.

Data vacante (*monogramme royal*) cancellariâ.

Per manum fratris Guarini.

[Au nom de la sainte et Indivisible Trinité, ainsi soit-il.

Philippe, par la grâce de Dieu, roi de France.

Sachent tous, présents et à venir, que Juhel de Mayenne, fondateur de l'abbaye de Fontaine-Daniel, a donné et concédé en perpétuelle aumône à cette abbaye tous les bois de Salair et de Poillé, avec leurs dépendances; tout le Parc de Mayenne; l'étang de la Motte, avec le moulin de cet étang; la Haie d'Anvore en son entier; le lieu même où l'abbaye est placée ; la terre entière de la Sepellière, de la Chauvonnière et de la Roche; toute la terre de Renauld Fauconnier et tout ce que celui-ci a possédé au bourg de Saint-Georges et à Loyère ; tous les moulins de Juhel situés dans la ville de Mayenne, avec toutes leurs dépendances; le moulin de Grenoux et tout son droit de seigneurie sur la rivière de Mayenne.

Il a donné de même, à Mayenne, les vignes des Juifs Bonet et Salomon, l'herbergement de ce dernier, qui est aussi situé à Mayenne, ainsi que le droit d'avoir dans ce même herbergement un homme libre et exempt de tous droits à l'avenir.

Juhel a encore donné et concédé à l'abbaye, en perpétuelle aumône, tout ce qu'il possédait à Fontenay-le-Pesnel, à Montchamp et à Secqueville (1), avec toutes les dépendances de ces manoirs; tout ce qu'il possédait en bergerie; vingt sols manceaux sur son gerbage et le marais de Galichar, le tout à Réville; vingt sols et six quartiers de froment de rente perpétuelle, à Bécherel, et cinquante sols manceaux sur le passage de Romilly; une closerie à Fosse-Louvain; la dixième partie de toutes les rentes de Juhel sur les terres défrichées et à défricher dans la forêt de Fosse-Louvain; enfin deux parts des dîmes de la terre de Fosse-Louvain et la dîme du moulin (du même nom).

Juhel a aussi donné et concédé trois métairies, avec leurs dépendances, savoir : Champoux, l'Alleu et le Saule-Renauld, avec la Gaudinière et la Marcirais; métairies par lui acquises de l'abbaye de Clermont et pour lesquelles il avait accordé, en perpétuelle aumône, à cette abbaye tous ses moulins d'Ernée et de Vahais, avec toutes leurs appartenances.

Ledit Juhel a donné et concédé à l'abbaye même de Fontaine-Daniel et à ses dépendances droit d'usage dans tous ses bois et forêts pour la construction et la réparation tant de l'abbaye que de tous les autres bâtiments du monastère, et de plus le droit d'avoir des porcs dans toutes ses forêts, au temps et aux lieux habituels.

Juhel a, en outre, accordé à l'abbaye que tout ce qu'elle pourra acquérir, à justes titres, dans l'étendue de sa terre, elle le tienne et possède à perpétuité, sous réserve des droits qui lui seraient dus.

Il a enfin accordé à l'abbaye, à ses hommes et pour tous ses biens, liberté par toute sa terre, avec franchise des droits qui lui appartiennent ou appartiendront à ses héritiers.

(1) Secqueville en Bessin.

Pour que ceci demeure ferme et stable, nous avons, sur la demande de Juhel et sous la réserve de notre droit, confirmé le présent écrit, en l'appuyant de l'autorité de notre sceau et du monogramme du nom royal figuré plus bas.

Fait à Chantocé, l'an de l'Incarnation du Seigneur 1206, la vingt-septième année de notre règne, en notre palais et en présence des personnes dont les noms et les seings sont ci-dessous :

(Pas de Sénéchal). — Le seing de Guy[1], bouteiller; le seing de Mathieu[2], chambrier; le seing de Dreux, connétable.

Donné pendant la vacance de la chancellerie.

Par la main de Frère Guérin[3].]

XXIV

Donation par l'Abbaye de Fontaine-Daniel.

V. 1206.

Universis fidelibus præsentibus et futuris frater Laurentius, Fontis Danielis dictus abbas primus, et totus ejusdem loci conventus, æternam in Domino salutem.

Cùm dominus Juhellus de Meduanâ, domûs nostræ fundator, decimam partem totius redditûs sui de Groleio et duas partes decimæ totius agriculturæ hominum

---

(1) Guy de Senlis.
(2) Il s'agit sans doute de Mathieu de Montmorency.
(3) La chancellerie de France fut vacante pendant une grande partie du XIII° siècle. D'autres officiers remplissaient les fonctions de garde des sceaux. C'est de là que fut introduite dans les diplômes la formule *vacante cancellariâ*, entrecoupée par le monogramme du roi. Frère Guérin, qu'on voit figurer ici, était chevalier de Saint-Jean de Jérusalem et évêque de Senlis. Il obtint d'être chancelier en titre, en 1223 ; et, afin de donner plus de relief à son office, fit décider que le chancelier de France serait le premier de tous les officiers de la couronne et qu'il aurait séance parmi les pairs du royaume. En 1302, Philippe le Bel décida que le chancelier aurait rang immédiatement après les princes du sang.

CEAU DE GARIN, ÉVÊQUE DE SENLIS

in eâdem terrâ manentium, ad opus pauperum de portâ nobis in elemosinam contulisset, — audientes et attendentes quòd monachi Savignei, fratres et amici nostri, in eâdem juris reclamationem haberent, — pro bono pacis, intuitu mutuæ caritatis, totum illud quod prædictus dominus Juhellus in ipsâ terrâ de Groleio, tàm in redditu quàm in decimâ nobis dederat, eisdem monachis liberaliter dedimus et concessimus, idipsum domino Juhello volente et concedente. Itâ tamen ut in usus pauperum de portâ domûs Savignelí expendatur.

Quiâ verò in chartis nostris, undè deleri non potest, illa donatio continetur, statuimus ut illæ chartæ contrà istam vim non habeant vel efficaciam, in hoc tantùm quòd ad prædictam donationem de Groleio noscitur pertinere.

Quod ut ratum sit et perpetuam obtineat firmitatem, id litteris annotari et sigilli nostri fecimus munimine roborari.

[A tous les fidèles présents et à venir, Frère Laurent, premier abbé de Fontaine-Daniel et tout le couvent, salut éternel dans le Seigneur.

Monseigneur Juhel de Mayenne, fondateur de notre maison, nous avait, dans le but de secourir les mendiants, fait don à titre d'aumône de la dixième partie de toutes ses rentes de la terre de Grolay et de deux parts de la dîme des produits agricoles des manants de cette terre. Ayant appris et considéré que les moines de Savigny, nos frères et nos amis, se prévalaient de quelque droit sur ces revenus, nous avons, pour le bien de la paix, dans un sentiment de charité réciproque, donné et concédé libéralement auxdits moines de Savigny, conformément d'ailleurs au désir et avec l'agrément de Monseigneur Juhel, tout ce qu'il nous avait accordé sur la terre de Grolay, tant en rentes qu'en dîmes, à la condition toutefois que la maison de Savigny en dépensera le montant pour le soulagement des pauvres qui viennent tendre la main à la porte.

Et, comme la donation qui nous a été faite figure dans nos chartes et n'en peut être supprimée, nous déclarons que les chartes antérieures demeureraient sans effet et sans efficacité contre celle-ci, en ce qui concerne la donation dont il s'agit, car il est bien entendu que nous ne visons que la donation précitée de Grolay.

Pour que ceci demeure définitif et sorte à l'avenir son plein et entier effet, nous l'avons fait rédiger par écrit et valider par l'impression de notre sceau.]

XXV

Règlement de droits avec le prieur de Mayenne et de Fontaine-Géhard.

1206.

Contentio inter Priorem Meduanæ et Fontis-Gyardi et Laurentium, abbatem Fontis Danielis, super decimam panagii et examplariorum Saleti et Poyllell et Parci de Meduaná, in quibus Prior Meduanæ usagium reclamabat.....

Dominus Juhellus de Meduaná, fundator Fontis Danielis.....

[Contestation entre le prieur de Mayenne et de Fontaine-Géhard(1), d'une part, et Laurent, abbé de Fontaine-Daniel, d'autre part, touchant la dîme des panages et défrichements de Salair, de Poillé et du Parc de Mayenne, sur lesquels le prieur de Mayenne réclamait le droit de......

---

(1) Fontaine-Géhard, prieuré conventuel de l'Ordre de Saint-Benoît, situé paroisse de Châtillon-sur-Colmont. Le prieur de Géhard est aussi appelé prieur de Mayenne, parce que Géhard avait dans ses possessions les biens du prieuré de Saint-Étienne de Mayenne et entretenait alors deux moines au château de Mayenne.

Monseigneur Juhel de Mayenne, fondateur de Fontaine-
Daniel...]

Cet extrait peut être complété par la pièce suivante, tirée d'un *inventaire général du prieuré conventuel de Fontaine-Géhard,* fait en l'année *1715* et portant la *cote 32e* :

« Charte d'Hamelin, évêque du Mans, portant accord fait
« entre les moines de Mayenne et ceux de Fontaine-Géhard,
« d'une part, et ceux de Fontaine-Daniel, d'autre part, tou-
« chant la dîme des défrichements et panage de Salair, Poillé
« et Parc de Mayenne, par lequel Juhel de Mayenne, pour
« le bien de la paix, en qualité de fondateur de Fontaine-
« Daniel, donne au prieur dudit Mayenne et Géhard deux
« parts des dîmes des défrichements de la grande forêt de
« Mayenne, en quelque paroisse qu'ils soient, excepté les
« terres qu'il avait données aux Bonshommes de Montguyon.

« Si cependant l'on venait à y défricher, sans que ce fût
« aux dépens des moines de Fontaine-Daniel, les moines de
« Mayenne et le curé (de la paroisse) auraient les deux parts
« et lesdits de Fontaine-Daniel l'autre ; mais si au contraire
« c'était à leurs propres dépens, ils auraient le total.

« De plus, lesdits (moines) de Mayenne, au lieu de la dîme
« à la dixième gerbe, l'auront à la vingtième sur les parois-
« ses de Saint-Georges et de Contest, excepté sur les terres
« que les moines de Fontaine-Daniel ont près la grange du
« Parc, qu'ils (les moines de Mayenne) possèdent depuis
« trente ans.

« Et en cas que les moulins foulerets, sur lesquels il a
« donné auxdits moines de Mayenne dix sols de rente an-
« nuelle, vinssent à manquer, ils les prendraient sur les
« moulins de Mayenne, que ledit Juhel a donnés aux moines
« de Fontaine-Daniel.

« Daté de l'an 1206.

XXVI

Donation par Juhel III de Mayenne.

1206.

Universis Christi fidelibus ad quos præsens scriptum perveniet, æternam in Domino salutem.

Noverit universitas vestra quòd ego dedi et concessi Deo et abbatiæ meæ et monachis Sanctæ Mariæ de Fonte Danielis jus patronatûs ecclesiæ meæ Sancti Albini de Fontineto Paganelli, et.... in perpetuam elemosinam, liberam penitùs, sine retentione aliquâ mihi aut heredibus meis....

Ut hæc igitur donatio mea perpetuam obtineat firmitatem, eam præsentis scripti munimine et sigilli mei præsidio volui roborari.

Testibus his : Willelmo, abbate, et conventu Savignienei, in cujus capitulo celebrata donatio illa fuit, anno dominicæ Incarnationis millesimo ducentesimo sexto.

Præsentibus : fratre Laurentio, primo abbate prædictæ abbatiæ de Fonte Danielis ; Willelmo Britone, monacho ejusdem loci ; Willelmo de Bolleto ; Hugone de Erkento ; Rorgone Guacelin ; Willelmo, clerico ; Adam Larbaleistrier et pluribus aliis[1].

(A tous les fidèles du Christ à qui parviendra le présent écrit, salut éternel dans le Seigneur.

Sachent tous que j'ai donné et concédé à Dieu, à mon abbaye et aux moines de Sainte-Marie de Fontaine-Daniel le

---

[1] La copie de cette charte porte la mention finale qui suit : « Collation des
« présentes a été faite à son original en parchemin, qui nous a été représenté
« par discret et vénérable Dom René Guillin, bachelier en théologie, reli-
« gieux dudit Fontaine-Daniel, auquel il est demeuré ; par nous Julien-Fran-
« çois Nepveu, notaire des cours royaux du Mans et du Bourgnouvel, demeu-
« rant et establi en la paroisse de Contest, ce 12e jour de décembre 1627. »

droit de patronage de mon église de Saint-Aubin de Fontenay-
le-Pesnel et......; (et que j'ai fait cette libéralité) à titre d'au-
môme perpétuelle, absolument franche et sans aucune
réserve, soit pour moi, soit pour mes héritiers..........

Et afin que ma donation soit maintenue fermement et à
perpétuité, j'ai voulu, pour en assurer la conservation, la
consigner dans cet écrit et y apposer mon sceau.

Ont été témoins Guillaume, abbé, et le couvent de Savigny;
car c'est dans la salle capitulaire de cette abbaye que la
donation dont il s'agit a été faite solennellement, l'an de
l'Incarnation du Seigneur 1206.

En présence de : Frère Laurent, premier abbé de Fontaine-
Daniel; Guillaume Breton, moine de cette abbaye; Guillaume
de Boulay; Hugues d'Arquenay; Rorgon Gasselin; Guillaume, clerc; Adam Larbalétrier et plusieurs autres.]

XXVII

Donation par Guillaume de Soudai et Philippe, son épouse.

1206.

(Universis...) Willelmus, andegavensis episcopus....
Guillelmus de Soldato et Philippa, uxor ejus, dederunt in perpetuam elemosinam Beatæ Mariæ de Fonte
Danielis duas capellianas, cum pertinentiis suis : quæ
capellianæ datæ fuerunt et assignatæ pro salute Joslent
de Turonis et Gaufridi, filii ejus.... Dictas capellianas
abbatiæ de Fonte Danielis concessimus.

Anno 1206.

[(A tous)...... Guillaume, évêque d'Angers......
Guillaume de Soudai et Philippe, son épouse, ont fait
donation en perpétuelle aumône à la bienheureuse Marie de
Fontaine-Daniel de deux chapellenies et de leurs dépendan-

ces ; ces fondations ont été constituées et assignées pour le salut de Jouslin de Tours et de Geoffroy, son fils, (sur).....

Nous avons accordé que l'abbaye de Fontaine-Daniel possédât les dites chapellenies.

L'an 1206.]

XXVIII

Donation par Robert de Landivy.

1207.

Notum.......... quòd Robertus de Landeviaco, pro salute animæ suæ, dedit Beatæ Mariæ de Fonte Danielis Talleferrariam, cum omnibus pertinentiis suis, in perpetuam elemosinam, et assignavit ad pitantiam in Purificatione Beatæ Mariæ monachis singulis annis faciendam.

Ego Juhellus, Meduanæ et Dinanni dominus, ad petitionem dicti Roberti, sigilli mei impressione roboravi.

Anno 1207, pridie idus februarii.

Testibus : Johanne Gruel et R. de Taoneriâ, monachis ; Isabele de Meduanâ ; Jarnigan de Malni ; Herberto de Loge ; Willelmo de Bolleto et pluribus aliis.

[Sachent..... que Robert de Landivy a, pour le salut de son âme, donné en perpétuelle aumône, à la bienheureuse Marie de Fontaine-Daniel la Taille-Ferrière[1] et ses dépendances ; et a affecté cette terre pour la fourniture, chaque année, de la pitance des moines, à la Purification.

Moi Juhel, seigneur de Mayenne et de Dinan, ai, à la demande dudit Robert, validé cet écrit par l'impression de mon sceau.

L'an 1207, la veille des ides de février.

---

(1) La Taille-Ferrière, paroisse de la Dorée.

Témoins : Jean Gruel et R. de la Tannière, moines ;
Isabelle de Mayenne ; Jarnigan de Mauni ; Herbert de Logé ;
Guillaume de Boulay et plusieurs autres.]

XXIX

Donation par Juhel III de Mayenne.
1207.

Noverint universi tàm presentes quàm posteri quòd ego Juhel, Meduanæ et Dinanni dominus, pro salute animæ meæ et uxoris meæ Gervasiæ et antecessorum et heredum meorum, dedi Deo et Beatæ Mariæ et abbatiæ meæ de Fonte Danielis et monachis ibidem Deo servientibus, in puram et perpetuam elemosinam, totum id quod habebam in manerio meo de Revillà in hominibus, in dominico et in servili, cum omnibus maneriis et pertinentiis perpetuò possidendum, nihil mihi vel heredibus meis reservans in posterum preter divinam retributionem.

Volo igitur et precipio et firmiter constituo ut predicta abbatia prefatum manerium de Revillà, cum omnibus pertinentiis suis et cum aliis maneriis meis de Normanniâ primò datis: videlicet Fontenelo Paganelli et Moschans, liberè et pacificè teneat et possideat, cum aliis donationibus et libertatibus, quas eidem abbatiæ dedi primitùs et concessi. Ut autem hoc ratum et stabile permaneat in perpetuum, ego prefatus Juhel presentem cartam sigilli mei munimine confirmavi.

Actum apud Pontmain, anno gratiæ millesimo ducentesimo septimo, pridie idus februarii.

Testibus his : Johanne Gruel, R. de Taoneriâ, Guischart, — monachis ; Isabele de Meduanâ ; Herberto de Loge, senescallo ; Jarnigan de Maini ; Willelmo de Bollelo ; Gervasio de Corcesiers ; magistro Johanne de Ebronio, et pluribus aliis.

[Sachent tous présents et à venir que moi Juhel, seigneur de Mayenne et de Dinan, ai, pour le salut de mon âme et des âmes de Gervaise, mon épouse, de mes prédécesseurs et héritiers, fait donation, en perpétuelle aumône, à Dieu, à la bienheureuse Marie, à mon abbaye de Fontaine-Daniel et aux moines qui y servent le Tout-Puissant, l'universalité de ce que je possédais à mon manoir de Réville, en hommes, en domaine et en fiefs, avec toutes les dépendances de ce manoir : ils posséderont le tout à perpétuité, ne me réservant à l'avenir, pour moi et pour mes héritiers, rien autre chose que la récompense que Dieu pourra nous accorder.

En conséquence, je veux, je prescris et j'ordonne expressément que l'abbaye tienne et possède librement et tranquillement le manoir de Réville, avec toutes ses appartenances, et mes autres manoirs de Normandie, qui lui ont été donnés antérieurement, c'est-à-dire Fontenay-le-Pesnel et Montchamp, en un mot toutes les autres libéralités et franchises que j'ai primitivement octroyées et accordées à cette abbaye.

Et pour que ceci demeure toujours ferme et stable, moi Juhel ai confirmé la présente charte par l'impression de mon sceau.

Fait à Pontmain, l'an de grâce 1207, la veille des Ides de février.

Ont été témoins : Jean Gruel, R., de la Tannière et Guichart, moines ; Isabelle de Mayenne ; Herbert de Logé, sénéchal ; Jarnigan de Maunt ; Guillaume de Boulay ; Gervais de Courceriers ; maître Jean d'Évron et plusieurs autres.]

XXX

Donation par Juhel III de Mayenne et Gervaise, son épouse.

1207.

Noverint...... quòd Juhellus, de Meduanà et Dinanno dominus, et Gervasia, uxor ejus, emerunt pro XXX libris cenomanensibus a Huberto de Andollelo totum

quod habebat in hominibus et in terrâ de Gibarderiâ. —
Dictus Juhellus et uxor, pro salute animarum suarum
et heredum suorum, dederunt Beatæ Mariæ de Fonte
Danielis, in perpetuam elemosinam, præfatam terram
et homines. — Dedit insuper Juhellus, ad petitionem
dilectæ uxoris suæ Gervasiæ, præfatæ abbatiæ V solidos
cenomanenses, VII andegavenses annuæ talliæ, cum
suis pertinentiis, quos capiebat in prædictis hominibus
annuatim......

Juliana, uxor præfati Huberti de Andollelo, et Eremburgis et Margarita, eorum filiæ, concesserunt.....

Ego Juhellus sigilli mei munimine confirmavi.

Anno 1207.

Testibus : Isabele de Meduanâ, Herberto de Logeio,
Jarnigan de Malni, Gervasio de Corcesiers, Willelmo de
Bolleio et aliis.

[Sachent..... que Juhel, seigneur de Mayenne et de Dinan,
et Gervaise, son épouse, avaient acheté de Hubert d'Andouillé pour le prix de trente livres mancelles tout ce qu'il
possédait sur les hommes et la terre de la Grinhardière.
Juhel et son épouse ont, pour le salut de leurs âmes et de
celles de leurs héritiers, fait donation en perpétuelle aumône
à la bienheureuse Marie de Fontaine-Daniel de cette terre et
de ces hommes. De plus Juhel, à la demande de sa chère
épouse Gervaise, a donné à l'abbaye cinq sols manceaux et
sept sols angevins de la taille annuelle, sans aucune retenue,
qu'il prenait chaque année sur les hommes de la Grinhardière.....

Julienne, épouse dudit Hubert d'Andouillé, Eremburge et
Marguerite, filles de ces derniers, ont donné leur agrément....

Moi Juhel ai validé ce contrat par l'impression de mon
sceau.

L'an 1207.

Témoins : Isabelle de Mayene; Herbert de Logé; Jarnigan
de Mauni; Gervais de Courceriers; Guillaume de Boulay et
autres.]

XXXI

Donation par Herbert d'Andouillé.

1207.

Universis..... R...... decanus Meduanæ.....
Hubertus de Andolleio, assensu Julianæ, uxoris suæ, et filiarum suarum Eremburgis et Margaritæ, dedit Beatæ Mariæ de Fonte Danielis, in perpetuam elemosinam, quod habebat in terrâ de Gilharderiâ....

Anno 1207, quinto kalendas decembri.

Testibus : Fratre R.... abbate de Fonte Danielis; fratre Willelmo de Castellione; Gauterio, presbytero Andolleii; Roberto de Bere [1]; Pagano de Roisson; Hamelino Roussel et aliis.

[A tous..... R..... doyen de Mayenne.....
Herbert d'Andouillé, avec l'agrément de Julienne, son épouse, d'Eremburge et de Marguerite, leurs filles, a donné en perpétuelle aumône à la bienheureuse Marie de Fontaine-Daniel tout ce qu'il possédait sur la terre de la Grinhardière.

L'an 1207, le cinq des calendes de décembre.

Témoins : Frère R....., abbé de Fontaine-Daniel; frère Guillaume, de Châtillon ; Gaultier, prêtre d'Andouillé; Robert de Brée ; Payen de Rouesson [2]; Hamelin Roussel et autres.]

---

[1] Ne faut-il pas lire Brée ? on a vu Robert de Brée aux chartes XIV et XV.

[2] Rouesson, fief noble, situé ancienne paroisse d'Oisseau, dans la partie qui dépend aujourd'hui de la Haie-Traversaine.

XXXII

Donation par Juhel III de Mayenne.
v. 1207.

Universis fidelibus præsentes litteras inspecturis, Juhellus, dominus Meduanæ, salutem.

Noverit universitas vestra quòd ego, pro salute meâ, dedi et concessi in puram elemosinam Deo et Beatæ Mariæ et monachis abbatiæ meæ de Fonte Danielis unam masuram in forestâ meâ de Fossâ-Loven, liberam et quietam de omnibus quæ ad me pertinent.

Quod ut firmiùs teneatur, sigillo meo confirmari feci.

Testibus his : Herberto de Loge, senescallo meo ; Radulpho, presbytero de Hercelo ; Willelmo Peldeloup ; Guillemere de Gorran ; Michaele Moter et pluribus aliis.

[A tous les fidèles qui prendront connaissance des présentes lettres, Juhel, seigneur de Mayenne, salut.

Sachent tous qu'en vue de mon salut j'ai donné et concédé, en pure aumône, à Dieu, à la bienheureuse Marie et aux moines de mon abbaye de Fontaine-Daniel une closerie dans ma forêt de Fosse-Louvain, franche et quitte de tous droits et devoirs de mon chef.

Pour que cette charte acquière plus de force, je l'ai fait authentiquer par l'apposition de mon sceau.

Etaient témoins : Herbert de Logé, mon sénéchal ; Raoul, prêtre de Hercé ; Guillaume Peaudeloup[1] ; Guillemard de Gorron ; Michel Mottier et plusieurs autres.]

---

(1) La famille Peaudeloup donna son nom à la seigneurie de la Haie-Peaudeloup, située paroisse de Hercé, et qui était un fief vassal de la châtellenie de Gorron, suivant M. Léon Maître (Dict. top. de la Mayenne). V. infrà, p. 293.

XXXIII

Vente par Ernault Morin.

1208.

Omnibus..... R. de Sancto Juliano, decanus de Jevronois.....

(Notum facimus) Hernaldum Morini omnem hereditatem suam, scilicet tertiam partem, feodi Morini monachis de Fonte Danielis pro XL solidis vendidisse.

Anno 1208.

[A tous..... R. de Saint-Julien, doyen de Javron.....

(Nous faisons savoir que) Ernauld (fils de) Morin, a vendu aux moines de Fontaine-Daniel tout son héritage, c'est-à-dire le tiers du fief Morin, pour quarante sols.

L'an 1208.]

XXXIV

Donation et vente par Adam Morin.

1208.

Sciant......

Adam Morin dedit abbatiæ de Fonte Danielis, in perpetuam elemosinam, tertiam partem hereditatis suæ, cum pertinentiis: duas partes vendidit pro C solidis cenomanensibus.... Concessit Ales, uxor ejus.

Ego Radulphus de Basileis, assensu Hugonis, filii mei, militis, concessi...... quia de me tenebat.

Sigillum meI.

Anno 1208, II nonas Julii.

[Sachent (tous).....

Adam Morin a fait donation en perpétuelle aumône à l'abbaye de Fontaine-Daniel du tiers de son héritage, avec ses dépendances : pour les deux autres tiers, il les a vendus cent sols manceaux..... Alice, son épouse, a donné son agrément.

Moi, Raoul de Bascilles, avec l'adhésion de Hugues, mon fils, chevalier, ai consenti (à cette donation),... parce que Adam Morin était dans ma féodalité.

Mon sceau.

L'an 1208, le deux des nones de juillet.]

XXXV

Donation par Haois, épouse de Robert Chaperon.

v. 1208.

Omnibus..... Raginaldus de Cormeis, Lavallensis decanus......

Haois, uxor Roberti Chaperon, abbatiæ de Fonte Danielis, in quâ sepulturam habere disposuit, omnem partem suam tàm mobilium quàm hereditatum, quæ sibi judicio mediante contingit, pro salute animæ suæ et omnium amicorum suorum, in perpetuam elemosinam concessit.....

Actum apud Lavallem, anno 1208.

[A tous...... Renauld de C...... doyen de Laval....

Haois, épouse de Robert Chaperon, a, pour le salut de son âme et de celles de tous ses amis, abandonné en perpétuelle aumône à l'abbaye de Fontaine-Daniel, où elle a pris ses dispositions pour sa sépulture, toute la part des biens, tant mobiliers qu'immobiliers, qui lui revient et est à fixer judiciairement...

Fait à Laval, l'an 1208].

XXXVI

Donation par Guillaume du Creux.

V. 1208.

Raginaldus de Cormeis, Lavallis decanus....
Willelmus de Croso, cum voluntate patris et matris suæ et fratrum suorum, videlicet Garini, Andreæ et Johannis, omnem terram suam in feodo Hamelini Porin dedit abbatiæ de Fonte Danielis, in perpetuam elemosinam.
Anno 1208.

[Renauld de C......, doyen de Laval......
Guillaume du Creux, avec le consentement de ses père et mère et de ses frères, c'est-à-dire de Guérin, André et Jean, a donné en perpétuelle aumône à l'abbaye de Fontaine-Daniel toute la terre qu'il possède au fief de Hamelin Porin.
L'an 1208].

XXXVII

Donation par Juhel III de Mayenne.

V. 1208.

Juhellus, Meduanæ et Dinanni dominus, dedi abbatiæ meæ Fontis Danielis quam fundavi omnes cohuas[1] meas de villà Meduanæ, cum pertinentiis...
Anno 1208.

---

(1) Le Cartulaire porte *correas*, ce qui paraît être une erreur du copiste. On ne voit pas que les moines de Fontaine-Daniel aient jamais joui de corvées à Mayenne, tandis qu'on sait qu'ils ont possédé les halles et marchés, c'est-à-dire les cohues de Mayenne.

[Je, Juhel, seigneur de Mayenne et de Dinan, ai donné à l'abbaye de Fontaine-Daniel, dont je suis le fondateur, toutes mes cohues de la ville de Mayenne, avec leurs dépendances......

L'an 1208].

XXXVIII

Accord avec Payen de Rouesson.

1208.

Concordia inter abbatiam de Fonte Danielis et Paganum de Roisson super terrà de Aligauderià....
Anno 1208.

[Accord entre l'abbé de Fontaine-Daniel et Payen de Rouesson, relativement à la terre de l'A.......
L'an 1208].

XXXIX

Donation par Juhel III de Mayenne.

1208.

Universis......

Juhellus, dominus Meduanæ, pro salute animæ meæ et antecessorum et heredum meorum, Beatæ Mariæ de Fonte Danielis in perpetuam elemosinam dedi Robinum de Andegaviâ et heredes ejus, ab omnibus talliis, redevantiis liberos.......

Anno 1208, tertio kalendarum maii.

[A tous.....

Je, Juhel, seigneur de Mayenne, pour le salut de mon âme et de celles de mes prédécesseurs et de mes héritiers, ai donné, en perpétuelle aumône, à la bienheureuse Marie de Fontaine-Daniel, Robin d'Anjou et ses héritiers, que je libère de toutes tailles et redevances.....

L'an 1208, le trois des calendes de mai.]

XL

Donation par André II de Vitré.

1208.

Noverint.....

Ego Andreas de Vitreo, monachis Fontis Danielis, pro solâ Dei retributione, franchisiam et quitantiam per totam terram meam de omnibus quæ emerint, vel vendiderint, vel transferri fecerint, dedi in puram elemosinam........

Signum meum feci apponi.

Actum apud Chastellum, anno 1208, die Ascensionis Domini, mense maio.

[Sachent (tous..... que) moi, André de Vitré, ai donné aux moines de Fontaine-Daniel, en pure aumône, n'en attendant que de Dieu seul la récompense, franchise et liberté dans ma terre entière, pour tout ce qu'ils y achèteront et vendront, ou y feront passer.....

J'ai fait apposer mon sceau.

Fait à Châtillon(1), l'an 1208, au mois de mai, le jour de l'Ascension de Notre-Seigneur.]

---

(1) Châtillon en Vendelais, près Vitré.

XLI

Confirmation par le pape Innocent III.
1208.

Innocentius episcopus, servus servorum Dei, dilectis filiis abbati Fontis Danielis ejusque fratribus, tàm præsentibus quàm futuris, regularem vitam professis.

In perpetuum religiosam vitam eligentibus apostolicum convenit adesse subsidium, ne fortè cujuslibet temeritatis incursus aut eos à proposito revocet, aut robur (quod absit!) sacræ religionis infringat. — Ea propter, dilecti in Domino filii, vestris justis postulationibus clementer annuimus etc....... prætereà quascumque possessiones, concessione Pontificum, largitione Regum etc...... ex dono nobilis viri Juhelli de Meduanâ, nemora de Saleto etc....... prohibemus etc....... amen, amen, amen.

Suit le monogramme du pape Innocent III, et le sceau portant cette inscription: Sanctus Petrus, Sanctus Paulus. Innocentius P. P. III. Fac mecum, domine, signum in bonum; *puis viennent les signatures de plusieurs cardinaux, précédées chacune d'une croix ornementée:*

Ego Innocentius catholicæ Ecclesiæ episcopus.
† Ego Johannes, albanensis episcopus.
† Ego Nicolaus, tusculanus episcopus.
† . . . . presbyter cardinalis......
† . . . . presbyter cardinalis tituli.....
† . . . . Sanctæ Suzannæ presbyter cardinalis.
† . . . . tituli Sanctæ Anastasiæ presbyter cardinalis.

† Ego Gregorius Sancti Georgii ad velum aureum diaconus cardinalis.

† Ego Guido Sancti Nicolai in carcere (Juliano) diaconus cardinalis.

† Ego Johannes Sanctæ Mariæ in viâ latâ diaconus cardinalis.

† Ego Pelagius Sanctæ Luciæ ad septem solia diaconus cardinalis.

Datum Ferentino per manum Johannis, Sanctæ Mariæ in Cosmidin diaconus cardinalis, Sanctæ romanæ Ecclesiæ cancellarii, III Kl. novembris, Indictione XII, Incarnationis dominicæ anno M⁰ CC⁰ VIII⁰, — pontificatûs verò domini Innocentii papæ III, anno undecimo.

Innocent, évêque, serviteur des serviteurs de Dieu, à ses bien-aimés fils l'abbé de Fontaine-Daniel et à ses frères profès, présents et à venir.

Il est opportun de prêter l'assistance du siège apostolique à ceux qui ont choisi pour toujours la vie religieuse, afin d'empêcher que l'attaque de quelques audacieux ne les détourne de leur voie et ne porte atteinte (Dieu nous en préserve !) à l'autorité de la sainte religion. C'est pourquoi, chers fils en Notre-Seigneur, nous accueillons avec bienveillance vos justes demandes, etc..... En outre, nous autorisons et agréons les possessions que vous tenez de la faveur des Pontifes, de la munificence des Rois..... et de la libéralité de noble homme Juhel de Mayenne, savoir : « les bois de Salair..... » Nous défendons..... Ainsi soit-il.

Après le sceau et le monogramme du pape, on lit :

Moi Innocent, évêque de l'Eglise catholique.

† Moi Jean, évêque d'Albe.

† Moi Nicolas, évêque de Tusculum.

† . . . . prêtre cardinal du titre de.....

† . . . . prêtre cardinal du titre de.....

† . . . . prêtre cardinal du titre de Ste-Suzanne.

† . . . . prêtre cardinal du titre de Ste-Anastase.

† Moi Grégoire, cardinal diacre de St-Georges en Vélabre.

† Moi Guy, cardinal diacre de S¹-Nicolas *in carcere juliano*.
† Moi Jean, cardinal diacre de Sainte-Marie *in viâ latâ*.
† Moi Pélage, cardinal diacre de S¹ᵉ-Luce aux sept sièges.
Donné à Ferentino par les mains de Jean, cardinal diacre de Sainte-Marie *in cosmedin*, chancelier de la Sainte-Église romaine, le trois des calendes de novembre, douzième Indiction, l'an 1208 de l'Incarnation du Seigneur et la onzième année du pontificat du Seigneur Pape Innocent III.]

XLII

Donation par Juhel III de Mayenne.

1209.

Universis....

Juhellus Meduanæ et Dinanni dominus, cùm, pro salute animæ meæ, patris et matris meæ, et uxoris meæ Gervasiæ et omnium antecessorum et heredum meorum, dedissem dudùm aliquas partes ripariæ meæ Meduanæ super ajacentibus abbatiæ meæ de Fonte Danielis in perpetuam elemosinam, quas tamen nequeunt pacificè et utiliter possidere, humili petitioni eorum inclinatus, do amodò ipsis in perpetuum ipsam totam ripariam meam Meduanæ, a ponte Meduanæ usquè ad pontem Landrini, cum omnibus dominiis et juribus meis ad exercendum et piscandum⁽¹⁾, sicut prædecessores mei......

Signum mei.

1209, mense januarii, in crastino Sancti Vincencii, martyris.

[A tous......

Je, Juhel, seigneur de Mayenne et de Dinan, avais, pour le salut de mon âme et des âmes de mon père, de ma mère,

---

(1) Le Cartulaire porte « pascandum. »

de Gervaise, mon épouse, et de tous mes ancêtres et héritiers, fait donation en perpétuelle aumône à l'abbaye de Fontaine-Daniel de certaines parties de ma rivière de Mayenne, en dehors même des portions qui sont limitrophes des dépendances des moines, et dont ils ne peuvent jouir paisiblement ni utilement. Déférant à l'humble requête des moines, je leur donne présentement à perpétuité toute ma rivière de Mayenne, depuis le pont de Mayenne jusqu'au Pont-Landry(1), en toute seigneurie et avec tous mes droits pour y circuler et y pêcher, comme mes prédécesseurs.

Mon seing.

L'an 1209, au mois de janvier, le lendemain de la fête de Saint-Vincent, martyr.]

XLIII

Echange avec le prieuré de Montguyon.

1209.

Notum.......... Juhellus de Meduanâ, pro salute animæ suæ et antecessorum et heredum suorum, dedit Deo et priori et fratribus de Grandimonte, in perpetuam elemosinam, VIII libras cenomanenses et duo solidos in Capeleriâ et in Chauvoneriâ et in Rupe fruborch.

Posteà verò ipse Juhellus quamdam abbatiam fundavit de Ordine Cisterciensi, quæ dicitur Fons Danielis.

Abbas autem et monachi ejusdem abbatiæ videntes quòd terræ supradictæ et redditus earum eis essent necessariæ et propinquæ, consilio domini Juhelli, petierunt a dictis fratribus de Monguion ut dictas terras et VIII libras et duo solidos, quos in eis capiebant annis singulis, cum legitimo eschambio, eis demitterint.

(1) Pont sur la Mayenne, paroisse d'Ambrières.

Dicti verò fratres de Monguion, petitioni monachorum de Fonte Danielis adquiescentes, eisdem monachis terras dictas, cum præfatis VIII libris et duobus solidis, dimiserunt, tali conditione quòd dicti fratres de Monguion habebunt, singulis annis, VI libras et duo solidos in molendinis Meduanæ ; et, ut perficerentur VIII libræ et duo solidi dictis fratribus, dominus Juhellus de Meduanà eis XL solidos in terrà d'Abatant assignavit.

Prior Grandimontis sigilli sui testimonio confirmavit. Anno 1209.

(Qu'il soit) connu.......... que Juhel de Mayenne avait, pour le salut de son âme et des âmes de ses prédécesseurs et de ses héritiers, donné en perpétuelle aumône à Dieu, au prieur et aux Frères de Grandmont (du prieuré de Montguyon) huit livres et deux sols manceaux sur la Sepellière, la Chauvonnière et la Roche-Frébourg.

Plus tard Juhel fonda cette abbaye de l'ordre de Citeaux, qu'on nomme Fontaine-Daniel.

L'abbé et les moines de ce monastère, s'apercevant que les terres dont on vient de parler et le revenu qu'elles produisent leur sont nécessaires, parce que ces métairies se trouvent dans leur voisinage, ont, sur les conseils de monseigneur Juhel, demandé aux Frères de Montguyon de leur abandonner, au moyen d'un loyal échange, lesdites terres et les huit livres deux sols de rente annuelle qu'ils prenaient sur ces biens.

Les frères de Montguyon, accédant à la prière des moines de Fontaine-Daniel, leur ont cédé les terres dont il s'agit, ainsi que les huit livres deux sols de rente, sous cette condition qu'en retour les frères de Montguyon auront chaque année six livres deux sols de rente sur les moulins de Mayenne, et que, pour leur parfaire les huit livres deux sols, monseigneur Juhel leur a assigné quarante sols de rente sur la terre d'Abattant[1].

(1) Abattant, paroisse de La Bigottière.

Le prieur de Grandmont a confirmé le présent par l'apposition de son sceau.

L'an 1209.]

XLIV

Donation par Amaury Ier de Craon.

1209.

Amauricius, dominus Credone, ad petitionem carissimæ matris meæ Isabellis, dedi abbatiæ de Fonte Danielis in perpetuam elemosinam duos modios vini, ad opus conventûs, annis singulis, in vineis meis de Chasteliis, tempore vindemiarum.

Anno 1209.

[Moi, Amaury de Craon, ai, sur la demande de ma très chère mère Isabelle, donné en perpétuelle aumône à l'abbaye de Fontaine-Daniel, deux muids de vin pour les besoins du couvent, à prendre chaque année, au temps des vendanges, dans mes vignes des Châtelliers.

L'an 1209.]

XLV

Donation par Herbert de Logé.

1209.

Noverint...... Herbertus de Loge, miles, pro salute animæ suæ, in perpetuam elemosinam dedit abbatiæ de Fonte Danielis meditariam suam de Marcharderiâ, cum pertinentiis suis, quam Juhellus de Meduanâ sibi pro servitio suo dederat.

Anno 1209.

[Sachent (tous)...... que Herbert de Logé, chevalier, a fait, pour le salut de son âme, donation en perpétuelle aumône à l'abbaye de Fontaine-Daniel de sa terre de la Maschardière, avec ses dépendances, métairie que Juhel de Mayenne lui avait donnée en récompense de ses services.

L'an 1200.]

XLVI

Donation par Guillaume de la Guerche.
1209.

Noverint universi præsentes pariter et futuri quòd ego Guillelmus de Guirchià, pro salute animæ meæ, antecessorum et heredum meorum, dedi abbatiæ de Fonte Danielis franchisiam et quitantiam per totam terram meam, de omnibus quæ emerint vel vendiderint, vel per eamdem terram in eundo et redeundo transferri fecerint.

Ut autem ratum sit et stabile perseveret factum hoc, ego, ad majorem firmitatem, præsentem paginam sigilli mei impressione feci communiri.

Actum anno gratiæ 1209.

[Sachent tous présents et à venir que moi, Guillaume de la Guerche, ai, pour le salut de mon âme et des âmes de mes prédécesseurs et héritiers, donné à l'abbaye de Fontaine-Daniel franchise et exemption de tous droits dans ma terre entière, pour tout ce que les moines y achèteront, y vendront et y transporteront, en allant et venant.

Et pour la ratification et le maintien de ce qui précède, j'ai, pour plus de sûreté, fait revêtir de mon sceau la présente charte.

Fait l'an de grâce 1209.]

XLVII

Donation par Guillaume des Roches.
1209.

Guillelmus, de Rupibus dominus.... assensu Margaritæ, uxoris meæ et carissimæ filiæ meæ, dedi.....
1209.

[Je, Guillaume, seigneur des Roches...... du consentement de Marguerite, mon épouse, et de ma très chère fille[1], ai donné.....
L'an 1209.]

XLVIII

Confirmation par Jean, archevêque de Tours.
1209.

Johannes, Dei gracià Turonensis archiepiscopus, universis etc.... (*Texte semblable à celui de la Charte XX, plus ce qui suit*) :

Hoc autem sciendum quòd prædicta abbatia de Fonte Danielis ex donis plurimorum fidelium plura possidet, videlicet :

Ex dono Willelmi de Soldayo et uxore ejus, redditum duarum capellaniarum juxtà Andegaviam ;

Ex dono Andreæ de Vitreyo, LX solidos turonenses in molendinis de Castellione ;

---

(1) Guillaume des Roches, sénéchal d'Anjou et du Maine, époux de Marguerite de Sablé, avait deux filles, Jeanne et Clémence. Il s'agit dans cette pièce de Jeanne, l'ainée, qui épousa peu de temps après Amaury I de Craon. Celui-ci succéda à son beau-père dans son office de sénéchal.

Ex dono Theodebaldi de Matefelon, quartam partem passagii sui de ponte Meduanæ et unum hominem in eâdem villâ;

Ex dono Mauritii de Credone, VI libras turonenses in passagio Chantoceli;

Ex dono Constantiæ, sororis suæ, XX solidos turonenses apud Chantoceium;

Item, ex dono Theodebaldi de Matefelon, pro animâ Agnetis, uxoris suæ, VIII libras turonenses in passagio Credonis et unum hominem in eâdam villâ;

Ex exchanbio Guidonis de Lavalle, pro grangiâ de Alodio, quartam partem costumæ de Herneyâ et unum hominem in eâdam villâ, et decem solidos cenomanenses annui redditûs in prefatâ grangiâ;

Ex dono Herberti de Logeyo, medietariam de Mascharderiâ;

Ex dono Radulfi le Flamenc, tertiam partem totius hereditatis suæ;

Ex dono Willelmi de Croso, tertiam partem hereditatis totius quam habebat in terrâ Meduanæ, sub nomine elemosinæ et duas sub nomine emptionis;

Ex dono Johannis Ruellem, tertiam partem totius hereditatis suæ de terrâ Meduanæ;

Ex dono Galteri Levesell, domum quæ fuit Jacobi Judel, cum libertate quam habebat a domino Juhello de Meduanâ;

Ex dono Roberti de Landeviaco, la Tallie Ferrere;

Ex dono H. de Forches, decimam de feodo Roaut et de Gauberteriâ;

Ex dono H. de Ficherz, decimam de Pennardo;

Ex dono Hugonis presbyteri, decimam de Haiâ de Larchamp;

Ex dono H. de Fichelz et G. Corbaut, medietatem decimæ de Laceu;

Ex dono Thomas Maleffant, vigenti solidos cenomanenses censuales ;

Ex dono B. de Albiniaco, unum sesterium frumenti.

Nos igitur præfatam abbatiam de Fonte Danielis, cum supradictis elemosinis et omnibus eidem abbatiæ pertinentibus, sub protectione nostrâ suscepimus ; et ut hæc suprascriptæ elemosinæ præfatæ abbatiæ firmiùs teneantur et ut in posterum maneant inconcussæ, præsentem cartam fecimus sigilli nostri testimonio roborari ; sicuti in autenticis karissimi avunculi et prædecessoris nostri Bartholomei piæ memoriæ, Turonensis archiepiscopi, et aliorum tàm donatorum quàm episcoporum illorum, in quorum episcopatibus continentur elemosinæ superiùs nominatæ, vidimus contineri.

Actum anno Incarnationis dominicæ 1209, consecrationis nostræ anno secundo.

(Jean, par la grâce de Dieu, archevêque de Tours, à tous ceux qui.....

Il est encore à propos de connaître que ladite abbaye de Fontaine-Daniel possède divers biens par suite des donations que de nombreux fidèles lui ont faites, savoir :

De Guillaume de Soudal et de son épouse, le revenu de deux chapellenies près Angers ;

De André de Vitré, soixante sols tournois sur les moulins de Châtillon ;

De Thibauld de Mathefelon, le quart de son passage du Pont de Mayenne et un homme dans cette ville de Mayenne ;

De Maurice de Craon, six livres tournois sur le passage de Chantocé ;

De Constance, sœur du précédent, vingt sols tournois à Chantocé ;

De Thibauld de Mathefelon, pour le repos de l'âme d'Agnès, sa sœur, huit livres tournois sur le passage de Craon et un homme dans la ville de ce nom ;

De Guy de Laval, par suite de l'échange de la métairie de

l'Alleu, le quart de la coutume d'Ernée, un homme dans cette ville d'Ernée et dix sols manceaux de rente annuelle sur ladite métairie de l'Alleu ;

D'Herbert de Logé, la métairie de la Maschardière ;

De Raoul Le Flamand, le tiers de son héritage ;

De Guillaume du Creux, le tiers à titre d'aumône de tous les héritages qu'il possédait dans la terre de Mayenne : les deux autres tiers ont fait l'objet d'une vente ;

De Jean Rouelent, le tiers de tous ses héritages dans la terre de Mayenne ;

De Gautier Levesel, la maison qui a appartenu à Jacob, le juif, avec la franchise qui lui avait été accordée par monseigneur Juhel de Mayenne ;

De Robert de Landivy, la Taille-Ferrière ;

De H. de Fourches, la dîme des fiefs de la Rouaudière et de la Gauberdière ;

De H. de Fichet, la dîme de Panard ;

De Hugues, prêtre, la dîme de la Haie de Larchamp ;

De H. de Fichet et de G. Corbeau, la moitié de la dîme du Lac ;

De Thomas Malenfant, vingt sols manceaux de cens ;

De B. d'Aubigné, un setier de froment.

Sur quoi, nous avons pris sous notre protection l'abbaye de Fontaine-Daniel, les aumônes sus-mentionnées, ainsi que tout ce qui lui appartient ; et, afin que ces libéralités soient possédées en toute sécurité par l'Abbaye et maintenues sans conteste à son profit dans l'avenir, nous avons fait appuyer la présente charte de l'autorité de notre sceau.

Tels sont les dons contenus dans les titres authentiques dont nous avons pris connaissance, émanés de Barthélemy, archevêque de Tours[1] notre très cher oncle et prédécesseur, de pieuse mémoire, et des autres personnages, je veux dire des donateurs, et aussi des évêques qui ont leur siège dans les diocèses où sont situés les biens qui font l'objet des aumônes, dont la désignation précède.

Fait l'an de l'Incarnation du Seigneur 1209, la seconde année de notre sacre].

(1) Voir la charte XXII.

XLIX

Donation par Juhel III de Mayenne.

1210.

Universis Christi fidelibus præsentem paginam inspecturis vel audituris, Juhellus Meduanæ et Dinanni dominus, salutem.

Noverit universitas vestra quòd ego cùm iter peregrinationis.... dùm contrà hostes fidei nostræ, contrà videlicet Albigenses hereticos, — pro salute animæ meæ et uxoris meæ Gervasiæ, et omnium antecessorum et heredum meorum dedi abbatiæ meæ de Fonte Danielis, quam fundavi, in perpetuam elemosinam, perpetuam libertatem et quittanciam ab omnibus quæ mihi vel meis heredibus pertinent in universis pratis, piscationibus, aquis, nemoribus, in omnibus insuper ex dono meo vel ab aliis. — Dedi etiam dictis monachis in perpetuam elemosinam quidquid redditûs vel juris habebam in omnibus supradictis........

Feci sigilli mei testimonio confirmari.

Anno 1210, mense februarii, die crastino Sancti Blaisii.

[A tous les fidèles du Christ qui prendront connaissance ou auront la lecture de cette pièce, Juhel, seigneur de Mayenne et de Dinan, salut.

Sachent tous qu'à l'époque d'un pèlerinage entrepris par moi..... (il s'agissait de combattre les ennemis de notre foi, c'est-à-dire les hérétiques Albigeois), j'ai, pour le salut de mon âme et des âmes de Gervaise, mon épouse, et de tous mes prédécesseurs et héritiers, accordé à titre de perpétuelle aumône à mon abbaye de Fontaine-Daniel, dont je suis le fondateur, qu'elle soit à jamais franche et quitte de droits quelconques qui m'appartiennent ou appartiendront à mes héritiers, sur tous les prés, pêcheries, eaux, bois, et généralement sur l'ensemble des biens qui lui ont été donnés soit par moi, soit par d'autres.

J'ai aussi accordé aux moines, en perpétuelle aumône, tout ce que j'avais de rentes ou de droits sur tous les biens susmentionnés.....

J'ai fait valider cette pièce par l'impression de mon sceau.

L'an 1210, au mois de février, le lendemain de la Saint-Blaise.]

L.

Donation par Philippe de Candé.

1210.

Universis..... Willelmus, episcopus andegavensis....

Philippus de Cande omnem partem suam herbergamenti in feodo Mathei de Pratellis cum pertinentiis dedit abbatiæ de Fonte Danielis, in perpetuam elemosinam.

Anno 1210.

[A tous..... Guillaume, évêque d'Angers[1].....

Philippe de Candé[2] a donné en perpétuelle aumône à l'abbaye de Fontaine-Daniel la part qu'il possède d'un herbergement et dépendances, au fief de Mathieu de Préaux[3].

L'an 1210.]

---

(1) Guillaume de Beaumont, évêque d'Angers, de 1202 à 1210.
(2) Candé en la Mée, près Segré.
(3) Préaux, paroisse d'Avrillé, près Angers.

LI

Donation par la veuve et les héritiers de Raoul du Coudray.

1210.

Universis........ Juhellus Meduanæ, Dinanni dominus,......

Noveritis quòd Richarda, quæ fuit uxor Radulphi de Coudre, et Yvo et Radulphus, filii ejus, et Agatha et Heremburgis et Renoldis et Agnes, ejusdem filiæ, ex communi assensu, pro salute animarum suarum et antecessorum suorum, dederunt Beatæ Mariæ de Fonte Danielis, in perpetuam elemosinam, tertiam partem totius hereditatis eorum : reliquas duas partes dederunt dictæ abbatiæ pro IV libris cenomanensibus et XXVI solidis annui redditûs, qui istis tribus, quandiù vixerint, persolventur, videlicet : Richardæ, matri eorum; Radulpho postnato et Agneti, nondùm maritatæ.

Ad petitionem præsentium feci sigilli mei testimonio confirmari.

1210.

[A tous...... Juhel de Mayenne, seigneur de Dinan......

Sachez que Richarde, veuve de Raoul du Coudray, et Yves et Raoul, ses fils, Agathe, Renaulde et Agnès, ses filles, ont, d'un commun accord, pour le salut de leurs âmes et de celles de leurs ancêtres, fait donation, en perpétuelle aumône, à la bienheureuse Marie de Fontaine-Daniel du tiers de tout leur héritage ; ils ont donné à l'abbaye les deux autres tiers pour quatre livres mancelles, plus une rente annuelle de vingt-six sols, qui sera touchée par trois d'entre eux, leur vie durant : Richarde, la mère ; Raoul, le jeune des fils, et Agnès, qui n'est pas encore mariée.

A la demande des parties présentes, j'ai fait valider cet écrit par l'impression de mon sceau.

L'an 1210.]

LII

Donation par Juhel III de Mayenne.
V. 1210.

Notum.....

Juhellus, Meduanæ et Dinanni dominus, dedi Radulfo de Baillat, militi et heredibus suis Ricardum Gelin et Lucam Radulfi, burgenses de Castellonio, cum omnibus serviciis quæ mihi pertinebant....

Sigilli mei munimine roboravi.

[Sachent (tous)..... que moi Juhel, seigneur de Mayenne et de Dinan, ai donné à Raoul de Baillat, chevalier, et à ses héritiers, (les tenanciers) Richard Geslin et Lucas, fils de Raoul, bourgeois de Châtillon, avec tous les services auxquels j'avais droit.....

J'ai validé le présent par l'impression de mon sceau.]

LIII

Donation par Guillaume de Montgiroux.
1210.

Universis...... Willelmus de Mongerol, pro salute animæ meæ, patris et matris meæ, et uxoris meæ et omnium filiorum suorum, dedi abbatiæ de Fonte Danielis, in perpetuam elemosinam, Petrum de Jarnolà liberum.

Anno 1210.

[A tous..... Moi, Guillaume de Montgiroux[1], ai, pour le salut de mon âme et des âmes de mon père, de ma mère, de

---

(1) Montgiroux, paroisse de Saint-Germain-d'Anxure.

mon épouse et de tous les fils de celle-ci, fait donation en perpétuelle aumône à l'abbaye de Fontaine-Daniel (du tenancier) Pierre de Jarnote, que je libère (de tout devoir vis-à-vis de moi.)

L'an 1210.]

LIV

Translation de rentes par Juhel III de Mayenne.
1211.

Universis ad quos presens scriptum pervenerit, Juhellus, Meduanæ et Dinanni dominus, salutem.

Noveritis quòd cùm ego Deo, Beatæ Mariæ et monachis de Fonte Danielis tenerer excambium et recompensationem facere, pro redditu Raginaldi de Andegaviâ, quem habebat in Moschans et in Fonteneto Paganelli, qui in frumento valebat decem sextarios et unam minam frumenti, ad mensuram Meduanæ, et in nummis et avenâ et aliis minutis redditibus unum sextarium frumenti, ad eamdem mensuram, assignavi eis in frumentagio meo de Carcere trigenta sextarios frumenti ad mensuram ejusdem loci, qui faciunt ad supradictam mensuram Meduanæ undecim sextarios et dimidium frumenti, quod frumentum ab eisdem monachis in Nativitate Beatæ Mariæ singulis annis capietur. Hoc autem concessi eis in perpetuam elemosinam pacificè possidendum.

Quod ut ratum et stabile in posterum perseveret, presentem cartam sigilli mei feci testimonio confirmari.

Actum anno gratiæ millesimo ducentesimo undecimo.

[A tous ceux qui prendront connaissance du présent écrit, Juhel, seigneur de Mayenne et de Dinan, salut.

Sachez que, tenu envers Dieu, la bienheureuse Marie et les moines de Fontaine-Daniel, de fournir l'équivalent du revenu que Renauld d'Anjou (1) possédait à Montchamp et à Fontenay-le-Pesnel et qui était de la valeur, en froment, de dix setiers et une mine, et en numéraire, avoine et autres menues redevances de la valeur d'un setier de froment, le tout à la mesure de Mayenne, j'ai donné et assigné auxdits moines sur mon fromentage de la Chartre (2) trente setiers de froment, mesure de ce dernier lieu, qui font, à la mesure de Mayenne, onze setiers et demi de froment. Les religieux recevront ce blé, chaque année, à la Nativité de la bienheureuse Marie. Je leur en accorde en perpétuelle aumône la possession paisible et tranquille.

Pour que ceci demeure à l'avenir ferme et stable, j'ai fait valider la présente charte par l'impression de mon sceau.

Fait l'an de grâce 1211.

LV

Confirmation par Hamelin, évêque du Mans.
1211.

Hamelinus, Dei gratiâ cenomanensis ecclesiæ minister humilis, universis ad quos presentis scripti noticia pervenerit, perpetuam in Domino salutem.

Noveritis quòd cùm dilectus filius noster, vir nobilis Juhellus de Meduanâ, monachis suis de Fonte Danielis teneretur recompensationem et excambium facere de toto redditu quem Raginaldus de Andegaviâ habebat in Normanniâ, videlicet apud Moschans et apud Fontenetum, ipse assignavit prefatis monachis, loco predicti redditûs, duos modios et dimidium frumenti perpetui redditûs,

---

(1) En 1203, Guillaume des Roches, sénéchal d'Anjou et du Maine, confirma un don de vingt livres de rente, fait à l'abbaye de Clermont par Michel d'Anjou, du consentement d'Isabelle, sa femme, et de Renauld d'Anjou, son fils (*Histoire de Sablé par Menage, 1re partie, p. 198*).

(2) Chartre-sur-le-Loir.

in frumentagio suo de Carcere, ad mensuram ejusdem castri, annis singulis capiendos. Hoc autem sciendum quòd cùm supradictus Juhellus frumentagium suum de Carcere recipere singulis annis fecerit de primo frumento, dictus redditus eisdem monachis persolvetur.

Ut autem hoc ratum et stabile maneat in perpetuum, presentem cartam fecimus sigilli nostri testimonio roborari.

Actum anno Incarnationis dominicæ millesimo ducentesimo undecimo, mense januarii.

[Hamelin, par la grâce de Dieu indigne évêque de l'église du Mans, à tous ceux qui auront connaissance du présent écrit, salut éternel dans le Seigneur,

Sachez que notre cher fils, noble homme Juhel de Mayenne, étant tenu de rendre à ses moines de Fontaine-Daniel l'équivalent du produit des rentes que Renauld d'Anjou possédait en Normandie, c'est-à-dire à Montchamp et à Fontenay, leur a spécialement assigné, au lieu et place du revenu dont il s'agit, deux muids et demi de froment, de rente perpétuelle, à prendre chaque année, mesure dudit lieu, sur son fromentage de la Chartre.

Il est à noter que cette rente sera payée aux moines, sur la première livraison de blé qui sera faite annuellement aux greniers de la Chartre.

Et pour que ceci demeure ferme et stable à perpétuité, nous avons fait seller la présente charte par l'impression de notre sceau.

Fait l'an de l'Incarnation du Seigneur 1211, au mois de janvier.]

LVI

Donation par Renouf le Flamand.

1211.

Universis..... Hamelinus, Dei gratià cenomanensis episcopus.....

Ranulfus le Flamenc, pro salute animæ suæ et antecessorum et heredum suorum, dedit monachis de Fonte Danielis, in perpetuam elemosinam, tertiam partem to'ius hereditatis suæ; — et heredes ejus Radulfus et Hamelinus, filii sui, et Matildis et Johanna, filiæ suæ, concesserunt....

In burgo de Doreià....

Anno 1211.

[A tous..... Hamelin, par la grâce de Dieu, évêque du Mans........

Renouf le Flamand a, pour le salut de son âme et des âmes de ses prédécesseurs et héritiers, fait donation, en perpétuelle aumône, aux moines de Fontaine-Daniel, du tiers de tout son héritage. Ses héritiers, Raoul et Hamelin, ses fils, Mathilde et Jeanne, ses filles, ont donné leur agrément.....

Au bourg de la Dorée......

L'an 1211.]

LVII

Déclaration par Juhel III de Mayenne.

1211.

Universis....

Juhellus de Meduanà et Dinanni dominus.....

Noverit universitas vestra quòd Herbertus de Logeio, miles meus, in mei presentià, abbatiæ meæ de Fonte Danielis, pro salute animæ suæ, medietariam suam de Mascharderià [1] in perpetuam elemosinam dedit, quam ex dono meo habebat, liberam de omnibus quæ pertinebant ad me et meos heredes et ad Radulfum de Guorran, de cujus feodo quædam pars illius medietariæ erat.

Anno 1211.

(1) Le Cartulaire porte *Moscharderia*.

[A tous.....

Juhel, seigneur de Mayenne et de Dinan....

Qu'il soit connu de tous que Herbert de Logé, mon chevalier, a, en ma présence, fait donation en perpétuelle aumône à mon abbaye de Fontaine-Daniel de sa terre de la Maschardière, que je lui avais donnée, affranchie de tout ce que moi et mes héritiers pouvions et pourrions y légitimement prétendre, et libre également, vis-à-vis de Raoul de Gorron, dans le fief duquel se trouvait une portion de cette métairie.

L'an 1211.]

LVIII

Donation et vente par Herbert de Vesins.
1211.

Noverint...... Herbertus de Vesins, pro salute animæ suæ, patris et matris suæ, dedit tertiam partem omnium quæ hereditario jure habebat in feodo de Montesele, in feodo de Alveto, in feodo de la Petesvineria, in feodo Wilielmi de la Maria, abbatiæ de Fonte Danielis, in perpetuam elemosinam; et ad duas partes dederunt monachi, nomine emptionis, XXV libras cenomanenses....

Isabel, domina Meduae, ad petitionem ipsius Herberti, feci confirmari.

Anno 1211.

(Sachant (tous)........ que Herbert de Vesins[1] a, pour le salut de son âme et de celles de son père et de sa mère, fait donation, en perpétuelle aumône, à l'abbaye de Fontaine-Daniel, du tiers de tous les droits héréditaires qu'il

---

[1] Vesins paroisse de Saint-Pierre-des-Landes, fief relevant de la châtellenie d'Ernée.

avait dans les fiefs de Moncel⁽¹⁾, d'Auvoy⁽²⁾, de la Poitevinière⁽³⁾ et dans le fief de Guillaume de la Marie⁽⁴⁾. Quant aux deux autres tiers, les moines les ont acquis, sous forme de vente, pour vingt-cinq livres mancelles....

Moi, Isabelle, dame de Mayenne, ai fait régulariser (la présente charte), à la demande dudit Herbert.

L'an 1211.]

LIX

Donation par Herbert de Vesins et Henri de Brecé.

1211.

Universis..... Juhellus, Meduanæ et Dinanni dominus...

Herbertus de Veisins dedit Deo et monachis abbatiæ de Fonte Danielis, in perpetuam elemosinam, medietariam suam de la Cortendire.

Similiter Henricus de Breccio dedit abbatiæ de Fonte Danielis, pro salute animæ suæ, in perpetuam elemosinam, medietariam suam de Noers.

Ego Juhellus, de cujus feodo, sigillo meo confirmavi. Anno 1211.

[A tous..... Juhel, seigneur de Mayenne et de Dinan....

Herbert de Vesins a fait donation, en perpétuelle aumône, à Dieu et aux moines de l'abbaye de Fontaine-Daniel de sa métairie de la C......

De même Henri de Brecé a donné, pour le salut de son

---

(1) Moncel ou Monceau, actuellement Montceaux, en la paroisse de Commer.
(2) Auvoy, paroisse de Brecé.
(3) La Poitevinière, en Martigné.
(4) La Marie, paroisse d'Alexain.

âme, à l'abbaye de Fontaine-Daniel, en perpétuelle aumône, sa métairie des Noyers [1].

Moi, Juhel, qui ai ces métairies dans mon fief, ai confirmé de mon sceau (ces donations).

L'an 1211.]

LX

Donation par Fouques de Chalons.

1212.

Hamelinus, cenomanensis Ecclesiæ minister.....
Notum....

Fulco, filius Garini de Chaelon, totam decimam in parochiâ de Martigneio in manu nostrâ dedit et eam concessit abbatiæ de Fonte Danielis, in perpetuam elemosinam.

Dedimus Symoni, personæ de Martigneio.....
Anno 1212, mense Maio.

[Hamelin, évêque de l'Eglise du Mans.....

Sachent (tous).... que Fouques, fils de Guérin de Chalons, s'est dessaisi entre nos mains de toute la dîme qu'il avait dans la paroisse de Martigné et qu'il en a accordé la possession à l'abbaye de Fontaine-Daniel, en perpétuelle aumône.

Nous donné à Simon, curé de Martigné......

L'an 1212, au mois de mai.]

---

(1) Les Noyers, paroisse de Brecé.

LXI

Donation par Herbert de Vesins.

1212.

Noveritis.....
Herbertus de Veisins, pro salute animæ suæ, assensu Julianæ, matris ejus et Gaufridi Babel, dictæ Julianæ mariti, — dedit Beatæ Mariæ Fontis Danielis, in perpetuam elemosinam, medietariam suam de Saudreià, cum quodam homine qui singulis annis debebat IV solidos cenoman. censuales. — Monachi de charitate LX solidos cenom. contulerunt.

Ego P. de Altonosià, decanus Sabolii, ad petitionem eorum, sigilli mei testimonio confirmavi.

Anno 1212, mense Maio.

[Sachez........ que Herbert de Vesins a, pour le salut de son âme, et du consentement de Julienne, sa mère et de Geoffroy Babel, époux de celle-ci, donné en perpétuelle aumône à la bienheureuse Marie de Fontaine-Daniel, sa métairie de la Saudraie, ainsi que le tenancier qui lui doit chaque année quatre sols manceaux de cens. Les moines ont, de leur charité, payé soixante sols manceaux.

Moi, Pierre d'Anthenaise, doyen de Sablé, ai, sur la demande des parties, confirmé le présent par l'impression de mon sceau.

L'an 1212, au mois de mai.]

LXII

Echange et donation par Hubert de Saint-Berthevin.

1212.

Universis...... Hubertus, de Sancto Bertevino dominus......
R. abbas, et conventus de Fonte Danielis mihi et heredi meo tradiderunt partem herbergamenti sui de Campoio : propter hoc, dedi eis X solidos cenom. et VIII denarios de talliâ, quos annuatim capiebam in tenemento, quod(1) habueram ab Yvone de Coldreio, et dedi eis in perpetuam elemosinam quidquid habebam in medietariâ de Sandreiâ et pertinentiis ejus, quam ipsi monachi habebant ab Herberto de Vesins et matre ejus.
Anno 1212.

[A tous...... Hubert, seigneur de Saint-Berthevin....
R...., abbé, et le couvent de Fontaine-Daniel m'ont donné, ainsi qu'à mon héritier, une partie de leur herbergement de de Champoux. En retour, je leur ai fait donation de dix sols manceaux et de huit deniers de taille, que je perçois chaque année sur le tenement qui me vient d'Yves du Coudray, et j'y ai de plus ajouté, à titre d'aumône perpétuelle, tout ce que j'avais de droits sur la métairie de la Saudraie et ses dépendances, que les moines ont eue de la libéralité d'Herbert de Vesins et de sa mère.
L'an 1212.]

---

(1) Le cartulaire porte *quam*.

LXIII
1212.

Robertus, abbas Troarnensis....
Anno 1212.

[Robert, abbé de Troarn....
L'an 1212.]

LXIV

Donation par Juhel III de Mayenne.
1212.

Sciant omnes......, quòd ego Juhellus, dominus Meduanæ et Dinanni, pro salute animæ meæ, in puram, liberatam ab omnibus et quietam et perpetuam elemosinam, dedi Beatæ Mariæ de Fonte Danielis omnem terram Hugonis Bretel, cum pertinenciis, quæ ad me devenerat forisfacto Agatæ, filiæ ejus et heredis, et Gaufridi Bicolnæ, mariti ejus, secundùm judicium factum in curiâ domini Regis contrà omnes illos qui ab ipso in Angliam cum inimicis suis et regni ejus voluntate propriâ recesserunt.

Sigilli mei testimonio confirmavi.
Anno 1212.

[Sachant tous....... que moi Juhel, seigneur de Mayenne et de Dinan, ai donné, pour le salut de mon âme, à la bienheureuse Marie de Fontaine-Daniel, en aumône pure et perpétuelle, absolument franche et quitte, toute la terre de Hugues Bretel et ses dépendances, terre qui m'a été dévolue par suite de la forfaiture d'Agathe, sa fille et son héritière, et de Geoffroy Bicoln, époux de celle-ci, conformément au jugement de la cour du roi, notre sire, qui frappe tous ceux qui l'ont volontairement abandonné, pour se retirer sur le sol anglais avec ses ennemis et ceux du royaume.

J'ai validé le présent par l'impression de mon sceau.
L'an 1212.]

LXV

Donation par Juhel III de Mayenne.
1213.

Universis....

Juhellus de Meduanâ, Dinanni dominus, pro L solidos cenom. quos pro penitentiâ meâ ad consilium abbatis de Curiâ-Dei, cùm essem in terrâ Albigensium, assignare promiseram, dedi Beatæ Mariæ de Fonte Danielis in perpetuam elemosinam XXV solidos cenomanenses et tres denarios de talliâ meâ, cum omnibus pertinentiis, quos annis singulis capiebam, in terris et hominibus earumdem, videlicet in terrâ quam dicti monachi habuerunt a Raaulfo le Flamenc in Dorciâ et in Longâ Sylvâ, IX solidos, cum pertinentiis suis ; in Lozeio et in Belozeio, X solidos, etc........

Sciendum est quòd præfati monachi ipsos XXV solidos acceperunt et ego gratantissimè eis assignavi, nihil retinens.

Præsentem cartam feci sigilli mei testimonio roborari.

Anno 1213.

[A tous......

Je, Juhel de Mayenne, seigneur de Dinan, — pour réaliser par une affectation spéciale la promesse que j'avais faite, lorsque j'étais au pays des Albigeois, d'employer cinquante sols manceaux, à titre de pénitence, sur le conseil de l'abbé de la Cour-Dieu (1), ai fait donation, en perpétuelle aumône, à la bienheureuse Marie de Fontaine-Daniel, de vingt-cinq sols manceaux et trois deniers de taille, avec tous les droits y attachés, que je prenais chaque année sur les terres suivantes et les hommes qui les occupent, savoir : sur

---

(1) La Cour-Dieu, diocèse d'Orléans.

la terre que les moines possèdent du chef de Renouf Le Flamand, en la Dorée et à Longbois [1], neuf sols, sans retenue ; sur Lozé [2] et Belouze [3], dix sols, etc........

Il est à savoir que les moines ont accepté ces vingt-cinq sols, dont je dispose gracieusement et sans retenue en leur faveur.

J'ai fait valider la présente charte par l'apposition de mon sceau.

L'an 1213.]

LXVI

Déclaration par Juhel III de Mayenne.

1213.

Universis...... Juhellus Meduanæ et Dinanni dominus....

Noveritis quòd de talliâ quam capio in feodo Guillelmi de Commer, cadunt septem solidi et duo denarii jacentes in his feodis, quæ monachi habent ab Yvone de Codreio ; sex solidi in Moceleriâ, et in Bretignoles decem denarii ; in decimâ de Commer quatuor denarii, cum omnibus sequenciis et pertinenciis eorum ; et in omnibus redevanciis quas solebam capere in dictis locis, antequàm monachis meis de Fonte Danielis ista omnia in elemosinam contulissem.......

Sigilli mei testimonio confirmavi.

Anno 1213.

[A tous...... Juhel, seigneur de Mayenne et de Dinan.....

Sachez que la taille que je prends dans le fief de Guillaume de Commer est ainsi répartie et assise : sept sols et deux

---

(1) Longbois, paroisse de Carelle.

(2) Lozé, ancienne paroisse d'Oisseau, aujourd'hui commune de la Hale-Traversaine.

(3) Belouze, paroisse de Châtillon-sur-Colmont.

deux deniers sur les fiefs que les moines de Fontaine-Daniel possèdent du chef d'Yves du Coudray; six sols sur la Mocellière; dix deniers sur Bretignolles et quatre deniers sur la dîme de Commer, en toutes circonstances et dépendances; quant aux redevances que j'avais coutume de percevoir sur les lieux précités, avant la donation générale, à titre d'aumône, que j'ai faite à mesdits moines.....

J'ai confirmé cet écrit par l'apposition de mon sceau.
L'an 1213.]

LXVII

Convention avec Guillaume de Commer.

V. 1213.

Ego Herbertus de Loge, senescallus de Meduanâ, notum facio quòd cùm contentio verteretur inter Willelmum de Commercio et monachos de Fonte Danielis, eo quòd ipsi tenebant terram Yvonis de Coldreio, quæ de feodo suo erat, tandem convenerunt quòd monachi tertiam partem terræ Yvonis de Coldreio in elemosinam tenerent et duas partes nomine emptionis......

Sigillo meo confirmavi.

[Moi Herbert de Logé, sénéchal de Mayenne, fais savoir qu'un procès avait surgi entre Guillaume de Commer et les moines de Fontaine-Daniel, parce que ces derniers étaient détenteurs de la terre d'Yves du Coudray, qui était du fief dudit Guillaume: pour en finir, il a été convenu que les moines conserveront la terre d'Yves du Coudray, pour un tiers en aumône et pour les deux tiers à titre d'acquisition.....

J'ai confirmé (le présent par l'impression) de mon sceau.]

LXVIII

Donation par Hamelin d'Inée.

1213.

Sciant omnes quòd ego Hamelinus de Yngeio dedi Beatæ Mariæ de Fonte Danielis, assensu Aolis, uxoris meæ et Johannis, filii mei primogeniti, et aliorum filiorum meorum, scilicet Pagani et Hamelini, in perpetuam elemosinam, XX solidos turonenses, pro salute animæ meæ et antecessorum et heredum meorum, in redditu meo de Chaalud, in parochiâ Sancti Germani li Guilaume.

Anno 1213.

[Sachent tous que moi Hamelin d'Inée (1) ai, pour le salut de mon âme et des âmes de mes ancêtres et héritiers, donné en perpétuelle aumône à la bienheureuse Marie de Fontaine-Daniel, du consentement d'Aolis, mon épouse, de Jean, mon fils aîné et de mes autres fils, Payen et Hamelin, vingt sols tournois sur le revenu de ma terre de Chalus, sise paroisse de Saint-Germain-le-Guillaume.

L'an 1213.]

---

(1) Ne serait-ce point Hamelin de Dinale? La Dinale était un fief noble de la paroisse de Saint-Pierre-des-Landes. Au XIV° siècle, un Guillaume Dinale a laissé un testament qui ferait croire que sa conscience n'était pas très nette. Le voisinage de la mort l'avait porté à réparer le dommage qu'il avait causé : « .... Je veux et ordonne, disait-il, que dix livres tournois soient « payées et ordonnées à ceux de la châtellenie de Pontmain qui diront que « j'aurai eu d'eux oies, poulailles et autres choses, et qu'elles leur soient « payées et distribuées par la main de mes exécuteurs... Je veux et ordonne « que la femme de Perrot Le Cousturier soit récompensée et restituée du « mien par mes exécuteurs de tout ce qu'elle dira, par sa conscience, que « j'aurai eu du sien.... Je donne et laisse, en pur don et perpétuelle aumône, « à ma très chère et aimée compagne Isabelle de Montenay la tierce partie « de tous mes héritages et terres quelles qu'elles soient, et tous mes biens « meubles.... »

LXIX

DONATION PAR HUBERT DE MARTIGNÉ.

1213.

Guillelmus de Montgirol....
Noverit universitas vestra..... Hubertum de Montigneio, filium Gelini de Montigneio, pro salute animæ suæ, patris et matris suæ, abbatiæ de Fonte Danielis XV denarios et obolum, cum pertinentiis suis, in perpetuam elemosinam, quos ei debebant ad auxilium servitii unius equi, pro terrâ de Cortlocit....... contulisse.
Anno 1213.

[Guillaume de Montgiroux......
Que chacun de vous sache que.... Hubert de Montigné, fils de Gelin de Montigné, a, pour le salut de son âme et de celles de son père et de sa mère, donné en perpétuelle aumône à l'abbaye de Fontaine-Daniel quinze deniers et obole, avec tous droits y attachés, que les moines lui devaient d'aide pour un cheval de service, à cause de la terre de C.....
L'an 1213.]

LXX

1213.

Hamelinus, cenomanensis episcopus... 1213.
[Hamelin, évêque du Mans... l'an 1213.]

LXXI

1213.

Hugo de Chaalun... 1213.
[Hugues de Chalons... l'an 1213.]

LXXII

PROTECTION ACCORDÉE PAR HAMELIN, ÉVÊQUE DU MANS.

1213.

Universis...... Hamelinus, cenomanensis episcopus...
Noverit universitas vestra quòd cùm dilectus filius noster Juhellus de Meduanâ, Dinanni dominus, abbatiæ suæ de Fonte Danielis, in fundatione, sua nemora de Salerto et de Poilleio, quæ erant dominica sua, sinè parte alterius, totum Parcum de Meduanâ cum pertinentiis suis, ità quòd monachi nemora de Salerto et Poilleio in terram arabilem redigere non possent, pasturam in forestâ suâ et nemus ad ædificia abbatiæ et mortuum nemus..... pro salute animæ suæ, patris et matris et antecessorum et heredum suorum, necnon Gervasiæ, uxoris suæ, in perpetuam elemosinam dedisset; volens tamen posteà dictæ abbatiæ suæ, cùm esset in procinctu itineris de Angliâ cum domino rege Francorum, ampliare donationes, et concessit dictæ abbatiæ quòd Saletum et Poilleium cum pertinentiis redigerent in terram arabilem et traderent cultoribus.... augmentavit insuper in omnibus forestis, nemoribus et haiis suis usagium, pasturam; dat alia multa.....

Ad petitionem dicti dilecti filii nostri, has omnes donationes sub Beati Juliani protectione et nostrâ recepimus conservandas atque tuendas.

Sigillo nostro fecimus communiri.

Anno gratiæ 1213.

[A tous..... Hamelin, évêque du Mans.....
Sachent tous que notre bien aimé fils Juhel de Mayenne, seigneur de Dinan, avait donné en perpétuelle aumône, pour la fondation de son abbaye de Fontaine-Daniel et

en vue du salut de son âme, des âmes de ses père et mère, de ses prédécesseurs, de ses héritiers et aussi de l'âme de Gervaise, son épouse, ses bois de Salair et de Poillé, qui étaient de son domaine propre, et tout son Parc de Mayenne avec ses dépendances, à la condition que les moines ne pourraient convertir lesdits bois de Salair et de Poillé en terre arable ; en outre, le droit de pâture dans sa forêt, du bois pour la construction de l'abbaye, du bois mort.....

Monseigneur Juhel voulant ensuite augmenter ses donations, à la veille de suivre le roi de France, notre sire, en expédition sur les possessions anglaises, a accordé à l'abbaye de Fontaine-Daniel que les moines pourraient convertir en terre arable Salair et Poillé, avec leurs dépendances et les livrer à la culture.....

Il a encore augmenté le droit d'usage et de pâture dans toutes ses forêts, bois et taillis, et a donné beaucoup d'autres choses.....

A la demande de notre bien aimé fils Juhel, nous avons placé toutes ces donations sous la protection et la sauvegarde du bienheureux saint Julien et sous les nôtres.

Nous avons fait munir ces lettres de notre sceau.

L'an de grâce 1213.]

LXXIII

Donation par Sylvestre de Rouperoux.

1214.

Universis..... Matheus de Corcesiers, decanus Ebronii.........

Sylvester de Rouperrous, miles, dedit abbatiæ de Fonte Danielis, in perpetuam elemosinam, homines suos et totam terram quam habebat in parochiâ de Montortier, cum omnibus pertinentiis....

Monachi de caritate XIX libras dare promiserunt.

1214, mense januario.

[A tous...... Mathieu de Courceriers, doyen d'Évron,....

Sylvestre de Rouperoux[1], chevalier, a donné en perpétuelle aumône à l'abbaye de Fontaine-Daniel les tenanciers et toute la terre qu'il possédait dans la paroisse de Montourtier, le tout sans exception.....

Les moines ont promis de donner dix-neuf livres de leur charité.

L'an 1214, au mois de Janvier.]

LXXIV

Donation par Sylvestre de Rouperoux.
1214.

Omnibus...... Juhellus de Meduanà et Dinanni....

Noverit universitas vestra Silvestrum de Ruperrous, militem meum, omnem terram suam de parochià de Montortier, cum hominibus et pertinentiis ejus terræ, quam de me tenebat, assensu uxoris suæ et heredum et amicorum suorum, abbatiæ meæ de Fonte Danielis, pro salute animæ suæ, antecessorum et heredum suorum, in perpetuam elemosinam contulisse. — Monachi, tanti beneficii non ingrati et pro concessione istà, dicto militi et uxori suæ et heredibus ejus, de caritate abbatiæ, XIX libras cenom. contulerunt.

Sigilli mei testimonio communivi.

Anno 1214.

A tous...... Juhel de Mayenne, (seigneur) de Dinan...

Sachent tous que Sylvestre de Rouperoux, mon chevalier, avec l'assentiment de son épouse, de ses héritiers et de ses amis, a fait donation en perpétuelle aumône à mon abbaye de Fontaine-Daniel, pour le salut de son âme, des âmes de ses ancêtres et de ses héritiers, de toute sa terre de la

---

[1] Rouperoux, terre seigneuriale de la paroisse d'Assé-le-Bérenger.

paroisse de Montourtier, y compris les tenanciers et les autres dépendances de cette terre, qui est de ma mouvance.

Les moines, reconnaissants d'un si grand bienfait, ont, à raison de cette libéralité, donné de la charité de l'abbaye, dix-neuf livres mancelles audit chevalier, à son épouse et à ses héritiers.....

J'ai validé le présent par l'impression de mon sceau.

L'an 1214.]

LXXV

Donation par R..., abbé de Fontaine-Daniel.
1214.

Universis..... R..., abbas Fontis Danielis....

Dedimus Radulpho de Hasleyo et ejus heredibus omnia illa quæ dedit nobis Guido de Sancto Lupo, miles, in feodo et tenemento dicti (sic) Radulphi de Rungeriâ...... reddendo nobis annuatim XI solidos cenomanenses.

1214, die lunæ post festum Beati Thomæ, apostoli.

[A tous..... R..... abbé de Fontaine-Daniel....

Nous avons fait donation à Raoul du Hallay et à ses héritiers de tout ce que nous avait donné à nous même Guy de Saint-Loup (1), chevalier, aux fiefs et tenement dudit Raoul de la Rongère (2)..... à la charge de nous faire, chaque année, onze sols manceaux de rente.

L'an 1214, le lundi après la fête du bienheureux Thomas, apôtre.]

(1) La seigneurie de Saint-Loup était située paroisse de Louzes, actuellement canton de La Fresnaye (Sarthe). Guy de Saint-Loup, époux de Marie de Gorron, fille de Galon de Gorron, eut pour enfants Gervais, Gilles, Achard, Nicolas, Guy et Guillaume. Gilles de Saint-Loup laissa un fils, Guy de Saint-Loup, seigneur de Pescoux, autre seigneurie, paroisse de Louzes, et une fille, Aolice de Saint-Loup, qui épousa Hugues de Saint-Georges. Le fils aîné de ce mariage fut Guillaume de Saint-Georges. Nicolas de Saint-Loup épousa Gervaise..... Galon de Gorron laissa aussi un fils, Gilles de Gorron, qui lui-même eut pour héritier Guillaume de Gorron.

(2) Les termes du texte latin laissent supposer que Raoul du Hallay était seigneur de la Rongère.

LXXVI

Arrangement avec Hamelin et Guillaume de l'Écluse.

1214.

Universis.... Juhellus de Meduanà, dominus Dinanni....

Abbas et monasterium Fontis Danielis finem fecerunt cum Hamelino de Exclusà et Willelmo, primogenito ejus, de X solidis cenom. cum pertinentiis in Lozeio et in Belozeio.

Anno 1214.

[A tous....... Juhel de Mayenne, seigneur de Dinan....

L'abbé et le monastère de Fontaine-Daniel ont fini par s'entendre avec Hamelin de l'Écluse [1] et Guillaume, son fils aîné, relativement aux dix sols manceaux (de rente) et accessoires, assis sur Lozé et Belouze.

L'an 1214.]

---

(1) Parmi les Manceaux qui firent partie de l'expédition en Terre Sainte de 1158, se trouvait Hamelin de l'Écluse, fils d'Hamelin et d'Adelaïde. Hamelin de l'Écluse, que nous voyons dans cette charte, était sans doute le descendant du croisé. Son fils Guillaume eut pour héritier Maurice de l'Écluse, qui épousa Jeanne du Boisthibault.

La seigneurie de l'Écluse, paroisse de Brecé, passa successivement de la famille de l'Écluse dans celles des de Montgiroux, de Mathefelon, du Haynyer, du Plessis-Châtillon. Au moment de la révolution, elle était possédée par Marie-Félicité du Plessis-Châtillon, veuve en premières noces de François-Antoine de Chabannes et en deuxième mariage de Charles Bernard, comte de Narbonne-Pelet, maréchal des camps et armées du roi, comtesse de Narbonne-Pelet, dame de Cherveux, de la Baillette, marquise de Nouant, du Plessis-Châtillon, de Saint-Gelais etc...

LXXVII

Abandon par Savary d'Anthenaise.

1215.

Ego Savaricus de Altanoisà notum facio quòd cùm contentionem misissem in terrà quam monachi Fontis Danielis, tàm emptione quàm elemosinà, acquisierant a Sylvestro de Ruperrous, in feodo meo de Montortier, tandem pro salute animæ meæ concessi eis eamdem terram tenendam de me et meis heredibus, salvis redevantiis meis.....

Sigillo mei. — 1215.

[Je, Savary d'Anthenaise, fais savoir que j'avais élevé une contestation relativement à la terre que les moines de Fontaine-Daniel ont achetée pour partie, et reçue en aumône pour le surplus, de Sylvestre de Rouperoux, dans mon fief de Montourtier. Enfin, pour le salut de mon âme, je leur ai accordé la possession de cette terre, à la condition qu'il la tiendront de moi et de mes héritiers, et sous réserves des redevances qui me sont dues...

Sous mon sceau. — L'an 1215.]

LXXVIII

Donation par Jean d'Ecorcé.

1215.

Universis..... Juhellus, dominus Meduanæ et Dinanni....

Johannem de Escorce, pro salute animæ suæ et antecessorum suorum, Deo et abbatiæ de Fonte Danielis Gaufridum Rosce, cum omni tenemento suo, in elemosinam contulisse......

Anno 1215.

[A tous..... Juhel, seigneur de Mayenne et de Dinan....

(Je fais savoir que) Jean d'Ecorcé a donné, à titre d'aumône, à Dieu et à l'abbaye de Fontaine-Daniel, pour le salut de son âme et de celles de ses ancêtres, le tenancier Geoffroy la Rosée et tout son tenement...

L'an 1215.]

LXXIX

Donation par Juhel III de Mayenne.
1215.

Universis..... Juhellus de Meduanà, dominus Dinanni.....

Pro salute animæ meæ, dedi Beatæ Mariæ de Fonte Danielis, ad opus fratrum infirmorum in perpetuam elemosinam unam libram piperis omni redditûs.

Anno 1215.

[A tous.... Juhel de Mayenne, seigneur de Dinan....

J'ai, pour le salut de mon âme, donné, en perpétuelle aumône, à la bienheureuse Marie de Fontaine-Daniel, une livre de poivre de rente, pour le besoin des frères infirmes.

L'an 1215.]

LXXX

Donation par Juhel III de Mayenne.
1215.

Noverint universi........ quòd ego Juhellus, Meduanæ et Dinanni dominus, assignavi XXV solidos cenomanenses singulis annis in præposiurâ meâ de Meduanà, quos abbas de Fonte Danielis, pro salute animæ meæ et

antecessorum et heredum, in viâ capituli cisterciencis
ordinis, perigrinis et pauperibus erogabit.

Sigilli mei feci testimonio roborari.

Anno 1215.

[Sachent tous...... que moi Juhel, seigneur de Mayenne
et de Dinan, ai assis sur ma prévôté de Mayenne vingt-cinq
sols manceaux de rente, que l'abbé de Fontaine-Daniel
distribuera aux pèlerins et aux pauvres, en vue du salut
de mon âme et de celui de mes ancêtres et héritiers, au
cours du voyage qu'il fait à Citeaux, pour assister au
chapitre de son ordre.

J'ai fait valider le présent par l'apposition de mon sceau.

L'an 1215.]

LXXXI

Saisine accordée par Guillaume de Montgiroux.
1215.

Universis.... Willelmus de Mongerol....

..... Quòd homines mei de Vilers et eorum heredes
dessesierunt se in manu Stephani de Puisart, hominis
mei, et in manu meâ, de terrâ illâ quam habebant in
feodo nostro ; et nos saisivimus Gilonem Trabant de
dictâ terrâ, itâ quòd de eâ singulis annis, in nativitate
Beatæ Mariæ, V solidos et duos denarios cenomanenses
nobis reddiderint......

Assensu G.... de Mongerol, filii mei primogeniti.

Anno 1215.

[A tous...... Guillaume de Montgiroux.....

(Qu'il soit connu) que mes hommes de Villiers et leurs
héritiers se sont dessaisis entre les mains d'Etienne de
Puisart, mon homme et en mes mains de la terre qu'ils
avaient dans notre fief; et qu'Etienne et moi en avons

conféré la saisine à Gilon Trabant ; pour quoi il nous sera fait, chaque année, à la Nativité de la bienheureuse Marie, cinq sols et deux deniers manceaux de rente......

Du consentement de G..... de Montgiroux, mon fils aîné. L'an 1215.]

LXXXII

Consentement par Amaury Ier de Craon.

1216.

Universis...... Amauricius, dominus Credonis, salutem.
Concessi abbatiæ de Fonte Danielis VIII libras turonenses annui redditûs quas Theobaldus de Matefelon, pro animâ Agnetis, quondam uxoris suæ et sororis meæ, elemosinavit monachis supradictis in passagio de Credone......

Sigilli nostri testimonio.
Anno 1216.

[A tous..... Amaury, seigneur de Craon, salut.
J'ai accordé à l'abbaye de Fontaine-Daniel la possession des huit livres tournois de rente annuelle, que Thibauld de Mathefelon avait données sur le passage de Craon aux moines de cette abbaye, à titre d'aumône, pour le repos de l'âme de ma sœur Agnès, sa défunte épouse......

Sous la garantie de notre sceau.
L'an 1216.]

LXXXIII

Donation par Constance de Craon, dame de la Garnesche.

1216.

Omnibus...... Constancia de Gasnassià, salutem......
Pro salute animæ karissimi fratris mei Petri de Credone et meæ et omnium antecessorum et heredum meorum, dedi abbatiæ Fontis Danielis, in perpetuam elemosinam, XX solidos cenomanenses annui redditûs, cum aliis XX solidis turonensibus quos anteà eis dederam apud Chantoce, super redditu meo quem habeo in tonleio Ligeris....

Karissimus frater meus Amauritius de Credone benigné ad preces meas concessit et confirmavit.

Sigillo meï.

Anno 1216.

[A tous...... Constance de la Garnesche, salut......
J'ai fait don, en perpétuelle aumône, à l'abbaye de Fontaine-Daniel, pour le salut de l'âme de mon très cher frère Pierre de Craon, de mon âme et de celles de mes ancêtres et héritiers, de vingt sols manceaux de rente annuelle, outre les vingt autres sols tournois qui lui ont été précédemment donnés par moi sur le revenu que je tire, à Chantocé, du tonlieu de la Loire......

Mon très cher frère Amaury de Craon a, sur ma prière, gracieusement accordé son consentement et confirmé cette donation.

Sous mon sceau.

L'an 1216.]

LXXXIV

Donation par Geoffroy d'Arquenay.
1216.

Notum........ Gaufridus de Erquencio dedit abbatiæ de Fonte Danielis medietariam suam de Buron, quam ex dono patris sui Guillelmi de Erquencio, cum assensu domini Juhelli de Meduanâ, possidebat, cum herbergamento et cum omnibus pertinentiis, tali conditione quòd dicti monachi eidem Gaufrido et heredibus dederunt XXI solidos cenoman. annui redditûs.....

Ego Juhellus de Meduanâ, dominus Dinanni, hujus pactionis custos et plegius, hoc concessi et ad petitionem partium sigilli mei testimonio confirmavi ; — et frater R., abbas Fontis Danielis, sigilli sui munimine roboravit.

Anno 1216.

[Sachent (tous)...... que Geoffroy d'Arquenay a fait donation à l'abbaye de Fontaine-Daniel, et de la métairie du Buron, que son père Guillaume d'Arquenay lui avait à lui-même donnée, du consentement de Monseigneur Juhel de Mayenne, et de l'herbergement du Buron, le tout sans exception. La présente donation a été consentie à la charge par les moines de l'abbaye de servir à Geoffroy et à ses héritiers vingt et un sols manceaux de rente annuelle......

Moi, Juhel de Mayenne, seigneur de Dinan, gardien et pleige de ce contrat, ai consenti à son exécution, puis, à la demande des parties, confirmé cet écrit par l'impression de mon sceau. Frère R....., abbé de Fontaine-Daniel, l'a aussi sanctionné par l'apposition de son propre sceau.

L'an 1216.]

LXXXV

Donation par Juhel III de Mayenne.
1216.

Universis præsens scriptum inspecturis Juhellus de Meduanâ, dominus Dinanni, salutem.

Sciatis quòd ego, ad preces carissimæ matris meæ Isabellis de Meduanâ, concessi in puram elemosinam monachis meis de Fonte Danielis quòd si eam mori contigeret, antequàm perficeretur dormitorium Fontis Danielis cum pertinentiis suis, quod ipsa inceperat, XX libras cenomanenses quas ad hoc assignaverat in firmâ de Lacaio, singulis annis in festo Beatæ Mariæ Magdalenæ similiter capientur, donec totum opus dicti dormitorii cum suis pertinentiis ex integro perficientur.

Ut autem hoc firmiùs teneatur, præsens scriptum feci sigilli mei testimonio roborari.

Anno gratiæ 1216, mense...

[A tous ceux qui prendront connaissance du présent écrit, Juhel de Mayenne, seigneur de Dinan, salut.

Sachez qu'à la prière de ma très-chère mère Isabelle de Mayenne, j'ai accordé en pure aumône à mes moines de Fontaine-Daniel, que si elle venait à mourir avant l'entier achèvement du dortoir de Fontaine-Daniel et de ses dépendances, qui ont été commencés par ses soins, j'entends que les vingt livres mancelles, que ma mère avait affectées sur la ferme de Lassay, continuent d'être touchées chaque année à la fête de la bienheureuse Marie-Madeleine, jusqu'à ce que tout le travail du dortoir et de ses appartenances soit entièrement fini.

Et pour donner à cet écrit plus d'autorité, je l'ai fait revêtir de mon sceau.

L'an de grâce 1216, au mois de...]

LXXXVI

Echange avec les héritiers de Robert de la Rongère.
1217.

Universis.....
Magister Robertus de Altanoisà, decanus Sabolii.....
Cùm Robertus de Rungeriâ V solidos turon. in decimâ de Lungneio abbati Fontis Danielis in perpetuam elemosinam contulisset, — uxor et heredes ejusdem Roberti dictos V solidos, assensu monachorum, retinuerunt et eis duos solidos cenom. in censibus suis de Tuschis in excambium assignârunt.
Anno 1217.

[A tous.....
Maître Robert d'Anthenaise, doyen de Sablé....
Robert de la Rongère ayant fait donation, en perpétuelle aumône, à l'abbaye de Fontaine-Daniel de cinq sols tournois sur la dîme de L......; sa femme et ses héritiers ont, du consentement des moines, repris ces cinq sols et assigné à ceux-ci, en échange, deux sols manceaux sur leurs cens des Touches.
L'an 1217.]

LXXXVII

Donation par Philippe de Candé.
1218.

Universis..... G..... Transmeduanus decanus...
Philippus de Candeio quidquid juris habebat in terrâ et domibus et vineis quas monachi Fontis Danielis acquisierant a Guilielmo de Candeio, fratre dicti Philippi, nomine emptionis, dedit in elemosinam.....

Concesserunt uxor Philippi, et Johanna, filia ejus.....
Monachi de caritate dicto Philippo XXX solidos contulerunt.

Testes : Philippus de Castellobrien, Theobaudo de Sanctâ Gauborge, Guilleminia le Breton.

Anno 1218.

[A tous..... G..... doyen d'Outre-Maine....

Philippe de Candé a donné, à titre d'aumône (à l'abbaye de Fontaine-Daniel) tout ce qu'il possédait de droits sur la terre, les maisons et les vignes que les moines avaient acquis par contrat de vente de Guillaume de Candé, son frère,........

L'épouse de Philippe et Jeanne, sa fille, ont donné leur agrément.....

Les moines ont remis, de leur charité, trente sols à Philippe.

Témoins : Philippe de Châteaubriant[1], Thibauld de Sainte-Gauburge, Guillemine le Breton.

L'an 1218.]

LXXXVIII

Donation par Geoffroy de Monts,

1218.

Guillelmus, andegavensis episcopus....

Gaufridus de Montibus abbatiæ Fontis Danielis, pro salute animæ suæ, patris et matris et antecessorum et heredum, concessit quòd ipsi monachi liberè feodum de Morin, cum pertinentiis et dominio, possideant....

Anno 1218.

---

[1] Châteaubriant, domaine situé paroisse de Sainte-Gemmes-sur-Loire.

[Guillaume, évêque d'Angers (1).....

Geoffroy de Monts a, pour le salut de son âme et de celles de son père, de sa mère, de ses ancêtres et de ses héritiers, consenti en faveur de l'abbaye de Fontaine-Daniel que ses moines possèdent franchement le fief Morin et toutes ses dépendances, le domaine direct compris.....

L'an 1218.]

LXXXIX

Donation et vente par Guillaume de Eirre.
1218.

Omnibus...... H. de Logeio, senescallus Meduanæ......

Guillelmus de Eirre, pro salute animæ suæ et parentum suorum, dedit Beatæ Mariæ de Fonte Danielis tertiam partem totius hereditatis suæ, in perpetuam elemosinam, — et pro reliquis duobus partibus habuit de caritate abbatiæ XV libras cenom. nomine emptionis.

Concesserunt : filii ejus Galterius, Odo et Guillelmus, et fratres sui Radulphus et Odo, et soror ejus Maria, et filius ejusdem Mariæ Radulfus Platon et filiæ prædictæ Mariæ Haoys.

Concessit Agnès, uxor dicti Guillelmi de Eirre.

Anno 1218.

[A tous..... Herbert de Logé, sénéchal de Mayenne.....

Guillaume de Eirre a, pour le salut son âme et de celles de ses parents, donné en perpétuelle aumône à la bienheureuse Marie de Fontaine-Daniel le tiers de son héritage : pour les deux autres tiers, il a reçu, de la charité de l'abbaye, quinze livres mancelles, comme prix de vente.

(1) Guillaume de Beaumont, évêque d'Angers, de 1202 à 1240.

Ont donné leur agrément : ses fils, Gaultier, Odon et Guillaume; ses frères, Raoul et Odon; sa sœur Marie; et aussi le fils et la fille de celle-ci, Raoul Paton et Haoys.

Agnès, épouse de Guillaume de Eirre, y a joint son consentement.

L'an 1218.]

XC

Donation par Guy de Saint-Loup.

1218.

Guido de Sancto Lupo dat.....
1218.

[Guy de Saint-Loup donne....
L'an 1218.]

XCI

Arrangement entre Hugues et Hamelin Paon.

V. 1218.

Hamelinus Pavo, miles et Hugo Pavo, avunculus ejus, qui a dicto Hamelino beneficium terræ patris sui sibi dari requirebat, pro beneficio illo inter illos pacem composuerunt : dictus Hamelinus donat pro bono pacis eidem Hugoni Paon XXV solidos cenomanenses annuatim.

Factum est præcepto Juhelli, domini Meduanæ.

[Hugues Paon réclamait à son neveu Hamelin Paon, chevalier, ses droits dans le domaine patrimonial de leur famille; ils ont à cet égard composé ensemble ainsi qu'il suit : Hamelin, pour le bien de la paix, a fait donation à son oncle de vingt-cinq sols manceaux de rente annuelle.

Ceci a été fait sur l'invitation de Juhel, seigneur de Mayenne.]

XCII

Arrangement et vente intéressant Etienne Bruslon.

1218.

Universis...... Juhellus, Meduanæ et Dinanni dominus........

(Cùm) inter Hamelinum Pavonem, militem et StephanumBruslon super talliis, molturis et serviciis de Monte Escouble, sicut Radulfus Bruslon, pater ejus, tenuit, contentio verteretur : cum voluntate filiorum dicti Hamelini, salvis serviciis aliorum dominorum, pacem fecerunt. Stephanus eidem Hamelino reddet annuatim X solidos et VI denarios et obolum censuales, pro dicto Monte Escouble et pro feodo Nicholai Gruel, quem (*sic*) emerat ab eodem............

Posteà idem Stephanus crucesignatus vendidit Cesari, clerico, vineam de Bernâ, pro quâ idem Cesar solvet dicto Hamelino XXI denarios annuatim.

Anno 1218.

[A tous...... Juhel, seigneur de Mayenne et de Dinan......

Il existait un différent entre Hamelin Paon, chevalier et Etienne Bruslon touchant les tailles, moutures et services de Montécouble (1), et sur la manière dont le père de ce dernier, Raoul Bruslon, en avait été détenteur. La paix a été faite entre eux avec l'assentiment des fils d'Hamelin (les services dus à d'autres seigneurs étant réservés) : Etienne donne de cens, chaque année, à Hamelin dix sols six deniers obole, pour le fief de Montécouble et pour le fief de Nicolas Gruel, qu'il avait acheté dudit Hamelin....

Depuis, Etienne Bruslon s'étant croisé a vendu la vigne de Berne à César, clerc, qui paie de ce chef à Hamelin vingt et un deniers par an.

L'an 1218.]

(1) Montécouble, paroisse de Saint-Baudelle.

XCIII

Donation par Renault d'Angers.

1218.

Karissimo suo in Christo Petro de Tilieto, senescallo Cadumi, et omnibus ad quos presens scriptum pervenerit, Hersendis, Dei permissione Sanctæ Mariæ Andegavensis de Caritate abbatissa, salutem. Sciatis quòd Raginaldus de Andegaviâ, civis noster, pro salute animæ suæ, patris et matris suæ, cùm iter arriperet ad partes Ierosolimitanas, in presentiâ nostrâ constitutus, Deo et abbatiæ Fontis Danielis dedit quicquid habebat apud Fontenetum Paganelli in perpetuam elemosinam, cum voluntate filii sui et Julianæ, sororis ejusdem Raginaldi. Undè, ad instantiam precum dicti Raginaldi, vos precamur attentiùs, quatinùs illos qui de dicto Raginaldo tenebant, dictis monachis hereditariè adjungatis, et in pacificam possessionem mittatis.

Super hoc autem vobis nostram cartam dirigimus, ferentem testimonium veritatis. Quod ut firmiùs in posterum habeatur, nos, ad petitionem dicti Raginaldi de Andegaviâ, sigillum nostrum fecimus apponi ; et idem Raginaldus, ad majorem firmitatem, sigillum suum huic cartæ apposuit.

Anno gratiæ millesimo ducentesimo octavo decimo.

[A son très-cher fils en Jésus-Christ Pierre de Tilly, sénéchal de Caen, et à tous ceux à qui parviendra le présent écrit, Hersende, par la permission de Dieu, abbesse de Sainte-Marie-de-la-Charité d'Angers [1], salut.

---

(1) Hersende de Sablé, abbesse de 1190 à 1220. L'abbaye de Sainte-Marie-de-la-Charité d'Angers fut connue plus tard sous le nom de Notre-Dame-du-Ronceray, parce qu'un pied de ronce, qui croissait dans la muraille de la crypte de son église, demeurait toujours vert : cette verdoyance perpé-

Sachez que Renauld d'Anjou, notre concitoyen, étant sur le point d'entreprendre le voyage de Jérusalem, a, pour le salut de son âme et des âmes de son père et de sa mère, donné en notre présence, à Dieu et à l'abbaye de Fontaine-Daniel, en perpétuelle aumône, tout ce qu'il possédait à Fontenay-le-Pesnel, et que cette donation a eu lieu du consentement exprès du fils et de la sœur du donateur, celle-ci du nom de Julienne. En conséquence, sur les sollicitations pressantes de Renauld, nous vous prions instamment de vouloir bien incorporer dans le patrimoine des religieux, les gens qui tenaient de lui et d'en effectuer au profit de l'abbaye la mise en paisible possession.

De ce que dessus nous vous adressons notre présente charte, qui contient l'expression de la vérité. Pour en assurer la ferme exécution à l'avenir, nous y avons fait apposer notre sceau, sur la demande de Renauld d'Anjou : il l'a lui-même revêtue de son propre sceau, pour y ajouter plus de force.

L'an de grâce 1218.]

XCIV

Donation par Renauld d'Anjou.

1218.

Raginaldus de Andegavià, pro salute animæ meæ et Constanciæ, uxoris meæ et Michaelis, filii mei, cùm iter Iherosolimæ arriperem, dedi abbatiæ de Fonte Danielis, in perpetuam elemosinam, ad petitionem filii mei Michaelis, ad victum unius monachi, XXXV solidos

---

tuelle était considérée comme miraculeuse. L'abbaye du Ronceray, dans laquelle se trouve actuellement l'école des Arts et Métiers d'Angers, ne recevait que des filles de vieille noblesse et était fort riche. Elle avait pour armoiries : « d'azur, à une vierge assise, tenant l'enfant Jésus, accostée en
« pointe de deux enfants affrontés, à genoux et les mains jointes, le tout
« d'or. »

censuum capitalium et unum modium siliginis in feodo de Morin, cum omni dominio et pertinentiis etc.....
Anno 1218.

[Cédant aux sollicitations de mon fils Michel, moi Renauld d'Anjou, sur le point de partir pour Jérusalem, ai, en vue du salut de mon âme et de celles de ma femme Constance et de mon dit fils, donné en aumône perpétuelle à l'abbaye de Fontaine-Daniel, pour la nourriture d'un moine, trente-cinq sols de cens-capital (ou chef-cens) et un muid de seigle, à prendre au fief de Morin, avec tous mes droits et toutes dépendances.....
L'an 1218.]

XCV

Donation par Guillaume d'Hauterives.
1218.

Willelmus de Altaripâ dat......
Anno 1218.

[Guillaume de Hauterives[1] donne.....
L'an 1218.]

XCVI
1218.

Fulcho, miles de Forestâ.
Anno 1218.

[Fouques, chevalier de la Forêt.
L'an 1218.]

---

(1) Hauterives, seigneurie paroisse d'Argentré. Dès le commencement du xv° siècle, les chevaliers d'Hauterives, dont le fief relevait du seigneur de Laval, faisaient partie des gentilshommes de ce dernier et possédaient à Laval un hôtel. Armes des d'Hauterives : « d'argent à deux bandes d'azur, à une bordure de gueules. »

XCVII

Echange entre l'Abbaye de Saint-Pierre de Fougères et Gaultier Levesel.

1219.

Universis.....

Frater Galterius, Beati Petri de Filgeriis dictus abbas, ejusque conventus, notum facimus nos dedisse Galterio Levesel, militi et heredibus suis, unam minam frumenti in molendino de Groleio, ex dono Heremburgis de Chandon, cum duobus solidis quos defunctus Willelmus de Lineriis, miles, in perpetuam elemosinam nobis contulit. — Dictus verò Galterius Levesel miles perindè nobis in perpetuum dedit terram, plateam et pratum in parochiâ de Landejen, quæ ipse in curiâ Filgerii a Johanne Fabro et heredibus suis comparavit.....

Quod ut ratum permaneat, venerabilis pater noster Petrus, Redonensis episcopus, ad petitionem vestram, sigillorum nostrorum appositione duximus communiri.

Anno 1219, mense aprili.

[A tous.....

Nous, frère Gaultier, abbé de Saint-Pierre de Fougères [1] et le couvent, faisons savoir que nous avons fait donation à Gaultier Levesel, chevalier et à ses héritiers d'une mine de froment sur le moulin de Grolay [2], qui nous avait été donnée par Eremburge de Chandon et aussi de deux sols que feu Guillaume de Linières nous avait offerts en perpétuelle aumône. De son côté et en retour, ledit Gaultier Levesel, chevalier, nous a abandonné gratuitement, à perpétuité, des

---

(1) L'abbaye de Saint-Pierre de Rillé-lès-Fougères était occupée alors par des chanoines réguliers de l'ordre de Saint-Augustin. L'église de l'abbaye avait d'abord eu Sainte-Marie pour vocable; sa fondation remontait au xi° siècle.

(2) Moulin de Grolay, près Fougères.

terre, place et pré, sis en la paroisse de Landean, qu'il a lui-même achetés en cour de Fougères de Jean Le Fèvre et de ses héritiers.....

Pour assurer l'exécution de cet écrit dans l'avenir, et déférant à votre demande, nous avons cru, vénérable père en Dieu Pierre, évêque de Redon, devoir le valider par l'apposition de nos sceaux.

L'an 1219, au mois d'avril.]

XCVIII

Accord avec Jean de Montgenard.

1219.

Universis..... Juhellus de Meduanà, dominus Dinanni.....

Contentio inter monachos Fontis Danielis et Johannem de Montegenardi super servitiis et redevantiis quas dictus Johannes debebat habere in terrà et hominibus de Gaudinerià...... concordia facta est. — Dicti monachi X solidos singulis annis dicto Johanni tenentur reddere... et erunt liberi.

Sigillo mei.....

Anno 1219, mense aprili.

[A tous..... Juhel de Mayenne, seigneur de Dinan......

Il existait une difficulté entre les moines de Fontaine-Daniel et Jean de Montgenard, relativement aux services et aux redevances que ce dernier devait avoir sur la terre et les hommes de la Gaudinière..... La paix est faite : les moines seront tenus de servir à Jean dix sols de rente chaque année... et seront quittes.

Sous mon sceau....

L'an 1219, au mois d'avril.]

XCIX

Garantie donnée par Hubert de Saint-Berthevin.
1210.

Notum sit quòd ego Hubertus de Sancto Bertevino concessi monachis de Fonte Danielis, quòd si de herbergamento suo de Champoio, quod eis teneor defendere et tueri, per aliquem molestarentur, illud in perpetuum pacificè possiderent; quòd ipsi haberent in perpetuam elemosinam X solidos cenom. quos in feodo Yvonis de Coldreio, per manum eorum, singulis annis capiebam. — Concessi eis insuper in perpetuam elemosinam XXII solidos et dimidium, cum pertinentiis suis, quos in feodo Johannis de Montegenardi in talliâ capiebam.

Sigillo meo.
1210, mense aprili.

[Qu'il soit connu que moi, Hubert de Saint-Berthevin, me suis engagé vis-à-vis des moines de Fontaine-Daniel, en ce qui concerne leur herbergement de Champoux, à les défendre, à les protéger et leur assurer la tranquille possession de cet herbergement, dans le cas où ils viendraient à être inquiétés par qui que ce soit. Je leur ai en outre donné, en perpétuelle aumône, les dix sols manceaux que je touchais chaque année par leurs mains sur le fief d'Yves du Coudray. De plus, je leur ai accordé, au même titre, vingt-deux sols et demi que je prenais de taille, sur le fief de Jean de Montgenard, sans réserve aucune.

Sous mon sceau.
L'an 1210, au mois d'avril.]

C

Donation par Payen de Vaiges.

1219.

Paganus, dominus de Vegià, medietariam Brolii de Beaufou cum pertinentiis, Gaufrido de Origne, cognato meo, titulo elemosinæ, retento servitio quorumdam calcarium deauratorum mihi vel heredibus meis, singulis annis, unâ vice persoluto, dedi.

Anno 1219.

[Je, Payen, seigneur de Vaiges, ai donné, à titre d'aumône, à Geoffroy d'Origné, mon parent, la métairie du Breil de Beaufou (1), avec ses dépendances, retenant de service des éperons dorés, qui me seront remis chaque année en une seule livraison, ainsi qu'à mes héritiers.

L'an 1219.]

CI

Donation par Macée, dame de Cerisy.

1220.

Sciant omnes tam presentes quam posteri, quòd ego Mathea, domina de Ceresei, pro salute animæ meæ et antecessorum et heredum meorum, dedi Deo et abbatiæ de Fonte Danielis et monachis ibidem Deo servientibus, in perpetuam elemosinam, decem quarteria frumenti perpetui redditûs et unum vavassorem apud Revillam, cum omnibus per..... ntiis suis, et cum omnibus quæ ad

---

(1) La métairie de Beaufou est appelée « de Bellofoco » dans la charte CV. La finale *fou* du mot Beaufou, dans la charte latine, a donc bien le sens de *feu*, et non celui de *hêtre* (fagus).

me apud dictam Revillam jure hæreditario pertinebant. Hanc autem elemosinam tàm ego quàm filii mei, Guillelmus et Robinus, fecimus in capellà beati Nicolai apud Fontem Danielis et juravimus hanc elemosinam bonà fide dictæ abbatiæ custodire contrà omnes homines et tueri.

Monachi verò, hujus beneficii non ingrati, de caritate domûs mihi et dictis filiis meis decem libras Cenomanensium contulerunt.

Ut autem hæc elemosina in perpetuum teneatur, ego Mathea, domina de Ceresei, assensu dictorum filiorum meorum, W. et R. presentem cartam feci sigilli mei testimonio roborari.

Actum anno gratiæ M° CC° vicesimo, mense februario.

[Sachent tous présents et à venir que moi Macée, dame de Cerisy, ai, pour le salut de mon âme et des âmes de mes prédécesseurs et héritiers, donné en perpétuelle aumône à Dieu, à l'abbaye de Fontaine-Daniel et aux moines qui y servent le Tout-Puissant, dix quartiers de froment de rente perpétuelle et un vavasseur à Réville, sans retenue aucune, et au reste tout ce que je possède à Réville, à titre héréditaire. Moi et mes fils, Guillaume et Robin, avons fait cette donation dans la chapelle Saint-Nicolas de l'église de Fontaine-Daniel et juré à l'abbaye de veiller avec fidélité à la garde et au maintien de notre aumône envers et contre tous.

Les moines, reconnaissants de cette libéralité, nous ont, de la charité de leur maison, donné à moi et à mes fils dix livres mancelles.

Pour assurer l'exécution perpétuelle de ce don, moi Macée, dame de Cerisy, du consentement de mes fils Guillaume et Robin, ai fait valider la présente charte par l'impression de mon sceau.

Fait l'an de grâce 1220, au mois de février.]

CII

CONFIRMATION PAR LE PAPE HONORIUS III.
1220.

Honorius episcopus, servus servorum Dei, dilectis filiis abbati monesterii de Fonte Danielis etc............ confirmat.

Datum Viterbii per manum Guillelmi, Sanctæ Romanæ Ecclesiæ vice-cancellarii, XII kalend. junii, indictione VIII, Incarnationis dominicæ anno 1220 ; — pontificatûs verò domini Honorii papæ III, anno quarto.

[Honorius, évêque, serviteur du serviteur de Dieu, à ses bien aimés fils, l'abbé du monastère de Fontaine-Daniel..... confirme.

Donné à Viterbe, par la main de Guillaume, vice-chancelier de la sainte Eglise romaine, le douze des calendes de juin, indiction huitième, l'an de l'Incarnation du Seigneur 1220 et du pontificat de monseigneur le pape Honorius III, la quatrième année.]

CIII

DONATION PAR GERVAIS DE SAINT-LOUP.
1220.

Gervasius de Sancto Lupo, miles..... Dedi, assensu fratrum meorum, Nicolao, fratri meo, terram quæ sita est juxtà Halam-Menart, quam Guido de Sancto Lupo, pater meus, cepit in maritagium cum Mariâ, uxore suâ, matre meâ, reddendo mihi unam libram ceræ, in festo Omnium Sanctorum, annuatim ; ità tamen quòd dicto Nikolao dictam terram licebit vendere.

Anno 1220.

[Je, Gervais de Saint-Loup, chevalier,..... ai donné à Nicolas, mon frère, du consentement de mes autres frères, la terre qui est située près de la Haie-Menard(1), que Guy de Saint-Loup, mon père, avait reçue pour le mariage de Marie, son épouse, ma mère : Nicolas me devra, de ce chef, une livre de cire chaque année, à la Toussaint. Il est cependant entendu qu'il lui sera permis de vendre cette terre.

L'an 1220.]

CIV

Donation par Renouf le Flamand.

1220.

Universis........ officialis cenomanensis....

Ranulfus le Flamene, pro salute animæ suæ et amicorum suorum, dedit in perpetuam elemosinam abbatiæ Fontis Danielis terram quæ vocatur Viezsol, cum pertinentiis..... et feodum Garini Milesent...... feodum Roberti de Fulgeriis.....

Anno 1220.

[A tous........ l'official du Mans.....

Renouf le Flamand a, pour le salut de son âme et de celles de ses amis, donné en perpétuelle aumône à l'abbaye de Fontaine-Daniel la terre qu'on appelle Vieux-Sol(2), avec ses dépendances..... et le fief de Guérin Milcent...., le fief de Robert de Fougères......

L'an 1220.]

---

(1) Haie-Menard, aujourd'hui Hémenart, commune de Saint-Berthevin-la-Tannière. La Seigneurie d'Hémenart a appartenu aux familles de Gorron, Le Porc et des Nos.

(2) Aujourd'hui Vieux-Sou, paroisse de Brecé.

CV

Décision contre Payen de Vaiges.

1220.

Omnibus...... officialis cenomanensis....
Càm contentio verteretur inter monachos Fontis Danielis et Paganum de Veglà, militem, super medietariâ de Bellofoco, quam ex Hugonis de Erquenelo dono, Pagano de Veglà presente, dicti monachi affirmabant se in perpetuam elemosinam habere...... monachis adjudicavimus.

Anno 1220.

[A tous...... l'official du Mans......
Dans le litige qui existait entre les moines de Fontaine-Daniel et Payen de Vaiges, chevalier, relativement à la métairie de Beaufeu, que les premiers affirmaient leur avoir été donnée en perpétuelle aumône par Hugues d'Arquenay, en présence de Payen de Vaiges....
Nous avons donné gain de cause aux moines.
L'an 1220.]

CVI

Arrangement avec Raoul le Flamand.

1221.

Galterus Levesel, senescallus Meduanæ....
Càm Hamelinus le Flameinc se et omnia jura monachis de Fonte Danielis in perpetuam elemosinam dedisset, Radulphus le Flameinc, frater ejus postnatus, contendisset...... ad pacem devenerunt. Dictus Radulfus concessit.... monachi dederunt de dominico suo, quandiù vixerit, quidquid tunc temporis habebant de jure in molendino de Genes et terram Durandi......

Anno 1221.

[Gaultier Levesel, sénéchal de Mayenne.....

Hamelin le Flamand avait fait aux moines de Fontaine-Daniel donation et de sa personne et de ses droits, en perpétuelle aumône : son frère puîné, Raoul le Flamand, contesta (la validité de ce don)..... un arrangement est intervenu. Raoul a donné son agrément..... et les moines lui ont abandonné de leur propre domaine la jouissance, sa vie durant, de tous leurs droits actuels sur le moulin de Gesnes (1) et la terre de Durand.....

L'an 1221.]

CVII

Donation par Guillaume de Soudal.
1221.

Noverint..... Guillelmus de Soldaio, assensu Philippæ, karissimæ uxoris meæ et Stephani, primogeniti mei, dedi Beatæ Mariæ Fontis Danielis, in perpetuam elemosinam, terram in capite Halæ meæ de Avrilleio ; de quo IV solid. tantùm tenentur mihi et heredibus meis.

Anno 1221.

[Sachent (tous)...... que moi, Guillaume de Soudal, ai donné en perpétuelle aumône à la bienheureuse Marie de Fontaine-Daniel, avec l'agrément de Philippe, ma très-chère épouse, et d'Étienne, mon fils aîné, la terre située au haut de ma Haie d'Avrillé : pour quoi les moines me feront, ainsi qu'à mes héritiers, quatre sols (de devoir) seulement.

L'an 1221.]

---

(1) Gesnes, paroisse de Saint-Loup-du-Gast.

CVIII

1221.

Hugo, abbas majoris monasterii....
Anno 1221.

[Hugues, abbé de Marmoutier....
L'an 1221.]

CIX

1223.

M. de Bazogia, decanus de Sabolio...
1223.

[M. de la Bazoge, doyen de Sablé...
L'an 1223.]

CX

Donation par Étienne Geré.

1223.

Stephanus Gere, miles, dat....
1223.

[Etienne Geré, chevalier, donne....
L'an 1223.]

CXI

1223.

Raginardus Pavo, miles....
Anno 1223.

[Renauld Paon (1), chevalier...
L'an 1223.]

---

(1) Renauld Paon, époux en premières noces de Jeanne et en deuxième mariage de Haoys, alias Heloys ; père d'Hamelot, de Renauld et de Julienne Paon ; frère de Guillaume Paon.

CXII

Abandon par Geoffroy de Carcou, Philippe de Dompierre et Guillaume d'Orne.

1224.

Universis.....

Gaufridus de Karcou, Philippus de Donnâ-Petrâ et Willelmus Dorne, milites........

Nos pietatis intuitu concessisse abbati et monasterio Fontis Danielis, quòd ipsi in perpetuum possideant VII quarteria vinearum, quæ[1] habent in feodo nostro de Karcou, versùs Avrille ultrà Haiam, ac VII solidos et VII denarios censuales.

Sigillorum nostrorum munimine.

Datum Andegavis, mense januario, die sabbati antè festum Epiphaniæ, 1224.

[A tous....

Geoffroy de Carcou, Philippe de Dompierre et Guillaume d'Orne, chevaliers...

Nous avons, par sentiment de piété, accordé à l'abbé et au couvent de Fontaine-Daniel qu'ils possèdent à perpétuité les sept quartiers de vignes qu'ils ont dans notre fief de Carcou, du côté d'Avrillé, au-delà de la Haye ; plus sept sols et sept deniers de cens.

Sous la garantie de nos sceaux.

Donné à Angers, au mois de janvier, le samedi avant la fête de l'Épiphanie, l'an 1224.]

---

[1] Le Cartulaire porte *quos*.

.CXIII

APPROBATION PAR MATHIEU DE SAINT-BERTHEVIN.
1224.

Universis....
Matheus de Sancto Bertevino, miles, ratum habebo quidquid Reverendus Pater Mauritius, cenomanensis episcopus, duxerit statuendum super contentionibus inter Odonem de Sancto Bertevino, fratrem meum et abbatem et monasterium Fontis Danielis.
Anno 1224, in crastino Beati Hylarii.

[A tous.....
Moi, Mathieu de Saint-Berthevin, chevalier, prends l'engagement de tenir pour ratifié tout ce que révérend Père (en Dieu) Maurice, évêque du Mans[1], jugera convenable de statuer touchant les contestations intervenues entre Odon de Saint-Berthevin, mon frère (d'une part), et l'abbé et les moines de Fontaine-Daniel (d'autre part).
L'an 1224, le lendemain de la Saint-Hilaire.]

CXIV

ACCORD ENTRE GUILLAUME ET MENARD DE GANIER.
1224.

Universis.... Willelmus, dominus de Exclusâ, salutem.
Cùm controversia esset inter Willelmum de Ganier, *ex primâ parte*, et Menardum de Ganier, *ex alterâ*, in pacis concordiam convenerunt : Menardus de Ganier dedit dicto Willelmo de Ganier XXVII solidos cenoman.

(1) Maurice, évêque du Mans, de 1216 à 1231.

et pratum de la Barlobere ; Menardus verò de Ganier et heredes sui debent tenere omne tenementum suum a dicto Willelmo de Ganier et heredibus suis servicio unius roncini. Hanc pacem fecit annuere Willelmus de Ganier Gervasio et Willelmo, filiis suis, coràm præsentiâ domini de Exclusis....

Sigilli mei munimine roboravi.

1224.

[A tous..... Guillaume, seigneur de l'Ecluse, salut.

Il existait une contestation entre Guillaume de Ganier, d'une part, et Menard de Ganier, d'autre part. La paix a été faite par l'accord suivant : Menard de Ganier a donné à Guillaume de Ganier vingt-sept sols manceaux et le pré de la Barlobère. De plus, tout le fief de Menard devra être tenu par lui et ses héritiers de Guillaume et de ses successeurs, à charge d'un cheval de service. Guillaume a fait approuver cet arrangement par Gervais et Guillaume de Ganier, ses fils, en présence du seigneur de l'Ecluse.....

J'ai fait valider le présent par l'apposition de mon sceau.

L'an 1224.]

CXV

Donation par Renault Paon.

1224.

Omnibus præsentes litteras inspecturis salutem in Domino.

Raginaldus Pavo, miles..... pro salute animæ meæ et patris et matris meæ et antecessorum et hæredum meorum, dedi Beatæ Mariæ de Fonte Danielis et monachis, in perpetuam elemosinam, tertiam partem decimæ meæ cum pertinentiis suis in parochiâ de Parrineto, et duas partes decimæ eis vendidi pro XXXVII libris V solidis cenomanensibus.

Guillelmus frater meus concessit.

Signum mei. 1224.

[A tous ceux qui ces présentes lettres verront, salut dans le Seigneur.

Je, Renauld Paon, chevalier..... ai, pour le salut de mon âme et des âmes de mon père, de ma mère, de mes ancêtres et héritiers, fait donation, en perpétuelle aumône, à la bienheureuse Marie et aux moines de Fontaine-Daniel du tiers de la dîme, sans exception, que je possède dans la paroisse de Parigné : quant aux deux autres tiers, je les ai vendus aux moines pour trente-sept livres cinq sols manceaux.

Guillaume, mon frère, a donné son agrément (à ce contrat). Mon seing. — L'an 1224.]

CXVI

Donation par Hamelin Coudabe.

1225.

Hamelinus Coldabus, miles, dat....
Anno 1225.

[Hamelin Coudabe, chevalier, donne.....
L'an 1225.]

CXVII

Arrangement avec Dreux de Mello et Isabelle, son épouse.

1226.

Universis........ Isabellis, domina Meduanæ...
Cùm controversiæ verterentur inter nobilem virum dominum Drochonem de Melloto, maritum meum et me, *ex primâ parte*, et abbatem et conventum Fontis Danielis, *ex alterâ*, super quibusdam elemosinis, donationibus, acquisitionibus et libertatibus a defuncto

Juhello, patre meo et domino Meduanæ, fundatore Ecclesiæ Beatæ Mariæ de Fonte Danielis, dictis monachis pro salute animæ suæ et antecessorum et heredum suorum in perpetuam elemosinam collatis...... ad pacem devenerunt.

Coràm venerabili patre Mauricio, cenomanensi episcopo, illam compositionem ratam habeo.

Sigillo mei..... anno 1226, mense maii.

[A tous..... Isabelle, dame de Mayenne.....

Il y avait un différend entre noble homme monseigneur Dreux de Mello, mon mari, et moi, d'une part; et l'abbé et le couvent de Fontaine-Daniel, d'autre part; touchant certaines aumônes, donations, acquisitions et libertés qui ont été octroyées, en perpétuelle aumône, par feu mon père, Juhel, seigneur de Mayenne, fondateur de l'église de la bienheureuse Marie de Fontaine-Daniel, en vue du salut de son âme et des âmes de ses ancêtres et héritiers..... La paix a été faite.

J'ai ratifié cet accord en présence de vénérable père (en Dieu), Maurice, évêque du Mans.

Sous mon sceau.

L'an 1226, au mois de Mai.]

CXVIII

Vente par Michel Chauvin.

1226

Universis præsentes litteras inspecturis, M..... decanus de Meduanà, salutem in Domino.

Noveritis quòd Michael Chauvin, clericus, in nostrà præsentià constitutus, vendidit abbati et conventui Fontis-Danielis trigenta solidos censûs et pensionis, quos dicti abbas et conventus tenebantur reddere singulis annis, vità comite, dicto Michaeli, pro medietarià des

Coudrois, quæ fuit defuncti Johannis Chauvin, patris dicti Michaelis; pro novem libris Turonum, de quibus denariis dictus Michael coràm nobis tenuit se pro pagato. Prædictus verò Michael dictos abbatem et conventum de dictà pensione quittavit et dictus Michael in nostrà manu fidem dedit, quòd prænominatos abbatem et conventum de prædictis pensione et medietarià, aut aliquem alium occasione prædictæ pensionis non molestaret, et quòd in supràdictis pensione et medietarià et in earumdem pertinentiis nihil de cætero reclamaret.

Quod ut ratum sit et stabile, ad petitionem partium, præsentes litteras sigillo nostro fecimus confirmari, in veritatis testimonium et munimen.

Datum anno Domini millesimo ducentesimo vicesimo sexto.

[A tous ceux qui prendront connaissance des présentes lettres, M..... doyen de Mayenne, salut dans le Seigneur.

Sachez que Michel Chauvin, clerc, constitué en notre présence, a vendu à l'abbé et au couvent de Fontaine-Daniel trente sols de cens et pension que ces derniers étaient tenus de lui faire, sa vie durant, chaque année, à cause de la métairie des Coudrais, qui avait appartenu à son père, Jean Chauvin : cette vente a été consentie moyennant neuf livres tournois, dont ledit Michel s'est, en notre présence, tenu pour bien payé.

En outre, Michel a donné quittance à l'abbé et au couvent de la pension dont il s'agit et a prêté serment entre nos mains de ne jamais inquiéter, relativement à cette pension et à cette métairie, ni eux ni qui que ce soit et de ne formuler ultérieurement à leur égard aucune réclamation que ce puisse être.

Pour que ceci demeure inattaquable et durable, nous avons, à la demande des parties, comme témoignage de vérité et à titre de garantie, fait valider les présentes lettres par l'apposition de notre sceau.

Donné l'an du Seigneur 1226.]

CXIX

Donation par Dreux de Mello.

1226.

Universis....

Drogo de Melloto, Meduanæ dominus et Locharum, assensu Isabellæ, uxoris meæ, dedi Radulfo, quondam domino de Bellaquercu et heredibus suis, nemus mortuum in forestâ meâ de Meduanâ, ad usagium suum in dominico suo de Bellaquercu, pro servitio suo.

1226.

[A tous.....

Je, Dreux de Mello, seigneur de Mayenne et de Loches, ai, du consentement d'Isabelle, mon épouse, donné à Raoul, jadis seigneur de Beauchesne, en récompense de ses services, pour lui et ses héritiers, du bois mort dans ma forêt de Mayenne, destiné à leur usage à leur domaine de Beauchêne.

L'an 1226.]

CXX

Vente par Nicolas de Saint-Loup.

1227.

Universis...... Mauritius, cenomanensis Ecclesiæ minister....

Nicholaus de Sancto Lupo recognovit vendidisse nobili viro Roberto de Gorran, militi, quidquid defunctus Egidius de Gorran et Willelmus, filius ejus, dederunt defuncto Guidoni de Sancto Lupo in maritagium cum Mariâ, matre ejusdem Nicholai, pro LXXX libris cenomanensibus, de quibus dictus Nicholaus se tenuit pro pagato. Ne Gervasia, dicti Nicholai uxor, ratione dotalitii posset aliquid reclamare, dictus Nicholaus eidem Gervasiæ dedit feodum Billete et domum et terram.... Dicta Gervasia concessit.

Anno 1227, mense Julio.

[A tous..... Maurice, évêque de l'Eglise du Mans.....

Nicolas de Saint-Loup a reconnu qu'il avait vendu à noble homme Robert de Gorron, chevalier, ce que Gilles de Gorron et Guillaume de Gorron, fils de ce dernier, avaient donné pour le mariage de Marie, mère du vendeur, lors de son union avec Guy de Saint-Loup, et qu'il se tenait pour bien payé des quatre-vingts livres tournois formant le prix de cette aliénation.

Pour que Gervaise, épouse de Nicolas, ne puisse rien réclamer à raison de son douaire (sur les biens vendus), son mari lui a fait donation du fief de la Billette(1), maison, terre, etc..... Gervaise a donné son consentement.

L'an 1227, au mois de juillet.]

CXXI

Donation par Robert de Gorron.

1227.

Robertus de Gorran, miles........

Dedi in perpetuam elemosinam abbatiæ de Fonte Danielis LX solidos cenom.

1227.

[Robert de Gorron, chevalier.....

J'ai donné, en perpétuelle aumône, à l'abbaye de Fontaine-Daniel soixante sols manceaux.

L'an 1227.]

---

(1) La Billette, aujourd'hui la Billeterie, en Saint-Berthevin-la-Tannière. L'étang de la Billette, voisin de la Billeterie, appartenait à la Seigneurie de Levaré.

CXXII

Donation par Robert de Gorron.

1227.

Universis......

Robertus de Gorran, miles, pro salute animæ meæ et fratris mei et antecessorum et heredum meorum, dedi Beatæ Mariæ de Fonte Danelis, in perpetuam elemosinam, VIII bussella frumenti ad mensuram Thaonneire, ad faciendas missarum hostias, in feodo Hugerii de Grangiâ.

Anno 1227.

[A tous.....

Moi, Robert de Gorron, chevalier, ai, pour le salut de mon âme, des âmes de mon frère, de mes prédécesseurs et héritiers, fait donation, en perpétuelle aumône, à la bienheureuse Marie de Fontaine-Daniel de huit boisseaux de froment, à la mesure de la Tannière, sur le fief de Huger de la Grange, pour faire des hosties de messes.

L'an 1227.]

CXXIII

Lettre de Dreux de Mello et d'Isabelle, son épouse.

1228.

Venerabili Patri et domino Mauricio, Dei gratiâ episcopo cenomanensi, Droco de Melloto, dominus Locharum et Meduanæ et Isabellis, uxor sua, domina Meduanæ, salutem.

Noveritis quòd nos tenebamur solvere monachis de Fonte Danielis mille libras ad fabricam ecclesiæ et dormitorii abbatiæ de Fonte Danielis, ex donationibus factis a Juhello bonæ memoriæ, quondam domino Meduanæ. Sed quia ad præsens dictam summam pecuniæ reddere non valemus et dicti monachi sinè magno dampno et gravi periculo expectare nequeverint, eisdem dedimus et assignavimus pro dictà summà pecuniæ : X libras et X solidos perpetui redditûs, X libras et IX denarios minus in baroniâ de Auver, in tallià augustulli ; et XIX denarios in præpositurà Meduanæ ; ità tamen quòd si nos vel alius hæres Meduadæ, quicumque fuerit ille, voluerit componere ista, revocare vel contraire, vel eisdem monachis super hoc aliquam violentiam inferre, in instanti teneretur dictis monachis mille libras cenomanenses persolvere.

Undè rogamus Paternitatem vestram contenta monachis dictæ abbatiæ super hoc litteras conferre dignemini, ad majorem confirmationem et testimonium veritatis. — Valete.

Anno gratiæ 1228.

[A notre vénérable Père et Seigneur Maurice, par la grâce de Dieu évêque du Mans, Dreux de Mello, seigneur de Loches et de Mayenne et Isabelle, son épouse, dame de Mayenne, salut.

Sachez que nous sommes tenus de payer aux moines de Fontaine-Daniel mille livres, pour la construction de l'église et du dortoir de l'abbaye, en vertu de donations faites par Juhel, de bonne mémoire, naguère seigneur de Mayenne. Comme nous ne pouvons acquitter cette somme présentement et que par ailleurs il n'est pas possible que les moines puissent attendre, sans grand dommage et sans péril sérieux, nous leur avons donné et assigné, pour l'acquit de notre dette, les sommes suivantes : dix livres et dix sols de rente perpétuelle, dix livres et neuf petits deniers sur la petite taille d'août de la baronnie d'Auvers ; et dix-neuf deniers sur la prévôté de Mayenne. Et il est entendu que si nous, ou l'un de nos successeurs dans la terre de Mayenne, quelqu'il fût, en venions à modifier, révoquer, inexécuter ces obligations, ou attaquer les moines à ce sujet, ladite somme de mille livres deviendrait exigible et devrait leur être immédiatement payée.

C'est pourquoi nous supplions votre Paternité qu'elle ait ces engagements pour agréables et daigne délivrer à cet égard des lettres, qui en soient un témoignage de vérité et une confirmation plus parfaite.

Salut.

L'an de grâce 1228.]

CXXIV

Confirmation par Renauld Paon.

1229.

Universis..... Raginaldus Pavo salutem............ quòd Raginaldus de Pinu, assensu Matheiæ, uxoris suæ, vendidit pro C solidos cenomanenses abbatiæ et monasterio Fontis Danielis duas partes totius juris quod habebat in molendino de Anvoriâ.....

Ego Raginaldus, ad cujus feodum res prædictæ pertinebant, sigillo meo confirmavi.

Anno 1229, mense januarii.

[A tous..... Renauld Paon, salut.....

(Sachez) que Renauld du Pin(1) a, du consentement de Macée, son épouse, vendu à l'abbaye et au couvent de Fontaine-Daniel pour cent sols manceaux les deux tiers de tous les droits qu'il possédait sur le moulin d'Anvore.....

Moi, Renauld (Paon), comme seigneur du fief dont dépendent les biens dont il s'agit, ai confirmé cette aliénation par l'apposition de mon sceau.

L'an 1229, au mois de janvier.]

(1) Le Pin, seigneurie, paroisse de Contest.

CXXV

Echange avec Raoul de Beauvoir.
1229.

Omnibus...... Michael, decanus de Meduanà....
Radulfus de Belvaier, miles, dedit abbatiæ et monasterio de Fonte Danielis, in perpetuam elemosinam, quidquid juris habebat in molendino suo de Anvorià, etc........ et monachi dederunt ei in excambium quod habebant in foosteià de Poilleio et in Plesseio de Poileio et in haiis.....

Anno 1229, mense januario.

[A tous..... Michel, doyen de Mayenne....
Raoul de Beauvoir, chevalier, a donné, en perpétuelle aumône, à l'abbaye et au couvent de Fontaine-Daniel tout le droit qu'il avait sur son moulin d'Anvore..... et, en échange, les moines lui ont cédé ce qu'ils possédaient dans la futaie de Poillé, dans le Plessis de Poillé et dans les haies.....

L'an 1229, au mois de janvier.]

CXXVI

Donation par Geoffroy de Mathefelon.
1229.

Omnibus.....
Ego Gaufridus de Mathefelon, miles, pro salute animæ meæ et uxoris meæ, dedi abbatiæ Fontis Danielis, in perpetuam elemosinam, totam decimam molendinorum meorum in aquà Vareniæ.

Anno 1229.

[A tous.....

Je, Geoffroy de Mathefelon, chevalier, ai, pour le salut de mon âme et de celle de mon épouse, donné en perpétuelle aumône à l'abbaye de Fontaine-Daniel toute la dîme de mes moulins sur la rivière de la Varenne.

L'an 1229.]

CXXVII

Donation et vente par Geoffroy Beausoleil.
1230.

Universis...... officialis Andegavensis...

Gaufridus Belsoleil, pro salute animæ patris et matris et antecessorum suorum, dedit in perpetuam elemosinam Beatæ Mariæ de Fonte Danielis duas partes omnium rerum quas habebat in feodo domini Gaufredi Jollain, militis, videlicet apud Quercum de Gardâ; et tertiam partem vendidit pro VIII libris et V solidis turonensibus.

Anno 1230.

A tous...... l'official d'Angers.....

Geoffroy Beausoleil a, pour le salut des âmes de son père, de sa mère et de ses ancêtres, donné en perpétuelle aumône à la bienheureuse Marie de Fontaine-Daniel les deux tiers de tout ce qu'il possédait dans le fief du seigneur Geoffroy Jouslin, chevalier, c'est-à-dire au Chêne de la Garde(1); il a vendu le dernier tiers pour huit livres et cinq sols tournois.

L'an 1230.]

---

(1) Le Chêne de la Garde, paroisse d'Avrillé, près Angers.

CXXVIII

Litige entre Jacques et Hamelin de la Motte.
1230.

Contentio inter Jacobum, dominum de Motâ et Hamelinum, ejus filium, super medietatem terræ de Motâ.
1230.

[Différend entre Jacques, seigneur de la Motte et son fils Hamelin, relativement à la moitié de la terre de la Motte.
L'an 1230.]

CXXIX

Abandon par Jean de Orthes.
1230.

Universis...... M. decanus de Sabolio....
Johannes de Ortis, miles, concessit abbatiæ Fontis Danielis vineam, cum pertinentiis suis, quam habuerunt (monachi) ex donatione Mariæ Lamorandæ, in feodo suo, in valle de Penlivart......
Anno 1230.

[A tous..... M..... doyen de Sablé.....
Jean de Orthes, chevalier, a abandonné à l'abbaye de Fontaine-Daniel ses droits sur une vigne et ses dépendances, qui font partie de son fief au val de Penlivart et dont Marie La Morand avait fait donation aux moines....
L'an 1230.]

CXXX

Reconnaissance par Geoffroy d'Amblou.
1231.

Cùm Gaufridus de Amblou citatus fuisset, ad instantiam monachorum Fontis Danielis, propter decimam molendinorum de Amblou, quam eis reddere contradicebat, quæ ad dictos monachos ex donatione defuncti Gaufridi de Mathefelon pertinebat, — dictus Gaufridus cognovit et persolvere injunximus.

Anno 1231, die dominicâ antè Resurrectionem Domini.

[Geoffroy d'Amblou, cité en justice par les moines de Fontaine-Daniel sur son refus d'acquitter la dîme des moulins d'Amblou(1), qui avait fait l'objet d'une donation à leur profit par feu Geoffroy de Mathefelon, a fini par reconnaître qu'il devait cette dîme et nous lui avons enjoint de payer.

L'an 1231, le dimanche avant la Résurrection du Seigneur.]

CXXXI

Echange avec Payen de Rouesson.
1231.

Universis..... M. decanus de Meduanâ....

Abbas et conventus Fontis Danielis dederunt Pagano de Roisson, militi, et heredibus suis totam terram quam Raginaldus Le Nein tenebat ab eis ; — et Paganus dedit eis, assensu Thomæ, militis, filii sui, in excambium pratum juxtà Pontem-David...

Anno 1231.

---

(1) Amblou, moulin sur la Varenne, paroisse de Ceoucé.

[A tous...... M. doyen de Mayenne.....

L'abbé et le couvent de Fontaine-Daniel ont donné à Payen de Rouesson, chevalier, et à ses héritiers toute la terre que Renauld Le Nain tenait d'eux. De son côté Payen leur a, du consentement de son fils Thomas, chevalier, fait, en échange, donation d'un pré, situé près du Pont-David.....

L'an 1231.]

CXXXII

Confirmation par Geoffroy, évêque du Mans.
1231.

Universis...... Gaufridus, cenomanensis Ecclesiæ Magister......

Suplicavit nobis Thoma de Han quòd nos omnes decimas quas in parochiâ de Han possederat, quas abbatiæ de Fonte Danielis contulerat, vellemus confirmare.

Nos dictæ abbatiæ duximus confirmandas sigilli nostri munimine.

Anno 1231.

[A tous..... Geoffroy(1), évêque de l'église du Mans.....

Thomas du Ham nous a supplié de vouloir bien confirmer l'abandon par lui fait à l'abbaye de Fontaine-Daniel de toutes les dîmes qu'il possédait dans la paroisse du Ham.

Nous avons fait ratifier cette remise de dîmes par l'apposition de notre sceau.

L'an 1231.]

---

(1) Geoffroy II, de Laval, évêque du Mans, de 1231 à 1234.

CXXXIII

DATION EN PAIEMENT PAR DREUX DE MELLO ET ISABELLE, SON ÉPOUSE.

1231.

Universis...... Drocho de Melloto, dominus Locharum et Meduanæ et Isabellis, uxor ejusdem, domina Meduanæ......

Cùm teneremur reddere, monachis Fontis Danielis mille libras turonenses, ex dono bonæ memoriæ defuncti Juhelli, quondam domini Meduanæ, ad fabricam Ecclesiæ et dormitorii ejusdem loci, nos, bonorum virorum consilio, pro utilitate Ecclesiæ et pro dilatione solutionis evitandâ, dedimus in perpetuum monachis dictæ abbatiæ omnia quæ habebamus in Haiâ de Chaumont, cum hominibus, aquâ et molendino......

Anno 1231.

Gaufridus, cenomanensis episcopus, confirmat.

Anno 1243.

[A tous..... Dreux de Mello, seigneur de Loches et de Mayenne et Isabelle, son épouse, dame de Mayenne.....

Pour fournir à l'abbaye de Fontaine-Daniel, comme nous y étions obligés, les mille livres tournois qui leur avaient été données par feu Juhel, de bonne mémoire naguère seigneur de Mayenne, afin de faire construire l'église et le dortoir, nous avons, sur le conseil d'hommes de bien, tant à raison de l'utilité qu'il y a d'avoir cette église que pour éviter tout retard, donné aux moines, à perpétuité, tout ce que nous possédions à la Haie de Colmont, y compris les hommes (qui tiennent ces biens), la rivière et le moulin.....

L'an 1231.

Geoffroy, évêque du Mans (1), confirme (la donation).

L'an 1243.]

---

(1) Geoffroy de Loudon, évêque de 1231 à 1255.

CXXXIV

DONATION PAR MATHIEU ET GUILLAUME BOUDIER.
1232.

Universis...... M. decanus Meduanæ....

Matheus Boder, miles, et Willelmus, filius ejus primogenitus, assensu Agnetis, uxoris Mathei, dederunt quidquid habebant in medietariâ de Valleiis, cum pertinentiis suis, abbatiæ de Fonte Danielis, ità tamen quòd reddent dicto Matheo et Willelmo et heredibus XII denarios cenomanenses annui redditûs in dictâ medietariâ.

Anno 1232, mense octobri.

[A tous..... M. doyen de Mayenne.....

Mathieu Boudier, chevalier, et Guillaume, son fils aîné, ont, du consentement d'Agnès, épouse de Mathieu, donné à l'abbaye de Fontaine-Daniel tout ce qu'ils possédaient dans la métairie des Vallées et ses dépendances; néanmoins les moines serviront sur cette métairie douze deniers manceaux de rente annuelle à Mathieu, à Guillaume et à leurs héritiers.

L'an 1232, au mois d'octobre.]

CXXXV

DONATION PAR EUDELINE DE LA TORTENDIÈRE ET SON FILS.
1233.

Universis...... decanus de Sabolio......
Odelina de Tortendiere [1] et Johannes, filius ejus....

---

[1] Y aurait-il identité entre ce nom de Tortendière et celui de Cortendire de la Charte LIX ?

concesserunt abbati et conventui Fontis Danielis XX solidos cenom. annui redditûs in feodo de la Tortendiere.

Anno 1233, mense martio.

[A tous...... doyen de Sablé.....

Eudeline de la Tortendière et Jean, son fils..... ont donné à l'abbé et au couvent de Fontaine-Daniel vingt sols manceaux de rente annuelle sur le fief de la Tortendière.

L'an 1233, au mois de mars.]

CXXXVI

Donation par Aubert de l'Espinasse et son épouse.
1233.

Universis...... officialis Andegavensis....

Aubertus de Espinaz et Benedicta, uxor ejus, assensu Robini, filii dictæ uxoris, dederunt in perpetuam elemosinam Beatæ Mariæ de Fonte Danielis tertiam partem campi juxtà Avrilliacum, in feodo militum de Quarcou.....

Anno 1233, mense junii.

[A tous..... l'official d'Angers.....

Aubert de l'Espinasse et Benoite, son épouse, ont, du consentement de Robin, fils de cette dernière, donné en perpétuelle aumône à la bienheureuse Marie de Fontaine-Daniel le tiers d'un champ près d'Avrillé, dans le fief des chevaliers de Carcou.....

L'an 1233, au mois de juin.]

CXXXVII

DONATION PAR DREUX DE MELLO ET ISABELLE,
SON ÉPOUSE.

1233.

Universis præsentes litteras inspecturis, Droco de Melloto, Locharum et Meduanæ dominus et Isabellis, uxor ejusdem, domina Meduanæ, salutem in omnium Salvatorem.

Noveritis quòd nos, unanimi assensu, solo caritatis intuitu, pro salute animarum nostrarum et antecessorum nostrorum contulimus Deo et abbatiæ Fontis Danielis et monachis ibidem Deo servientibus quicquid nos et heredes nostri habuimus et habere potuimus et habere poteramus in plateâ Guillelmi Paris, fabri, ipsam plateam et omnes manseonarios in eâdem plateâ manentes absolvimus ab omnibus costumis, talliis, redditionibus et aliis : itâ quòd nos et heredes nostri in dictâ plateâ vel in manseonariis ibidem manentibus nihil juris de cetero poterimus reclamare ; — nos etiam eisdem dedimus et concessimus quòd manseonarius sivè manseonarii in dictâ plateâ habebunt eamdem libertatem, communitatem et quitantiam quam habent alii homines dictorum monachorum in terrâ nostrâ Meduanæ, sicuti in cartulis domini Juhelli de Meduanâ, prædecessoris nostri quondam, bonæ memoriæ, continetur.

Quod ut ratum et firmum in posterum perseveret, præsentes litteras sigillorum nostrorum impressione dignum duximus roborandas.

Actum est hoc anno ab Incarnatione Domini 1233.

[A tous ceux qui verront les présentes lettres, Dreux de Mello, seigneur de Loches et de Mayenne et Isabelle, son épouse, dame de Mayenne, salut dans le Sauveur de tous les hommes.

149

Sachez que, d'un commun accord et uniquement par pure charité, nous avons, pour le salut de nos âmes et de celles de nos prédécesseurs, fait donation à Dieu, à l'abbaye de Fontaine-Daniel et aux moines, qui y servent le Tout-Puissant, de tout ce que nous avons possédé, pu posséder et de tout ce que nous et nos héritiers pourront avoir sur la place de Guillaume Paris, forgeron : cette place et les mansionniers qui y résident, nous les avons exemptés de toutes coutumes, tailles, redevances et autres charges ; c'est pourquoi nous et nos héritiers ne pourrons exiger aucun droit que ce soit sur la place dont il s'agit et sur ses occupants. Nous avons même concédé libéralement que le ou les mansionniers qui jouiront de cette place aient les mêmes libertés, immunités et franchises dont profitent les autres hommes des moines dans notre terre entière de Mayenne, tel que le tout est spécifié dans les chartes de notre prédécesseur, de bonne mémoire, monseigneur Juhel de Mayenne.

Et pour que ces lettres demeurent à l'avenir définitives et durables, nous avons jugé opportun de les faire valider par l'impression de nos sceaux.

Ceci a été fait l'an 1233 de l'Incarnation du Seigneur.]

CXXXVIII
1234.

Guillelmus de Exclusâ, miles.....
1234, mense januario.

[Guillaume de l'Ecluse, chevalier.....
L'an 1234, au mois de janvier.]

CXXXIX
1234.

Universis..... Hugo, Transmeduanus archidiaconus, salutem..........

(Notum sit... nos)....... litteras bonæ memoriæ Fulconis, archidiaconi Transmeduani, predecessoris nostri, inspexisse in hâc formâ :

« Fulco de Roez, Transmeduanus archidiaconus
« etc....

« Andegavis, anno 1234.... »

Anno 1241.

[A tous..... Hugues, archidiacre d'Outre-Maine, salut.....

(Sachez que nous) avons pris connaissance de lettres de l'archidiacre d'Outre-Maine, notre prédécesseur, Fouques de bonne mémoire, qui sont ainsi conçues :

« Fouques de Rouez, archidiacre d'Outre-Maine.....
« Angers, l'an 1234. »

L'an 1241.]

CXL

Echange entre Georges de Mesbier et Robert de Gorron.

1234.

Omnibus...

Georgius de Mesbier, miles et domina Emma, uxor mea, et Johannes de Incio, filius dictæ Emmæ et heredes dictæ Emmæ, quitavimus et concessimus domino Roberto de Gorran quidquid juris habebam in nemore de Gaudalchâ ; itâ tamen quòd dictus Robertus de Gorran, miles, scambiit mihi et uxori meæ et Johanni de Incio XVII solidos cenoman. annui redditûs de suâ talliâ in feodo de Peregrinâ.

1231.

[A tous.....

Moi, Georges de Mesbier, chevalier, dame Emma, mon épouse, Jean d'Incé, fils et héritier de celle-ci, nous avons cédé et abandonné au seigneur Robert de Gorron tout ce que (moi Georges) avais de droit dans le bois de la Gaudesche ;

mais par ailleurs Robert de Gorron, chevalier, nous a donné en échange à moi, à mon épouse et à Jen d'Inée dix-sept sols manceaux de rente annuelle, à prendre sur sa taille au fief de la Pellerine.

L'an 1234.]

CXLI

Déclaration par Robert de Gorron.

1235.

Robertus de Gorran, miles, dominus Tanneriæ....

Augerus de Pleisseaco et heredes ejus de me et de meis heredibus tenent feodum suum de la Bilehoudere ; pro quo tenentur mihi reddere VII solidos et dimidium cenoman. et unum pellulum avenæ et VI gallinas.

Anno 1235.

[Robert de Gorron, chevalier, seigneur de la Tannière.....

Auger du Plessis et ses héritiers tiennent (et tiendront) de moi et de mes héritiers leur fief de la Billeudière et me doivent, de ce chef, sept sols et demi manceaux, une truelle d'avoine et six poules.

L'an 1235.]

CXLII

Translation de rente par Guillaume de Thuré.

1235

Universis........ H........ decanus de Ebronio....

Guillelmus de Tuire apud Montorterium, in nostrâ præsentiâ, atornavit abbatiæ de Fonte Danielis V solidos turonenses annui redditûs, quos pater ejus dictæ abbatiæ contulerat in elemosinam, quandò sepulturam suam ibidem elegit, videlicet in terrâ quæ fuit Huaudi Thehier, quam terram Raginaldus de Lignou tenet a Guillelmo de Tuire, nominato. Dictus Raginaldus concessit quòd capere poterunt dicti monachi in mansione suâ apud Lignou ex tunc.........

Anno 1235, mense martii.

[A tous...... H...... doyen d'Evron.....

Guillaume de Thuré (1) près Montourtier a changé en notre présence l'assiette des cinq sols tournois de rente annuelle dont son père avait aumôné l'abbaye de Fontaine-Daniel, en y faisant choix de sa sépulture. Il les affecte sur la terre que Huaud Thehier occupait jadis et que Renauld de Lignou (2) tient maintenant dudit Guillaume. Ledit Renauld a consenti que les moines puissent prendre dorénavant cette rente sur son lieu de Lignou.....

L'an 1235, au mois de mars.]

CXLIII

Donation par Renault Paon.

1235.

Universis...... Raginaldus Pavo, miles.....

Pro salute animæ meæ, antecessorum et heredum meorum, dedi Beatæ Mariæ Fontis Danielis, in perpetuam elemosinam, assensu Guillelmi Pavonis, fratris mei et Johannæ, uxoris meæ, quidquid juris habebam in omnibus terris, vineis, pratis et omnibus aliis quas Stephanus Brulon et heredes sui a me tenebant, sicut continetur in carta bonæ memoriæ Juhelli, quondàm domini Meduanæ........

---

(1) Thuré, seigneurie située paroisse de la Bazouge-des-Alleux.
(2) Lignou, actuellement Ligneul, en la même paroisse.

Præterea vendidi eis VII solidos cenomanenses et quidquid juris habebam in molendino de Anvoria, quod dicti monachi a Radulpho de Bellovisu et Raginaldo de Pinu emerunt......

Anno 1235, mense aprili.

[A tous..... Renauld Paon, chevalier.....

J'ai, du consentement de Guillaume Paon, mon frère et de Jeanne, mon épouse, fait donation en perpétuelle aumône à la bienheureuse Marie de Fontaine-Daniel, pour le salut de mon âme et des âmes de mes ancêtres et de mes héritiers, de tous les droits que j'avais sur l'ensemble des terres, vignes, prés et autres biens qu'Etienne Brulon et ses héritiers tenaient de moi, tel que le tout est décrit dans une charte de Juhel, de bonne mémoire, jadis seigneur de Mayenne.....

Depuis j'ai vendu aux moines (de Fontaine-Daniel) sept sols manceaux et tous mes droits sur le moulin d'Anvore, qu'ils ont acheté de Raoul de Beauvoir et de Renauld du Pin.....

L'an 1235, au mois d'avril.]

CXLIV

Confirmation par le pape Grégoire IX.

1235.

Gregorius episcopus, servus servorum Dei, dilectis filiis abbati monasterii Fontis Danielis...... confirmat.

Amen, amen, amen.

Suit le monogramme du pape Grégoire IX, avec sa signature et le sceau portant cette inscription : « Sanctus Petrus, Sanctus Paulus. Gregorius P. P. IX. Fac mecum, domine, signum. » *Puis viennent les signatures des cardinaux, chacune précédée d'une croix ; ces croix sont variées dans leur forme et leur décoration.*

Ego Gregorius Catholicæ Ecclesiæ episcopus.

† Ego Johannes, Sabinensis episcopus.

† Ego Romanus, Portuensis Sanctæ Rufinæ episcopus.

† Ego frater Jacobus, Prenestrinus episcopus.

† Ego Thomas, tituli Sanctæ Sabinæ presbyter cardinalis.

† Ego Johannes, tituli Sanctæ Praxedis presbyter cardinalis.

† Ego Guifredus, tituli Sancti Marci presbyter cardinalis.

† Ego Sinibaldus, tituli Sancti Laurencii in lucina presbyter cardinalis.

† Ego Rainerius, Sanctæ Mariæ in Cosmedin diaconus cardinalis.

† Ego Egidius, Sanctorum Cosmæ et Damiani diaconus cardinalis.

† Ego Oto, Sancti Nicholai in carcere (Juliano) diaconus cardinalis.

Datum Viterbii per manum magistri Guillelmi, Sanctæ Romanæ Ecclesiæ vicecancellarii, III kalend. maii, Indictione IX, dominicæ incarnationis anno M° CC° XXXV°, pontificatûs verò domini Gregorii papæ IX anno undecimo.

(Grégoire évêque, serviteur des serviteurs de Dieu, à ses chers fils l'abbé du monastère de Fontaine-Daniel et..... confirme.

Ainsi soit-il.

Après le sceau et le monogramme du pape, on lit :

† Moi Grégoire, évêque de l'Église catholique.

† Moi Jean, évêque de Sabine.

† Moi Romain, évêque de Porto et Sainte-Rufine.

† Moi frère Jacques, évêque de Préneste.

† Moi Thomas, prêtre cardinal du titre de Sainte-Sabine.

† Moi Jean, prêtre cardinal du titre de Sainte-Praxède.

† Moi Guifrey, prêtre cardinal du titre de Saint-Marc.

† Moi Sinibald, prêtre cardinal du titre de Saint-Laurent *in lucind*.

† Moi Renier, cardinal diacre de Sainte-Marie *in cosmedin*.

† Moi Gilles, cardinal diacre des Saints Côme et Damien.

† Moi Othon, cardinal diacre de Saint-Nicolas *in carcero juliano*.

Donné à Viterbe par la main de maître Guillaume, vice-chancelier de la Sainte Eglise Romaine, le trois des calendes de mai, dans la neuvième indiction, l'an 1235 de l'Incarnation du Seigneur et la onzième année du pontificat du seigneur pape Grégoire IX.]

CXLV

Donation par Hamelin Coudabe.

1235.

Universis...... Hamelinus Coldabus, miles....

Pro salute animæ meæ et Guillelmi et Hugonis, filiorum meorum et heredum meorum, dedi Beatæ Mariæ Fontis Danielis plateam juxtà domum Ogelini Sebaut, cum orto, in burgo novo subtùs Castellione......

Anno 1235.

[A tous..... Hamelin Coudabe, chevalier.....

Pour le salut de mon âme et de celui des âmes de Guillaume et de Hugues, mes fils et héritiers, j'ai donné à la bienheureuse Marie de Fontaine-Daniel une place avec jardin, près de la maison d'Ogelin Sebaut, au Bourgneuf sous Châtillon.....

L'an 1235.]

CXLVI

ARRANGEMENTS AVEC L'ABBAYE DE SAVIGNY.
1236.

Cùm orta esset contentio inter abbatem et conventum Savigniaeli, *ex unâ parte*, et abbatem et conventum Fontis Daniclis, *ex alterâ*, super turbatione libertatis et quitanciæ, quam debent hàbere homines dictorum abbatis et conventui Savigniaeli in mercato de Meduanà, ubicumque fuerit, in cohuâ vel extrà; tandem in hunc modum amicabiliter conquievit : videlicet quòd dicti homines, tàm ementes quàm vendentes, intrabunt cohuam et utentur libertate suâ et quitantià plenariè, absque impedimento, homines tàm dictorum abbatis et conventûs Savigniaeli, mercatores non exponent mercimonia sua ad vendendum super stalla abbatis et conventûs Fontis Daniclis, sinè voluntate et licentià eorumdem, vel attornati ipsorum in hâc parte. Debent tamen ipsi abbas et conventus Fontis Daniclis providere loca rationabilia in cohuâ præfatis hominibus abbatiæ Savigniaeli, ubi possint ponere rastella sua vel asseres suos vel aliud hujusmodi, in quibus exponant mercimonia sua ad vendendum; itâ quòd panetarii rationabilem locum habeant inter panetarios, merciarii inter merciarios, bocharii inter bocharios et sic de similibus. Et itâ facient dicti abbas et conventus Fontis Daniclis, ne pro defectu talis provisionis rationabilis, qualis præscripta est, homines dictæ abbatiæ Savigniacensis graventur et damnificentur. — Dicti autem homines abbatiæ Savigniacensis rastella sua vel asseres antè noctem a cohuâ ammovebunt et in die apponent quoties opus habuerint.

Ceterùm compositionem inter abbatias jàm dudùm

factam et sigillis suis sigillatam debent utrique abbates et conventus de Savignacio et de Fonte Danielis firmiter observare ; ità tamen quòd si abbas et conventus Fontis Danielis aliquid emant de cetero infrà terminos in cartâ compositionis assignatos, debent illud ostendere abbati et conventui Savigniacensibus. Et si voluerint idem abbas et conventus Savigniacenses, a die ostentionis factæ usque ad annum, poterunt illam emptionem refuso prælio retinere ad opus suum, absque contradictione ; anno verò elapso, liberè remanebit dictis abbati et conventui Fontis Danielis, absque omni imposterùm reclamatione. Immobilia verò quæ jàm emerunt abbas et conventus Fontis Danielis infrà terminos nominatos in compositione, poterunt habere abbas et conventus Savigniacenses, si voluerint, refuso pretio, usquè ad festum omnium Sanctorum proximò sequentem, post tempus confectionis præsentis instrumenti ; si verò non retinuerint infrà dictum festum, dictis abbati et conventui Fontis Danielis liberè et pacificè in perpetuum remanebit.

In cujus rei testimonium et robur perpetuum, abbas et conventus Fontis Danielis præsenti scripto sigillum suum apposuerunt, unà cum abbatibus de Claromonte et de Campaniâ qui compositione huic, cùm fieret, præsentes affuerunt.

Datum anno Domini M° CC° tricesimo sexto mense julio.

[Une contestation s'est élevée entre l'abbé et le couvent de Savigny, d'une part, et l'abbé et le couvent de Fontaine-Daniel, d'autre part, relativement au trouble apporté aux libertés et franchises que doivent avoir les hommes de l'abbé et du couvent de Savigny au marché de Mayenne, en quelque lieu qu'il se tienne, soit dans les halles, soit au dehors. Enfin la paix a été conclue à l'amiable de la manière suivante : les hommes de l'abbé et du couvent de Savigny, qu'ils soient acheteurs ou vendeurs, entreront dans la halle et y jouiront pleinement et sans entraves de leurs libertés et franchises; ceux qui font le commerce ne pourront exposer en vente leurs marchandises sur les étaux de l'abbé et du couvent de Fontaine-Daniel, sans leur gré et leur permission, ou celle de leur représentant à la halle. Toutefois l'abbé et le couvent de Fontaine-Daniel devront pourvoir les hommes de Savigny de places convenables dans la halle, où ils puissent établir leurs râteliers, étaux ou autre installation de ce genre, sur lesquels ils exposent les marchandises à vendre; en sorte que les boulangers aient place convenable avec les boulangers, les merciers parmi les merciers, les bouchers dans le quartier des bouchers, et ainsi des autres marchands avec leurs confrères. Bref, l'abbé et le couvent de Fontaine-Daniel devront s'arranger de façon que, par le manque d'emplacements convenables, tels qu'ils viennent d'être indiqués, il ne soit causé aucun dommage ni préjudice aux hommes de l'abbaye de Savigny. Pour ces derniers, ils enlèveront de la halle, avant la nuit, leurs râteliers ou ais, et les rapporteront chaque fois qu'ils voudront s'en servir.

Par ailleurs, les abbés et couvents de Savigny et de Fontaine-Daniel devront fidèlement observer la transaction précédemment intervenue entre les deux abbayes, et qui a été scellée de leurs sceaux respectifs. Néanmoins, si l'abbé et le couvent de Fontaine-Daniel venaient à acheter quelque bien dans les limites territoriales fixées dans la charte de transaction, ils devront l'offrir à l'abbé et au couvent de Savigny. Ceux-ci auront, s'ils le désirent, le droit, pendant un an du jour de l'offre, de garder au prix de refus l'acquisition, pour la joindre à leurs propres biens, et cela sans conteste. Mais ce délai expiré, le bien acquis demeurerait définitivement la propriété de l'abbé et du couvent de Fontaine-Daniel, et à l'abri de toute réclamation postérieure. Quant aux biens immeubles qui ont été précédemment achetés par Fontaine-Daniel, dans les limites fixées par l'acte d'arrangement, l'abbé et le couvent de Savigny pourront, s'ils le désirent, les avoir au prix de refus : délai d'option leur est accordé à cet effet jusqu'à la Toussaint prochaine. A défaut d'opérer le retrait d'ici cette fête, ces acquisitions demeureront à jamais la propriété libre et paisible de l'abbé et du couvent de Fontaine-Daniel.

En témoignage de cette convention et afin d'en assurer la validité pour l'avenir, l'abbé et le couvent de Fontaine-Daniel ont apposé leurs sceaux au présent écrit, qui a été revêtu de ceux des abbés de Clermont et de Champagne (1), présents au moment de sa confection.

Donné l'an du seigneur 1236, au mois de juillet.]

CXLVII
1237.

In feodo Stephani Brulon defuncti......
Raginaldus dictus Pavo, miles ; Haoys, uxor dicti Raginaldi Pavonis, militis....
Anno 1237.

Dans le fief de feu Etienne Brulon......
Renauld dit Paon, chevalier ; Haoys, son épouse....
L'an 1237.]

CXLVIII
1238.

Fulco le Franc, miles...... in parochiâ de Grenor.....
1238, mense februario.

[Fouques Le Franc, chevalier.... en la paroisse de Grenoux...
L'an 1238, en février.]

---

(1) Joscelin, septième abbé de Champagne.

CXLIX

VENTE PAR JEAN DIT PLAINCHAMP ET SON ÉPOUSE.
1238.

Universis...... Stephanus, decanus de Passelo....

Johannes dictus Plani Campi, miles, Dolensis diocesis, et Johanna, uxor ejus, vendiderunt abbati et conventui Fontis Danielis LXX solidos annui redditûs turonenses, quos habebant pro maritagio dictæ Johannæ in Flamengarià, in cenomanni diocesi, et quidquid juris habebant in totà hereditate Ranulfi le Flamenc, patris dictæ Johannæ, pro LV libris.

Anno 1238, mense maio.

[A tous...... Etienne, doyen de Passais......

Jean dit Plainchamp, chevalier, du diocèse de Dol, et Jeanne, son épouse, ont vendu à l'abbé et au couvent de Fontaine-Daniel, pour le prix de cinquante-cinq livres, savoir : une rente annuelle de soixante-dix sols tournois, qui leur provenait du mariage de Jeanne et se trouvait assise sur la Flamengère, au diocèse du Mans, et tout ce qu'ils possédaient de droits sur l'héritage entier de Renouf Le Flamand, père de la venderesse.

L'an 1238, au mois de mai.]

CL.

DONATION PAR ORRY BERAUT.
1238.

Universis..... Michael, decanus de Passelo....

Orricus Beraut, miles, dedit Beatæ Mariæ de Fonte Danielis, in perpetuam elemosinam, terram de Halà, cum pertinentiis......

Anno 1238.

[A tous..... Michel, doyen de Passais.....

Orry Beraut, chevalier, a donné, en perpétuelle aumône, à la bienheureuse Marie de Fontaine-Daniel la terre de la Haie, avec ses dépendances.....

L'an 1238.]

CLI

Donation par Raoul Levesel.
1238.

Universis.... Petrus, decanus de Herneiâ....

Radulfus Levesel, assensu Ossannæ, matris suæ, dedit Beatæ Mariæ de Fonte Danielis XVIII solidos, quos recipiebat annuatim in feodo de la Leaniere, in perpetuam elemosinam.

Anno 1238.

[A tous..... Pierre, doyen d'Ernée.....

Raoul Levesel, a, du consentement d'Osanne (1), sa mère, donné en perpétuelle aumône à la bienheureuse Marie de Fontaine-Daniel dix-huit sols, qu'il touchait chaque année sur le fief de la Leanière.

L'an 1238.]

CLII

Donation par Pierre de Baseilles.
1239.

Universis....

Petrus de Baseilleis, miles, dedi Beatæ Mariæ Fontis Danielis totam terram quam emi ab heredibus Guillononis, in feodo Johannis de Vaulo, cum pertinentiis.

1239, mense maii.

(1) Osanne, de l'hébreu Hosannah. Des Saints ont porté ce nom. Il a été particulièrement donné aux enfants nés le dimanche des Rameaux, appelé le dimanche de l'Osanne « *dominica osanna.* »

[A tous.....

Je, Pierre de Baseilles, chevalier, ai donné à la bienheureuse Marie de Fontaine-Daniel toute la terre, avec ses dépendances, que j'ai achetée des héritiers Guillonon, dans le fief de Jean de V.....

L'an 1239, au mois de mai.]

CLIII

Donation par Hugues de Baseilles.

1239.

Hugo de Baseille, miles, assensu Radulfi, primogeniti mei et heredis, dedi Beatæ Mariæ Fontis Danielis, in perpetuam elemosinam, quidquid annui redditûs percipiebam in feodo Adam Morin.

Anno 1239, mense maii.

[Je, Hugues de Baseilles, chevalier, ai donné, en perpétuelle aumône, à la bienheureuse Marie de Fontaine-Daniel, du consentement de Raoul, mon fils aîné et mon héritier, tout ce que je touchais de rente, chaque année, sur le fief Adam Morin.

L'an 1239, au mois de mai.]

CLIV

Donation par Hugues de Orthes.

1239.

Universis.......

Hugo de Orta, miles, assensu Rachardi, filii mei primogeniti, militis et heredis mei, dedi in perpetuam elemosinam Beatæ Mariæ Fontis Danielis quidquid juris habebam in nemoribus, terris, aquis de Poille et de Saleth et de la Chauvoniere et del Defeis de Boutavant et del Coudreiz, cum pertinentiis suis.

Anno 1239, mense maii.

[A tous.....

Je, Hugues de Orthes, chevalier, ai, du consentement de Rachard, chevalier, mon fils aîné et mon héritier, donné en perpétuelle aumône à la bienheureuse Marie de Fontaine-Daniel tout ce que j'avais de droits sur les bois, terres et eaux de Poillé, de Salair, de la Chauvonnière, du Deffais de Butavent et du Coudray, avec leurs dépendances.

L'an 1239, au mois de mai.]

CLV

Donation par Philippe de Landivy, père, et son fils.

1239.

Universis.....

Philippus de Landevico et Philippus, filius ejus primogenitus, milites, — assensu dilecti nostri Gaufridi de Landevico, militis, — dedimus abbatiæ et conventui Fontis Danielis quidquid juris habebamus in Burgo Philippi et in pertinentiis ejusdem feodi, exceptâ stachiâ stagni de Tanneriâ, quæ remanet nobis et quidquid habebamus in villâ Gelutiere, et in feodo des Heaumes, et in stagno et molendino Tornem, sicut acquisierunt supradicta a Galtero Levesel et a Galtero de Rongeriâ, militibus.

Anno 1239, mense junii.

[A tous.....

Nous, Philippe de Landivy et Philippe, fils aîné, chevaliers, avons, du consentement de notre cher Geoffroy de Landivy, chevalier, fait donation à l'abbaye et au couvent de Fontaine-

Daniel de tous nos droits sur le fief du Bourg-Philippe (1), et sur ses dépendances, moins l'estache (2) de l'étang de la Tannière, qui nous reste, et de ce que nous avons au village de la Gelousière (3), au fief des Heaumes et sur l'étang et le moulin de la Tournée, ainsi que le tout a été acquis de Gaultier Levesel et de Gaultier de la Rongère, chevaliers.

L'an 1239, au mois de juin.]

CLVI

Donation par Jean de Vautorte.

1239.

Omnibus.....

Johannes de Valletortà, miles, dedi in perpetuam elemosinam Thephanæ, nepoti meæ, filiæ Radulfi le Porc, militis, maritandæ, Radulphum Condoyn, cum toto feodo quod tenebat de me et de dicto Radulpho, et Philippum de la Gaudesche, cum toto feodo quod tenebat de me. — Si Thephana mori contigerit antè maritagium, Amelina, soror ejus primonata, habebit et sic de omnibus aliis filiabus dicti Radulphi le Porc.

1239, mense julio.

[A tous.....

Je, Jean de Vautorte (4), chevalier, ai donné en perpétuelle

---

(1) Le Bourg-Philippe, paroisse de Montaudin.

(2) On retrouve ce mot sous la forme de « atache » dans un acte de la Cour d'Ernée du samedi après la Saint-Barthélemy 1331, par lequel Michel Hervé, de la Croisille, donna à Guy de Laval et de Vitré sept sols tournois de rente, qui étaient dus « par la raison et la cause de l'atache et de la chaussée qui « conduit l'ayve à aler au moulin de Hayraud en la rivière de Jugolier, « laquelle atache est prinse et atachée ou fié et ou domaine dou devant dit « Michel... »

(3) Aujourd'hui les Gelousières, paroisse de Saint-Aubin-Fosse-Louvain.

(4) Jean de Vautorte, seigneur dudit lieu, de Saint-Hilaire et de Souvigné, fils de Osmond de Vautorte. Il partit pour la Terre-Sainte, peu de temps après avoir fait cette donation.

aumône à Tiphane (1), ma nièce, fille de Raoul Le Porc (2), chevalier, en vue de son mariage, (mes vassaux) Raoul Condoyn et Philippe de la Gaudesche, ainsi que les fiefs qu'ils tenaient, le premier dudit Le Porc et de moi, et le second de moi seulement. Si Tiphane, qui est l'aînée de ses sœurs, vient à mourir avant de se marier, Ameline, sa sœur puînée, aura le tout; et il en sera ainsi pour les autres filles de Raoul Le Porc.

L'an 1239, au mois de juillet.]

CLVII

Donation par Dreux de Mello et Isabelle, son épouse.

1239.

Omnibus......

Droco de Melloto, dominus Locharum et Meduanæ et Helisabeth, ejus uxor, domina Meduanæ et heres, unanimiter dedimus in perpetuam elemosinam monachis Fontis Danielis centum solidos cenomanenses annui redditûs in firmâ nostrâ de Meduanâ, pro anniversariis nostris die nostri obitûs, singulis annis in perpetuum.

Sigillorum nostrorum munimine.

Anno 1239, mense julio.

A tous.....

Moi, Dreux de Mello, seigneur de Loches et de Mayenne et Isabelle, mon épouse, dame et héritière de Mayenne, unis l'un et l'autre d'intention, avons donné en perpétuelle

---

(1) On donnait le nom de Tiphane aux filles nées le jour de l'Epiphanie, fête qu'on appelait la Tiphanie, la Tiphaine, etc... Les fêtes de Noël et de l'Epiphanie étaient réunies autrefois, dans les liturgies d'Orient, en une même solemnité, qu'on nommait les Théophanies.

(2) Raoul Le Porc avait épousé Hagonne de Vautorte, sœur de Jean de Vautorte.

aumône aux moines de Fontaine-Daniel, sur notre ferme de Mayenne, cent sols manceaux de rente annuelle, destinés à la célébration, chaque année et à tout jamais, d'un anniversaire à la date du décès de chacun de nous.

Sous la garantie de nos sceaux.

L'an 1239, au mois de juillet.]

CLVIII

Donation par Robert de Gorron.

1239.

Robertus de Gorran, dominus de Tanneriâ, miles, dilectis Ossannæ, uxori Galteri Levesell, militis et Radulpho, ejusdem filio, salutem.

Vobis mando et præcipio quatenùs abbati et conventui Fontis Danielis XXV solidos cenom. quos mihi annuatim solvere tenemini quandiù vixero, pro molendino de Chastenelo, — eodem modo eis persolvatis.

Dedi dictis abbati et conventui omne jus meum in dicto molendino, et pertinentiis.

Signum meï.

1230, mense julio.

[Robert de Gorron, seigneur de la Tannière, chevalier, à sa chère Osanne, épouse de Gaultier Levesel, chevalier et à son cher Raoul, fils de ce dernier, salut.

Je vous mande et ordonne d'avoir à payer dorénavant à l'abbé et au couvent de Fontaine-Daniel, et comme vous le faisiez vis-à-vis de moi, les vingt-cinq sols manceaux que vous êtes tenus de me servir pendant ma vie, chaque année, à cause du moulin de Chastenay.

J'ai donné à l'abbé et au couvent tous mes droits sur ce moulin et ses dépendances.

Mon seing.

L'an 1239, au mois de juillet.

CLIX

Abandon par Gilles de Saint-Loup et Fouques d'Orthes.

1239.

(Omnibus...... notum sit quòd Robertus de Gorran, miles, dederat.....) Hugerium Bernardi..... cum omni redditu et redevantiâ et omni frumento annui redditûs quod omnes prædicti homines et eorum heredes dicto Roberto et ejus heredibus tenebantur reddere annuatim...... Insuper ipse dederat dictis monachis, in perpetuam elemosinam, quidquid juris habebat in dictis hominibus et eorum heredibus ; ità sanè quòd ipsi homines ad molendina sua tenentur molere. Si autem ad dicta molendina non venerint, moltoribus ipsorum molendinorum per judicium Curiæ dictorum monachorum restaurabunt dampnum suum, si ipsum probare valuerint et ipsi monachi emedam sibi, si voluerint, retinebunt.....

Concesserunt et confirmaverunt Egidius de Sancto Lupo, miles et Fulco de Orte, juvenis filius Hugonis de Orte, militis, dictæ abbatiæ quidquid juris habebant.

Egidius apposuit sigillum suum, dictus verò Fulco sigillum domini Stephani de Arenis, canonici cenomanensis, ut sigillaret.

1239.

[A tous........ Sachez que Robert de Gorron, chevalier, a donné aux moines de Fontaine-Daniel, Huger, fils de Bernard,..... (et autres tenanciers), avec toutes les rentes, redevances et tout le froment que ces hommes étaient, ainsi que leurs héritiers, obligés de payer annuellement audit Robert... De plus, il a fait donation aux moines, en perpétuelle aumône, de tous les droits qu'il possédait sur les hommes dont il s'agit et leurs héritiers, et avec obligation pour ces vassaux d'aller moudre aux moulins des religieux. Si ces hommes n'y venaient pas, et qu'il fut établi qu'il y eut dommage pour les meuniers desdits moulins, ils devraient, par une indemnité fixée à la cour des moines, réparer le préjudice qu'ils causeraient à ces meuniers : alors l'abbaye aurait le droit de garder l'amende, si elle le voulait.....

Gilles de Saint-Loup, chevalier, et Fouques d'Orthes, le jeune des fils du chevalier Hugues d'Orthes, ont abandonné et confirmé à Fontaine-Daniel tout ce qu'ils avaient de droit sur les biens dont il s'agit.

Gilles a apposé son sceau; quant à Fouques, pour sceller, il s'est servi du sceau du seigneur Etienne des Arènes, chanoine du Mans.

L'an 1239.]

CLX

Arrangement avec Guillaume de la Hautonnière.
1240.

Universis...... officialis cenomanensis...
Noverint universi quòd abbas et conventus Fontis Danielis peterent a Guillelmo de la Hautonniere terram in feodo de la Hautonniere, quam dominus Galterus Levesel, miles, eisdem dederat in elemosinam. In hunc modum pacis devenerunt: dictus Guillelmus de la Hautoniere graavit eis reddere XL solidos annui redditûs.

1240, die sabbati, in vigiliâ Beatæ Mariæ Magdalenæ.

[A tous..... l'official du Mans.....
Sachent tous que l'abbé et le couvent de Fontaine-Daniel réclamaient à Guillaume de la Hautonnière (1) une terre dans

(1) La Hautonnière, paroisse de Fougerolles.

le fief de ce nom, que le seigneur Gaultier Levesel, chevalier, leur avait donnée en aumône. Les parties se sont accordées ainsi : Guillaume de la Hautonnière a consenti à faire à l'abbé et au couvent quarante sols manceaux de rente par an.

L'an 1240, le samedi, vigile (de la fête) de la bienheureuse Marie-Madeleine.]

CLXI

Donation par Jean Goupil.
1240.

Universis..... officialis cenoman.....

Johannes Goupil, iter arripiens ad partes transmarinas, dedit Beatæ Mariæ Fontis Danielis quidquid juris habebat in omnibus quæ possidebat apud Fossam-Lovein, de dono domini et dominæ Meduanæ, in perpetuam elemosinam.

1240, mense julio.

[A tous..... l'official du Mans.....

Jean Goupil, sur le point d'entreprendre un voyage outre mer, a donné en perpétuelle aumône à la bienheureuse Marie de Fontaine-Daniel ce qu'il avait de droit sur tous les biens qu'il possédait à Fosse-Louvain, comme donataire du seigneur et de la dame de Mayenne.

L'an 1240, au mois de juillet.]

CLXII

Ratification par Agnès, épouse de Jean Goupil.
1240.

Universis..... officialis cenomanensis...

Agnes, uxor Johannis Gopil, ratas habuit elemosinas

quas idem Johannes fecerat abbati et conventui de Fonte Danielis, in Fossâ-Lupinâ.

1240, mense Julio.

A tous..... l'official du Mans.....

Agnès, épouse de Jean Goupil, a ratifié les aumônes que son mari avait faites en Fosse-Louvain au profit de l'abbé et du couvent de Fontaine-Daniel.

L'an 1240, au mois de juillet.

CLXIII

Donation par Hamelin de La Motte.
1240.

Omnibus.......... officialis cenomanensis.....

Hamelinus de Motâ, filius et heres domini Jacobi de Motâ, militis, recognovit quòd dederat in perpetuam elemosinam Beatæ Mariæ de Fonte Danielis tertiam partem totius terræ de Motâ, excepto herbergamento et virgulto de Motâ cum pertinentiis......

1240, mense augusti, die Martis antè Assumptionem Beatæ Mariæ.

[A tous..... l'official du Mans.....

Hamelin de la Motte, fils et héritier du seigneur Jacques de la Motte, chevalier, a reconnu qu'il avait donné en perpétuelle aumône à la bienheureuse Marie de Fontaine-Daniel le tiers de toute la terre de la Motte, sauf l'herbergement, le jardin et les dépendances.....

L'an 1240, au mois d'août, le mardi avant l'Assomption de la bienheureuse Marie.]

CLXIV
1240.

Agnez de Roorta, abbatissa Beatæ Mariæ Andegavensis......

Anno 1240, mense novembri.

[Agnès de Rorte, abbesse de la bienheureuse Marie d'Angers [1].....

L'an 1240, au mois de novembre.]

CLXV

DONATION PAR GUILLAUME DE LA HAUTONNIÈRE.
1240.

Universis...... officialis cenomanensis....
Guillelmus de la Hautonniere, in nostrâ presentiâ constitutus, dùm iter arriperet transmarinum, dedit Beatæ Mariæ Fontis Danielis, in perpetuam elemosinam, IV boissellos frumenti annui redditûs, in feodo suo de la Paumerie, in parochiâ de Fougeroles.
1240.

[A tous...... official du Mans.....
Guillaume de la Hautonnière, constitué en notre présence, au moment où il allait entreprendre un voyage outre mer, a donné en perpétuelle aumône, à la bienheureuse Marie de Fontaine-Daniel quatre boisseaux de froment de rente annuelle, sur son fief de la Paumerie, en la paroisse de Fougerolles.
L'an 1240].

---

(1) Agnès de Rorte, abbesse de Sainte-Marie de la Charité d'Angers (le Ronceray), de 1230 à 1243 *(Dict. Hist. de Maine-et-Loire, par M. Célestin Port).* Hamelin de Rorte fut bailli du roi et du sénéchal d'Anjou de 1208 à 1220.

CLXVI
1241.

Frater Johannes, abbas Fontis Danielis....
Anno 1241.

[Frère Jean, abbé de Fontaine-Daniel....
L'an 1241.]

CLXVII

CESSION PAR MAURICE DE LA HAIE-JOUSLIN.
1241.

Universis......
Mauritius de Halâ Joslani, miles....
Cùm ego tradidissem, jam diù est, abbati et conventui Fontis Danielis pratum quod vocatur pratum Esuvardi, in parochiâ Bochæ Meduanæ, pro IV libris turonensibus mihi et heredibus meis annuatim reddendis; tandem, de bonorum virorum consilio, et pro legitimo dictorum abbatis et conventûs servitio mihi facto, tradidi eis præfatum pratum pro LX solidis turonensibus annuatim.
Sigillo meo.
Anno 1241.

[A tous.....
Maurice de la Haie-Jouslin, chevalier.....
Il y a déjà longtemps que j'avais cédé à l'abbé et au couvent de Fontaine-Daniel un pré, qu'on nomme le pré Esuvard, sis en la paroisse de Bouchemaine, pour quatre livres tournois de rente annuelle, à me faire ainsi qu'à mes héritiers. Aujourd'hui, sur le conseil d'hommes de bien et en recon-

naissance d'un honnête service que m'ont rendu les religieux je leur ai abandonné ce pré pour une rente annuelle de soixante sols tournois (seulement).

Sous mon sceau.

L'an 1241.]

CLXVIII

Donation par Dreux de Mello et Isabelle, son épouse.

1241.

Universis..... Droco de Melloto, dominus Lochiarum et Meduanæ et Isabellis, uxor ejus, domina Meduanæ et heres.....

Dedimus Beatæ Mariæ Fontis Danielis, in perpetuam elemosinam, quidquid juris et dominii habebamus in feodo quod tenet Guillelmus de Valle, in parochiâ de Montignelo, quod emit Michael Menardi ab Hamelino Coldabe, milite, et Guillelmo, filio ejus primogenito....

Sigillorum nostrorum fecimus munimine roborari.

Anno 1241.

[A tous..... Dreux de Mello, seigneur de Loches et de Mayenne et Isabelle, son épouse, dame et héritière de Mayenne.....

Nous avons donné en perpétuelle aumône à la bienheureuse Marie de Fontaine-Daniel tout ce que nous avions de droit et de seigneurie sur le fief que tient Guillaume du Val, dans la paroisse de Montigné, fief que Michel Menard avait acheté de Hamelin Coudabe, chevalier, et de Guillaume, son fils aîné.....

Nous avons fait valider la présente charte par l'impression de nos sceaux.

L'an 1241.]

CLXIX

Donation par Fouques d'Hauterives.
1242.

Universis....
Fulcho de Altaripâ, miles, dedi in perpetuam elemosinam Beatæ Mariæ Fontis Danielis, pro salute animæ meæ, quidquid juris et dominii habebam in harpenno vineæ in Touchis, quod dicitur fuisse Gaufridro Chavin defuncto : quod habuerunt dicti monachi a monachis Clarimontis, tenemur monachis Fontis Danielis garantizare ab heredibus Roberti de Loirron, militis, defuncti.

Anno 1242, mense januarii.

[A tous.....
Je, Fouques d'Hauterives, chevalier, ai donné en perpétuelle aumône, pour le salut de mon âme, à la bienheureuse Marie de Fontaine-Daniel tout ce que j'avais de droit et de seigneurie sur un arpent de vigne aux Touches, qui a, dit-on, appartenu à feu Geoffroy Chavin. Ce que les moines de Fontaine-Daniel ont eu de ceux de Clermont, nous sommes tenus à le leur garantir, comme ayant-cause des héritiers de feu Robert de Loiron, chevalier.

L'an 1242, au mois de janvier.]

CLXX
1242.

Frater Johannes, abbas Fontis Danielis....
Anno 1242.

[Frère Jean, abbé de Fontaine-Daniel....
L'an 1242].

CLXXI

Donation par Hamelin d'Anthenaise.
1242.

Universis.......
Hamelinus de Attanoysià, miles..........
Abbati et conventui Fontis Danielis (in) feodum quod acquisierant a Silvestro de Ruperrous, milite, in feodo meo de Montortier, dedi in perpetuam elemosinam quidquid juris ego et heredes mei habebamus.....
1242.

[A tous.....
Hamelin d'Anthenaise, chevalier.....
Tout ce que moi et mes héritiers pouvions avoir de droits sur la terre que l'abbé et le couvent de Fontaine-Daniel ont acquis de Sylvestre de Rouperoux, chevalier, dans mon fief de Montourtier, — je l'ai donné à l'abbaye en perpétuelle aumône.
L'an 1242.]

CLXXII

Abandon par l'abbaye de la Réau.
1242.

Universis.....
Gaufridus, abbas de abbatià Regali et conventus....
Quitavimus abbati et conventui Fontis Danielis quidquid juris habebamus nos et omnes domûs nostræ, tàm Portûs Reingardis quàm aliæ, in medietariâ de la Saudecle, cum pertinentiis, in parochiâ capellæ de Montefolor, in feodo domini de Sancto Bertevino, abrenunciantes omni donationi nobis factæ, tàm a domino Odone de Sancto Bertevino, milite, quàm ab alio......
1242.

[A tous..... Geoffroy, abbé de l'abbaye de la Réau et le couvent.....

Nous avons abandonné à l'abbé et au couvent de Fontaine-Daniel tous les droits que nous et ceux de notre maison, tant du Port-Ringeard que d'ailleurs, avions sur la métairie de la Saudraie et ses dépendances, paroisse de la chapelle de Montflours, au fief du seigneur de Saint-Berthevin ; renonçant à toute donation qui nous aurait été faite, tant par Odon, chevalier, seigneur de Saint-Berthevin, que par tout autre....

L'an 1242.]

CLXXIII

Donation par Henri Corbin.

1242.

Henricus Corbin, miles, concessi campum quem emeram a Maheuz, sorore meâ, situm in campaniâ de Quierqueville, abbati et conventui Fontis Danielis.

Anno 1242, mense novembri.

[Je, Henri Corbin, chevalier, ai abandonné à l'abbé et au couvent de Fontaine-Daniel un champ que j'avais acheté de Maheuze, ma sœur, situé en la campagne de Querqueville (1).

L'an 1242, au mois de novembre.]

CLXXIV

1243.

P.... abbas de Sanctæ Mariæ de Regalis.....
1243.

[P..... abbé de Sainte-Marie de la Réau.....
1243.]

---

(1) Querqueville, aujourd'hui canton d'Octeville (Manche).

CLXXV

1243.

Frater Raginaldus, abbas omnium Sanctorum Andegavensium....

Anno 1243, mense marcii.

[Frère Renauld, abbé de la Toussaint d'Angers (1).....
L'an 1243, au mois de mars.]

CLXXVI

Donation par Dreux de Mello et Isabelle, son épouse.

1243.

Universis præsentes litteras inspecturis vel audituris, Drocho de Melloto, dominus Locharum et Meduanæ et Isabellis, uxor ejus, hæres et domina Meduanæ, salutem in Domino.

Noveritis quòd nos ad dedicationem ecclesiæ Beatæ Mariæ Fontis Danielis cisterciencis ordinis accedentes, atque celebritatem servitii diligenter intuentes et monachorum ibidem habitantium charitatem, qui Deo et ejus matris sanctissimæ eligerant ibidem perpetuò deservire, inspirante Deo, in memoriam habuimus quòd quantò magis quis fidelis existit nobilior, tantò magis

(1) Abbaye fondée au XI° siècle « *in honorem et memoriam Sanctæ Dei Genitricis et Sanctorum Omnium dedicata* », par Gérard, chanoine et chantre de Saint-Maurice d'Angers, occupée par des chanoines réguliers depuis 1108. L'abbé de la Toussaint d'Angers était chanoine-né de Saint-Maurice. Le prieuré de Saint-Mélaine près Laval dépendait de l'abbaye de Toussaint. De son côté, Fontaine-Daniel possédait des biens en Saint-Mélaine.

sui sponsam patris, Sanctam Dei Ecclesiam, tenetur dotare nobiliùs in terris, pro quâ temporali dote dos spiritualis centupla redditur in excelsis.

Quâ de causâ, Nos unanimi voluntate et consensu, pro salute nostrâ et antecessorum et successorum nostrorum, dedimus et concessimus Deo et Beatæ Mariæ et monachis in prædictâ abbatiâ Deo servientibus, in puram et perpetuam elemosinam, quidquid juris et dominii et potestatis et villicariæ et juridictionis habebamus et habere poteramus nos et successores nostri in omnibus rebus et feodis earumdem, tàm in terris quàm pratis, nemoribus, aquis, haiis, viis et semitis, villis, hominibus, molendinis, redditibus, proventibus, possessionibus et quasi possessionibus, per se vel per alios nunc habitis vel possessis, cum omnibus pertinentiis et appenditiis eorumdem, quocumque modo ea acquisierint, sive ex emptione, aut ex donatione, aut quolibet alio modo.

Dedimus et concessimus eisdem monachis quòd ipsi possint in omnibus supradictis omnimodam in perpetuum exercere justitiam de raptu, de multro, de encinnio, de latrocinio, de bellis judicandis et tenendis et de omnibus aliis rebus, causis et casibus, quæ evenient et evenire poterunt in omnibus supradictis ; et juridictionem, judicium, districtum, per se vel per alios vel per alium facere, prout sibi viderint expedire ; itâ quòd quandò judicatum fuerit in curiâ eorumdem quòd aliquis debeat perdere vitam vel membra, idem monachi vel allocatus eorum nobis vel allocato nostro tradent illum qui fuerit judicatus ; et nos vel allocatus noster ex tunc de illo exequi tenebimur quod in eorum curiâ fuerit judicatum.

Dedimus et concessimus prædictis monachis quòd omnia judicia, expleta et omnia alia facta curiæ eorumdem firma sint et rata per totam terram nostram et a nobis et a nostris successoribus et balliviis inviolabiliter observentur.

Dedimus et concessimus eisdem monachis quòd nos successores nostri de cætero teneamur in perpetuum ipsos monachos et homines feodorum suorum garantizare, acquitare, defendere et deliberare de omni exercitu, tàm domini regis quàm et nostri, et ipsos servare indemnes, quotièscumque prædicti monachi vel homines supradicti super hoc citati fuerint vel conventi.

Dedimus et concessimus prædictis monachis quòd ipsi et omnes mansionarii manentes et mansuri, feodati, aubeni, et servientes et familiæ tàm monachorum quàm et hominum prædictorum cum omnibus rebus suis per totam terram nostram, ab omnibus rectis talliis et ab omnibus aliis talliis, collectis, auxiliis, coustumis, passagiis, pavagiis, pedagiis, redevantiis et omnibus aliis rebus et exactionibus in omnibus villis, castris, mercatis, nundinis, cheminis, viis, semitis, haiis, nemoribus, forestis et aliàs ubicumque eundo, redeundo, vendendo, emendo, manendo, demorando, liberi sint et immunes et exempti penitùs et expressè ab omnibus quæ nobis et successoribus nostris possunt et poterunt in perpetuum competere quoquo modo.

Et si aliquæ, vel aliquos de prædictis, vel aliquas res eorum in totà terrà nostrà vel in aliquà sui parte capi vel arrestari contigerit, pro forefacto ad nos specialiter pertinenti, sive pro forefacto forestæ nostræ, sive pro quolibet alio forefacto majori vel minori, aut pro quàlibet alià causà ad quoslibet alios pertinenti, nos et successores nostri vel allocati tenebuntur semper eos reddere et res captas prædictis monachis aliàs allocato eorum, sinè difficultate, dilatione, contradictione aliquà, et eodem statu quo arrestati fuerint, cum omnibus rebus captis, undecumque provenerint res prædictæ; et in curià monachorum stabunt juri et se purgabunt et deffendent, si poterint. Et si se purgare vel defendere nequiverint, prædicti monachi, vel allocatus eorum, de eis judicium facient prout viderint expedire, sicut superiùs est expressum. Et omnes emendas habebunt prædicti monachi, et nobis damnum nostrum taliter convicti tantùm restaurabunt per judicium curiæ monachorum. Et si aliquid contrà aliquid prædictorum coràm nobis, vel nostris successoribus, vel allocatis nostris, vel aliquibus aliis de nostris judicatum, gravatum, expletatum, vel aliàs attentatum fuerit, nullius sit valoris, etiam si de consensu dictorum hominum factum fuerit, sinè consensu expresso et spontaneo monachorum. — Et si aliquem prædictorum in curià nostrà vel successorum nostrorum cum aliquo placitare contigerit, monachi semper habebunt de eisdem hominibus omnes emendas, sicut haberent si placitarent in curià eorumdem. — Nec nos, nec successores nostri, nec ballivi, nec allocati nostri a prædictis aliquid poterimus exigere, nec levare : ipsi verò monachi de hominibus nostris et successorum nostrorum in curià eorum placitantibus omnes emendas habebunt, sicut a propriis hominibus eorumdem.

Concessimus etiam eisdem monachis quòd ipsi in perpetuum absquè ullo pasnagio, redevantià, obnoxietate aliquà, plenè et plenariè, liberè, pacificè et quietè, in omnibus haiis, nemoribus et forestis nostris, usagia sua habeant in perpetuum, ad omnia sibi utilia qualiacumque et ubicunque fuerint, sinè contradictione aliquà, prout sibi viderin' expedire, adhibitis canibus cum pastoribus suis ad conservationem animalium eorumdem.

Concessimus etiam eisdem monachis quòd ipsi habeant in omnibus supradictis tantum jus, tantam dignitatem, tantam franchisiam, tantam potestatem, quantum nos habemus et habere possumus in terrà nostrà dominicâ, excepto hoc quod de judicatis ad mortem et ad decisionem membrorum superiùs est expressum.

Concessimus etiam eisdem monachis et hominibus supradictis, cum omnibus rebus suis, quòd legalem et generalem communionem habeant per totam terram nostram in perpetuum.

Hæc autem omnia concessimus eisdem monachis, ut ea cum omnibus pertinentiis suis et appenditiis suis, tàm melioratis quàm meliorandis, in perpetuam et puram elemosinam teneant et possideant per se vel per quos voluerint, et emendent prout voluerint et sibi viderint expedire, omissione, cessatione usùs, usagiorum sesine(1) nullum eis et dictis mansionariis eorum præjudicium generando.

Concessimus etiam eisdem monachis quòd ipsi acquirant, tàm in totà terrà nostrà quàm in aliquà sui parte, et acquisitiones teneant in perpetuum, salvo jure nostro, per se vel quos voluerint, sinè cohertione aliquà extrà manum suam ponendi, nonobstante consuetudine aliquà generali vel etiam speciali; et omnes illæ acquisitiones, cum omnibus pertinentiis suis et appenditiis suis, prædictam communionem habeant, sicut de præmissis superiùs est expressum.

Si verò ex aliquibus scriptis vel aliàs extrà scripta aliquid apparare posset, per quod nobis nostrisve successoribus aliquid juris in præmissis vel reclamationis alicujus tribui videretur, volumus illud esse nullius efficaciæ vel momenti, immò nullum sit ipso jure penitùs et inane : hujus modi auxilio et omnibus auxiliis, tàm scriptis quàm non scriptis, tàm de jure quàm de facto, quæ nos nostrosve successores super his juvare possent, tàm contrà dictos monachos quàm contrà

---

(1) Faudrait-il lire « *lesine usagiorum* », c'est-à-dire infraction aux usages ?

dictos homines, omnes et singulos, pro nobis et pro nostris successoribus renunciantes specialiter; et expressè gratantes et concedentes eisdem monachis quòd nos et nostri successores nihil in perpetuum facere poterimus per quod eorumdem monachorum vel hominum prædictorum jura, libertates, dignitates, franchisiæ minuantur.

Ad quorum omnium præmissorum probatinem, hujusmodi instrumentum volumus sufficere et adeò plenam facere fidem omnium retroactorum, quòd aliquorum instrumentorum aliorum non sit necesse editionem vel exhibitionem fieri nobis nostrive successoribus; quòad hoc ut indè aliquod commodum consequamur; etiam si hic de alio aliquo instrumento facta mentio videatur, nonobstante autentico; si quis in aliquo documento, vel aliquâ aliâ constitutione de instrumentorum exibitione mentionem faciente (litem intenderet): per ea tamen, tàm jura quàm instrumenta, utilitati monachorum semper volumus provideri.

Quibus juribus de his certiori necnon et omnibus aliis quibuscumque, quæ contrà hujus concessionis substantiam, formam, modum, necnon et quæ contrà hujus instrumenti verba vel sententiam dici possint, obici et assignari, pro nobis et nostris successoribus renuncientes specialiter et expressè.

Ad quæ omnia præmissa perpetuò fideliter observanda et prædictis monachis et corum mansionariis superiùs expressis defendenda, quotièscumque et quandòcumque nos et successores nostri et allocati requisiti ab eis vel allocato corum fuerimus, nos et successores nostros et bona nostra obligavimus et obligamus unanimiter et expressè.

Si verò ego Isabellis intercedere viderer, eo quod me et bona mea et successores meos ad defendendum et garantisandum eis superiùs expressa et concessa et ad alia supradicta, obligo eisdem, in quo casu juvari possem auxilio senatûs-consulti Velleiani ; certiorata quid sit senatûs-consultum Velleianum, in hâc parte huic auxilio renuntio de concensu mariti mei, et omni alii auxilio per quod in hoc posset mihi subveniri sponte specialiter et expressè ; — et certiorata quid sit lex Julia fundi dotalis, quæ dotis inhibet alienationem, — doti et donationi propter nuptias, et omni juri auxilio mihi et meis successoribus in præmissis competenti vel competituro similiter renuntio spécialiter et expressè, et sponté fidem præstiti corporalem, quòd premissis auxiliis vel aliis quibuscumque, per me vel per alium, contrà præmissa vel contrà aliquid de præmissis non veniam quoquo modo et quòd ea in omnibus et singulis custodiam firmiter et servabo.

Ut autem hæc omnia in perpetuum rata et firma permaneant, eisdem monachis præsentes litteras ego Drocho supradictus et ego Isabellis prædicta dedimus, sigillorum nostrorum munimine roboratas.

Et ad majorem confirmationem præmissorum, venerabilem patrem nostrum Gaufridum, Dei gratiâ Cenomanensem episcopum, ut præmissa confirmans eisdem monachis super hoc suas litteras donaret, rogavimus humiliter et devotè.

Actum Domini millesimo ducentesimo quadragesimo tertio, mense junii.

[A tous ceux qui ces présentes lettres verront ou oiront, Dreux de Mello, seigneur de Loches et de Mayenne et Isabelle, son épouse, dame et héritière de Mayenne, salut dans le Seigneur.

Sachez qu'à l'approche de la dédicace de l'église de la bienheureuse Marie de Fontaine-Daniel, de l'ordre de Cîteaux, pénétrés du vif désir d'assurer la solennité des offices divins, et mus de sentiments de charité pour les moines qui habitent l'abbaye et ont choisi ce lieu pour y servir perpétuellement Dieu et sa très sainte Mère, nous nous sommes rappelés, et c'est une inspiration divine, que plus un fidèle occupe une position élevée, plus il est tenu ici-bas de doter généreusement l'épouse de son père, la Sainte Église de Dieu, et que les biens temporels, dont il dispose ainsi, lui seront rendus au ciel au centuple en biens spirituels.

En conséquence, unanimes dans nos volontés et nos résolutions, en vue de notre salut et du salut de nos prédécesseurs et de nos successeurs, nous avons donné et concédé en pure et perpétuelle aumône à Dieu, à la bienheureuse Marie et aux moines qui servent le Tout-puissant à l'abbaye de Fontaine-Daniel, tout ce que nous avons et pouvons posséder, tout ce que nos successeurs auront et pourront avoir de droit, de seigneurie, de puissance, de voirie et de juridiction sur tous leurs biens et fiefs, tant en terres qu'en prés, bois, eaux, haies, chemins, sentiers, habitations rurales, hommes, moulins, rentes, produits, actions possessoires ayant trait aux biens et aux servitudes, et ce, avec toutes appartenances et dépendances, de quelque manière qu'ils en aient fait l'acquisition, que ce soit par vente, donation ou autrement.

Nous avons de plus donné et accordé aux moines qu'ils puissent, en ce qui concerne les hommes et les biens dont il vient d'être question, exercer à perpétuité pleine justice pour rapt, meurtre, crime d'encis, brigandage, batailles à juger et à tenir, en un mot, en toute matière, pour toutes causes et dans tous les cas qui se produisent ou pourront survenir, et qu'ils possèdent droit de juridiction, de sentence et de contrainte; avec pouvoir d'en user soit eux-mêmes, soit par un ou plusieurs agents, ainsi du reste qu'ils le trouveront à propos. Il est toutefois entendu que, lorsqu'il aura été jugé en la cour de l'abbaye que quelqu'un devra perdre la vie ou un membre, les moines ou leur représentant le livreront soit à nous, soit à notre préposé, et que, dès ce moment, nous serons tenus de faire au condamné l'application de la peine qui aura été prononcée par cette cour.

Nous avons encore donné et accordé aux moines que tous les jugements, exploits et actes quelconques de leur cour soient valables et exécutoires par toute notre terre, et y soient inviolablement observés, tant par nous que par nos successeurs et nos baillis.

Toujours à titre de don et de concession aux moines, nous nous engageons, pour nous et nos successeurs, à les garantir, libérer et exempter à l'avenir, eux et les hommes de leurs fiefs, de toute levée de troupes, soit pour le service du roi, soit pour le nôtre; et de les maintenir indemnes chaque fois qu'ils seraient convoqués et assemblés à cette fin.

Nous avons également donné et accordé aux moines que eux-mêmes, les mansionniers actuels et futurs, les détenteurs de fiefs, les aubains et les autres personnes qui dépendent ou font partie tant de l'abbaye que des maisons des hommes du monastère, soient, ainsi que ce qui leur appartient, formellement et absolument libres, indemnes et exempts des tailles ordinaires et de toutes autres, de collectes, d'aides, de coutumes, de droits de passage, de pavage et de péage, de redevances et généralement de toutes autres charges et impositions, par toute notre terre, dans tous ses villages, châteaux, marchés, foires, chemins, voies, sentiers, haies, bois, forêts, etc...; en un mot, en quelque lieu de notre terre que ce soit, qu'ils aillent ou viennent, qu'ils vendent ou achètent, qu'ils restent à demeure ou passent seulement, les moines et les leurs seront dispensés de l'acquit de tous les droits qui peuvent et pourront appartenir soit à nous, soit à nos successeurs, à n'importe quel titre.

S'il arrive qu'il soit pris et saisi gens, bêtes ou choses de la dépendance ou appartenance des moines ou de leurs hommes, sur un point quelconque de toute notre terre, à raison de quelque délit, soit que celui-ci nous intéresse directement, pour un fait commis dans notre forêt ou pour un autre fait, petit ou grand, soit qu'il s'agisse d'infractions concernant d'autres personnes, nous, nos successeurs ou nos préposés seront tenus de rendre les gens, bêtes et choses saisis, sans difficultés, retard ni contestation d'aucune sorte, aux mains des moines ou de leurs représentants, dans l'état où le tout aura été pris et quelqu'en soit l'origine. Les personnes arrêtées se présenteront à la cour des moines, s'y disculperont et défendront, si elles le peuvent; et dans le cas où elles ne pourraient parvenir à prouver leur innocence, les moines ou leur représentant rendront sentence contre elles, ainsi qu'ils aviseront et comme il a été dit ci-dessus. Toutes les amendes de leurs sujets appartiendront aux moines : quant au dédommagement qui nous sera dû à nous-mêmes, à titre de réparation, par les inculpés, le jugement de la cour de l'abbaye le fixera. Dans le cas où, contrairement à ce qui précède, il interviendrait jugement, application de peine, exploit, ou quelqu'autre fait d'empiètement, venant ou de notre chef et de celui de nos successeurs, ou de la part de nos préposés et de quelqu'un des nôtres, nous voulons que le tout soit de nulle valeur, encore bien que la décision ait été acceptée par les délinquants, à moins toutefois que les moines n'y eussent donné leur consentement de plein gré et d'une manière expresse. Et s'il arrive que des hommes de l'abbaye viennent à plaider en notre cour ou en celle de nos successeurs, toutes les amendes prononcées contre eux reviendront toujours aux moines, absolument comme si ces hommes eussent été en procès à la cour du monastère; et ni nous, ni nos successeurs ne pourrons rien exiger ni percevoir d'eux. Qui plus est, les religieux auront toutes les amendes infligées à nos hommes et à ceux de nos successeurs qui plaideraient dans leur cour, de même que si elles eussent été portées contre nos propres sujets.

Nous avons de même accordé aux moines qu'ils aient à perpétuité droit d'usage dans tous nos bois et forêts, avec toute l'extension que peut comporter ce droit, librement, paisiblement et tranquillement, en quelque canton que ce soit, à leur entière convenance, sans jamais payer de panage ni acquitter de redevances, sans difficulté aucune, comme bon leur semblera, et même en employant des bergers et des chiens pour la garde de leurs animaux.

Plus, nous avons accordé aux moines qu'ils aient sur tous les biens dont nous venons de disposer, autant de droit, de dignité, de franchise et de puissance que nous en possédons et pouvons posséder dans notre terre seigneuriale, sauf ce qui a été dit précédemment en ce qui a trait aux condamnés à la peine capitale ou à la perte d'un membre.

Nous avons en outre accordé à perpétuité sauvegarde légale et générale par toute notre terre, aux moines et à leurs hommes et pour tout ce qui leur appartiendra.

Nous avons concédé aux religieux tous ces biens, pour qu'ils les possèdent et les conservent en pure et perpétuelle aumône, avec toutes leurs appartenances et dépendances, améliorations faites et à faire, soit qu'ils en conservent la jouissance, soit qu'ils l'accordent à d'autres personnes de leur choix ; et ils pourront, à leur gré et comme ils aviseront, modifier l'état de ces biens, sans avoir à craindre de subir aucun préjudice, soit en leurs personnes, soit en celles de leurs mansionniers, par suite de négligence, de cessation de jouissance ou de saisine possessoire.

Enfin nous avons permis aux moines qu'ils fassent des acquisitions, dans notre terre entière aussi bien que dans chacune de ses parties et que, sous réserve de notre droit, eux et leurs sujets les conservent à perpétuité, sans être jamais forcés de mettre hors de leurs mains les biens acquis, quelle que soit à cet égard toute coutume contraire, générale ou spéciale. Ces acquisitions, avec leurs dépendances et appartenances, seront également sous notre sauvegarde, comme il a été dit plus haut pour les autres donations.

S'il arrivait qu'il pût sortir d'un écrit quelconque, ou de quelque moyen de preuve d'autre nature, l'apparence d'un droit, ou le prétexte d'une demande en justice, dont nous et nos successeurs paraîtrions fondés à nous prévaloir, à l'encontre des concessions que nous venons de faire, nous voulons que le tout soit sans valeur et sans force et de plus déclaré de plein droit absolument nul et non avenu ; renonçant spécialement et expressément, en notre nom et au nom de nos successeurs, aux voies et moyens dont il vient d'être parlé, ainsi qu'à tous autres, tant de fait que de droit, appuyés ou non de documents, dont nous et nos successeurs pourrions exciper, soit contre les moines, soit contre leurs hommes, ou chacun d'eux isolément ; concédant et garantissant auxdits religieux que nous ne pourrons, ni nous ni nos successeurs, rien faire qui puisse à l'avenir porter atteinte à leurs droits, libertés, dignités et franchises, et à ceux de leurs sujets.

En vue de la confirmation de tout ce qui précède, nous voulons que cette charte constitue un document de valeur telle et qu'il affirme nos anciennes libéralités d'une manière si efficace, que les moines ne soient jamais dans la nécessité de recourir à l'obtention ou à la production d'aucun autre titre, pour en justifier soit à nous, soit à nos successeurs. C'est à ce point que, quelque puisse être notre avantage personnel, encore qu'on nous produise un titre authentique, encore que quelqu'un nous justifie de documents ou nous fournisse la preuve de l'existence de titres antérieurs, — nous voulons que les droits allégués et les pièces présentées soient toujours et avant tout interprétées d'une manière favorable aux moines.

Pleinement éclairés sur ce que nous avons fait, en un mot sur tout ce qui pourrait être dit, objecté et articulé contre le fonds, la forme et l'étendue de la concession qui précède, contre les termes de ce titre et leur interprétation, nous déclarons, en notre nom et au nom de nos successeurs, renoncer spécialement et expressément aux droits ci-dessus visés.

Pour assurer que tout ce qui vient d'être consigné sera fidèlement exécuté et qu'il sera toujours prêté main-forte, tant aux moines qu'à leurs mansionniers dont il a été parlé, chaque fois que cela sera nécessaire et que nous, nos successeurs et nos préposés en serons requis par eux ou par leur représentant, — nous nous sommes obligés et nous nous obligeons conjointement et expressément en nos personnes, en celles de nos successeurs et sur tous nos biens.

Quant à moi Isabelle, si j'étais réputée caution, par ce fait que je prends l'engagement, en mon nom et au nom de mes héritiers et sur tous mes biens, de maintenir et de garantir aux moines l'effet des donations, concessions et autres avantages qui sont mentionnés plus haut, j'entends me tenir obligée vis-à-vis d'eux, même dans l'éventualité où je pourrais invoquer le bénéfice du sénatus-consulte Velleianus. Eclairée sur les dispositions de ce sénatus-consulte et autorisée de mon mari, je renonce volontairement, spécialement et formellement, dans le cas présent, à m'en prévaloir, ainsi que de tout autre moyen qui pourrait militer en ma faveur. Renseignée également sur les termes de la loi Julia, relative au fonds dotal, qui prohibe l'aliénation de la dot, je renonce aussi, d'une manière spéciale et expresse, à ma dot et à mes autres avantages matrimoniaux, ainsi qu'à tout moyen de droit qui pourrait tôt ou tard être soulevé par moi ou par mes successeurs, contre les avantages faits aux moines. De plus et bien librement je promets par la foi de mon corps que je ne ferai rien par moi-même et que je ne ferai rien faire par autrui, en m'appuyant sur les moyens dont il vient d'être parlé ou sur d'autres, contre les engagements qui précèdent ou quoique ce soit y ayant trait ; mais qu'au contraire je garderai tous et chacun de ces engagements et les observerai fermement.

Pour assurer à perpétuité la réalisation et la conservation de tout ce qui vient d'être dit, moi Dreux et moi Isabelle avons donné aux moines les présentes lettres, validées par l'apposition de nos sceaux.

Et, afin de donner plus d'autorité aux dispositions qui précèdent, nous prions avec humilité et soumission notre vénérable père Geoffroy, par la grâce de Dieu évêque du Mans, de vouloir bien lui-même octroyer aux moines des lettres de confirmation à cet égard.

Fait l'an du Seigneur 1243, au mois du juin.]

CLXXVII

Abandon par Jean de Troo.

1243.

Universis...

Johannes de Trohee, miles,..... concessi abbati et conventui Fontis Danielis quarterium vineæ quod habent in feodo meo.

1243.

[A tous....

Moi, Jean de Trôo, chevalier..... ai accordé à l'abbé et au couvent de Fontaine-Daniel qu'ils demeurent en possession du quartier de vigne qu'ils ont dans mon fief.

L'an 1243.]

CLXXVIII

Autorisation d'acquérir donnée par Jean de Troo.

1244.

Universis...... Johannes de Trohee, miles......

Pro salute animæ meæ, antecessorum et successorum, concessi abbati et conventui Fontis Danielis ut acquirant in feodo meo de Valle Julias, in territorio Castrigonterii.... assensu Marquisiæ, uxoris meæ....

Signum mei.

Die dominicâ, quâ cantatur : *Isti sunt dies....*

Anno 1244.

[A tous......

Moi, Jean de Trôo, chevalier... ai, pour le salut de mon âme et de celles de mes prédécesseurs et successeurs, octroyé à l'abbé et au couvent de Fontaine-Daniel le droit d'acquérir dans mon fief de Vaugeois, au territoire de Château-Gontier.... et ce, avec l'assentiment de Marquise, mon épouse....

Mon seing.

Le Dimanche où l'on chante : *Isti sunt dies*[1]...

L'an 1244.]

---

[1] Il s'agit du dimanche de la Passion, qui fut désigné par l'un ou l'autre des passages de l'office du jour: « *Judica me, Deus...* » et « *Isti sunt dies...* » On l'appela encore « *dies repositus,* jour repus », parce que les statues des Saints des églises sont couvertes d'un voile, pendant la semaine qui précède le jour de Pâques, et même « *Dominica clavis,* dimanche du clou », pour remémorer la Crucifixion.

CLXXIX

Donation par Renauld Paon.

1244.

Universis..... Raginaldus Pavo, miles, assensu Heloys. uxoris meæ, et Hamelot et Raginaldi, filiorum meorum, et Julianæ, filiæ meæ, et Guillelmi Pavonis, fratris mei, — vendidi Guillelmo Guegnart unam petiam terræ in Clausurà Fossatorum pro LX solidis, retinendo duos denarios cenoman. annui redditûs; et dedi Beatæ Mariæ Fontis Danielis dictos duos denarios.

Signum mei.

1244, mense aprilis.

[A tous..... Moi, Renauld Paon, chevalier, avais, du consentement d'Héloïse, mon épouse, d'Hamelot ¹ de Renauld, mes fils, de Julienne, ma fille, et de Guillaume Paon, mon frère, vendu à Guillaume Gaignard une pièce de terre au clos des Fosses (1), pour le prix de soixante sols, avec retenue de deux deniers manceaux de rente annuelle. J'ai donné ces deux deniers à la bienheureuse Marie de Fontaine-Daniel.

Mon seing.

L'an 1244, au mois d'avril.]

CLXXX

Vente par Ricard de Fontenay.

1244.

Universis..... Ricardus de Fonteneto, armiger, vendidi Willelmo Ansquetilli apud Fontanetum Paganelli...

Anno 1244, mense octobri.

---

(1) Les Fosses, hameau, paroisse de Saint-Georges-Buttavent.

[A tous...

Je, Ricard de Fontenay, écuyer, ai vendu à Guillaume Anquetil, à Fontenay le Pesnel....

L'an 1211, au mois d'octobre.]

CLXXXI

Donation par David de Chateaubriant.
1244.

Universis.....

David de Castrobrientii, civis andegavensis, salutem.

Pro salute animæ meæ et antecessorum et sucessorum meorum, necnon et Isabellis, quondam uxoris meæ, defunctæ, contuli Beatæ Mariæ Fontis-Danielis X libras currentis monetæ annui redditûs, post decessum meum, in perpetuam elemosinam, liberè ad faciendam et constituendam in dictâ abbatiâ quamdam capellaniam, et factam in perpetuum sustinendam assignavi super VII arpennis vinearum mearum et earum pertinentiis, sitis de ultrà Haiam, in feodo Mauritii, domini Haiæ Jolani, militis.....

Sigillo meo sigillatum, anno 1244.

[A tous... David de Chateaubriant, citoyen d'Angers, salut.

Pour le salut de mon âme et de celles de mes prédécesseurs et successeurs, comme aussi de l'âme d'Isabelle, ma défunte épouse, j'ai donné en perpétuelle aumône à la bienheureuse Marie de Fontaine-Daniel, dix livres de rente annuelle, monnaie courante, payable à mon décès, à l'effet d'établir et de fonder, au gré des religieux, une chapellenie dans l'abbaye de ce nom. Pour l'entretien de la chapellenie qui sera érigée, j'affecte cette rente à perpétuité sur sept arpents de vignes et leurs dépendances, situés au delà[1] de la Haie (d'Avrillé ou des Bonshommes), dans le fief de Maurice, seigneur de la Haie-Jouslin, chevalier....

Scellé de mon sceau, l'an 1244.]

(1) Par rapport à Angers.

CLXXXII

DONATION PAR JEANNE DU BOIS-THIBAULT, VEUVE DE
MAURICE DE L'ECLUSE.

1245.

Universis..... Johanna de Nemore Theobaldi, relicta Mauricii de Exclusâ, salutem.

Noveritis quòd apud abbatiam Fontis-Danielis mihi eligens sepulturam, dedi eidem abbatiæ, in perpetuam elemosinam, pro anniversario meo..... et anniversario dicti Mauricii, quidquid juris et dominii habeo in omni feodo de la Torceille.

1245, mense novembri.

(A tous..... Jeanne du Bois-Thibauld, veuve de Maurice de l'Ecluse, salut.

Sachez qu'en choisissant l'abbaye de Fontaine-Daniel pour le lieu de ma sépulture, je lui ai donné, en perpétuelle aumône, à l'effet de célébrer mon anniversaire... et celui de Maurice, mon mari, tout ce que j'avais de droit et de seigneurie dans le fief entier de la Torceille.

L'an 1245, au mois de novembre.)

CLXXXIII

DONATION PAR DREUX DE MELLO ET ISABELLE,
SON ÉPOUSE.

1246.

Universis..... Droco de Melloto, Locharum et Meduanæ dominus et Isabellis, uxor sua, domina Meduanæ et heres.....

Unanimi voluntate dedimus, pro salute animarum nostrarum, abbatiæ Fontis Danielis quidquid nos et heredes nostri habebamus in Perrinâ, quæ quondam fuit Gondoini de Roines, militis, et in plateis circà Perrinam.

Anno 1246.

[A tous..... Dreux de Mello, seigneur de Loches et de Mayenne et Isabelle, son épouse, dame et héritière de Mayenne....

D'un commun accord, nous avons, pour le salut de nos âmes, donné à l'abbaye de Fontaine-Daniel tout ce que nous possédons et tout ce que nos héritiers pourraient prétendre sur (le fief de) la Perrine[1], qui appartint jadis à Gondouin de Roines, chevalier, et sur les places avoisinant la Perrine.

L'an 1246.]

CLXXXIV

Donation par Maheu des Tesnières.

1246.

Universis... decanus Meduanæ.....

Maheus de Tesneriis, assensu Theophaniæ, uxoris suæ et hæredum suorum, XX solidos annui redditûs apud Meduanam Beatæ Mariæ Fontis Danielis ad unam pitanciam in crastino Epiphaniæ, quandiù vixerit, post decessum suum in anniversario suo, singulis annis, in perpetuam elemosinam concessit.

1246, mense octobris.

[A tous..... doyen de Mayenne.....

Maheu des Tesnières, du consentement de Tiphaine, son épouse et de ses héritiers, a donné en perpétuelle aumône à la bienheureuse Marie de Fontaine-Daniel vingt sols de rente annuelle, payables à Mayenne, pour servir de pitance à un moine, savoir : pendant la vie du donateur, le lendemain de l'Épiphanie, et, après sa mort, le jour de son anniversaire.

L'an 1246, au mois d'octobre.]

(1) La Perrine, ville de Laval, sans doute ?

CLXXXV

Donation par Galon de Torchamp.

1247.

Universis....

Galo de Tortocampo, miles, dedi Beatæ Mariæ de Fonte Danielis, in perpetuam elemosinam, XII denarios cenom. annui redditûs in terrâ juxtà ortum Hamelini de Bignon, in parochiâ de Ambrieres ; et quia hanc donationem feceram anno 1241 et posteà sigillum meum mutavi, sub sigillo novo præsentes litteras renovavi et sigillavi, et alios XII denarios annui (redditûs) dedi.

1247, mense martii.

[A tous.....

Je, Galon de Torchamp, chevalier, ai donné en perpétuelle aumône à la bienheureuse Marie de Fontaine-Daniel douze deniers manceaux de rente annuelle sur un terrain, situé paroisse d'Ambrières, près du jardin d'Hamelin de Bignon. Comme cette donation remonte à l'an 1241, et que depuis mon sceau a changé, j'ai refait les présentes lettres, scellées du sceau nouveau, et donné à l'abbaye douze autres deniers de rente annuelle.

L'an 1247, au mois de mars.]

CLXXXVI

Hommage par Jean Goupil.

1247.

Johannes, abbas Fontis Danielis......

Johannes Goupil fecit nobis hommagium de VIII jugeribus terræ et XII perchis terræ juxtà Foramen Lovin [1].

1247, idibus julii.

---

(1) Le cartulaire porte Foramen Hulin. Il semble que le copiste ait écrit Hulin pour Lovin. La charte CLXI, antérieure seulement de sept ans et qui

[Jean, abbé de Fontaine-Daniel.....

Jean Goupil nous a fait hommage, à cause de huit arpents et douze perches de terre près la Fosse-Louvain.

L'an 1217, aux Ides de juillet.]

CLXXXVII

Arrangement avec Gaultier du Pont.

1247.

Michael, decanus de Erneiâ.....

Contentio inter abbatem et conventum Fontis Danielis et Galterum de Ponte super prato juxtà exclusam molendinorum Hodeardis terminata est.

1247, mense augusto.

[Michel, doyen d'Ernée.....

Est terminé le différend qui existait entre l'abbé et le couvent de Fontaine-Daniel, d'une part, et Gaultier du Pont, d'autre part, relativement au pré qui se trouve près de l'écluse des moulins Houdard.

L'an 1247 au mois d'août.]

CLXXXVIII

Accords avec l'abbaye de Savigny.

1248.

Universis Christi fidelibus ad quos litteræ præsentes pervenerint, frater Stefanus, dictus abbas Clarevallensis, salutem in omnium Salvatore.

Cùm auctoritate capitularii generalis commissæ essent

---

concerne Jean Goupil et Fosse-Louvain, vient à l'appui de cette supposition. La Fosse-Louvain est une grande excavation qui a donné son nom à la paroisse de Saint-Aubin-Fosse-Louvain ; elle existe encore.

nobis omnes querelæ inter abbatem et conventum Savignacii, *ex und parte*, et abbatem et conventum Fontis Danielis, *ex alterâ*, pace vel judicio terminandæ, — tandem post multa hinc et indè proposita, nobis mediantibus, infrà subscripta amicabiliter quieverunt; videlicet quòd abbas et conventus Fontis Danielis abbati et conventui de Savigniacio, pro tenementis et redditibus quos habent in Regisvillà, facient equivalens excambium in terris et redditibus apud Fosse-Lovein. Si autem ad dictum excambium perficiendum, portio quam illic habent dicti abbas et conventus Fontis Danielis minimè suffecerit, debent defectum supplere in loco competenti et vicino. Sin autem dicta portio plus valuerit, debent dicti abbas et conventus Savigniacenses abbati et conventui Fontis Danielis id quod superfuerit plenè reddere, vel aliàs satisfacere competenter.

Præstereà de prædictis tenementis et redditibus de de Regisvillà debent abbas et conventus Savigniacenses abbati et conventui Fontis Danielis cartam suam facere et contrà omnes homines et feminas in perpetuum garantizare. Simili modo abbas et conventus Fontis Danielis de terris et redditibus de Fosse-Lovein, prout superiùs est expressum, abbati et conventui Savigniacencibus cartam suam facient et contrà omnes homines et feminas in perpetuum garantizabunt : dicta verò pars utraque in cartis prædictis scribi facient quòd ad dictam garantiam teneantur.

Item. Omnes homines qui nunc manent vel futuris temporibus manebunt in aliquà terrarum illarum quæ in cartà domini Juhelli de Meduanà, anno Domini millesimo ducentesimo septimo, in crastino Nativitatis dominicæ, abbati et conventui Savigniacencibus concessæ exprimuntur; sivè numerus eorum crescat vel decrescat, specialiter autem homines qui manent et manebunt in terrâ quæ fuit Guillelmi de Oyssel, militis, quantùm ad cohuagium, pontagium, chavatagium et omnia alia generalia costumarun plenâ libertate gaudebunt. Similem etiam libertatem habebunt omnes homines Savigniacii ubicumque locorum sive provinciarum manentes vel mansuri in terrâ aliquâ quam habuerunt Savigniacenses, tempore confectionis dictæ cartæ domini Juhelli; plenè aut dictâ libertate gaudebunt omnes præscripti homines Savigniacii, sive costumas solverint antè præsens tempus, sive non. Alii verò homines eorumdem qui manent vel manebunt in terris, post dictum terminum acquisitis, costumas solvent, nisi priùs liberi et immunes fuerint, antequàm ad dominium Savigniacense devenirent ; credetur autem hominibus de Savigniaco quòd sint manentes in terris præfatæ libertatis ab abbate Fontis Danielis vel ejus allocatis pro fide suâ præstitâ.

Et notandum quòd Savigniacenses vel homines corum in mercato Meduanæ proprio boisello non utentur, sed abbas et conventus Fontis Danielis vel allocati corum dictis Savigniacencibus et hominibus eorum in terrâ suprascriptæ libertatis manentibus vel mansuris, sine pecuniæ vel alterius rei præstatione (usum) suorum boisellorum tempore rationabili liberè ministrabunt ; — alii autem homines in terris suis a quadragenta annis et citrâ acquisitis manentes vel mansuri, quòd (secundum) consuetudinem pro boisello solvent, nisi immunes fuerint ab hujusmodi solutione, antequàm ad manus Savigniacences devenirent.

Item. Debent dicti abbas et conventus Fontis Danielis providere loca rationabilia in cohuâ hominibus Savigniacencibus tempore congruo, ubi possint ponere rastella sua vel asseres suas, vel aliud hujusmodi in quibus exponant mercimonia sua ad vendendum, ità quòd panetarii rationabilem locum habeant inter panetarios, merciarii inter merciarios, bocharii inter bocharios et sic de similibus. — Si verò pro defectu rationabilis assignationis locorum, sicut prædictum est, dictis hominibus Savigniacencibus damnum eveniat, debent sæpedicti abbas et conventus Fontis Danielis ipsis hominibus damnum restituere vel restitui facere, secundùm quòd ipsi probabunt coràm ballivis de Savigneio et Fonte Danielis. Quòd si alter ballivorum die inter se ad præfata præfixo absens fuerit, vel personam Ordinis infrà horam sextam loco suo non miserit, reliquus liberè procedet ad probationes suscipiendas et sententiabit secundùm quòd expedire viderit instantiâ mediante.

Item. Si homines Savigniacences delinquant in cohuâ vel alibi, justicia illorum erit abbatis Savigniacensis; arrestari tamen poterunt per abbatem Fontis Danielis vel suum allocatum, donec veniat aliquis ex parte abbatis Savigniacencis, qui ipsos requirat et recepiat; si tamen delictum tale fuerit, propter quod debeant arrestari.

Item. Sciendum quòd a die confectionis præsentis instrumenti et deinceps a sancto Georgio usque ad abbatiam Fontis Danielis, nec a Meduanâ usque ad ipsam abbatiam, nec infrà tantumdem spatii in circuitu abbatiæ Fontis Danielis quantum inter ipsam abbatiam et Meduanam..... poterunt dicti abbas et conventus Savigniacii possessiones immobiles acquirere vel edificare, sinè consensu abbatis Fontis Danielis. — In Meduanâ tamen, absque contradictione, acquirere poterunt et edificare Savigniacences liberè, sicut priùs. Si quid verò dicti Savigniacences infrà dictos terminos antè diem presentem aliquid acquisierint, eis pacificè remanebit.

Et sciendum est quòd per præsentem compositionem, nec cartis, nec compositionibus aliis, quas habeant dictæ partes de Savignicio et de Fonte Danielis, in nullo præjudicatur, sed in suo robore permanent universa, exceptis duntaxat illis articulis qui in præsenti compositione specialiter exprimuntur.

Et sic omnes querelæ, causæ, contentiones sivè controversiæ quas habebant dictæ partes ad invicem vel habere poterant, quàcumque ratione, usque ad tempus confectionis præsentis instrumenti, penitùs sunt sopitæ.

Ut autem dictis partibus ad invicem litigandi super præfatis tollatur occasio, dictæ partes de communi suo consensu venerabilem patrem abbatem Clarevallensem, qui pro tempore fuerit, præsentis compositionis perpetuum constituunt conservatorem, ad quem tàm in declarandis ambiguis, si fortè occurerint, quàm aliis, dictam compositionem tangentibus, cùm opus fuerit, recursus habeatur.

In omnium siquidem præscriptorum robur perpetuum et testimonium, tàm nos quàm præfati de Savigniaco et Fonte Danielis coabbates nostri, præsenti scripto sigilla nostra apposuimus.

Actum apud Fontem Danielis, anno Domini millesimo ducentesimo quadrogesimo octavo, die Beati Marci Evangelistæ.

(A tous les fidèles du Christ à qui parviendront les présentes lettres, frère Etienne, abbé de Clairvaux, salut dans le sauveur de tous les hommes.

En vertu de décision du chapitre général, tous les différents qui existent entre l'abbé et le couvent de Savigny, d'une part, et l'abbé et le couvent de Fontaine-Daniel, d'autre part, nous ont été soumis, pour que nous les terminions, soit à l'amiable, soit par un jugement. Enfin, après de nombreux pourparlers de part et d'autre, les parties ont fait, sous notre médiation, l'accord qui suit :

En échange des tenements et rentes que l'abbé et le couvent de Savigny possèdent à Réville, l'abbé et le couvent de

Fontaine-Daniel leur céderont une valeur équivalente de terres et de rentes à Fosse-Louvain. Si, pour parfaire l'échange, le lot que l'abbé et le couvent de Fontaine-Daniel possèdent à Fosse-Louvain se trouvait insuffisant, ils devraient fournir la différence en un lieu convenable et à proximité. Si au contraire ce lot valait plus, l'abbé et le couvent de Savigny seraient obligés de rendre tout l'exédant à l'abbé et au couvent de Fontaine-Daniel, ou de les désintéresser par ailleurs d'une manière satisfaisante.

De plus, en ce qui concerne les tenements et les rentes de Réville, l'abbé et le couvent de Savigny seront obligés d'en donner une charte à l'abbé et au couvent de Fontaine-Daniel, et de les garantir à perpétuité contre tous, hommes ou femmes. De même, l'abbé et le couvent de Fontaine-Daniel passeront acte au profit de l'abbé et du couvent de Savigny, comme il a été dit plus haut, des terres et rentes de Fosse-Louvain, et les garantiront à jamais contre tous, hommes et femmes. Dans les contrats dont il s'agit, les parties prendront soin de faire écrire qu'elles sont tenues de part et d'autre à cette garantie.

Item. — Tous les hommes, que le nombre en augmente ou diminue, qui demeurent ou demeureront à l'avenir dans une des terres qui figurent au nombre des donations faites à l'abbé et au couvent de Savigny, et mentionnées dans la charte de monseigneur Juhel de Mayenne, en date du lendemain de Noël 1207 ; ceux notamment qui habitent ou habiteront la terre qui appartint jadis à Guillaume d'Oisseau, chevalier, jouiront de la pleine exemption des droits de cohuage, pontage, chevetage et généralement de tous les autres droits coutumiers. Jouiront de libertés semblables tous les hommes de Savigny qui occupent ou occuperont à l'avenir des terres que possédait cette abbaye, au temps de la rédaction de ladite charte de monseigneur Juhel, en quelques localités ou provinces que ces biens soient situés : tous les Saviniens dont il s'agit auront pleine exemption, du moins celles ci-dessus mentionnées, qu'ils aient acquitté ou non les coutumes, au temps passé. Quant aux autres hommes de Savigny qui restent ou resteront sur des terres acquises depuis la date précitée, ils paieront les coutumes, à moins qu'ils n'en aient été libérés et exemptés, avant d'entrer dans le domaine de l'abbaye ; et, sur ce point, l'abbé de Fontaine-Daniel et ses préposés devront ajouter foi à l'affirmation par serment des hommes de Savigny, qu'ils sont des manants de ces terres.

A noter que Savigny et ses hommes ne se serviront pas du boisseau de cette abbaye sur le marché de Mayenne, mais que l'abbé et le couvent de Fontaine-Daniel, ou leurs représentants, mettront gracieusement leurs mesures au service des moines de Savigny et de leurs sujets, qui résident et résideront sur les terres franches dont il a été parlé, sans debours de numéraire ni contribution quelconque. — Pour les hommes qui habitent ou habiteront des terres de Savigny acquises depuis quarante ans, ils paieront la coutume du boisseau, à moins qu'ils n'en aient été exemptés avant de dépendre de ladite abbaye de Savigny.

Item. — L'abbé et le couvent de Fontaine-Daniel doivent fournir en temps utile aux hommes dépendant de Savigny des places convenables dans la halle (de Mayenne), pour y déposer leurs râteliers, leurs bancs et autre matériel, sur lesquels ils puissent exposer leurs marchandises en vente, de façon que les boulangers aient place avec les boulangers, les merciers avec les merciers, les bouchers avec les bouchers et les autres marchands avec leurs confrères de même état. Si, faute d'assignation d'une place convenable, tel qu'il vient d'être dit, les sujets de Savigny éprouvaient un dommage, l'abbé et le couvent de Fontaine-Daniel devraient les indemniser ou les faire indemniser, suivant l'importance du préjudice dont la preuve serait fournie devant les baillis des deux abbayes. Que si l'un des baillis était absent le jour fixé entre eux pour l'instruction, et s'il ne s'était pas fait remplacer par un autre juge avant la sixième heure du jour, le bailli présent procéderait en toute liberté à la réception des témoignages et statuerait séance tenante, comme il l'entendrait.

Item. — Si des hommes dépendant de Savigny commettent

quelque délit à la halle ou ailleurs, le jugement en appartiendra à l'abbé de ce monastère ; néanmoins ils pourront être arrêtés par l'abbé de Fontaine-Daniel ou son officier, jusqu'à ce que quelqu'un vienne de la part de l'abbé de Savigny pour les réclamer et s'en saisir ; pourvu bien entendu que le délit soit tel qu'il comporte l'arrestation.

Item. — Il est à savoir qu'à compter du jour de la confection du présent titre et à l'avenir, l'abbé et le couvent de Savigny n'auront pas le droit, sans le consentement de l'abbé et du couvent de Fontaine-Daniel, d'acquérir des biens immobiliers ni d'élever des constructions entre Saint-Georges et Fontaine-Daniel, entre Mayenne et l'abbaye, ni même autour de ce monastère, dans un rayon égal à la distance de Fontaine-Daniel à Mayenne; toutefois à Mayenne (même), les moines de Savigny pourront, comme auparavant, acquérir librement et sans obstacle. Et s'ils avaient fait quelques acquisitions, antérieurement à ce jour, dans le rayon qui vient d'être indiqué, ils les conserveraient paisiblement.

A savoir encore que, par la présente transaction, il n'est porté aucune atteinte aux chartes et autres traités que peuvent posséder les parties (les abbayes de Savigny et de Fontaine-Daniel) : tous ces titres conserveront leur entier effet, sauf en ce qui a trait aux clauses spécialement formulées dans cet arrangement.

Et de la sorte se trouvent définitivement éteints tous les procès, querelles, différends et contestations qui divisaient et pouvaient diviser les parties, à quelque titre que ce fût, jusqu'au jour de la rédaction du présent écrit.

Afin de s'enlever l'occasion de procéder entre elles, relativement aux faits sus-mentionnés, les parties ont, d'un commun accord, constitué pour conservateur de cette transaction à l'avenir, le vénérable père abbé de Clairvaux, qui sera alors en exercice. C'est à lui qu'on aura recours, s'il est besoin, pour interpréter tant les passages ambigus, s'il y a lieu, que les autres parties du texte de cette composition.

Pour assurer la validité, la durée et l'authenticité de toutes les conventions qui précèdent, nous et nos abbés de Savigny et de Fontaine-Daniel avons apposé nos sceaux à la présente charte.

Fait à Fontaine-Daniel l'an du Seigneur 1248, le jour (de la fête) du bienheureux Marc, évangéliste.]

CLXXXIX

Donation par Guillaume Boudier.

1249.

Universis...... Gaufridus, decanus Meduanæ......

Guillelmus Bodeir, filius Mathei Bodeir, militis defuncti, dedit Beatæ Mariæ Fontis Danielis, in perpetuam elemosinam, assensu Agnetis, uxoris suæ, et Juhelli, Petronillæ, Dionisiæ, liberorum suorum, quidquid habebat in tertiâ parte totius feudi Hamelini de Ficheiz, militis defuncti, videlicet in herbergamento quod vivente dicto Hamelino tenuit Petrus de Ficheiz, frater dicti Hamelini, et in prato Galteri et in terrâ sitâ inter cheminum de Place et nemus Saleti : itâ quòd omnia præmissa libera possideant, et in præmissis percipiant singulis annis VI solidos cenomanenses annui redditùs, videlicet : III solidos in Purificatione Beatæ Mariæ et III solidos in Nativitate ejusdem ; quos, diù est, vendidit Guillelmus de Ficheiz, successor et heres dicti Hamelini, et assignaverat eos super feudum totum de Ficheiz.

Actum de consensu dictorum Guillelmi Bodeir, uxoris, et filii et filiarum et dicti Guillelmi de Ficheiz et de consensu Hamelot, fratris dicti Guillelmi de Ficheiz.

Anno 1248, in crastino Nativitatis Beati Johannis Baptistæ.

[A tous...... Geoffroy, doyen de Mayenne......

Guillaume Boudier, fils de feu Mathieu Boudier, en son vivant chevalier, a, de l'agrément d'Agnès, son épouse, de

Juhel, Pétronille et Denise, ses enfants, donné en perpétuelle aumône à la bienheureuse Marie de Fontaine-Daniel tout ce qu'il possédait dans le tiers du fief de feu Hamelin de Fichet, chevalier, c'est-à-dire de l'herbergement que tenait Pierre de Fichet pendant qu'Hamelin, son frère, a vécu; du pré Gaultier et de la terre située entre le chemin de Placé et le bois de Salair. Les moines possèderont le tout libre de droits et même toucheront six sols manceaux de rente annuelle dus : trois sols à la Purification et trois sols à la Nativité de la bienheureuse Marie. Guillaume de Fichet, successeur et héritier d'Hamelin, avait vendu cette rente, il y a déjà longtemps, avec affectation sur tout le fief des Fichets.

Fait du consentement de Guillaume Boudier, de sa femme, de son fils, de ses filles, de Guillaume de Fichet et de Hamelot, frère de ce dernier.

L'an 1248, le lendemain de la Nativité du bienheureux Jean-Baptiste.]

CXC

Translation de rente par Dreux de Mello et Isabelle, son épouse.

1248.

Universis..... Droco de Melloto, dominus Locharum et Meduanæ et Isabellis, uxor ejus, et hæres et domina Meduanæ, salutem.

Dedimus et concessimus abbati et conventui Fontis Danielis cistert. ord. IV libras turonenses annui redditûs in præpositurâ Meduanæ, de firmâ ejusdem, singulis annis, per manum præpositi, in concambio IV librarum turonensium, quas eisdem monachis legaverat in testamento suo bonæ memoriæ Gervasia, quondam domina Dinanni, cujus ego Isabellis prædicta filia sum et hæres, et assignaverat eas in molendinis suis de Argantel, in territorio Dinanni, pro anniversario suo, singulis annis, in dicto monasterio in perpetuum faciendo. — Et si præpositus non solverit præfixo termino, duos solidos cenomanenses pro pœnâ singulis hebdomadis post præfixum terminum, donec fuerit satisfactum......

Præsentes litteras dedimus sigillorum nostrorum munimine roboratas.

Anno Domini 1248, mense junii.

[A tous..... Dreux de Mello, seigneur de Loches et de Mayenne et Isabelle, son épouse, dame et héritière de Mayenne, salut.

Nous avons donné et cédé à l'abbé et au couvent de Fontaine-Daniel de l'ordre de Citeaux quatre livres tournois de rente, à toucher chaque année des mains de notre prévôt, sur la ferme de la prévôté de Mayenne, en échange des quatre livres de Tours que feue Gervaise, de bonne mémoire, dame de Dinan (dont moi Isabelle suis la fille et l'héritière), avait assises sur les moulins d'Argentel (1), territoire de Dinan, pour la célébration, chaque année et à perpétuité, de son anniversaire à Fontaine-Daniel.

Et si le prévôt ne payait pas à l'échéance qui vient d'être fixée, il sera dû, après l'expiration du terme, deux sols manceaux d'amende par semaine, jusqu'à parfaite libération.....

Nous avons délivré ces lettres, qui sont validées par l'apposition de nos sceaux.

L'an du Seigneur 1248, au mois de juin.]

CXCI

DONATION PAR DREUX DE MELLO ET ISABELLE,
SON ÉPOUSE.

1248.

Omnibus....

Guido, Dei gratiâ Antisiodorensis episcopus, salutem. Notum facimus quod cùm carissimus avunculus nos-

---

(1) Argentel, en Saint-Lormel, près Plancoët.

ter Droco de Melloto, dominus Locharum et Meduanæ, crucesignatus vellet in Terræ Sanctæ subsidium proficisci, idem Droco et Elisabet, uxor ejus, in nostrâ præsentiâ constituti recognoverunt quòd cùm aliàs, videlicet anno 1239, mense julio, idem Droco crucesignatus vellet in Terræ Sanctæ subsidium transfretare, in perpetuam elemosinam legaverunt, dederunt et concesserunt monachis Fontis Danielis C solidos cenomanenses annui redditûs, pro anniversariis dictorum Droconis et Elisabet, die obitûs ipsorum.

Nos, ad petitionem dictorum Droconis[1] et Elisabet, sigillum nostrum præsentibus duximus apponendum.

Datum anno Domini 1248, die veneris proximâ antè festum Beatæ Mariæ Magdalenæ.

[A tous.....

Guy, par la grâce de Dieu, évêque d'Auxerre [2], salut.

Nous faisons savoir que notre très cher oncle Dreux de Mello, seigneur de Loches et de Mayenne et Isabelle, son épouse, l'un et l'autre constitués en notre présence, ont autrefois, c'est-à-dire au mois de juillet 1239, époque où Dreux voulait se croiser et s'embarquer pour porter secours en Terre Sainte, légué, donné et abandonné, en perpétuelle aumône, aux moines de Fontaine-Daniel cent sols manceaux de rente annuelle, à l'effet de célébrer les anniversaires des donateurs au jour de leur décès.

A la demande de Dreux et d'Isabelle, nous avons fait apposer notre sceau sur ces présentes.

Donné l'an du Seigneur 1248, le vendredi avant la fête de bienheureuse Marie Madeleine.]

---

(1) La charte contient une erreur évidente de rédaction; car Dreux était mort dès 1244, et la demande d'approbation ne put être faite en 1248, que par sa veuve Isabelle de Mayenne.

(2) C'est à Guy de Mello qu'Auxerre dut la construction de son évêché, qui sert aujourd'hui de préfecture ; il en reste quelques parties du xiii° siècle.

CXCII

Donation par Geoffroy de Montenay.
1248.

Universis,....

Gaufredus de Montencio senior, miles, pro salute animæ meæ, dedi in perpetuam elemosinam, Beatæ Mariæ de Fonte Danielis manerium meum de la Gandie, cum omnibus meis rebus aliis immobilibus in parochiâ de Montencio, salvo jure dominorum feodorum istorum, extrà dominicum de Gandiâ, dictis monachis in perpetuum possidenda......

Anno 1248, mense octobri.

[A tous.....

Je, Geoffroy de Montenay, père, chevalier, ai, pour le salut de mon âme, fait donation en perpétuelle aumône à la bienheureuse Marie de Fontaine-Daniel de mon manoir de la Gandie et de tous mes autres biens immobiliers assis en la paroisse de Montenay ; les moines les posséderont à perpétuité, sous réserve, en dehors du domaine de la Gandie, des droits des seigneurs des fiefs.....

L'an 1248, au mois d'octobre.]

CXCIII

Confirmation par Isabelle, veuve de Dreux de Mello.
1249.

Universis præsentes litteras inspecturis, Isabellis, domina Meduanæ, salutem in Domino.

Noveritis quòd ego, piâ ducta voluntate, nobili viro Droconi de Melloto quondam marito meo jàm defuncto, concessi et confirmavi, pro salute animæ meæ, abbati et conventui Fontis Danielis, cisterciencis ordinis, cujus monasterii bonæ memoriæ Juhellus de Meduanâ, pater meus, fundator extitit principalis, quidquid habent ex dono ipsius et omnes possessiones, redditus, jura et libertates eisdem a me et dicto Drocone concessas, prout in litteris nostris plenius continetur, et omnes cartas et litteras ratifico et ratas habeo, quas a nobis prædicti monachi super hoc habuerunt.

In cujus rei testimonium prædictis monachis præsentes litteras dedi, sigilli mei munimine roboratas.

Datum anno Domini 1249, mense julii.

[A tous ceux qui ces présentes lettres verront, Isabelle, dame de Mayenne, salut dans le Seigneur.

Sachez que, devenue veuve de noble homme Dreux de Mello, que la mort a trop tôt ravi, et guidée par une pieuse pensée, j'ai donné et confirmé, pour le salut de mon âme, à l'abbé et au couvent de Fontaine-Daniel, de l'ordre de Citeaux, (maison dont Juhel de Mayenne, mon père, de bonne mémoire, est le principal fondateur), toutes les donations qu'ils tiennent de lui, toutes les possessions, rentes, libertés et droits qui leur ont été accordés par moi et par Dreux, ainsi du reste que le tout est amplement exprimé dans nos lettres. Je ratifie et tiens pour ratifiées les chartes et les lettres que les moines ont obtenues de nous à ce sujet.

En foi de quoi, j'ai délivré aux moines les présentes lettres, validées par l'impression de mon sceau.

Donné l'an du Seigneur 1249, au mois de juillet.]

CXCIV

Consentement donné par Jeanne, épouse de Jean d'Arquenay.

1263.

Universis.......... Gaufridus, decanus de Meduanâ....
Johannes de Erquene, miles, dederat in perpetuam

elemosinam unam petiam terræ infrà metas forestæ de Meduanâ....

Johanna, uxor dicti Johannis, concessit.

Mense decembri, 1249.

[A tous...... Geoffroy, doyen de Mayenne......

Jean d'Arquenay, chevalier, avait fait donation en perpétuelle aumône d'une pièce de terre en deçà des bornes de la forêt de Mayenne.....

Jeanne, épouse de Jean, y a donné son agrément.

L'an 1249, au mois de décembre.]

CXCV

Donation par Isabelle, veuve de Dreux de Mello.

1249.

Universis....... Isabellis, heres et domina Meduanæ......

In viduitate meâ dedi Hermengardi de Sancto Germano de Prato, domicellæ meæ, VI libras cenomanenses annui redditûs in frumentagio novalium forestæ meæ Meduanæ..... exceptâ justiciâ....

Anno 1249, mense decembri.

[A tous..... Isabelle, héritière et dame de Mayenne......

Pendant mon veuvage, j'ai donné à Hermengarde de Saint-Germain-du-Pré, ma fille d'honneur, une rente annuelle de six livres mancelles sur le fromentage des novales de ma forêt de Mayenne..... moins la justice.....

L'an 1249, au mois de décembre.]

CXCVI

Ratification et donation par Guy de Saint-Loup.

1249.

Universis... Gaufridus, cenomanensis episcopus....
Guido de Sancto Lupo, armiger, confessus fuit quòd Egidius de Sancto Lupo, quondam miles, pater dicti Guidonis, dederat in maritagium Hugoni de Sancto Georgio, militi, cum Aoliciâ, filiâ suâ, sorore dicti Guidonis, quidquid idem Egidius percipere consueverat in feodo de Quercuturmel : quam donationem concessit, et insuper elemosinavit Guillelmo, filio dicti Hugonis primogenito, nepoti ejusdem Guidonis, quidquid idem Guido habebat in feodis de Quercuturmel et de Montignelo...
Anno 1249.

[A tous..... Geoffroy, évêque du Mans.....
Guy de Saint-Loup, écuyer, a reconnu que, pour le mariage de sa sœur Aolice avec Hugues de Saint-Georges, Gilles de Saint-Loup, leur père, en son vivant chevalier, avait donné à celui-ci tous les revenus qu'il percevait dans le fief de Chêne-Turmel (1). Il a donné son agrément à cet avantage; et de plus abandonné, à titre gratuit, à son neveu Guillaume, fils aîné de Hugues de Saint-Georges, tout ce qu'il possède lui-même aux fiefs de Chêne-Turmel et de Montigné (2).....
L'an 1249.]

---

(1) Aujourd'hui Chêne-Trumeau, paroisse de Saint-Berthevin-la-Tannière.
(2) Montigné, même paroisse.

CXCVII

Cession a Hamelin Chambrier.
1250.

Universis....... Eudo de Ballolio......

Abbas et conventus Fontis Danielis tradiderunt Hamelino Chamerarii, militi, et heredibus suis, duo stanna quæ habebant in parochiâ de Aroon, tali conditione quòd reddent monachis VI solidos cenomanenses et duas libras ceræ annui redditûs et tenebuntur de his in curiâ monachorum obedire......

Die mercurii post Quasimodo, anno 1250.

[A tous..... Eudes du Bailleul (1).....

L'abbé et le couvent de Fontaine-Daniel ont abandonné à Hamelin (fils de) Chambrier, chevalier et à ses héritiers les deux étangs qu'ils avaient en la paroisse d'Aron, à la charge de leur servir six sols manceaux et deux livres de cire de rente, chaque année, puis d'être soumis de ce chef à la juridiction de la cour des moines de Fontaine-Daniel.....

L'an 1250, le mercredi qui suit la Quasimodo.]

CXCVIII

Transaction avec l'abbaye de Savigny.
1250.

Universis Christi fidelibus præsentes litteras inspecturis, frater Stephanus dictus abbas Clarevallensis, salutem in Domino.

Cùm inter abbatem et conventum Savigniacii, *ex unâ parte*, et abbatem et conventum Fontis Danielis, *ex*

---

(1) Le Bailleul, terre et seigneurie, paroisse de Hercé.

alterâ, super terris, tenementis et feodis quæ fuerunt Gaudini de Brecio, militis, quas (terras) monachi Fontis Danielis ipsos Savigniacenses contrà formam compositionis inter ipsos factæ illicitè adquisisse dicebant, coràm nobis tanquàm dictæ compositionis conservatore, quo verteretur....

Tandem post multa hinc et indè proposita, amicabiliter conquievit in formâ subscriptâ : videlicet quòd abbas et conventus Savigniacenses dictas terras, tenementa et feodos, quæ acquisierunt de dicto Gaudino de Brecio, milite, habebunt et possidebunt, cum omnibus pertinenciis et juribus suis in perpetuum, sine omne contradictione et reclamatione dictorum monachorum Fontis Danielis, itâ tamen quòd infrà limites, in circuitu ipsius abbatiæ Fontis Danielis, in aliâ compositione de consensu partium per nos præfixos, ubi Savigniacensibus (quælibet) inhibetur immobilium acquisitio, nihil omninò de novo in dictis terris, tenementis ac feodis, quæ fuerunt dicti Gaudini de Brecio, militis, redditûs aut alterius rei immobilis, ab hominibus suis liberè tenentibus de eisdem, acquirere vel habere poterunt sæpedicti Savigniacenses, nisi fortassis per justam et rationabilem a dictis hominibus escaetam, secundum leges et consuetudinem terræ, evenientem.

Item. In dicto tenemento domos et manerium habere poterunt ipsi Savigniacenses, itâ tamen quòd nullam personam religionis habitum portantem habere valebunt ibi residentem ; — nec animalia seu pecora quæcumque, nisi porcos tantummodò, secundùm quòd pertinet ad libertatem et jus ipsius manerii acquirendi.

Item. Sciendum quòd infrà terminos Fontis Danielis superiùs memoratos, a die isto et deinceps nihil omninò redditûs aut alterius rei immobilis nec dono, nec elemosinâ, nec emptione seu commutatione, seu aliis quibuslibet modis acquirere vel habere seu tenere poterunt sæpedicti Savigniacenses, nisi fortassis de voluntate et consensu abbatis et monachorum Fontis Danielis, præter id quod possederant dicti Savigniacenses die confectionis præsentis instrumenti et quod eis eveniet per rectam escaetam in feodo dicti Gaudini, sicut præscriptum est.

Sciendum verò quòd illud quod habebant, si quid habebant, ad perpetuitatem abbas et conventus Fontis Danielis in feodo sæpedicti Gaudini de Brecio, militis, antequàm ad manum abbatiæ Savigniacencis deveniret, tenebunt et possidebunt absque ipsorum Savigniacensium reclamatione, ipsorum Savigniacensium tanquàm dominorum, et aliorum jure salvo.

Abbas autem et conventus Savigniacii, pro bono pacis concesserunt præfatis abbati et conventui Fontis Danielis quòd infrà terminos in aliâ compositione præfixos intrà quos monachi Fontis Danielis nihil emere poterant, quod Savigniacenses refuso præcio ad opus proprium non haberent, ubicumque voluerint, extrà tamen tenementa et feodos abbatiæ Savigniacensis, emere poterunt usque ad valorem sexagenta librarum turonensium annui redditûs et ea tenere ac possidere in perpetuum; non obstante articulo præfatæ compositionis, absque omni contradictione abbatis et conventûs Savigniacensium. — In dictâ verò emptione domos et manerium habere poterunt dicti monachi Fontis Danielis, itâ tamen quòd nullam personam religionis habitum portantem habere valebunt ibidem residentem, nec animalia seu pecora quæcumque, nisi porcos tantummodò, secundùm quòd pertinebit ad libertatem et jus ipsius emptionis faciendæ.

Sciendum etiam quòd neutra pars Savigniacii et Fontis Danielis in alteriuslibet terris, tenementis, seu feodis, — dono, vel elemosinâ, emptione, permutatione, sive aliis quibuscumque modis redditum vel aliquid immobile acquirere poterit, sinè alterius consensu et voluntate.

Per præsentem autem compositionem, nec cartis, nec compositionibus aliis quas habent dictæ partes de Savigniacio et de Fonte Danielis in aliquo præjudicatur, sed in suo robore permanent universa, exceptis duntaxat illis articulis qui in præsenti compositione exprimuntur.

Hujus autem compositionis et aliarum inter dictos abbates et conventus de Savigniacio et de Fonte Danielis priùs initarum, dictæ partes abbatem Clarevellensem, qui pro tempore fuerit, perpetuum constituunt conservatorem.

In omnium igitur præscriptorum robur perpetuum et testimonium, tàm nos quàm de Savigniacio, de Fonte Danielis, de Calocheio, de Sancto Andreâ, de Buxellià, de Veteri Villâ, de Claromonte, coabbates nostri, qui in præsenti compositione nobis astiterunt, — unâ cum abbate de Bellabrauchâ, præsenti scripto nostra sigilla apposuimus.

Actum anno Domini millesimo ducentesimo quinquagesimo, mense junii, die martis proximâ ante festum Beati Barnabæ, apostoli.

[A tous les fidèles du Christ qui prendront connaissance des présentes lettres, frère Etienne, abbé de Clairvaux, salut dans le Seigneur.

Une contestation s'était élevée entre l'abbé et le couvent de Savigny, d'une part, et l'abbé et le couvent de Fontaine-Daniel, d'autre part, relativement aux terres, tenements et fiefs qui avaient appartenu au chevalier Gaudin de Brée, et que les moines de Fontaine-Daniel accusaient ceux de Savigny d'avoir illicitement acquis au mépris d'un arrangement intervenu entre eux. En notre qualité de commissaire chargé de l'exécution de cet arrangement, nous avions à trancher la difficulté.

Après de nombreuses explications fournies de part et d'autre, la paix a été rétablie à l'amiable de la manière suivante :

L'abbé et le couvent de Savigny auront et possèderont à perpétuité, avec toutes leurs dépendances et tous leurs droits, sans que les moines de Fontaine-Daniel puissent élever aucune contestation ni formuler aucune réclamation, les tenements et fiefs sus-mentionnés, dont ils ont fait l'acquisition dudit chevalier Gaudin de Brée; mais il est entendu que, dans les limites qui ont été fixées par nous, du consentement des parties, dans un autre arrangement, limites qui forment autour de l'abbaye de Fontaine-Daniel un circuit où toute acquisition immobilière est interdite à Savigny, les moines de cette abbaye ne pourront dorénavant acquérir, avoir, ni posséder de l'ancien domaine de Gaudin de Brée aucune rente ou autres biens immobiliers qui appartiendraient à des hommes relevant directement des moines de Fontaine-Daniel : il est fait exception pour ce qui adviendrait de ces hommes à l'abbaye de Savigny par échoite, à titre juste et raisonnable, selon les lois et la coutume du pays.

Item. — Les moines de Savigny pourront posséder dans le tenement de Gaudin de Brée des maisons et un manoir ; mais il ne leur sera permis d'y faire résider aucune personne portant l'habit religieux, n'y d'y avoir des animaux ou des troupeaux quelconques, si ce n'est des porcs, conformément à la franchise et au droit qu'aura ce manoir.

Item. — Il est à savoir que dans les limites du circuit autour de Fontaine-Daniel rappelé plus haut, les moines de Savigny ne pourront dorénavant acquérir, posséder ou garder aucune rente ou autres biens immobiliers quelconques, leur provenant de donation, d'aumône, d'achat, d'échange ou de toute autre manière, à moins que l'abbé et le couvent de Fontaine-Daniel ne le veuillent bien et y consentent : exception est faite pour les biens que Savigny possède au jour de la confection du présent acte, et pour ceux qui leur adviendront par échoite régulière dans le fief de Gaudin de Brée, comme il est mentionné ci-dessus.

A savoir encore que les biens dont l'abbé et le couvent de Fontaine-Daniel étaient possesseurs dans le fief du chevalier

Gaudin de Brée, si toutefois ils y possédaient quelque chose, avant que ce fief fut passé aux mains des moines de l'abbaye de Savigny, seront conservés et gardés par Fontaine-Daniel, sans contestation de la part de Savigny ; sous réserve néanmoins du droit seigneurial de ce monastère et sauf le droit des tiers.

De leur côté, l'abbé et le couvent de Savigny ont, pour le bien de la paix, consenti à l'abbé et au couvent de Fontaine-Daniel le droit suivant : bien que dans les limites déterminées par un autre arrangement, limites où il était interdit aux moines de Fontaine-Daniel de rien acheter que les moines de Savigny n'eussent été à même de le faire pour leur propre compte, au prix de refus, même en dehors de leurs tenements et de leurs fiefs, il est convenu que les religieux de Fontaine-Daniel pourront, par dérogation à l'article de l'arrangement précité et sans avoir à redouter aucune contestation de la part de l'abbé et du couvent de Savigny, se rendre acquéreurs de biens et les conserver à l'avenir, pourvu que ces biens n'excèdent pas la valeur de soixante livres tournois de revenu annuel. Ces acquisitions pourront comprendre des maisons et un manoir ; toutefois les moines de Fontaine-Daniel n'auront pas la faculté d'y faire résider aucune personne portant l'habit religieux, ni d'y avoir des animaux ou des troupeaux quelconques, sauf des porcs, conformément à la franchise et au droit que possédera la propriété acquise.

Il est encore à savoir que les abbayes de Savigny et de Fontaine-Daniel ne pourront, sans le consentement et l'agrément l'une de l'autre, acquérir réciproquement sur les terres tenements et fiefs de chacune d'elles, soit des rentes, soit tous autres biens immobiliers, par donation, aumône, achat, échange, ou de toute autre manière.

Par la présente transaction, il n'est porté aucune atteinte aux chartes et arrangements antérieurs, intervenus entre les parties (les abbayes de Savigny et de Fontaine-Daniel) : ces titres conserveront leur plein effet ; sauf bien entendu en ce qui concerne les conventions qui sont spécialement formulées dans le présent écrit.

Lesdites parties établissent pour l'avenir l'abbé de Clairvaux, qui sera alors en charge, comme conservateur perpétuel de la transaction dont il s'agit, et des autres intervenues antérieurement entre les abbés et couvents de Savigny et de Fontaine-Daniel.

Pour assurer la validité, la durée et l'authenticité de tout ce qui vient d'être écrit, nous et nos abbés de Savigny, de Fontaine-Daniel, de Chalocé [1], de Saint-André [2], de la Boissière [3], de la Vieuxville [4] et de Clermont, qui nous ont assisté au présent arrangement, avons apposé nos sceaux sur cette charte; ce qu'a fait aussi l'abbé de Bellebranche [5].

Fait l'an du Seigneur 1250, au mois de juin, le mardi avant la fête du bienheureux Barnabé, apôtre.]

CXCIX

Accord avec l'abbaye de Savigny.

1250.

Universis Christi fidelibus ad quos præsens scriptum pervenerit, frater Stephanus dictus abbas Clarevallis, salutem in Domino.

Notum sit omnibus quòd abbas et conventus Fontis Danielis, libertate emendi usquè ad valorem sexaginta librarum turonensium annui redditûs ab abbate et conventu Savigneii per compositionem inter ipsos factam sibi concessâ, uti non poterint usquè ad anni completionem a die confectionis presentis instrumenti. Si verò propter impedimentum dominæ reginæ vel comitis

---

[1] Chalocé, abbaye de l'ordre de Cîteaux, paroisse de Corzé (Anjou).
[2] Saint-André en Gouffern, abbaye située paroisse de Hoguette, près Falaise.
[3] La Boissière, abbaye, près Craon.
[4] La Vieuxville, abbaye, dans le diocèse de Dol.
[5] Bellebranche, abbaye, paroisse de Saint-Brice, près Grez-en-Bouère.

Adegaviæ seu allocatorum suorum, dicti abbas et conventus Savigneii tenementum cum pertinenciis suis quod fuit Gaudini de Brecio, militis, propé abbatiam Fontis Danielis, tenere non possint, sed cogantur ponere extrà manum suam, tunc dicta libertas emendi irrita erit penitùs et inanis.

In cujus rei testimonium et munimem firmum, scripto presenti sigillum nostrum fecimus apponi.

Datum anno Domini millesimo ducentesimo quinquagesimo, mense junio. Valete.

[A tous les fidèles du Christ à qui parviendra le présent écrit, frère Etienne, abbé de Clairvaux, salut dans le Seigneur.

Sachent tous que, par suite d'un arrangement intervenu entre l'abbé et le couvent de Fontaine-Daniel, (d'une part), et l'abbé et le couvent de Savigny, (d'autre part), il a été accordé à l'abbaye de Fontaine-Daniel le droit d'acheter des biens jusqu'à la valeur de soixante livres tournois de revenu annuel, à la condition de ne pouvoir user de cette liberté pendant un an à partir de la date de la présente charte. Si, par suite d'empêchement du fait de madame la reine (1) ou du comte d'Anjou (2), ou encore de leurs représentants, l'abbé et le couvent de Savigny ne pouvaient garder le tenement, avec ses dépendances, situé près de Fontaine-Daniel, qui a jadis appartenu au chevalier Gaudin de Brée, mais étaient obligés de le mettre hors leurs mains, le droit d'acheter dont il vient d'être parlé serait considéré comme absolument nul et non avenu.

En foi de quoi et pour la validité, nous avons fait apposer notre sceau sur les présentes lettres.

Donné l'an du Seigneur 1250, au mois de juin. Salut.]

---

(1) Blanche de Castille, mère de Louis IX, régente de France pendant la captivité du roi (1249-1252).

(2) Charles I, frère de Saint-Louis.

CC

v. 1250.

Universis... officialis cenomanensis...
Gaufridus Pictor, clericus, recognovit quòd ipse...
[A tous...... l'official du Mans.....
Geoffroy le Peintre, clerc, a reconnu qu'il a.....]

CCI

Donation par Guillaume de Colombiers.

1250.

Universis...... Guillelmus de Columbers, miles....
Contuli abbatiæ Fontis Danielis unam plateam, pro salute animæ meæ et antecessorum meorum; sitam in villâ de Columbers, inter plateam ecclesiæ, ubi domus Rogerii sita est, et domum meam ejusdem vici.
Sigillo mei.
Anno 1250, mense decembri.

[A tous...... Guillaume de Colombiers, chevalier.....
Pour le salut de mon âme et de celles de mes prédécesseurs, j'ai donné à l'abbaye de Fontaine-Daniel une place au bourg de Colombiers, entre la place de l'église, où est la maison de Roger, et ma propre maison de ce bourg.
Sous mon sceau.
L'an 1250, au mois de décembre.]

CCII

CONFIRMATION PAR FOUQUES D'HAUTERIVES.
1251.

Universis.....

Fulco de Altisripis, miles, concessi et confirmavi abbati et conventui Fontis Danielis totam terram sitam in parochiâ Sancti Melanii, apud Toschas et in Rocherio, cum herbergamento et vineis, et pertinentiis, sicut dicti abbas et conventus emerunt a Philippo de Meduanâ, burgense de Lavalle...... reddendo mihi et heredibus meis, singulis annis, IV solidos cenoman. et IV denarios cenomanenses.

Anno 1251, mense maii.

[A tous.....

Moi, Fouques d'Hauterives, chevalier, ai octroyé et confirmé à l'abbé et au couvent de Fontaine-Daniel la possession de toute la terre située paroisse Saint-Melaine (1), aux Touches et au Rocher, y compris l'herbergement, les vignes et toutes dépendances, tels que ces biens ont été achetés par eux de Philippe de Mayenne, bourgeois de Laval..... à la charge de me faire chaque année, ainsi qu'à mes héritiers, une rente de quatre sols et de quatre deniers manceaux.

L'an 1251, au mois de mai.]

CCIII

CONSENTEMENT PAR AGNÈS, VEUVE DE VIVIEN BROCHART.
1251.

....

Die sabbati primâ post festum apostolorum Philippi et Jacobi, in nostrâ præsentiâ, Agnes, relicta defuncti

(1) Saint-Melaine, rive gauche de la Mayenne, à Laval.

Viviani Brochart, militis, concessit quòd monachi Clarimontis et Fontis Danielis, vitâ durante Agnetis Coite, possideant dimidium arpennæ vinearum in feodo de la Brochardiere, in parochiâ de Change.

Anno 1251.

[........
En notre présence, le premier samedi après la fête des Apôtres Philippe et Jacques, — Agnès, veuve de feu Vivien Brochart[1], chevalier, a consenti à ce que les moines de Clermont et de Fontaine-Daniel possèdent, durant la vie d'Agnès Coite, la moitié d'un arpent de vignes au fief de la Brochardière[2], en la paroisse de Changé.

L'an 1251.]

CCIV

1251.

Magister Gaufridus de Sancto Carileffo, canonicus cenomanensis....

Anno 1251.

[Maître Geoffroy de Saint-Calais, chanoine du Mans,.....
L'an 1251.]

---

(1) Vivien Brochart était sans doute le père de Jehan Brochard, seigneur du Plessis-Brochard, paroisse de Quelaines, qui abourna à la somme de 40 sols à nuances de prieur le rachat de la métairie de la Verrie, que Raynauld Faybel, seigneur de la Gendronnière, donna en 1259 au prieuré du Port-Ringeard (*Généal. de Quatrebarbes*).

(2) La Brochardière est aujourd'hui commune de Laval.

CCV

1252.

Frater Guillelmus, abbas Beati Albini Andegavensis[1]...

Anno 1252.

[Frère Guillaume, abbé de Saint-Aubin d'Angers.....
L'an 1252.]

CCVI

DONATION PAR RENAULD DE CHAUVERIE ET JEANNE,
SON ÉPOUSE.

1252.

Raginaldus de Chauveri, miles, et Johanna, uxor ejus, super usuagio cujusdam viæ quæ ducit ad molendinum nostrum[2], dant Beatæ Mariæ Fontis Danielis.....

Anno 1252.

[Renauld de Chauverie, chevalier, et Jeanne, son épouse, touchant l'usage de certain chemin qui conduit à notre moulin, font donation à la bienheureuse Marie de Fontaine-Daniel, de....

L'an 1252.]

---

(1) Abbaye fondée par Childebert, roi de France, et dédiée primitivement à la Sainte-Vierge et à Saint-Germain-d'Auxerre. Peu de temps après la mort de Saint-Aubin (550), on y fit la translation de son corps (555), et les nombreux miracles qui eurent lieu sur son tombeau y amenèrent un grand concours de fidèles. Le vocable primitif fut alors remplacé par celui du nouveau Saint, vers la fin du VI° siècle.

(2) Dans une copie du Cartulaire on lit: *molendinum nostrum novum*.

CCVII

TRANSACTION AVEC RENAULD DE CHAUVERIE.
1252.

Compositio inter abbatem et conventum Fontis Danielis et Raginaldum de Chauveri, militem.
Anno 1252.

[Transaction entre l'abbé et le couvent de Fontaine-Daniel, (d'une part), et Renauld de Chauverie, chevalier, (d'autre part).
L'an 1252.]

CCVIII

RECONNAISSANCE ET ABANDON PAR ROBERT DE GORRON.
1253.

Universis...... officialis curiæ cenomanensis........
Noveritis quòd Robertus de Gorram, miles, dominus Tanneriæ et de Livare, recognovit quòd contulerat in perpetuam elemosinam Beatæ Mariæ de Fonte Danielis, pro salute animæ suæ et animæ Radulfi, fratris sui defuncti, et pro salute animarum antecessorum et heredum suorum, ad sex pitantias faciendas de pane et vino et piscibus recentibus, videlicet in Nativitate Domini, in Coenâ Domini, in Paschâ et in Pentecoste et in Assumptione Beatæ Mariæ et in festo Omnium Sanctorum, ligerium cornatorem.

Dimisit abbati et conventui Fontis Danielis omne jus quod habebat, tàm ratione patris sui quàm ratione Mathildis, uxoris defuncti Johannis Guopil........

Anno 1253.

[A tous....., l'official de la Cour du Mans....

Sachez que Robert de Gorron, chevalier, seigneur de la Tannière et de Levaré, a reconnu que, pour le salut de son âme et des âmes de Raoul, son frère défunt, de ses prédécesseurs et héritiers, il avait donné en perpétuelle aumône à la bienheureuse Marie de Fontaine-Daniel un corneur de la Loire, pour faire face au coût de six pitances (de moine), en pain, vin et poissons frais, savoir : aux fêtes de Noël, de la Cène du Seigneur (Jeudi-Saint), de Pâques, de la Pentecôte, de l'Assomption de la bienheureuse Marie et de la Toussaint.

Robert a abandonné à l'abbé et au couvent de Fontaine-Daniel tout le droit qu'il avait, tant du chef de son père que du chef de Mathilde, épouse de feu Jean Goupil......

L'an 1253.]

CCIX

Donation par Robin de Roillon.

1253.

Guillelmus, decanus de Ebronio.....
Robinus de Roillon dedit.....
Anno 1253.

[Guillaume, doyen d'Evron...
Robin de Roillon [1] a donné...
L'an 1253.]

---

(1) Rouillon, près Le Mans ? En 1233, Gervais de Rouillon donna aux moines de l'Epau une rente de 5 sols mansais.

CCX

1253.

Frater R... abbas Veterisvillæ...
Anno 1253, mense octobri.

[Frère R... abbé de la Vieuxville....
L'an 1253, au mois d'octobre.]

CCXI

Franchise accordée par Guillaume de la Guerche.

1254.

Noverint.............. Guillelmus de Guirchiâ, pro salute animæ meæ, antecessorum et heredum meorum, dedi abbatiæ de Fonte Danielis franchisiam et quitantiam per totam terram meam de omnibus quæ emerint vel vendiderint, vel per eamdem terram eundo et redeundo transferri fecerint.....

1254, mense septembri.

[Sachent..... que moi, Guillaume de la Guerche, ai, pour le salut de mon âme et de celles de mes prédécesseurs et de mes héritiers, accordé à titre de donation à l'abbaye de Fontaine-Daniel qu'elle soit franche et quitte de tous droits sur ma terre entière, pour tous les achats et toutes les ventes que les moines y traiteront, et encore pour ce qu'ils y feront passer, en allant et venant.....

L'an 1254, au mois de septembre.]

CCXII

ECHANGE ET VENTE PAR RAOUL DE LA HAUTONNIÈRE.
1254.

Universis præsentes litteras inspecturis, Michael, decanus de Erneià, salutem in Domino.

Noveritis quòd in nostrà præsentià constituti, Radulfus de la Hautonnière, dominus et hæres dicti loci, et Juliana, uxor ejus, recognoverunt in jure, coràm nobis, quòd ipsi tradiderant in perpetuum abbati et conventui Fontis Danielis, cum omni jure et districtione et dominio, quæ habebant et habere poterant in rebus inferiùs notatis, videlicet :

Totam terram de la Goulegastiere, cum omnibus pertinentiis ejusdem terræ et hominibus ibidem manentibus vel mansuris, quam tenent Radulfus Goulegaste et Stephanus et Richardus Goulegaste, fratres ; pro excambio quadraginta solidorum cenomanensium quos dicti religiosi habebant et possidebant et percipiebant in omni terrà de la Hautonniere annui redditûs ;

Et novem boissellos frumenti et dimidium, quos debent Radulfus et Hugo Brachet, fratres, super terrà quam tenent a Radulfo de la Hautonniere ;

Et tres (solidos) cenomanenses in campo de Colle et de la Gaudeharidere, singulis annis, in Nativitate Beatæ Mariæ ;

Pro la Bolatere, quinque solidos cenomanensium ;

Pro la Guolegatiere, in eodem festo, quinque solidos cenomanensium ;

Tres turonenses........ pro talià et vinagio ;

In nemore de Defais, in eodem festo, tredecim boissellos frumenti ;

In feodo Hamelini de Fraxino, decem solidos cenomanensium, in festo supradicto ;

Et in feodo de la Forderie, quinque solidos cenomanensium ;

In feodo et nemore de Fail, decem et octo cenomanenses, in eodem festo ;

In la Guolegastiere, duos solidos cenomanensium de talliâ in Natali et duas pelles avenæ, similiter in Natali et septem cenomanenses infrà duas missas Natalis ; et ad Pentecosten duos solidos cenomanensium, singulis annis, dictis monachis persolvendos.

Hæc omnia et singula tradiderunt dictis religiosis, salvo jure dominorum superiorum, spontaneâ voluntate, non coacti, Radulfus de la Hautonniere et Juliana, uxor ejus, pro assignatione dictorum quadraginta solidorum cenomanensium et pro venditione quatuor solidorum cenomanensium et quinque cenomanensium et unius turonensis : pro quibus assignatione et venditione supradictis, dicti religiosi dederunt dictis Radufo et Julianæ, uxori ejus, septem libras turonensium, de quibus se tenuerunt coràm nobis pro pagatis, renuntiantes omni exceptioni pecuniæ non numeratæ ; et dederunt fidem quòd in dictis rebus dictus Radulfus aliquo titulo sibi modò competenti, nec ratione minoris ætatis, nec domina Juliana ratione dotis et aliquo titulo sibi a jure concesso, nihil de cætero reclamarent.

Datum anno Domini millesimo ducentesimo quinquagesimo quarto, mense septembris.

[A tous ceux qui prendront connaissance des présentes lettres, Michel, doyen d'Ernée, salut dans le Seigneur.

Sachez que, constitués en notre présence, Raoul de la Hautonnière, seigneur et héritier dudit lieu et Julienne, son épouse, ont reconnu en droit devant nous qu'ils ont cédé et abandonné à perpétuité à l'abbé et au couvent de Fontaine-Daniel, en se désistant de tous les droits, même de ceux de justice et de seigneurie, qu'ils avaient et pouvaient avoir sur les biens ci-après désignés, savoir :

La terre entière de la Goulegatière, avec toutes ses dépendances, les hommes qui l'habitent et l'habiteront, telle que ladite terre est occupée par les frères Raoul, Etienne et Richard Goulegate ; et cela en échange d'une rente annuelle de quarante sols manceaux que les religieux de Fontaine-Daniel avaient, possédaient et percevaient sur toute la terre de la Hautonnière ;

Plus neuf boisseaux et demi de froment, dont sont débiteurs les frères Raoul et Hugues Brachet sur la terre qu'ils tiennent de Raoul de la Hautonnière ;

Plus trois sols manceaux sur le champ du Tertre et de la Godardière, exigibles chaque année à la Nativité de la Bienheureuse Marie ;

Cinq sols manceaux pour la Bolatière ;

Cinq autres sols manceaux pour la Goulegatière, payables aussi à la Nativité ;

Trois sols tournois..... de taille et de vinage ;

Treize boisseaux de froment sur le bois du Defais, livrables à la même fête ;

Dix sols manceaux, à la même échéance, sur le fief d'Hamelin du Frêne ;

Cinq sols manceaux sur le fief de la Forderie ;

Dix-huit sols manceaux, exigibles à la même époque sur le fief et le bois du Fay ;

Encore sur la Goulegatière, deux sols manceaux de taille payables à Noël, deux truelles d'avoine livrables à la même époque, sept sols manceaux payables après les deux messes de Noël, et deux sols manceaux à la Pentecôte, le tout à verser aux moines chaque année.

Raoul de la Hautonnière et Julienne, son épouse, ont, de plein gré et sans contrainte, mais sous la réserve des droits des seigneurs supérieurs, cédé et abandonné toutes et chacune des choses sus-dites, en échange des quarante sols manceaux dont il a été parlé et pour la vente qu'ils ont consentie de quatre sols manceaux, de cinq autres sols de même espèce et d'un sol tournois, moyennant un prix total de sept livres tournois, que les religieux ont versé auxdits Raoul et Julienne, qui se sont tenus pour bien payés en notre présence, renonçant à toute exception de non numération d'espèces. Le seigneur de la Hautonnière, et son épouse ont, en outre, promis de ne jamais faire à l'avenir aucune réclamation au sujet de la présente convention, savoir : Raoul, pour quelque motif que ce soit dont il pourrait arguer, même à raison de sa minorité, et dame Julienne, à cause de sa dot ou en vertu de tout autre titre que la loi lui accorderait.

Donné l'an du Seigneur 1251, au mois de septembre.]

CCXIII

Abandon par Pierre de Saint-Denis et Lucie de Logé, sa femme.

1255.

Universis presentes litteras inspecturis, Michael, decanus de Erneiâ, salutem in Domino.

Noveritis quòd in nostrâ presentiâ constituti Petrus de Sancto Dionisio et Lucia de Loge, uxor ejus, voluerunt et concesserunt, unanimiter, spontaneâ ducti voluntate, quòd abbas et conventus Fontis Danielis, Cisterciensis ordinis, habeant, teneant et possideant laicaliter omnes terras de la Guolegastiere, cum omnibus earumdem terrarum pertinentiis et hominibus ibidem manentibus et mansuris, salvo jure superiorum dominorum, quas tenent Richardus Guolegaste et Radulfus et Stephanus, fratres dicti Richardi; teneant et possideant dicti abbas et conventus similiter, prout supradictum est, campum de Colle et la Guaudchardiere, quæ tenent Garinus Brichet et Hugo, frater ejus.

Quæ omnia et singula predicta tenebunt dicti abbas et conventus, prout superiùs est expressum, et in perpetuum possidebunt, cum omnibus pertinentiis suis, a dictis Petro et Luciâ et eorum heredibus et cum omni jure et dominio et districtione et jurisdictione quæ in dictis rebus et hominibus Radulfus de la Hautonniere, heres et dominus dictarum rerum et antecessores ejus, percipere et habere consueverunt et debuerunt, fide de dictis rebus debitâ dictis Petro et Luciæ et eorum heredibus, ut dicebatur, dimissâ dictis monachis a dictis Petro et Luciâ in perpetuum et quitatâ, salvis tamen sepedictis Petro et Luciæ, uxori ejus, et eorum heredibus, gagio et plegio in dictis rebus et decem denariis cenomanensium et uno denario turon. in Nativitate Beatæ Mariæ annuatim pro talliâ augusti, et in Natali Domini uno polle avenæ, et rectis talliis pro se et filiis suis militibus faciendis et filiabus suis maritandis, ab ipsis Petro et Luciâ procreatis et procreandis, et salvo maritagio Agnetis, filiæ dictæ Luciæ, et salvis aliis talliis indicatis secundum consuetidinem patriæ generalem, sicuti antecessores corum habebant et habere poterant et percipiebant in rebus superiùs nominatis.

Insuper prefati abbas et conventus et homines in dictis locis manentes et mansuri in curiâ dictorum Petri et Luciæ et heredum eorum successivè venientium juri stabunt laicaliter, secundùm quòd jus dictabit, sicut predictus Radulfus et homines antè faciebant, tanquàm coràm dominis superioribus.

Et sciendum est quòd quotienscumque abbatem dictæ abbatiæ mori vel mutari contigerit, dicti Petrus et Lucia et heredes eorum relevagium secundum quantitatem feodi de la Hautoniere quam tenent dicti monachi, prout de dicto Radulfo, levarent, levare poterunt et habere. Et ad hæc omnia et singula fideliter et firmiter observanda, dicti Petrus et Lucia se et heredes suos obligaverunt coràm nobis.

In cujus rei testimonium, ad petitionem dictorum Petri

et Luciæ, presentes litteras dedimus dictis abbati et conventui sigilli nostri munimine roboratas.

Actum anno Domini millesimo ducentesimo quinquagesimo quinto.

[A tous ceux qui prendront connaissance des présentes lettres, Michel, doyen d'Ernée, salut dans le Seigneur.

Sachez que, constitués en notre présence, Pierre de Saint-Denis et Lucie de Logé, son épouse, ont, d'un commun accord et volontairement, consenti que l'abbé et le couvent de Fontaine-Daniel, de l'ordre de Citeaux, aient, tiennent et gardent, comme biens laïques :

Toutes les terres de la Goulegatière et leurs dépendances, avec les hommes qui y résident et y résideront à l'avenir; sous réserve toutefois des droits des seigneurs supérieurs : ces terres sont actuellement occupées par Richard Goulegate et ses frères Raoul et Etienne ;

Et encore, aux mêmes conditions, le champ du Tertre et la Godardière, qui ont pour tenanciers Guérin Brichet et son frère Hugues.

Les moines garderont toutes et chacune de ces terres, comme il est dit plus haut, et ils les posséderont à perpétuité, avec toutes leurs dépendances, comme relevant desdits Pierre et Lucie et de leurs héritiers.

Le présent abandon comprend tous droits, seigneurie, justice et juridiction que Raoul de la Hautonnière, héritier et seigneur desdits biens, et ses prédécesseurs avaient coutume et étaient fondés à exercer et posséder.

Quant à la foi due, comme on dit, à Pierre et à Lucie et à leurs héritiers, à cause des fiefs dont il est question, les cédants s'en démettent et en font l'abandon à perpétuité aux moines, à la réserve toutefois, en leur faveur et en celle de leurs successeurs, de leur droit de gage-plège sur les biens cédés, de dix deniers manceaux et d'un denier tournois, à leur payer annuellement de taille d'août, à la Nativité de la Bienheureuse Marie, et en outre d'une truelle d'avoine à Noël de chaque année. De plus, les cédants se réservent pour eux et les enfants nés et à naître de leur union, leurs fils, lorsque ceux-ci seront armés chevaliers, leurs filles à l'époque de leur mariage, les tailles ordinaires, en outre le mariage d'Agnès, fille de Lucie, et encore les autres tailles indiquées dans la coutume générale du pays ; ainsi d'ailleurs que leurs prédécesseurs les avaient, pouvaient les avoir et les percevaient sur les biens ci-dessus désignés.

L'abbé et le couvent de Fontaine-Daniel et les hommes qui habitent et habiteront dans les terres dont il s'agit esteront en justice, comme des laïques, conformément aux prescriptions du droit, dans la cour de Pierre et de Lucie et de leurs héritiers à venir, considérés comme seigneurs supérieurs, ainsi que le faisaient précédemment Raoul de la Hautonnière et ses hommes.

Il est à savoir qu'au décès ou à la mutation de chaque abbé de Fontaine-Daniel, Pierre et Lucie ou leurs héritiers pourront exercer et percevoir le droit de relief, ainsi qu'ils le prenaient de Raoul de la Hautonnière, proportionnellement à l'étendue des biens qu'ont les moines dans le fief de la Hautonnière.

Pour l'exécution fidèle et scrupuleuse de toutes et chacune de ces conventions, lesdits Pierre et Lucie se sont obligés, eux et leurs héritiers, en notre présence.

En foi de quoi, à la demande desdits Pierre et Lucie, nous avons donné à l'abbé et au couvent les présentes lettres, munies de l'impression de notre sceau.

Fait l'an du Seigneur 1255.]

CCXIV

Vente par Hamelot de Fichet.

1255.

Hamelot de Ficheiz vendidit abbati et conventui Fontis Danielis X solidos cenomanenses quos annuatim, vitâ comite, percipiebat ab eis, pro XXXII solidis et dimidio cenomanensibus.

1255, mense maio.

[Hamelot de Fichet a vendu à l'abbé et au couvent de Fontaine-Daniel, pour le prix de trente-deux sols et demi manceaux, la rente viagère de dix sols manceaux qu'il touchait d'eux chaque année.

L'an 1255, au mois de mai.]

CCXV

Donation par Hamelin de Troo.

1256.

Universis...... officialis andegavensis...
Hamelinus de Troce, filius Gervasii de Troce, militis, dedit in perpetuam elemosinam Beatæ Mariæ Fontis Danielis, pro salute animæ suæ et prædecessorum ac successorum suorum, totum annonagium in vineis Johannis Grasdeve, burgensis Castrigonterii, sitis in Valle Juas......

1256, mense martio.

[A tous...... l'official d'Angers....
Hamelin de Trôo[1], fils de Gervais de Trôo, chevalier, a donné en perpétuelle aumône à la Bienheureuse Marie de Fontaine-Daniel, pour le salut de son âme et des âmes de ses prédécesseurs et de ses successeurs, tout son annonage dans les vignes de Jean Grasdève, bourgeois de Château-Gontier, qui sont situées à Vaugeois....

L'an 1256, au mois de mars.]

---

[1] Un Hamelin de Trôo fut vers cette époque bienfaiteur de l'abbaye de Bellebranche.

CCXVI

Donation par Guy de la Billonnière.
1256.

Universis..... Frater Johannes, abbas Fontis Danielis......

Cùm Guido de la Billoniere, miles, nobis concessit pratum juxtà manerium nostrum de Valle Juas, quod fuit defunctæ Sussannæ, reddendo ei et heredibus XV denarios annui redditûs, nomine servitii..... quæ omnia nobis concessit. Tandem fuit conventum inter nos et dictum militem quòd si comes andegavensis ipsum compulerit, seu alloquati ipsius, ad præmissam concessionem irritandam, satisfavet et nobis reddet XV libras......

Die sabbati post festum Beati Nicolai estivalis, anno 1256.

[A tous..... Frère Jean, abbé de Fontaine-Daniel.....

Guy de la Billonnière [1], chevalier, nous avait fait donation, près de notre manoir de Vaugeois [2], d'un pré, qui appartenait auparavant à feue Suzanne, moyennant quinze deniers par an de rente, qualifiée pour service, à lui faire, ainsi qu'à ses héritiers.... Il nous a donné le tout. Mais, par convention entre nous et ledit chevalier, il est entendu que dans le cas où le comte du Maine, ou ses officiers, forceraient le donateur à annuler le premier de ces dons, celui-ci nous en indemniserait et nous remettrait une somme de 15 livres.....

L'an 1256, le samedi après la Saint-Nicolas d'été.]

---

(1) La Billonnière, paroisse de Quelaines.
(2) Le lieu et closerie de Vaugeois, « *situés en la paroisse de St-Rémy du dehors de Château-Gontier* », furent adjugés le 8 novembre 1563 « *à Antoine Le Nelle, au nom et comme procureur de Colas et Catherine les Daudiers, à la somme de 740 livres,* »

CCXVII

VENTE PAR GERVAIS DIT LE DÉLIVRÉ ET LEJARDE, SON ÉPOUSE.

1256.

Universis...... Fulco de Altisripis, miles......

Gervasius dictus le Delivre et Lejardis, uxor ejus, vendiderunt Guillelmo de Columbariis, militi, ortolariam suam, cum appenditiis, apud les Toches, in parochiâ Sancti Melani, in feodo nostro, pro XXXXII libris.

Præsentibus : Raginaldo de Villâavis, milite et aliis.

Anno 1256.

[A tous...... Fouques d'Hauterives, chevalier....

Gervais dit le Délivré et Lejarde, sa femme, ont vendu, pour quarante deux livres, à Guillaume de Colombiers, chevalier, leur jardin de plaisance, avec ses dépendances, sis en notre fief, aux Touches, paroisse de Saint-Melaine.

Étaient présents : Renauld de Villoiseau[1], chevalier et plusieurs autres.

L'an 1256.]

CCXVIII

OBLATION PAR THOMASSE DE CHATILLON.

1256.

Universis præsentes litteras inspecturis, Thomasia, uxor nobilis viri Andreæ, domini de Vitreio, domina de Chastellon, salutem in Domino.

Noveritis quòd ego contuli me Deo et Beatæ Mariæ

---

(1) Fief noble, paroisse de Bonchamp.

Fontis Danielis, cisterciensis ordinis, eligendo mihi ibidem in obitu meo sepulturam, ità quòd nulli alteri loco me conferre potero in futurum, aut sepulturam alicubi mihi eligere, præter quam in abbatià suprascriptà.

In cujus rei testimonio abbati et conventui dedi præsentes litteras sigillo meo sigillatas.

Datum anno Domini 1256.

[A tous ceux qui prendront connaissance des présentes lettres, Thomasse, épouse du noble homme André, seigneur de Vitré, dame de Châtillon, salut dans le Seigneur.

Sachez que je me suis donnée à Dieu et (à l'abbaye de) la Bienheureuse Marie de Fontaine-Daniel, de l'ordre de Cîteaux, par le choix que j'ai fait de ma sépulture dans ce monastère, à mon décès ; en conséquence, je ne pourrai à l'avenir disposer de ma personne en faveur d'une autre maison, ni me choisir, en dehors de l'abbaye, un lieu d'inhumation.

En témoignage de ce qui précède, j'ai remis à l'abbé et au couvent les présentes lettres, scellées de mon sceau.

Donné l'an du Seigneur 1256.]

CCXIX

Donation par Isabelle, épouse de Louis de Sancerre.

1257.

Universis.... Isabellis, domina Meduanæ et hæres, pro salute animæ meæ, patris et matris meæ et omnium prædecessorum meorum, cum assensu Ludovici, comitis Sacri Cesaris, mariti mei, dedi in perpetuam elemosinam abbatiæ meæ Fontis Danielis unum modium frumenti annui redditûs, ad mesuram Meduanæ, in castello meo de Meduanà..... Quod dedi specialiter ad sustentationem unius monachi, qui pro me celebret in perpetuum in abbatiâ.....

Et ut ratum permaneat, Ludovicus comes Sacri Cesaris, maritus meus, cum meo signo suum apposuit.

1257, mense aprilis.

[A tous...... Je, Isabelle, dame et héritière de Mayenne, ai, pour le salut de mon âme et de celles de mon père, de ma mère et de tous mes prédécesseurs, donné a mon abbaye de Fontaine-Daniel, en perpétuelle aumône, et avec l'agrément de Louis, comte de Sancerre, mon mari, un muid de froment de rente annuelle, mesure de Mayenne, livrable à mon château de Mayenne..... Ce don est fait spécialement pour aider à la nourriture du moine qui célébrera pour moi (la messe) à perpétuité, à l'abbaye.....

Et pour la ratification et le maintien de ce qui précède, Louis, comte de Sancerre, mon mari, a apposé son seing avec le mien (sur cet écrit).

L'an 1257, au mois d'avril.]

CCXX

Donation par Guillaume de Colombiers.

1259.

Universis.....

Guillelmus de Columberiis, miles..... dedi Beatæ Mariæ de Fonte Danielis..... orto, vineis, terris,..... in parochiâ de Sancto Melano juxtà Lavallem Guidonis, in feodo Roberti de Altisripis.....

Die mercurii antè festum Sancti Clementis, anno 1259.

Præsentibus : Johanne, abbate Fontis Danielis, Johanne de Fulgeriis, monaco ejusdem loci ; fratre Nicolao de Barbeflos, ejusdem loci monacho ; fratre Simone, monaco Clarimontis ; Guillelmo, dicto Haier, magistro Domûs-Dei de Lavallense ; Guillelmo de Gorram, clerico, et Andreâ Le Gras, burgense de Lavalle.

[A tous....

Moi, Guillaume de Colombiers, chevalier.... ai donné à la Bienheureuse Marie de Fontaine-Daniel.... jardin, vignes, terres... sis dans le fief de Robert d'Hauterives, paroisse de Saint-Melaine, près de Laval-Guyon.....

Le mercredi avant la fête de saint Clément, l'an 1259.

Etaient présents : Jean, abbé de Fontaine-Daniel ; Jean de Fougères et frère Nicolas de Barbeflos, moines de cette abbaye ; frère Simon, moine de Clermont ; Guillaume dit Haier, maître de la Maison-Dieu de Laval[1] ; Guillaume de Gorron, clerc et André Le Gras, bourgeois de Laval.]

CCXXI

Donation par Guillaume de Colombiers.
1259.

Universis..... Guillemus de Columbariis, miles, salutem.

Cùm abbas et conventus Fontis Danielis dederint mihi quidquid habebant et percipiebant in furno de Gorram, volo quòd dicti religiosi dictum furnum cum pertinentiis, statim post decessum meum, habeant, scilicet medietatem quam habebant antequàm mihi contulissent.

Basilia, uxor mea, donationem quam ego dictis religiosis feci de terrà, domo et vineis quas habebam juxtà Lavallem Guidonis, voluit et concessit..... et in manu fratris Johannis dicti Mauhet, abbatis Fontis Danielis, fidem dedit.

Fratre Gaufrido, dicto de Gorram, et fratre Laurentio, dicto Rege, monachis dictæ abbatiæ, præsentibus.

Anno 1259, mense decembri.

---

(1) Hôtel-Dieu Saint-Julien de Laval.

[A tous...... Guillaume de Colombiers, chevalier, salut.

L'abbé et le couvent de Fontaine-Daniel m'ayant donné ce qu'ils avaient et percevaient sur le four de Gorron, je veux que ces religieux rentrent, aussitôt après ma mort, dans la possession de ce four et de ses dépendances, c'est-à-dire dans la moitié qu'ils y possédaient avant de me l'avoir donné.

Quant à la donation faite par moi aux religieux de terre, maison et vignes que je possédais près de Laval-Guyon, Basile, mon épouse, y a donné son consentement et son agrément...... et elle en a juré sa foi aux mains de frère Jean dit Mauhet, abbé de Fontaine-Daniel.

Étaient présents : frère Geoffroy, dit de Gorron, et frère Laurent, dit Leroy, moines de cette abbaye.

L'an 1259, au mois de décembre.]

CCXXII

Confirmation par Charles Ier d'Anjou.

1261.

Karolus, filius regis Francorum, Andegaviæ, Provinciæ et Forcalquerii comes et marchio Provinciæ, universis præsentes litteras inspecturis, salutem.

Noveritis quòd nos volumus et concedimus et præsenti scripto confirmamus quòd abbas et conventus Fontis Danielis habeant et possideant in perpetuum pacificè omnes conquestas factas ab iisdem et eorum antecessoribus in comitatibus nostris andegavensibus et cenomanensibus, a quocumque possideantur nomine eorum et quocumque modo fuerint acquisitæ usquè ad datam præsentium litterarum : ità videlicet quòd dicti religiosi vel eorum successores per nos, vel heredes nostros, vel etiam successores, non possent compelli ponere extrà manum, seu etiam aliàs alienare dictas conquestas, salvis nobis et heredibus nostris omnibus aliis redevantiis et juribus nostris debitis et consuetis.

In cujus rei testimonium præsentibus litteris sigillum nostrum fecimus apponi.

Datum apud Salmurum, die mercurii in festo Beati Laurentii, martiris, anno Domini 1261.

[Charles, fils du roi de France, comte d'Anjou, de Provence et de Forcalquier, marquis de Provence, à tous ceux qui verront les présentes lettres, salut.

Sachez que nous voulons, accordons et, par le présent écrit, avons pour agréable que l'abbé et le couvent de Fontaine-Daniel possèdent et gardent à perpétuité et paisiblement tous les acquêts faits en leur nom, soit par eux-mêmes, soit par leurs prédécesseurs, jusqu'à la date des présentes, dans nos comtés d'Anjou et du Maine, en quelques lieux que ce soit et de quelque manière que ces acquêts aient été faits ; en conséquence, les religieux, aussi bien que leurs successeurs, ne pourront être contraints par nous, nos héri-héritiers et même nos successeurs, à vider leurs mains, c'est-à-dire à aliéner les acquêts dont il s'agit ; mais nous faisons réserve pour nous et nos héritiers des autres droits et redevances, dus et accoutumés.

En foi de quoi, nous avons fait apposer notre sceau sur les présentes lettres.

Donné à Saumur le mercredi jour de la fête du bienheureux Laurent, martyre, l'an du Seigneur 1261.]

CCXXIII

DONATION PAR LUCIE DE LOGÉ, ÉPOUSE DE PIERRE DE SAINT-DENIS.

1263.

Universis presentes litteras inspecturis, Michael, decanus de Erneiâ, salutem in Domino.

Noveritis quòd in nostrâ presentiâ constituta Lucia, filia defuncti Herberti de Logeio, militis, recognovit in jure coràm nobis se dedisse Deo et Beatæ Mariæ Fontis

Danielis, Cisterciensis ordinis, et monachis ibidem Deo servientibus, cum assensu et voluntate Petri de Sancto Dionisio militis, mariti sui, quicquid habebat et percipiebat et habere poterat ipsa et heredes sui, pro salute animæ suæ et antecessorum suorum et pro anniversario faciendo die obitûs sui, in toto feodo de la Golegastiere, et in feodo de la Triguelere et de la Blanchardere, et in feodo Radulphi dicti Brichet, et in nemore de Fail, sinè reclamatione sui vel heredum suorum, pacificè et liberè a dictis monachis perpetuò possidendum, quæ omnia supradicta sita sunt in parochiâ de Fougeroles; ità tamen quòd dicti monachi antè altare Beatæ Mariæ tenere unam lampadem pro ipsâ assiduè tenebuntur, et totum jus et dominium omnium predictarum rerum et singularum et totam jurisdictionem et proprietatem et quicquid habebat et habere poterat ipsa et heredes sui in omnibus predictis rebus et singulis ex nunc transferens in eosdem, nichil sibi vel suis heredibus præter dictam retributionem retinens in premissis.

Dicta verò Lucia de non veniendo contrà dictam donationem per se vel per alium in nostrâ manu fidem præstitit corporalem. Et nos ad petitionem dictæ Luciæ predictis monachis presentes litteras dedimus in testimonium veritatis.

Datum anno Domini millesimo ducentesimo sexagesimo tertio, mense aprili.

[A tous ceux qui prendront connaissance des présentes lettres, Michel, doyen d'Ernée, salut dans le Seigneur.

Sachez que, constituée en notre présence, Lucie, fille de feu Herbert de Logé, a reconnu en droit devant nous que, du consentement et avec l'autorisation de Pierre de Saint-Denis, chevalier, son mari, elle a, pour le salut de son âme et de celles de ses prédécesseurs, et pour la célébration de l'anniversaire du jour de son décès, donné à Dieu, à (l'abbaye de) la bienheureuse Marie de Fontaine-Daniel, de l'ordre de Citeaux, et aux moines qui y servent le Tout-Puissant, tout ce qu'elle avait, percevait et pouvait posséder de droits et tout ce que ses héritiers pourraient en prétendre sur le fief entier de la Goulegatière, le fief de la Triguelière et celui de la Blanchardière, sur le fief de Raoul dit Brichet et sur le bois du Fay, le tout situé dans la paroisse de Fougerolles ; pour être lesdits biens possédés à perpétuité par les moines, en toute paix et liberté, et sans réclamation aucune de la part de la donatrice, ni de ses héritiers ; mais à la condition que les religieux seront tenus d'entretenir, avec soin et sans interruption, une lampe devant l'autel de la bienheureuse Marie ; et ladite Lucie a, sans rien retenir pour elle ou pour ses héritiers, si ce n'est les services ci-dessus imposés, transmis dès ce jour aux moines les droits, seigneurie, juridiction et propriété de tous et de chacun des biens mentionnés plus haut, enfin tout ce qu'elle-même ou ses héritiers avaient et pouvaient avoir sur l'ensemble des choses données et sur chacune d'elles en particulier.

La donatrice a même prêté serment entre nos mains, sous la foi de son corps, que ni par elle, ni par autrui, elle ne viendra jamais à l'encontre de la libéralité dont il s'agit ; et, à sa demande, nous avons délivré aux religieux les présentes lettres, comme témoignage de vérité.

Donné l'an du Seigneur 1263, au mois d'avril.]

CCXXIV

Donation par Alain d'Avaugour.

1264.

Alanus de Avalgor, miles, dominus Meduanæ, dat..... Anno 1264, mense januarii.

[Alain d'Avaugour [1], chevalier, seigneur de Mayenne, donne.....

L'an 1264, au mois de janvier.]

CCXXV

Lettres d'Alain d'Avaugour.

1265.

A tous ceux qui verront ou oiront ces présentes lettres, je, Alain d'Avaugor, chevalier, seigneur de Maesne, salut en notre Seigneur.

Sachiez que je, de ma bone volenté et en bone fai et en leauté, ai gréé et otrié et grée et otrie encores, por le prou de moi et de mes hoirs, as chevaliers et as gentis homes et a tos cels qui ont fieu et usage en ma forest de Maesne, quels que ils soent, soit de religion, chevaliers, gentis homes ou borgeis, ou autres quels qu'ils soent, qui ont feu la dite forest, soit de viez ou de novel, que je jamès ne desorenavant n'essemplerai, ne ne vendrai, ne ferai essempler poent de la dite forest. Et est à scavoir que je, o mes heirs, poon vendre ou fere vendre et doner, totes les flees que il nos plera, soffessament dou bois de la dite forest, senz essempler, en tele maniere que les diz feiez [2] et leurs hoirs i puissent trouver per-

---

(1) Alain d'Avaugour, fils d'Henri d'Avaugour et de Marguerite de Mayenne, fille cadette de Juhel III, époux de Marie de Beaumont, était devenu seigneur de Mayenne, par suite du décès, sans enfants, de sa tante Isabelle, veuve de Dreux de Mello et de Louis de Sancerre.

Le fief d'Avaugour était situé commune de Saint-Adrien, canton de Bourgbriac (Côtes-du-Nord). Le château d'Avaugour, placé aux confins des paroisses de Bourgbriac et de Plesidy, fut démantelé en 1420.

La maison d'Avaugour portait : « d'argent au chef de gueules. »

(2) Felez, feodati, possesseurs de fiefs. La forêt de Mayenne était assujettie à des droits féodaux au profit de diverses personnes. « Juhel d'Avaugour, chevalier, est homme lige du duc d'Anjou, à cause d'une *foresterie fiée*, sise

petuaument leur fez soffessament. Et a ce tenir, je leur ai gréé et otrié leaument, en la foi qui est entre moi et eux, que je jamès, moi ne mes hoirs, n'en baudront poent a essempler en nule maniere ; ne n'en poon feier, mai ne mes oirs, nul ne nule, ne doner rien ; et ne poent les diz feiez aler sus la foi que il me doivent, aler en contre les baslées que j'ai fet ou fet fere en la dite forest, par que lesdits baslées a tot jours mès soent tenues, que avoent esté fetes avant que ces lettres fussent donées.

Et de ce tenir et garantir as diz feiez et a leur hoirs, je oblige moy et mes hoirs et tos mes biens presens et avenir, et en garant et en tesmoin de ce, j'ay seellé ces presentes lettres en mon seel.

Ce fut doné en l'an de nostre Seigneur mil et deux cenz et soixante et cinc, ou mais de janvier.

[A tous ceux qui verront ou oiront ces présentes lettres, je Alain d'Avaugour, chevalier, seigneur de Mayenne, salut en notre Seigneur.

Sachez, que moi, de ma bonne volonté et en bonne foi et en loyauté, ai accordé et octroyé et accorde et octroie encore, pour l'avantage de moi et de mes hoirs, aux chevaliers et aux gentilshommes et à tous ceux qui ont fief et usage en ma forêt de Mayenne, quels qu'ils soient, soit de religion, chevaliers, gentilshommes ou bourgeois, ou autres, quels qu'ils soient, qui ont fief en ladite forêt, soit de vieux soit depuis peu, que dorénavant jamais je ne défricherai, ni ne vendrai, ni ne ferai défricher rien de ladite forêt. Et il est à savoir que moi ou mes hoirs, pouvons vendre ou faire vendre et donner, toutes les fois qu'il nous plaira, en quantité raisonnable, du bois de ladite forêt, sans défricher, de telle manière que les possesseurs de fiefs et leurs hoirs y puissent trouver perpétuellement leur fait, convenablement.

en la forêt de Mayenne. » (Registre de Louis, duc d'Anjou, f° 99. — Citation du dictionnaire historique de l'ancien langage français, par La Curne de Sainte-Palaye, dans l'édition de M. L. Favre.)

Et pour le maintien de ce que dessus, je leur ai accordé et octroyé loyalement, sous la foi qui est entre moi et eux, que jamais moi ni mes hoirs n'en baillerons point à défricher, de nulle manière ; et moi ni mes hoirs, aucun et aucune, n'en pouvons fieffer, ni rien donner. Et ne peuvent lesdits possesseurs de fiefs enfreindre la foi qu'ils me doivent, aller à l'encontre des baillées que j'ai faites ou fait faire en ladite forêt, de telle sorte que ces baillées soient maintenues à perpétuité, qui avaient été faites avant que ces lettres ne fussent données.

Et au maintien et à la garantie de ce qui précède vis-à-vis desdits possesseurs de fiefs et de leurs hoirs, je m'oblige, moi et mes hoirs et tous mes biens présents et à venir ; et, en garant et en témoin de ce, j'ai scellé ces présentes lettres de mon sceau.

Ce fut donné en l'an de notre Seigneur 1263, au mois de Janvier.]

CCXXVI

Bail a Guillaume Geré.

1266.

Universis....

Guillelmus Gere, miles, accepi ad firmam perpetuam a viris religiosis, abbate et conventu Fontis Danielis, quidquid habent ratione vel occasione molturæ, cum omnibus hominibus ipsorum, in parochia de Ambrieres : pro firma annuam XL. solidos.

1266, mense januario.

[A tous....

Moi, Guillaume Geré, chevalier, ai pris à ferme perpétuelle des religieux, c'est-à-dire de l'abbé et du couvent de Fontaine-Daniel, tous les droits de mouture qu'ils ont, soit de droit, soit accidentellement, dans la paroisse d'Ambrières, y compris tous leurs hommes (moutaux). Pour le fermage je paierai quarante sols par an.

L'an 1266, au mois de Janvier.]

CCXXVII

Donation par Renouf de P...

1266.

Universis...... decanus Fulgeriarum....

Cùm Ranulfus de Plancio, miles, dedisset Beatæ Mariæ Fontis Danielis, pro salute animæ suæ et antecessorum suorum, minam frumenti annui redditûs ad mensuram Fulgeriarum in molendino de Motâ, singulis annis, — et postmodùm Alesia, relicta dicti Ranulfi, assensu Oliverii de Plumagat, militis, tunc mariti sui, dictam donationem concessit.

Anno 1266.

[A tous...... doyen de Fougères.....

Renouf de P..., chevalier, avait, pour le salut de mon âme et des âmes de ses prédécesseurs, donné à la bienheureuse Marie de Fontaine-Daniel une rente annuelle d'une mine de froment, mesure de Fougères, à prendre tous les ans sur le moulin de la Motte. Plus tard, Alesia, sa veuve, a confirmé cette donation, avec le consentement d'Olivier de Plumaugat, chevalier, son nouveau mari.

L'an 1266.]

CCXXVIII

1268.

Alanus de Avalgor, miles, dominus Meduanæ.
Anno 1268, mense aprili.

[Alain d'Avaugour, chevalier, seigneur de Mayenne.
L'an 1268, au mois d'avril.]

CCXXIX

Donation par Hamelin Paon.

1270.

Universis...... G..... decanus de Meduanâ....

Hamelinus dictus Poon, dominus de Contest, dedit in perpetuam elemosinam Beatæ Mariæ de Fonte Danielis, pro salute animæ suæ, patris et matris et prædecessorum et successorum, duos solidos turonenses quos habebat annuatim antè portam castri Meduanæ.

Anno 1270.

[A tous..... G....., doyen de Mayenne.....

Hamelin dit Paon, seigneur de Contest, a, pour le salut de son âme et des âmes de son père et de sa mère, de ses prédécesseurs et successeurs, donné, en perpétuelle aumône, à la bienheureuse Marie de Fontaine-Daniel, deux sols tournois qu'il touchait chaque année à la porte du château de Mayenne [1].

L'an 1270.]

CCXXX

1271.

Frater Radulphus, abbas Fontis Danielis....
Anno 1271.

[Frère Raoul, abbé de Fontaine-Daniel....
L'an 1271.]

---

(1) Ces deux sols tournois étaient sans doute dus au seigneur de Contest par le tenancier d'un immeuble, situé près de la porte du château.

CCXXXI

Legs par Guillaume Chaperon.

1273.

Universis.................... Officialis Andegavensis....
Nos vidisse testamentum venerabilis viri, magistri Guillelmi Chaperon, defuncti, quondam officialis Andegavensis, in quo dat abbatiæ Fontis Danielis, pro quâdam capellaniâ construendâ, « LX libras ad emendos « redditus ad construendam capellam et redditus meos « de la Martiniere, de la Buroneye, de la Fauvelière, « etc... »
In cujus rei testimonium sigillo curiæ Andegavensis...
Mense Martii 1273.

[A tous..... l'officiel d'Angers.....
Nous avons vu le testament de vénérable homme, feu maître Guillaume Chaperon [1], ancien official d'Angers, par lequel il fait, en vue de la fondation d'une chapellenie, donation à l'abbaye de Fontaine-Daniel, dans les termes suivants : « soixante livres à employer en rentes destinées à la construction d'une chapelle et mes rentes de la Martinière [2], de la Buronnale [3] et de la Fauvelière [4].... »
En foi de quoi, nous avons apposé le sceau de la cour d'Angers.....
L'an 1273, au mois de mars.]

---

[1] La famille Chaperon fut une des plus distinguées de l'Anjou et a fourni quantité d'hommes marquants; une rue d'Angers porte son nom. C'est au château de la Chaperonnière (commune de Jallais) que fut tué, en 1832, Cathelineau, l'un des fidèles de la duchesse de Berry.
[2] Commune de Larchamp.
[3] Aujourd'hui la Buronnière, commune d'Ernée.
[4] Commune d'Ernée.

CCXXXII

Legs de Guillaume Chaperon.

1273.

Universis.... officialis Andegavensis....
Venerabilis vir, magister Guillelmus dictus Chaperon, archipresbyter de Burgulio, dedit Beatæ Mariæ de Fonte Danielis omnes redditus, exitus et proventus, quos habebat super terris, pratis et nemoribus et aliis rebus apud la Martiniere, la Buronaye, Montauber, la Fauvellere et la Dinaye, pro anniversario ipsius magistri Guillelmi et patris et matris ejus et defuncti magistri Johannis Chaperon, fratris dicti Guillelmi.
Mense novembri, 1273.

[A tous..... l'official d'Angers.....
Vénérable homme, maître Guillaume dit Chaperon, archiprêtre de Bourgueil, a donné à la bienheureuse Marie de Fontaine-Daniel la totalité des rentes, issues et profits qu'il avait sur les terres, prés, bois et autres biens à la Martinière, à la Buronnaie, à Montaubert[1], à la Fauvellière et à la Dinaie, pour la célébration de son anniversaire, de ceux de son père, de sa mère et de feu maître Jean Chaperon, son frère.
L'an 1273, au mois de novembre.]

CCXXXIII

Lettres d'octroi de Symon Chamaillart.

1275.

A tous ceus..... Symon Chamaillart, chevalier....
Comme feu Davi de Cheteaubrient et feue Marie, sa

---

[1] Mont-Aubert, paroisse de Larchamp.

fame, eussent doné à labé et couvent de Fontaine-Daniel 10 livres de rente sus 7 arpens de vignes outre la Haie d'Avrillé, ou noustre fe, qui fut monsor Morice de la Haie, comme nous veimes es lettres quil dona à nostre Dame de Fontaine-Daniel.... nous octroyon.

Sellé de nostre seel, ou mois de may 1275.

CCXXXIV

Donation par Agnès de Buttavent.

1277.

Universis...... decanus de Meduanà......

Agnes de Botavant, uxor Raginaldi le Herillé de Botavant, recognoscit se dedisse, concedente dicto Raginaldo, marito suo, omnes acquisitiones suas factas constante matrimonio usquè ad datam præsentium, videlicet domum, cum fundo et pertinentiis, quam acquisierant a Johanne Descorcé et Julianà, uxore ejus, quæ sita est in villà de Botavant, in feodo abbatiæ et conventûs Fontis Danielis, in parochià Sancti Georgii ; et quæ acquisivit in feodo Thomæ de Roisson, armigeri, in parochià de Contest ; quæ omnia dat dicto Raginaldo........

1277, mense julii.

[A tous...... doyen de Mayenne......

Agnès de Buttavent, épouse de Renauld « le Hérillé de Botavant » a reconnu qu'autorisée dudit Renauld, son mari, elle a fait donation de tous les acquêts par elle réalisés depuis son mariage jusqu'à ce jour, savoir : la maison, avec fonds et dépendances, provenant de leur acquisition faite en commun de Jean d'Écorcé et de son épouse Julienne, le tout situé dans le fief de l'abbaye et du couvent de Fontaine-

Daniel, au village de Buttavent, paroisse de Saint-Georges ; et les biens achetés par elle en la paroisse de Contest, dans le fief de Thomas de Roisson, écuyer. — De tous ces biens la donatrice en dispose en faveur dudit Renauld.....

L'an 1277, au mois de juillet.]

CCXXXV
1280.

Thoma dictus Gruel, clericus....
Guillotus, dominus de Fraxino, armiger.
Anno 1280.

[Thomas dit Gruel, clerc.....
Guillot, seigneur du Fresne, écuyer.....
L'an 1280.]

CCXXXVI
1280.

Guillot, seignor dou Fresne, escuer....
1280. — Paroisse de Marcillé.

CCXXXVII

Quittance par Basile, veuve de Guillaume de Colombiers.

1281.

Basilia, relicta defuncti Guillelmi de Columbariis, militis, assensu Nicholai Oliverii, mariti sui, quitavit Beatam Mariam de Fonte Danielis.......

Die mercurii post octavum Beati Johannis Baptistæ, 1281.

[Basile, veuve de feu Guillaume de Colombiers, chevalier, a, du consentement de Nicolas Olivier, son mari, libéré (l'abbaye de) la bienheureuse Marie de Fontaine-Daniel.....

L'an 1281, le mercredi après l'octave du bienheureux Jean Baptiste.]

CCXXXVIII

ARRANGEMENT AVEC GUILLAUME DE MONTGIROUX.
1282.

Universis.....

Guillelmus de Mongerol, miles, senescalcus feodatus Meduanæ.....

Noveritis quòd cùm contentio verteretur inter me et Abbatem et conventum Fontis Danielis, super hoc quod senescalliam feodalem petebam mihi et hæredibus meis in omnibus possessionibus quas dicti religiosi possidebant, acquisierant vel eis collatæ fuerant in cenoman. diocesi, videlicet in locis quæ ad suum dominium Meduanæ ante fundationem abbatiæ ipsorum et post pertinebant, tàm in propriis feodis dicti domini quàm in feodis hominagii ejus ; de quibus eidem, jure hereditario, dominium pertinebat.

Dicti religiosi dicebant ex adverso præmissa fieri non debere, eo videlicet quòd defunctus Guillelmus de Montgerol, miles, prædecessor meus, dederat eis in perpetuam elemosinam quidquid juris habebat in omnibus possessionibus quas dicti religiosi possidebant a tempore fundationis abbatiæ.

Tandem ego dedi et quittavi et dimitto dictis religiosis pro LXXX libris, quas recepi, omne jus quod habebam in omnibus possessionibus eorum, videlicet in hominibus de Ruppe Freibore, de Fauconier, de Botavent, de Condreis, de Poillelo, etc..... in terrà Meduanæ, ratione senescalliæ, cum pertinentiis.

Mense maii, 1282.

[A tous...... Guillaume de Montgiroux, chevalier, sénéchal fieffé de Mayenne.

Sachez qu'il existait un procès entre moi, (d'une part), et l'abbé et le couvent de Fontaine-Daniel, (d'autre part), provenant de ce que je réclamais pour moi-même et mes héritiers la sénéchaussée féodale sur tous les biens que les religieux possédaient ou avaient acquis, à titre onéreux ou gratuit, dans le diocèse du Mans, je veux parler de ceux situés dans les localités qui, avant comme depuis la fondation de l'abbaye, n'ont cessé de dépendre de la juridiction fieffée du sénéchal de Mayenne, sénéchaussée qui s'exerce tant sur les domaines propres (1) de la seigneurie de Mayenne que sur ses domaines hommagés (2) : la juridiction sur ces fiefs dépendant de la sénéchaussée était un droit héréditaire.

De leur côté, les religieux disaient qu'il ne devait pas en être ainsi, et cela parce que feu Guillaume de Montgiroux, chevalier, mon prédécesseur, leur avait donné en perpétuelle aumône tous ses droits sur tous les biens qui étaient entrés en leur possession, depuis la fondation de l'abbaye.

Enfin j'ai donné, cédé et abandonné aux religieux, moyennant 80 livres que j'ai reçues, tous les droits qu'en ma qualité de sénéchal j'avais sur l'ensemble de leurs possessions et dépendances, situées dans la terre de Mayenne, savoir : sur les hommes de la Roche-Frebourg, de Fauconnier, de Buttavent, du Coudray, de Poillé, etc......

L'an 1282, au mois de mai.]

CCXXXIX

Reconnaissance par Payen de Couesmes et Julienne de l'Écluse, son épouse.

1284.

A tous ceis...... Paien de Coymes, chevalier et Julienne,

---

(1) Domaines propres, c'est-à-dire non fieffés.
(2) Domaines hommagés, c'est-à-dire fieffés.

dame de Lesclusse⁽¹⁾, sa fame ; comme contens fust meu entre nous et labé et le couvent de Fontaine-Daniel sus aucuns dangiers, lesquelx feu Luce, dame dou Boysberengier⁽²⁾ avait donnez ausdietz abé et couvent ou fe de la Hautonniere, lesqueles choeses monsour Pierre de Saint-Denis, chevalier, seignour à celle Luce por resson de ce, tenoit de nous a foy et a hommaige..... faisons a acort de paix.

Lesdietz abé et couvent tiennent de nous et de nous hairs, sans foy et hommaige.

1281, ou mays de may.

CCXL

1284.

Guillaume Chaorcin⁽³⁾, vallet..... a Angers, 1284.

CCXLI

Donation par Guillaume d'Augeard.

1285.

Guillaume d'Aujart⁽⁴⁾, escuyer, a lassentement de Clemence, sa fame, et de Gervese et de Jamet, ses frères, reqnenut que il avait doné en perpetuel aumonne a labé

---

(1) Coesmes, seigneurie paroisse d'Anelnes. Julienne de Rexville était dame de l'Ecluse et de St-Berthevin. Payen de Coesmes mourut en celle même année 1284 et sa veuve épousa en secondes noces Patry de Montgiroux. (*Les croisés de Mayenne*, par M. l'abbé Pointeau, p. 35 et 36).

(2) Le Bois-Berenger, domaine seigneurial, paroisse de St-Denis-de-Gastines.

(3) La famille Chaorcin ou Sorsin a doudé son nom à la Motte-Sorsin, fief noble de la paroisse de la Chapelle, près de Cossé-le-Vivien.

(4) Augeard ou Buttavent, fief dont le chef était situé paroisse de Saint-Georges-Buttavent.

et le covent de Fontene Daniel la metaerie de la Helluiniere (1).

Vendredy prochen apres le dimanche que len chante: *misericordia Domini*.

1285.

CCXLII
1285.

Guillaume de Logé, chevalier.
1285.

CCXLIII

Reconnaissance par Henri d'Avaugour.

1290.

A tous....

Henri Davaugor (2), chevalier, seignor de Goylou et de Maene, salus. — Sachent tous que nous devon e semes tenus paier a labé et convent de Fontaine-Daniel vint et sez boisseax de froment, a la mesure de Maene chascun an, en recompensacion de 20 que feu Jehan Quinart, chevalier, ler avoit donez, lesqueux monseignor feu Alain Davaugor, mon pere, lor avoit confirmez en son vivant; lesques 20 boisseax nos volon qu'il aient en nostre grenier chascun an par la main de nostre recevoor.

Saelees de nostre sael le jor de lundi apres la Sainct Pere e Sainct Pol.

1290.

(1) Aujourd'hui la Hellonnière, paroisse de Saint-Georges-Buttavent.
(2) Henri d'Avaugour était fils d'Alain d'Avaugour et de Marie de Beaumont.

CCXLIV

Donation par Guillaume d'Orange.

1294.

A tos...... Guillaume d'Orenge [1], chevalier, seignor de la Follice [2], ie ay done 10 solz de Tours de rente a nostre Dame de Fontaine-Daniel por le salu de marme [3] e por mon aniversaire checun an.

Vendredy prochen apres linvention Saincte Creez de may, — 1294.

CCXLV

1295.

Frater Johannes, dictus Palefrey, baillivus in Cenomanis.
Anno 1295.

[Frère Jean dit Palefroy, bailli du Maine.....
L'an 1295.]

CCXLVI

1299.

Johannes, abbas Fontis Danielis.
Anno 1299.

[Jean, abbé de Fontaine-Daniel.
L'an 1299.]

---

(1) Orange, seigneurie située paroisse de St-Jean-sur-Mayenne.
(2) La Feuillée, paroisse de La Bigottière.
(3) Marme, pour « ma arme », mon âme. Le mot latin anima a eu, en passant en français, les formes : aneme, aname, anme, puis arme, enfin âme.

CCXLVII

1301.

Pierre de Roesson, escuier, seigneur des Loges [1].
1301.

CCXLVIII

Vente par Fouques de Vautorte.

1306.

Sachent...... Fouque de Vautorte [2], escuier, de la paroisse de Sainct Lou, confessa avoir vendu et vent a Thomas de la Court de Clort [3] 6 livres de rente por 120 livres de Tours.

Dimanche que len chante : *oculi mei*. — 1306.

CCXLIX

Donation par Jean de Montourtier.

1307.

Universis...... decanus de Meduana......
Johannes de Montetorterii, armiger, dat in perpetuam

---

[1] Les Loges, terre et seigneurie, paroisse de Contest.
[2] La terre et seigneurie de Vautorte appartenait alors à la famille de la Ferrière. Fouques de Vautorte était d'une branche collatérale. En 1653, François Cazet, alors propriétaire de la seigneurie, obtient du roi des lettres patentes qui l'érigèrent en comté.
[3] Il s'agit de la Cour du Clos-huis, paroisse de Vautorte, qui était un fief de la seigneurie de la Bas-Maignée, paroisse de Montenay. La Bas-Maignée relevait de Vautorte. Le seigneur de Vautorte avait sur les fiefs de la Bas-Maignée deux deniers de devoirs à mutation de seigneur, pour tous droits de suzeraineté ; il lui était dû « une épée dorée de la valeur de 15 livres « tournois, pour chaque droit de déport de minorité et les autres droits féo-« daux, suivant la coutume. »

elemosinam abbati et conventui de Fonte Danielis feodos de la Joufraudiere, de la Robidoysiere et de la Gilaudiere, cum omni jure et dominio, in parochiâ de Martigneto, sub dominio de Montegoruli et domini Guillelmi Villici, militum, pro fundandâ in dicto monasterio capellaniâ, quâ, pro salute animæ suæ, missa quotidiè celebretur; et ad eam fundandam dedit X libras redditûs annui... et si non sufficerent feodi supradicti, dat IV libras turon. redditûs.

Die martis post octavas translationis Beati Martini. 1307.

[A tous..... doyen de Mayenne.....

Jean de Montourtier, écuyer, donne en perpétuelle aumône à l'abbé et au couvent de Fontaine-Daniel les fiefs de la Jeufraudière, de la Robidoisière, de la Gillaudière, situés paroisse de Martigné, avec tous les droits et seigneurie qui en dépendent, tels qu'ils relèvent du seigneur de Montgiroux et du seigneur Guillaume Levayer, chevaliers. — La donation est faite à ce monastère par ledit Jean, dans le but d'y fonder, pour le repos de son âme, une chapellenie d'une messe chaque jour; et, toujours pour assurer cette fondation, il donne dix livres de rente annuelle...; et si les fiefs précités ne suffisaient pas encore, il ajoute quatre livres tournois de rente.

L'an 1307, le mardi après l'octave de la translation (des reliques) de Saint-Martin.]

CCL

Testament par Jean de Montourtier.
1307.

Universis..... decanus de Ebronio.....

Noverint universi nos vidisse testamentum defuncti Johannis de Montetorterii, quondam filii defuncti Hugonis de Montetorterii, clausas quæ sequentur continens :

« Ego Johannes de Monteforterii do et lego abba-
« tiæ et fratribus de Fonte Danielis, in quâ abbatiâ
« elegi sepulturam, lectum meum fornitum, vel ejus
« estimationem, quod vellet arbitrium meorum execu-
« torum. Item. — Dictæ abbatiæ in perpetuam elemo-
« sinam possessiones immobiles, cum pertinentiis, quas
« habeo in feodo de la Joufraudiere et de la Rebidoy-
« siere et de la Gillaudiere, pro quâdam capellaniâ ibi
« instituendâ, in quâ quâlibet die una missa pro de-
« functis et remedio animæ meæ celebretur; sicut in
« parochiâ de Martigne, partim in feodo domini de
« Montegeruli et partim in feodo Juhel de Avonio,
« militis............ »

Nos illa in testamento dicti defuncti.

Datum anno 1307, die sabbati, antè festam Beati Thomæ, apostoli.

[A tous...... doyen d'Evron......

Sachent tous que nous avons vu un testament de feu Jean de Montourtier, fils de défunt Hugues de Montourtier, qui contient les clauses suivantes :

« Moi, Jean de Montourtier, donne et lègue à l'abbaye de
« Fontaine-Daniel, lieu que j'ai choisi pour ma sépulture,
« et aux frères de cette abbaye mon lit garni ou sa valeur,
« à la volonté des exécuteurs testamentaires. *Item*. (Je donne
« et lègue) à ladite abbaye, en perpétuelle aumône, pour la
« fondation d'une chapellenie, où devra être célébrée tous
« les jours de la semaine une messe pour les défunts et
« pour le soulagement de mon âme, tous les biens immobi-
« liers et leurs dépendances, que je possède dans les fiefs
« dits de la Joufraudière, de la Robidoistère et de la Gillau-
« dière, paroisse de Martigné, qui relèvent pour partie de la
« seigneurie de Montgiroux et sont pour le surplus de la
« féodalité de Juhel d'A..., chevalier..... »

Nous (affirmons que) ces dispositions sont dans le testament dudit défunt.

Donné l'an 1307, le samedi avant la fête du Bienheureux Thomas, apôtre.]

CCLI

1311.

Robin d'Autesrives, seigneur d'Autesrives.
Lundi devant les Cendres, 1311.

CCLII

Constitution de dot par Guillaume d'Aron a sa sœur Agnès.

1313.

Sachent tous...... en nostre court......

Guillaume d'Aroon, escuier, confessa avoir assigné et assigne à Agnès, sa seur, o Hemeri de la Courteille, en mariage, 4 livres de Tours de rente, en la paroisse de la Basouge des Alleux et ailleurs......

Samedi après la Sainct Nicholas d'esté, 1313.

CCLIII

Donation par Guillaume Boudier.

1317.

Sachent tous...... que Guillaume Boudier, escuier, donne à nostre Dame de Fontaine Daniel por avoir participacion en leurs biens fez et por fere laniversaire de feue Jouhenne, jadis fame audict Guillaume, 15 solz tournois de rente sus le fey Beloays[1], sis es fez monsour Pierres le Poayrt, chevalier......

Vendredy prouchein après les outiennes de la Chandeleur, 1317.

---

(1) Le fief aux Blouais était situé paroisse de Contest.

CCLIV

Reconnaissance par Raoul de la Motte.
1319.

Raoul de la Mote confessa que les religieux de Fontaine Daniel sont en possession davoir checun an sus le moulin de la Mote une mine de froment a la mesure de Fougères de rente, ce quil leur promet payer...... par le jugement de nostre court de Borg-novel.

Joudi emprès la Purification nostre Dame, 1310.

CCLV

1323.

Guillaume Boudier, escuier, paroissien de Contest.
1322.

Guillaume Boudier, seigneur de la Mote-Boudier[1], paroissien de Contest.

1323.

CCLVI

Confirmation par Philippe VI de Valois.
1328.

Sachent tous presens et avenir que nous avons veu et leu et dilligeamment regarde unes lettres saines et entieres sellees en cire vert et laz de saye, non viciees ou corrumpues en seel ne escripture, desquelles la teneur sensuit :

(1) La Motte-Boudier, fief situé en Contest.

Philipus, Dei graciâ Francorum rex.

Notum facimus universis tàm præsentibus quàm futuris, nos infrà scriptas vidisse litteras, formam quæ sequitur continentes :

« In nomine Sanctæ et Individuæ Trinitatis, amen.

« Philipus, Dei graciâ Francorum rex.

« Noverint universi præsentes pariter et futuri quòd,
« sicut ex auctentico scripto dilecti et fidelis nostri
« Juelli de Meduanâ cognovimus, idem Juellus dedit
« et concessit monachis de Fonte Danielis manerium
« suum de Revillâ, cum pertinenciis, ab eisdem mona-
« chis in perpetuam elemosinam pacificè possidendum.
« Nos verò ad petitionem dicti Juelli et dictorum mo-
« nachorum, sigilli nostri autoritate et regii nominis
« karractere inferiùs annotato præsentem paginam con-
« firmamus.

« Actum Parisius, anno Domini millesimo ducente-
« simo septimo, regni verò nostri anno vicesimo nono,
« astentibus in palacio nostro quorum nomina suppo-
« sita sunt et signa : Dapifero nullo ; signum Guidonis,
« butlcularii ; signum Mathei, camerarii : signum Dro-
« conis, constabularii.

« Data, vacante cancellariâ, per manum fratris Gua-
« rini. »

Suit le monogramme royal.

Nos autem præfatis monachis, ad instar carissimi domini nostri Regis prædicti, paginam ipsam et prædicta alia prout superiùs scripta sunt et expressa, — quatenùs monachi ipsi eis hactenùs pacificè usi sunt, laudamus, approbamus et tenore præsentium auctoritate regiâ confirmamus, nostro et alieno in omnibus jure salvo.

Quod ut firmum et stabile perpetuò perseveret, nostrum his præsentibus litteris fecimus apponi sigillum.

Actum Parisius, anno Domini millesimo trecentesimo vicesimo octavo, mense novembri.

Ad vidimus.

Desquelles lettres ainsi veues et collationnées, desquelles lorriginal est demeuré ou repositoyre et chartreryc du monastere et abbaye de Fontaine-Daniel, desquelles la collation par nous tabellions en court laye ainsi faict es presences de maistres Jehan Houdou, Estiene Brocier, presbtres, appellés pour tesmoings, et faict sceller des sceaulx royaulx de quoy l'on use ou conté du Maine.

En tesmoign de vérité, avons appousé nos seigns mannuelx, en l'an de nostre Seigneur mil cinq cens vingt, le XXVe jour de mars.

Signé illisiblement.

[Philippe (VI de Valois), par la grâce de Dieu, roi de France.

Faisons savoir à tous présents et à venir que nous avons vu les lettres ci-après transcrites et dont voici la teneur :

« Au nom de la Sainte et Indivisible Trinité, ainsi soit-il.

« Philippe (Auguste), par la grâce de Dieu, roi de France.

« Sachent tous présents et à venir que notre cher et fidèle
« Juhel de Mayenne a, comme nous l'avons vu par son écrit
« authentique, donné et concédé aux moines de Fontaine-
« Daniel son manoir de Réville, avec ses dépendances, afin
« qu'ils le possèdent, en perpétuelle aumône, paisiblement
« et sans trouble. Pour nous, sur la demande dudit Juhel et
« des moines, nous confirmons le présent écrit de l'autorité
« de notre sceau et du monogramme du nom royal, figuré
« plus bas.

« Fait à Paris, l'an du Seigneur 1207, de notre règne la
» vingt-neuvième année. Etaient présents en notre palais les
« personnes dont suivent les noms et les signatures : (pas
« de sénéchal); le seing de Guy, grand-bouteiller ; le seing
« de Mathieu, grand-chambrier ; et le seing de Dreux, connétable.

« Donné, pendant la vacance de la chancellerie, par les
« mains de frère Guérin. »

Nous aussi (Philippe de Valois), à l'instar du roi, notre très
cher seigneur sus-nommé, louons, approuvons et par la
teneur des présentes confirmons, de notre autorité royale,
la charte par lui octroyée et les autres dispositions qu'elle
vise, ainsi qu'elles sont écrites et exprimées plus haut,
comme les moines ont usé paisiblement du tout jusqu'à ce
jour, sauf notre droit et l'autrui, en toutes choses.

Pour que ceci demeure toujours ferme et stable, nous
avons fait apposer notre sceau sur les présentes lettres.

Fait à Paris, l'an du Seigneur 1328, au mois de novembre.]

CCLVII

1328.

Guillelmus, abbas beatæ Mariæ de Boisseriâ, cistereiensis ordinis, andegavensis diocesis.

M.CCC.XXVIII.

[Guillaume, abbé de la Bienheureuse Marie de la Boissière, de l'ordre de Cîteaux, au diocèse d'Angers.

L'an 1328.]

CCLVIII

1339.

Fouqueyt de Loge, escuier, demeurant paroisse de Sainct Fiembaaut.

1339.

CCLVIX

CONSTITUTION DE RENTES PAR ROBERT D'OULEIOULI.
1351.

A tos..... nous abé et convent de Fontaine Daniel, d'une part, et nous Robert, seigneur Douleiouli, chevalier, d'autre part, faisons accord por cause de la fondacion dune chapelle que feu monsour Jehan Douleiouli, jadis chevalier, avoit fondée en ladicte abbeye et por cause dou legs que lediet feu avoit fait ausdietz religieux pour estre celebreez, par chascune semaine de lan, trois messes à tousjoursmais por le salut de son âme. Nous Robert Douleiouli, chevalier, fils et hair dudict feu, avons baillé et assignons en feage perpétuel ausdietz religieux et successeurs les rentes suivantes sus la metacrie de Loudlière et apartenances : 7 livres et 6 chapons de rente sus le fey Bohu, 25 solz et por parfaire 14 livres de rente ausdietz religieux promotons fere payer 112 solz et un denier de rente sus nos biens, etc.....

Mardy prochain avant Saint-André, 1351.

CCLX

CONFIRMATION DE PRIVILÈGES PAR CHARLES DE BRETAGNE.
1358.

Nous Charles de Bretaigne[1], viconte de Limoges, seigneur de Guise et de Maine, fesons savoir a tous que

[1] Charles de Blois, seigneur de Mayenne, successeur de Henri II d'Avaugour, mari de Jeanne de Penthièvre, dite la Boiteuse, célèbre par sa longue rivalité avec Jean de Montfort, son compétiteur au duché de Bretagne, sa défaite à la Roche-Derrien, sa captivité à Londres, sa grandeur d'âme dans le malheur et sa foi. Il fut tué à la bataille d'Auray en 1364.

comme les religieux, abé et couvent de Fontaine Daniel nous aient exposé, dissans que par la teneur de leurs privileges, donnez de nos predecesseurs, qui jadis les fonderent, eux et leurs hommes sont exemps de nostre juridiction. Nientmains nos gens de nostre demaine ont contraint et contraignent de jour en jour leurs hommes venir au guez et a la guarde de nos chasteaus et forteresses de Maine et du Pont-Main [1] et yceux imposent en tailles et subcides et en aultres choses indeues contre la teneur de leur dix privileges, et sur ce nous ont requis leur estre porveu daucun remede gracioze et covenable.

Nous adcertes, considerans le bon portement desdis religieux et la teneur de leur dis privilleges, leur avons otraié et otraions de grace especial que on ne leur puisse porter prejudice ou temps a venir ne a leur hommes, ne a nous aquerre aucun novel droit...., a promis le bailli de ladicte abaie, comme procureurs dicelle que sus one aucune chose souprinse contre nous...... predecesseurs ou temps passé quil soit mis et ramené...... et nous en doit faire avoir...... et auxi leur avons otraié quils puissent faire reffaire leur molin-chossee, soubs nostre chastel de Maine, qui leur a esté depecié pour cause des guerres.

Doné a Nantes le 15me jour de may lan mil trois cent cinquante huit.

Par monseigneur le duc en son conseil.

---

(1) Le cartulaire porte : « Ponmartin ». L'erreur est évidente.

Pont-Main, berceau des Juhel, fut baillé à rente par François de Lorraine, duc de Guise, l'un de leurs successeurs, à Jacques de Goué, pour soixante livres tournois de rente, mais avec réserve des droits seigneuriaux. Les habitants de Pont-Main jouissaient « des libertés de la bourgeoisie » ; il leur avait été accordé des priviléges particuliers par les seigneurs de Mayenne.

CCLXI

1370.

Pierre, abé de Fontaine-Daniel.
27 décembre 1370.

CCLXII

1386.

Jehenne, dame de Lisle et Geffrai de Coullonges, escuier.
1386.

CCLXIII

1390.

Karolus, Francorum rex.....
Juhes d'Avaugour, miles et capitanus castri de Meduanâ pro carissimâ amittâ nostrâ, reginâ Jerusalem et Siciliæ, ducissâ andegavensi et comitissâ... tàm nomine suo quàm habente baillium carissimorum consanguineorum nostrorum, liberorum suorum, annis minorum.....
15 april 1390.

[Charles, roi de France.....
Juhel d'Avaugour, chevalier, capitaine du château de Mayenne pour notre très chère tante la reine de Jérusalem et de Sicile, duchesse d'Anjou et comtesse de (1)... tant en son nom que comme ayant le bail de nos très-chers cousins ses enfants, mineurs d'ans.....
15 avril 1390.]

(1) Marie de Blois, fille de Charles de Blois et de Jeanne de Bretagne, était alors veuve de Louis Ier, duc d'Anjou, comte du Maine. Elle avait la tutelle de ses deux fils mineurs et les fit armer chevaliers par le roi de France, Charles VI, en 1389. Cette princesse portait le titre de reine de Jérusalem, de Naples et de Sicile et était duchesse d'Anjou et comtesse de Provence. Juhel d'Avaugour était un cousin de Marie de Blois.

CCLXIV

1390.

Frater Symon, prior et administrator ac fratres Domûs Dei et elemosinariæ Sancti Johannis Andegavensis, ordinis Sancti Augustini....

7 novembri, anno 1390.

[Frère Simon, prieur et administrateur, et les frères de la Maison-Dieu et aumônerie de Saint-Jean d'Angers, de l'ordre de Saint-Augustin....

L'an 1390, le 7 novembre].

CCLXV

Bail a rente perpétuelle au profit d'Étienne André.

1391.

Sachent tous presens et à venir qui orront et verront ces presentes lettres, que par devant nous en droit personnellement establi Estienne André, clerc, bourgeois de Maienne, sousmettant luy et tous ses biens en notre jurisdiction quant en cest fait, recognut et confessa de sa bonne volonté, sans pourforcement, say avoir prins et accepté à tousjours mès pour luy et pour ses hoirs, et encor prent et accepte, en feage perpetuel, de venerables religieux hommes et honestes messieurs l'abbé et couvent de Savigné, qui l'y ont baillé, c'est ascavoir: l'estant et le moulin de Chorin et l'estant du Fay, o le fons et tenage lour appartenant, et le grant moulin qui est assis en la rivière de Maienne, avec les moutaux de tous les fiez nusdits religieux estant ès paroisses de St-Baudelle, de Parrigné, de Contest, de St-Martin et de Notre-Dame de Maenne et tous lours autres hommes demourans en la banleue des dits moulins, avec la moulte seche et verte, et tous les biens et corvées et autres drois et obeissances ausdits religieux et moulins appartenant, et sont assis les dits moulins et estans en la dite paroisse de Saint-Baudelle ès fiez des dits religieux; lesquelles chouses dessus dites ainsi prinses et acceptées, comme dit est, le dit Estienne grée, promet et est tenu pour luy et pour ses hoirs faire, rendre et payer par chascun an à tousjours mès ausdits religieux et à leurs successeurs perpétuellement la somme de ouit livres tournois, monnaie courant, de rente annuel et perpetuel, la moitié au jour de Nouel et l'autre moitié au jour de la Nativité de Saint Jehan Baptiste, et deux poissons bons et suffisans, touttes fois que le dit estant du Fay sera peschié, baillez et livrez au bailly du Maine des dits religieux.

Et est accordé entre lesdits religieux et le dit Estienne que le dit Estienne ne ses hoirs ne ceulx qui auront cause de luy ne pourront vendre, bailler, fiefer, aumonner, aliener, ne chargier de rente, ne mettre hors de lours mains les dites chouses ni partie d'icelles, si ce n'estoit o la volonté et du consentement des dits religieux ou de lours successeurs.

Et est encor parlé et acordé entr'eulx que si le dit Estienne baille et assiet ausdits religieux ou à leurs successeurs en leurs fiez cent solz de rente en bone et suffisante assiete, qui, au dit des proudes hommes, ne puisse dechaus (sic) ne amenuiser, les dits religieux ne lours successeurs ne les pourront refuser, ains seront tenus les descharger au dit Estienne et à ses hoirs de la somme des ouit livres de rente dessus nommez; et par ainsi ne demourront le dit Estienne et ses hoirs chargiez ne obligez envers les dits religieux et lours successours, à cause des chouses dessus dites, que de la somme de soixante solz de rente perpetuel avec les deux poissons, si comme dessus est dit, avec toutes et telles obéissances et redevances, comme les autres hommes des dits religieux de la dite paroisse de Saint-Baudelle lour font à cause et par raison de lour seigneurie.

Et est encor acordé entr'eulx que le dit Estienne et ses hoirs pourront prendre justice perpetuelment, en la manière si comme les dits religieux l'ont acoustumé à faire, sur les hommes dessus dits pour le deffaut de obéir et de faire lour devoir ausdits moulins, comme acoustumé est, et que ils pregnent le pain qui ara esté moulu à autres moulins que les dessus nommez, et que de celuy pain le dit Estienne et ses hoirs fassent à lour volonté, et que luy et ses hoirs adjournent et contraignent aux plez des dits religieux les hommes qui arront defailly de faire leur devoir ausdits moulins, affin et pour en avoir la moulte et la moitié des amendes pour le dit Estienne et pour ses hoirs, et pour avoir ausdits religieux et à lours successeurs l'autre moitié des amendes, laquelle moitié les dits religieux ont retenu pour eulx et pour leurs successeurs perpetuelment ; desqueulx ouit livres de rente dessus nommez le dit Estienne baille et transporte ausdits religieux et à leurs successeurs saisine de propriété et possession dès à present par la teneur de ces presentes lettres, à les avoir, prendre et lever par chacun an et en faire toute lour volenté comme de lours propres héritages, sans contredit et sans impediment du dit Estienne ne de ses hoirs.

Et quant à toutes et chacunes les choses dessus dites, tant divisement que conjointement tenir, acomplir, enteriguer, vendre et paier justement et loyalement, sans fraude, sans malice et sans decevance, et à rendre et restituer tous cous, mises et domages venus sur ce au plain serment du portours de ces lettres sans autre prove, a obligé le dit Estienne et encor oblige say et tous ses biens, meubles et heritages presens et avenir en quelxques lieux que ils soient, à prendre, à vendre et exécuter par deffaut de tenir, d'acomplir ou de paier les chouses dessus dites ou aucunes d'icelles; renonçant ledit Estienne pour luy et pour ses hoirs à tous applegemens, contre applegemens et à tous deniez et amonitions et à toutes actions, resons, deffences, decepvances et exceptions, et à tout droit escript et non escript, et à toute coustume vieille ou nouvelle, et à toutes graces de roy, de duc et de prince données et à donner, qui porraient estre obicides ou propousées contre la tenour de ces presentes lettres en tout ou en partie, especialement au droit disant generale renonciation non valoir.

Et ne sera creu le dit Estienne ne ses hoirs de nul nouvel contrat ne de nulles nouvelles convenances, ne de nulle autres chouses contraires à cest present fait, se il ne le montre par lettres seellées de seel autentique ou du seel ou seaulx des religioux, faites et passées principalement, sur ce données et faites depuis ceste datte. Et de tout ce tenir et loialment accomplir, comme dit est, se lia et obliga le dit Estienne par la foy et serment de son corps donnés en notre main.

Et nous tout ce, à la requeste du dit Estienne, avons adjugé à tenir par le jugement de notre Cour du Bourc Nouvel.

Ce fut donné ou jour de dimenche vingt et deux jours du mays d'octobre, en l'an de grace mil trois cens quatre vings et onze.

CCLXVI

FRANCHISE ACCORDÉE PAR PIERRE DE VENDOME.
1393.

Universis.....

Petrus de Vendousme, dominus de Segre, pro salute animæ patris et matris et meæ et uxoris meæ et antecessorum et successorum, — dedi abbati Fontis Danielis omne passagium seu coustumam omnium rerum mobilium quas ipse per terram meam de Segre, ad usus suæ abbatiæ et maneriorum suorum de Morin et de Lerru, propè Andegaviam.

Die Jovis post Nativitatem Beatæ Mariæ.
Anno 1393.

[A tous......

Je, Pierre de Vendôme, seigneur de Segré, ai donné à l'abbé de Fontaine-Daniel, pour le salut de mon âme et de celles de mon père et de ma mère, de mon épouse, de mes prédécesseurs et de mes successeurs, franchise des droits de passage ou de coutume dont seraient frappés tous les biens meubles qu'il ferait circuler dans ma terre de Segré, pour les besoins de son abbaye et de ses manoirs de Morin et de Liéru, près Angers.

Le jeudi après la Nativité de la Bienheureuse Marie.
L'an 1393].

CCLXVII

Aveu par Jean du Fresne.

1400.

De Pierre, abé de Fontaine-Daniel, je Jehan du Fresne, esculer, cognois estre vostre homme de foy simple, accause de ma terre, pour raison de 8 solz de rente, en la paroisse de Sainct Lou.

5 fevrier 1400.

CCLXVIII

1400.

Noble homme Jehan Bouju le jeune, sieur de Passons⁽¹⁾.

CCLXIX

Accord avec Marguerite de Bouillé, veuve Guillaume de la Croix.

1402.

Procez entre labé et convent de Fontaine Daniel et Marguerite de Boullié, veufve de feu Guillaume de la Crouez, escuier,..... sur ce que feu Guillaume de la Crouez laisné, pere dudict feu, leur avoit lessé par son testament..... sacordent.

7 janvier 1402.

CCLXX

Commandement de Charles VI.

1407.

A tous...... Pierre de Bueil⁽²⁾, chevalier, chambelan du Roy, son bailly de Touraine et des ressort et exemptions

---

(1) Les Passons ou Possons, terre et seigneurie paroisse de Parença.

(2) Bueil, aujourd'hui canton de l'arrondissement de Tours (Indre-et-Loire). Par lettres de Louis, duc d'Anjou, du 3 juin 1375, Pierre de Bueil avait été nommé « général maistre et enquesteur des eaux et forêts des pays d'Anjou et du Maine », avec permission de commettre un lieutenant à sa place. Son frère Jean de Bueil était grand-maître des Arbalétriers. Parmi les membres les plus distingués de la famille, on trouve : Louis de Bueil, comte de Sancerre, gouverneur d'Anjou, Maine et Touraine ; deux Louise de Bueil, abbesses de Bonlieu ; le poëte Honorat de Bueil, seigneur de Racan.

d'Anjou et du Maine..... Charles, roy de France, ordonne que les religieux de Fontaine-Daniel soyent payez du legs de Jeane de Grazay, jadis fame de feu amé et feal chevalier Jehan de la Masvriere, seigneur de Grillemont[1], sur ses biens qui sont tant en Anjou que Touraine.

A Paris le 29 decembre 1402.

...... ordonne ledict commandement du Roy estre executé......

Dernier avril 1407.

CCLXXI

Délivrance d'un legs de Jeanne de Grazay.
1413.

En nostre court du Bourg nouvel..... Amorry de la Meuvriere, escuier, confesse que comme dame Jeane de Grazay eust pieça lessé aux religieux de Fontaine-Daniel 15 livres de rente pour la fondation et augmentation d'une chapelle, etc..... leur assure ladite somme.

4 juillet 1413.

Jehan de Susmerayne et Jehan de Monguerré[2] leur en promettent autant.

10 février 1403[3].

CCLXXII
1424.

Jehan Couteblanche et Jehan de la Vallee, commis-

---

[1] Grillemont, paroisse de Vimarcé, près Evron.
[2] Montguerré, seigneurie paroisse de Montenay.
[3] Cette date doit être erronée. N'y aurait-il pas eu, de la part du copiste du cartulaire, interversion entre elle et celle de la charte précédente ?

saires de honorable homme escuier, Maitre Pierre
Bouju, licencié en loys et lieutenant au Mans, en office
de seneschal pour la royne de Sicille.
26 juin 1424.

CCXXIII

1430.

Frere Michel, abé de Fontaine Daniel et frere Macé
Couailler, religieux et procureur dudict moustier.
28 avril 1430.

CCLXXIV

PROCURATION PAR ADAM CHATELAIN, ÉVÊQUE DU
MANS.

1431.

Universis.....
Adam, cenomanensis espiscopus, notum facimus quòd
nos plenè et maturè deliberati et debitè certificati de
probitate, scientiâ ac circumspectâ discretione venerabilis patris et fratris nostri Guillelmi, abbatis monasterii de Fonte Danielis, in sacrâ paginâ eximii professoris,
necnon magistri Martini Berruer, canonici Ecclesiæ
nostræ cenomanensis, ipsum abbatem et Martinum licet
absentes, eorum quemlibet in solidum fecimus et ordi-
namus procuratores nostros ac nuncios speciales et ne-
gotiorum nostrorum in hâc parte gestores ; imò id quod
unus eorum inceperit, alter prosequi, mediare valeat,
videlicet ad comparendum nomine nostro et pro nobis,
nosque et nostram personam excusandi et representandi
in curiâ romanâ, coràm Summo Pontifice et Domino

nostro Eugenio papa V, aut ejus vicariis, seu concilio generali, apud Basiliam vel aliam civitatem, necnon ad tractandum in quibuscumque negotiis.

Actum 1431, 8 januarii.

[A tous......

Nous Adam, évêque du Mans (1), faisons savoir qu'après avoir pleinement et mûrement délibéré et nous être dûment assuré de la probité, de la science et de la prudente discrétion de vénérable père notre frère Guillaume, abbé du monastère de Fontaine-Daniel, professeur distingué en écriture sainte, et aussi de maître Martin Berruyer, chanoine de notre église du Mans, nous les établissons et constituons tous les deux, bien qu'ils soient absents, pour nos procureurs, envoyés spéciaux et comme tels chargés de nos affaires, avec le droit même pour chacun de continuer ce que l'autre aura commencé ; le tout à l'effet de comparaître en notre nom et pour nous, de faire excuser et représenter, nous et notre personne, en cour de Rome devant le souverain pontife, notre seigneur le pape Eugène V, ou ses vicaires, au concile général à Bâle, ou dans une autre cité ; en un mot, pour traiter de quelque affaire que ce soit.

Fait l'an 1431, le 8 janvier.]

CCLXXV

1431.

Johannes, abbas de Barbereyo.
1431, 27 septembri.

[Jean, abbé de Barbery (2).
L'an 1431, le 27 septembre.]

(1) Adam Châtelain, évêque du Mans (1398-1439).
(2) Barbery, abbaye près Bretteville-sur-Laize.

CCLXXVI
1435.

En nostre Court de Laval.....
Noble homme messire Jehan du Boisfrost[1], chevalier, vend à Fontaine-Daniel 20 solz de rente.
26 juillet 1435.

CCLXXVII
1436.

Jehan Fortestu, chevalier, garde des seaulx des obligations de la viconté de Vallongne.
24 mars 1436.

CCLXXVIII
1438.

Frère Macé Couaillier, abé de nostre Dame de Fontaine-Daniel.
18 octobre 1438.

CCLXXIX

Testament par Geoffroy des Vaux.
1439.

Ou nom de la Saincte Trinité.
Je Geffroy, seigneur des Vaulx, escuier.... fais mon testament.... ordonne mon corps estre mis en sepulture

---

(1) Jehan du Boisfrost figure comme chevalier-bachelier dans la montre de Jehan de Craon, chevalier-banneret, seigneur de La Suze, de 1411. (Cart. de Craon, publié par MM. de Broussillon et de Farcy. Bulletin de la Commission hist. et arch. de la Mayenne, 1892, T. V, page 305).

en leglise nostre Dame de Fontaine-Daniel ; pour laquelle ma sepulture je done a labé et couvent 100 solz de rente, ou 100 livres une fois, et commande que trois messes soient dites et celebrees pour le remede de mon ame et de mes amis trepassez.

Item. A mon paige 10 livres.

Item. Et quant est au regar de ce que feu mons. mon pere donna, laissa par son testament au plus prochain et portant le nom et armes des Vaulx, cest assavoir le lieu et apartenances des Vaulx, avec toutes les terres et heritages qu'il avoit es paroisses d'Aron, Champeon et Marcillé, je ycelle clause revoque en tant que je puis et dois, et le remet es mains de mes heritiers, et au surplus je ordonne que icelui testament soit acomply, etc...

Le vendredy 24 avril 1439.

CCLXXX

1441.

Henri Court, escuier, lieutenant de Maienne la Juhes. 3 janvier 1441.

CCLXXXI

Vente par Jacquet de Mascon.

1441.

En nostre cour à Angiers..... noble homme Jacquet de Mascon, escuier, sieur de la Perriere (1)..... vend a Fontaine Daniel.....

A Angiers, 3 juillet 1441.

(1) La Perrière, seigneurie située paroisse d'Avrillé, près Angers. Elle appartint, après les de Mascon, aux familles Neveu, de la Jaille et Goddes. Lucie Leclerc de Sautré, veuve de François Goddes, vendit la Perrière, en 1711, à Louis Péan, conseiller du roi, receveur général des fermes ; mais il en

CCLXXXII

ACQUIESCEMENT PAR LES HÉRITIERS DE JEANNE DE GRAZAY.

1444.

Sachent tous.....

Comme feue dame Jehane de Grazay eust pieça donné aux religieux de nostre Dame de Fontaine-Daniel 15 livres tournois de rente apres son decez sur ses heritages pour la dotation et augmentation dune chapelerie que feu Colin Bardonet, premier mary de ladicte feue dame Jehane, et elle, avaient fondée oudict moustier.

Apres la mort dudict Bardonet, ladicte Jehane auroit esté conjoincte par mariage avec feu messire Jehan de la Meuvrière, jadis chevalier, sieur de Grillemont, auquel elle avoit fait donation de ce quelle luy povoit doner; entre lequel chevalier et les heritiers de ladicte feue se meut procez, pendant lequel les heritiers de ladicte defunte ont reçeu ses biens, scavoir: Jehan de Grazay, escuier et sa mere, pour les deux parts des deux parts; mons. Jehan d'Ancenis, chevalier et Jehan de Surmeraine[1], escuier, pour la tierce partie des deux parts; et mons. Jehan Bahoul, pour le tiers du tiers du tout; le seigneur de Chandemenche[2] pour un aultre tiers; Pierre le Porc[3], Jehan de Monguerré, pour la

---

fut fait rachat par Philippe-Guillaume-Marie Leclerc, dont la fille Françoise Marguerite épousa, en 1748, André-Jean Bachelier de Bercy, maître ordinaire de la Chambre des comptes de Bretagne. Ce dernier eut pour fils Joseph de Bercy; ses héritiers habitent encore le château de la Perrière. *(V. Dictionnaire hist. de Maine-et-Loire par M. Célestin Port.)*

(1) Surmeraine, fief situé paroisse de Parné.

(2) Jean de Chandemanche. — Chandemanche, seigneurie située en la paroisse de Morannes, près de Durtal.

(3) Pierre le Porc était seigneur de Marolles.

moitié de laultre tiers dudict tiers du tout ; la dame de la Bernehardière et la dame de Gervesière pour laultre moitié du tiers dudict tiers du tout.

Et aiant esté condanez lesdicts héritiers à eux désister diceulx heritages acquests, par arrest du parlement, et rendre les fruits qui leurs en avoient, au profit dudict chevalier mort pendant ledict procez, et lesquels héritiers nont paié lesdicts 15 livres ausdicts religieux de 22 ans, iceux héritiers et Amorry de la Meuvrière, nepveu et héritier principal dudict feu chevalier, ont accordé des fruis desdicts heritages et despens du procez ; lesdicts heritiers acquiteront ledict Amorry desdicts religieux. Le 4 juillet 1413.

4 janvier 1414.

CCLXXXIII

1443.

Charles, conte du Maine, de Guise, de Mortaing et de Gien, lieutenant général et gouverneur pour monseigneur le Roy en ses pais de Languedoc et duchié de Guienne.....

A Tours, le 8 juin 1448.

CCLXXXIV

Aveu par Jean de Malétroit

1453.

De vous Révérend père en Dieu et mon très honoré seigneur monseigneur labé de Fontaine-Daniel et messieurs du couvent dudict lieu, je Jehan de Malestroit, escuier, cognois que je suis vostre homme de foy simple, pour raison dune piecze de terre apellée les Change, en la paroisse de Contest.

1er janvier 1453

CCLXXXV

Aveu par Jean de Vendel.

1460.

De vous Messeigneurs les abé et convent de nostre Dame de Fontaine-Daniel, je Jehan de Vendel, escuier, seigneur de Loyère, à cause de damoyselle Perrine le Roux, ma fame, fille de feu Bertran le Roux, reconois estre homme de foy simple, à cause de madicte terre de Loyère.

Sellé du sel de mes armes et signé de mon seing manuel.

Le 7 juin 1460.

Jehⁿ de Vendel.

CCLXXXVI

1461.

Antoine d'Aubusson, chevalier, sieur du Montet, conseiller et chambelan du roy, son bailly de Touraine, des ressors et exemptions d'Anjou et du Maine.

11 mai 1461.

CCLXXXVII

1464.

En la Cour d'Ambrieres..... Foucquet de la Barre, escuier et damoyselle Jehenne de la Mote, sa fame, paroissiens de Cigné.

Penultieme oust 1464.

CCLXXXVIII
1465.

Johannes, évêque d'Angers[1], abbé commendataire de Fontaine Daniel.

14 février 1465.

CCLXXXIX
1469.

Guillaume de Romaigné, escuier, sieur de Cour-Janvier[2].

26 novembre 1469.

CCXC

Bulle accordée a Jean Courtin, abbé de Fontaine-Daniel.

1479.

Sixtus episcopus, servus servorum Dei, dilecto filio Johanni, abbati monasterii Beatæ Mariæ Fontis Danielis, cisterciensis ordinis, cenomanensis diocesis, salutem et apostolicam benedictionem.

Ad ea ex apostolicæ servitutis officio libenter intendimus, per quæ ecclesiarum et monasteriorum omnium,

---

(1) Jean de Beauveau, fils de Bertrand, baron de Precigny (en Touraine) et de Jeanne de la Tour-Landry, successeur, en 1447, sur le siège d'Angers, du bienheureux Jean-Michel.

(2) La Cour-Janvier, paroisse d'Ambrières. On verra plus loin qu'en 1593 la Cour-Janvier fut possédée par Pierre de la Haye. En 1726, elle appartenait à Jean Le Bas, seigneur de la Corbière et à Rose de la Martinière, qui habitaient Saint-Thomas-de-Courceriers.

ac personarum eorumdem statui et indemnitatibus oportunè valeat provideri.

Dudùm siquidem pro parte tuâ nobis exposito quòd olim monasterio Beatæ Mariæ Fontis Danielis, cisterciensis ordinis, cenomanensis diocesis, ex eo quod dilectus filius Franciscus Cherot, monachus, tunc abbas dicti monasterii, illius cui tunc præerat regimini et administrationi per certum procuratorem suum, ad id ab eo specialiter constitutum, in manibus dilectorum filiorum capituli generalis dicti ordinis, extrà Romanam curiam, sponte et liberè cesserat, vacatione dicti capituli, cùm ad eos ipsius monasterii regiminis et administrationis cessionis receptio et admissio et dùm vacabat provisio, de antiquâ et approbatâ hactenùsque pacificè observatâ consuetudine, pertineret, cessione hujusmodi per eos extrà dictam curiam ordinariâ auctoritate admissâ..... de personâ tuâ eidem monasterio sic vacanti auctoritate præfatâ providerant, te que illi præfecerant in abbatem, curam, regimen et administrationem dicti et monasterii tibi in spiritualibus et temporalibus plenariè committendo ; et in câdem expositione subjoncto, quòd de provisionis et præfectionis hujusmodi viribus ab aliquibus hesitabatur.

Nos provisionem et præfectionem prædictas ratas et gratas tunc habentes, illasque et indè secuta quæcumque auctoritate apostolicâ confirmantes et approbantes ac supplentes omnes et singulos defectus, tàm juris quàm facti : si qui forsàn intervenissent in eisdem de personâ tuâ eidem monasterio, sivè ut præmittitur, sivè alias quovis modo, aut per Johannis Goulu, olim abbatis per capitulum præfatum, aut Johannis de Bellavalle, tunc commendatarii dicti monasterii, dilectorum filiorum auctoritate apostolicâ factas privationem et amotionem vacaret et ex quâvis causâ ejus provisio ad sedem apostolicam pertineret, auctoritate nostrâ provideri, teque illi in abbatem præfici mandavimus ; curam, regimen et administrationem dicti monasterii in eisdem spiritualibus et temporalibus, plenariè committendo, prout in nostris indè confectis litteris pleniùs continetur.

Càm autem, sicut exhibita nobis nuper pro parte tuâ petitio continebat, ab aliquibus asseratur dictum monasterium aliàs quàm ut præfertur vacavisse et vacare, tuque dubites provisionem et confirmationem ac litteras prædictas, ad quarum executionem processum fuit, ex certis causis viribus non subsistere, ac super regimine et administratione prædictis in futurum molestari posse, nos tibi qui, ut asseris, post quàm possessionem regiminis et administrationis bonorum dicti monasterii assecutus fuisti, per quondam Joannem administratorem Ecclesiæ Andegavensis, in spiritualibus et temporalibus per dictam sedem deputatum, possessione hujusmodi manu forti spoliatus fuisti, ac tu et ipse Johannes administrator super eadem possessione coràm certis judicibus secularibus, nos ad invicem molestatis dictoque monasterio super his oportunè providere volentes, teque a quibusvis excommunicationis, suspensionis et interdicti, aliisque ecclesiasticis sententiis, censuris et pœnis, a jure vel ab homine quàvis occasione vel causà latis, quibus forsàn quomodo libet innodatus existis, quoad præsentium duntaxat effectum consequendum, harum serie absolventes et absolutum fore consentes, tuis in hâc parte supplicationibus inclinati volumus ; et apostolicà tibi auctoritate concedimus quòd provisio et præfectio vigore dictarum litterarum factæ, in omnibus et per omnia, a datà præsentium, valeant plenamque roboris firmitatem obtineant et tibi suffragentur ; etiam si dictum monasterium, cujus fructus, redditus et proventus ducentarum librarum turonensium parvarum, secundùm communem estimationem, valorem annuum, ut etiam asseris, non excedunt, ut præmittitur, vel cessante commendâ per obitum dicti Johannis de Bellavalle, perpetui administratoris Ecclesiæ Andegavensis in spiritualibus et temporalibus per sedem eamdem deputati, qui dictum monasterium ex concessione apostolicâ sibi commendatum fore prætendebat, et extrà eamdem curiam diem clausit extremum; eo quo antè dictam commendam vacabat modo; illius verum et ultimum vacationis modum, etiam si ex eo generalis reservatio resultet, pro expresso habentes, aut aliàs quovis modo, vel ex alterius cujuscumque personâ vacet et ex quâvis causâ; illius provisio ad sedem prædictam specialiter vel generaliter pertineat: non obstantibus præmissis ac constitutionibus et ordinationibus apostolicis, necnon omnibus illis quæ in dictis litteris volumus non obstare, cœterisque contrariis quibuscumque.

Nulli ergò omninò hominum liceat hanc paginam nostræ absolutionis, voluntatis et concessionis infringere, vel ei, ausu temerario, contraire. Si quis autem hoc attemptare præsumpserit, indignationem omnipotentis Dei et Beatorum Petri et Pauli, apostolorum ejus, se noverit incursurum.

Datum Romæ apud Sanctum Petrum, anno Incarnationis dominicæ millesimo quadringentesimo septuagesimo nono, sexto kalendarum junii, Pontificatûs nostri anno octavo.

(1)
[Sixte, évêque, serviteur des serviteurs de Dieu, à notre cher fils Jean, abbé du monastère de la Bienheureuse Marie de Fontaine-Daniel, de l'ordre de Cîteaux, au diocèse du Mans, salut et bénédiction apostolique.

Par devoir de notre charge apostolique, nous portons volontiers notre sollicitude sur tout ce qui peut intéresser d'une manière favorable, le bon état et la conservation de

---

(1) Nous ne donnons que sous de particulières réserves la traduction de cette bulle, qui est incomplète, et dont la rédaction semble incorrecte.

toutes les églises et de tous les monastères, ainsi que de leur personnel.

Autrefois vous nous avez exposé, en ce qui vous concerne, touc...nt le monastère de la Bienheureuse Marie de Fontaine-Daniel, de l'ordre de Cîteaux, au diocèse du Mans, que jadis notre cher fils François Cherot, moine, alors abbé dudit monastère, après avoir présidé à son gouvernement et à son administration, au moyen d'un procureur par lui spécialement choisi à cet effet, avait librement et spontanément résigné ses fonctions entre les mains de nos chers fils, composant le chapitre de l'ordre général de Cîteaux, en dehors de la curie romaine. D'après un antique usage, approuvé et observé jusqu'alors, sans obstacle, c'eût été aux membres dudit chapitre de recevoir et d'accepter la résignation du gouvernement et de l'administration du monastère, et dans le cas de vacance d'y pourvoir ; et une résignation faite dans ces conditions, en dehors de la curie romaine, eut été valable et eut eu l'autorité requise..... Usant de ce droit, le chapitre vous aurait pourvu du monastère devenu vacant et choisi pour abbé, en vous confiant dans sa plénitude le soin, le gouvernement et l'administration du monastère dont il s'agit, tant au spirituel qu'au temporel. Vous nous aviez encore expliqué que quelques personnes pouvaient avoir des doutes sur la validité de vos lettres de provisions et de votre installation dans ces conditions. — Nous avons précédemment tenu pour ratifiées et agréables ces provision et prise de possession, les avons, en vertu de notre autorité apostolique, confirmées et approuvées, ainsi que tout ce qui a suivi, suppléant à tous et tels défauts, tant de fait que de droit, qui pouvaient exister. Pour le cas où l'on serait venu à soulever quelque objection au sujet de la nomination de votre personne, pour les motifs sus exprimés ou pour tous autres, sous prétexte qu'il y aurait eu vacance du monastère par la suspense et la déchéance, prononcées par l'autorité apostolique, de nos chers fils Jean Goulu, jadis abbé nommé par le chapitre, ou Jean de Beauveau, dernier abbé commendataire ; pour le cas encore où l'on aurait prétendu, pour quelque cause que ce soit, que la provision du monastère était réservée au siège apostolique, nous avons ordonné, en vertu de notre autorité, que vous en demeuriez pourvu et que vous soyez maintenu à sa tête en qualité d'abbé ; et nous vous avons confié, dans leur intégralité, le soin, le gouvernement et l'administration de cette maison, tant pour le spirituel que pour le temporel, ainsi qu'il est expliqué plus longuement dans les lettres qui ont été délivrées à ce sujet.

Dernièrement, dans la supplique que vous nous avez présentée, toujours en ce qui vous concerne, vous nous exposez :

Que quelques personnes affirmaient que le monastère dont il est question avait été et était encore en état de vacance, pour des causes autres que celles sus-mentionnées ;

Que vous aviez vous-même pour certains motifs des doutes sur la validité des provision, confirmation et lettres susdites, qui ont reçu leur exécution ;

Que vous pourriez à l'avenir être inquiété au sujet du gouvernement et de l'administration du monastère ;

Qu'après avoir obtenu la possession du gouvernement et de l'administration des biens du monastère, vous en aviez été, assurez-vous, violemment dépouillé par un certain Jean, délég... siège apostolique comme administrateur de l'église d'Angers pour le spirituel et le temporel ;

Que vous et cet administrateur Jean (aviez eu recours) à certains juges séculiers, au sujet de la possession simultanée que vous réclamiez du monastère.

Voulant tout à la fois pourvoir aux intérêts du monastère et à ceux des personnes qui ont eu à souffrir dans cette affaire, et déférant aux vœux contenus dans votre supplique, nous vous absolvons et vous déclarons absous de toute excommunication, des suspense, interdit et autres sentences, censures et peines ecclésiastiques, tant de droit que de fait, portées pour quelque cause et en quelque circonstance que ce soit, et dont vous pouvez être frappé : cette absolution produira son effet jusqu'à ce jour. De plus, en vertu de notre autorité apostolique, nous accordons que les provision et mise en possession, faites en exécution des lettres dont il a été parlé, soient valables en tout et pour tout, à compter de la date des présentes; qu'elles sortent leur plein et entier effet et qu'elle soient votre appui et votre sauvegarde.

Et que le monastère de Fontaine-Daniel, (dont les fruits, revenus et profits n'excèdent pas, d'après la commune estimation, la valeur annuelle de deux cents livres tournois, comme il a été expliqué et ainsi que vous l'affirmez), soit devenu vacant par la fin de la commande et par la mort de Jean de Beauveau, délégué par le Siège apostolique en qualité d'administrateur perpétuel de l'église d'Angers, au spirituel et au temporel, décédé hors la cour de Rome, qui prétendait avoir obtenu de ce Siège la commande du monastère; — que le monastère vaquât après toute autre personne et pour quelque cause que ce fût; — quelle qu'ait été la manière dont la vacance se serait produite avant la commande; nous tenons pour régulier ce dernier mode de vacance, encore qu'il puisse en résulter une réserve générale, entendant que la provision du monastère appartienne au Siège apostolique, à titre général ou spécial, nonobstant tout ce qui a pu être fait antérieurement, toutes constitutions et ordonnances apostoliques et toutes choses à ce contraires. Bref, nous voulons que rien ne mette obstacle aux dispositions contenues dans les lettres que nous avons accordées.

Qu'il ne soit donc permis à aucun homme d'enfreindre cette bulle, qui renferme notre absolution, notre volonté et notre libéralité, ni d'y mettre obstacle par une hardiesse téméraire. Si toutefois quelqu'un a l'audace d'y porter atteinte, qu'il sache bien qu'il encourra l'indignation du Dieu Tout-Puissant et des bienheureux Pierre et Paul, ses apôtres.

Donné à Rome, près Saint-Pierre, l'an de l'Incarnation du Seigneur 1470, le six des calendes de juin, la huitième année de notre pontificat).

CCXCI

Aveu par Michel de la Touche.

1484.

De vous abé et couvent de Fontaine-Daniel...
Je Michel de la Tousche, seigneur dudict lieu, avoue tenir, tant pour mes puisnez que pour moy, le fieu et domaine de la Tousche et apartenances, franchement et noblement par un fieu descu et de lance....
15 février 1484.

CCXCII

Aveu par Agnès d'Evreux, veuve de Jean Levesel.

1488.

Je Gabriel Bulloys, en mon nom et moy faisant fort de Agnes Desvreulx, ma mere, vefve de defunct Messire Jehan le Vexel, chevalier, vivant sieur de la Rochère, advoue des abé et relligieux de Fontaine-Daniel, ou lieu de la Mote de Leboys[1] et ou lieu de la Gelousiere, paroisse de Sainct Lauwin : 1ent Les maisons....
9 avril 1488.

CCXCIII

Aveu pour Pierre du Fresne.

1491.

De vous monseigneur labé et couvent de Fontaine-Daniel, Guillaume Jagu, comme curateur de noble

[1] hameau et moulin, paroisse de St-Aubin Fosse-Louvain, se trouvant près du bourg de Lesbois.

homme Pierre du Fresne, escuier, sieur du Petit Fresne, confesse estre voustre homme de foy simple, à cause de voustre terre de la Haye sur Quoumont(1), membre de voustre moustier de nostre Dame de Fontaine-Daniel, scavoir le lieu, domaine et apartenances de la Gaudinière(2).....

24 fevrier 1491.

CCXCIV

Aveu par Pierre des Arglentiers, seigneur d'Aron.
1494.

De vous les abé, religieux et couvent de Fontaine-Daniel, je Pierre des Arglentiers, seigneur d'Aron, cognois tenir en foy et hommage simple les devoirs annuels que jay droit de prendre sur les flez et paroisses qui ensuivent.....

23 octobre 1494.

CCXCV

Vente par Raoul des Ecottais.
1497.

Noble homme Raoul des Escotais(3), escuyer, sieur de Seurgon(4), vend à Jean, abé de Fontaine-Daniel, le fief et apartenances de Cheronné, paroisse de Sainct George de Boutavant et promet fere ratifier à damoiselle Marguerite de Cyral(5), son espouse.

7 may 1497.

(1) La Hale-sur-Colmont, paroisse d'Oisseau.
(2) La Gaudinière, en St-Fraimbault de Prières.
(3) Les Ecottais, paroisse de Jublains.
(4) Surgon, seigneurie, paroisse de Placé.
(5) Aujourd'hui Ciral, commune du canton de Carrouges (Orne).

CCXCVI
1499.

Noble homme Julien de Pennart, escuier, sieur de Chantepie, paroissien de Marcillié la Ville[1], transporte....

10 octobre 1499.

CCXCVII
Accord avec Joachim de Mathefelon.
1500.

Comme proces fust entre labé de Fontaine-Daniel et noble homme Jouachin de Mathefelon, sieur de Lescluse[2]..... sacordèrent.

Dernier mars 1500.

Present noble homme Jehan de Goué, sieur de Goué,

CCXCVIII
1501.

Gilles du Bailleul, escuyer, sieur de la Pierre[3], fils aisné et heritier principal de Jean, seigneur du Bailleul.

4 janvier 1501.

Presens noble homme Guillaume, seigneur de la Vairie.

---

(1) La famille de Pennart était alors propriétaire de la terre et seigneurie de Buleu, située en Marcillé la Ville, qui relevait de celle d'Aron. — Buleu avait appartenu aux le Porc et devint, après les de Pennart, la propriété des de Dommaigné.

(2) Joachim de Mathefelon, écuyer, seigneur de l'Ecluse, avait fait foi et hommage, pour la terre de l'Ecluse, au seigneur de Mayenne, le 4 octobre 1490. Jehan de Mathefelon, seigneur de Lanchenail, de Loiron et de l'Ecluse, avait rendu hommage, pour cette dernière seigneurie, le 5 octobre 1478. Après Joachim de Mathefelon, l'Ecluse fut possédée par Pierre de Mathefelon.

(3) La Pierre, fief noble, situé paroisse de Hercé.

CCXCIX

1501.

Macé, abé de Nostre Dame de Fontaine-Daniel.
25 janvier 1501.

CCC

Vente par Jean de Beaudenis.

1502

En la cour du Mans.....

Noble homme Jehan de Beaudenis, escuier, sieur des Bois, en la paroisse de Saint Pierre de la Court [1], vend aux chapelains et clers de la confrerie de l'Eglise du Mans 100 sols de rente pour la somme de 100 livres.
28 juin 1502.

CCCI

1504.

Macé [2], abé de Fontaine-Daniel.
11 février 1504.

CCCII

1504.

Noble homme Jehan, sieur de Hercé.
8 avril 1504.

(1) Aujourd'hui Saint-Pierre-sur-Orthe, canton de Bais.
(2) Macé Petlot.

CCCIII
1506.

François de Hercé, escuier.
16 janvier 1506.

CCCIV
1511.

Macé, abé de Fontaine-Daniel.
5 may 1511.

CCCV
1511.

Michelle, fille aisnée de Jehan du Goustel, vivant sieur de Court Janvier et noble homme Pierre de la Haye, estant de Lassay, et Jehane du Goustel, son espouse, seur puisnée de ladicte Michelle.
16 septembre 1511.

CCCVI
1512.

Noble homme René de Lisle [1], sieur dudict lieu, fils de feu Jehan de Lisle.
20 septembre 1512.

---

(1) René de l'Isle, fils de Jean de l'Isle et de Catherine Menard, épousa en 1511 Anne Brehier.

CCCVII
1513.

Noble homme Guillaume Lambin, escuier, sieur de la Haye-Peaudeloup.
Noble homme Michel Lambin, escuier, son frère.
28 juillet 1513.

CCCVIII
1513.

Noble homme Jehan de Hercé, escuier, tuteur de damoiselle Marguerite de Hercé, sa fille.
28 juillet 1513.

CCCIX
1515.

Noble homme Guillaume Lambin, escuier, sieur de la Haye-Peaudeloup, de la paroisse de Hercé, bail de Guyon Lambin, fils [1].
17 mai 1515.

---

(1) Dans le partage que firent les enfants de Hercé, le 13 août 1527, des biens de la succession de leur père, Jean III de Hercé, époux de Guillémine de Vallaux, — Guillaume II, fils aîné, accorda à son frère François de Hercé, 40 livres de rente, à prendre sur le domaine de la Haie-Peau-de-Loup. Marguerite de Hercé, fille de Jean III, dut mourir célibataire. Avant le partage, François de Hercé, sus-nommé, épousa : en premier mariage Jeanne Lambin, sœur de Guyon Lambin, sieur de la Haie-Peau-de-Loup et en deuxième noces Catherine Rabinard. C'est par suite de l'alliance des de Hercé avec les Lambin que la terre de la Haie-Peau-de-Loup entra dans le domaine de la première de ces familles. — Cette terre, qui appartenait, vers le milieu du xviie siècle, à Eléonore de Hercé, était un fief hommagé de la seigneurie de la Chaise, en Désertines. La Chaise relevait nûment et prochainement du duché de Mayenne, par le bailliage du Pontmain.

CCCX

1516.

Noble homme messire Pierre de Percy [1], sieur de Monchamp.

2 septembre 1516.

CCCXI

Aveu par Guillaume de la Touche.

1517.

De vous les abé et couvent de nostre dame de Fontaine Daniel, je Guillaume de la Tousche, escuier, seigneur dudict lieu, lieutenant et garde des ville et chastel de Craon, avoue tenir à foy et hommage mon domaine, terre et seigneurie dudict lieu de la Tousche, paroisse d'Ambrières.

Sous mon sein et sel.

6 février 1517.

CCCXII

Aveu par Guillaume de la Ruelle.

1520.

Guillaume de la Ruelle, sieur dudict lieu, rend hommaige à labé et couvent de Fontaine Daniel en leur bailliage de la Briensaye [2] de quelquez héritages.

16 octobre 1520.

---

[1] Percy, seigneurie autrefois paroisse de Monchamp, aujourd'hui commune de Saint-Charles-de-Percy (Calvados).

[2] La Brillançais, terre et seigneurie, paroisse de Hercé, près Gorron.

CCCXIII

AVEU PAR JEAN DE CLERAUNAY.
v. 1520.

De vous messire labé et couvent de Fontaine Daniel... je noble homme Jehan de Cleraulnay, sieur de la Roche de Janzé et de la terre et seigneurie du Petit Fresne, confesse estre vostre homme de foy simple, à cause de vostre seigneurie de la Haye sur Coulmont, scavoir : le lieu et apartenances de la Gauldinière.....
15.....

CCCXIV
1525.

Noble et puissant messire sieur de Bouillé [1], chevalier, sieur dudict lieu de Bouillé.
4 juillet 1525.

CCCXV

AVEU PAR GUILLEMINE DE SAHUR, DAME DE LOYÈRE.
1525.

Noble homme Loys de Montecler [2], sieur de Bourgon [3], ou nom et comme procureur de noble damoyselle Guillemine de Sahur, sa mère, dame de Montaul-

---

(1) Bouillé, seigneurie et château, paroisse de Torcé en Charnie.
(2) Montécler, seigneurie (paroisses de Châtres et de Saint-Christophe du Luat), qui fut érigée en marquisat en 1616.
(3) La terre de Bourgon, paroisse de Montourtier, a appartenu successivement aux familles : de Coesmes d'Anciunes, près Saint-Paterne ; de Montécler (acquêt de 1406) ; de Laval-Boisdauphin ; de Neufville de Villeroy ; Pouyvet de la Blinière ; du Metz ; Le Nicolais.

dain (1), de Torbeschet (2) et de Loyère (3), a fait foy et hommaige simple à révérend père en Dieu monseigneur messire Pierre Cordier, docteur en decret, conseiller du roy nostre sire en son grant conseil et abé comendataire perpétuel de nostre dame de Fontaine Daniel, à cause dudict lieu de Loyère et apartenances.....

Doné à Fontaine Daniel par devant nous frère de Monstereulx, licencié ès loix, seneschal dudict lieu, sous nostre seel.

Vendredy, 1er novembre 1525.

CCCXVI

Aveu pour les enfants de Jean de Cleraunay.
1526.

Damoiselle Anne Agraffart, vefve de feu noble homme Jehan de Cleraunay, vivant sieur de la Roche de Janzé et de la terre et seigneurie du Petit Fresne, comme ayant le bail et garde des enfans mineurs d'ans dudict defunt et moy, avoue des abé et couvent de Fon-

---

(1) Aujourd'hui Montaudin, commune du canton de Landivy.

(2) Torbechet, seigneurie située à Saint-Georges-Buttavent. — Guillemine de Sahur était veuve de Charles de Montécler, seigneur de Bourgon, et sœur d'Elie de Sahur, qui avait épousé Louis des Vaux, seigneur de Vaudemusson. Parmi les possesseurs de Torbechet citons, après la veuve de Charles de Montécler, née de Sahur : Louis de Montécler, sieur de Bourgon ; — René de Montécler, époux de Claudine des Hayes, dame de Fontenailles ; — Jean Viel, sieur de Torbechet, maire et juge de Mayenne, époux de Vincente de l'Esperonnière ; — Renée Viel, dame de Torbechet, épouse de Charles Gilles des Nos, chevalier, seigneur de la Feuillée ; — Jean-Baptiste des Nos, comte de la Feuillée, seigneur de Torbechet, époux de Marie-Marguerite de Cordouan ; — Charlotte-Suzanne des Nos, dame de Torbechet, épouse de Paul-Louis duc de Beauvilliers. Pour favoriser la duchesse de Beauvilliers, le roi Louis XV échangea Torbechet contre le comté de Bellême, moins la forêt (Contrat du 9 août 1768). Le dernier possesseur de la terre de Torbechet, avant la révolution, fut Louis Stanislas Xavier de Bourbon, comte de Provence (Louis XVIII).

(3) Loyère, paroisse d'Aron.

taine-Daniel, à cause de leur seigneurie de la Haye sur Coulmont, le lieu, domaine et apartenances de la Gaudinière.

23 février 1526.

CCCXVII

Aveu par René de l'Isle.

1527.

De vous Monseigneur Messire Pierre Cordier, docteur en décret, conseiller du roy en son grand conseil, abé commandataire perpétuel de nostre Dame de Fontaine Daniel, je noble homme René de Lisle, sieur dudict lieu et d'Olon, avoue estre vostre homme de foy et hommage, à cause de ma terre, court, manoir et chapelle de Lisle, où je demeure..........

20 aoust 1527.

CCCXVIII

Aveu par Bernard de la Touche.

1528.

De vous abé et couvent de nostre dame de Fontaine Daniel, je Bernar de la Tousche, escuier, sieur dudict lieu, avoue tenir à foy et hommage mon domaine, terre et seigneurie dudict lieu de la Tousche, paroisse d'Ambrières, lequel je tiens de vous franchement et noblement, par ung fief descu et de lance.

23 septembre 1528.

CCCXIX

Aveu par Guillaume du Bailleul.

1536.

Guillaume, seigneur du Bailleul, escuyer, avoue de Fontaine Daniel à foy et hommaige mon estang des Boullons [1].

24 may 1536.

CCCXX

1547.

Noble et puissant Jehan de Boylesve, seigneur de Versay, procureur de noble et révérend Messire François de Boylesve, abé commandataire de nostre Dame de Fontaine-Daniel.

6 septembre 1547.

CCCXXI

1551.

Dès le 22 décembre 1550, noble et discret messire François de Boylesve, naguères abé commandataire de Fontaine-Daniel....

5 janvier 1551.

---

(1) Le domaine des Boulllons, en Hercé, fut donné en mariage par Julien de Hercé à Jeanne de Hercé, épouse de Isaac Mauclerc de la Muzanchère (Acte en la cour de Henri d'Araugour, seigneur de Mayenne). Colin de Hercé vendit cette propriété en 1423 à Marie d'Espau, veuve de Jean d'Yvol, moyennant treize vingt écus d'or.

CCCXXII

1551.

Cristofle Perot, escuier, sieur de Pescoux[1] et de Vernye[2], conseillier du roy nostre sire, seneschal du Maine.

7 avril, avant Pasques, 1551.

CCCXXIII

1554.

Johannes Ursinus, Trecorensis episcopus, vicariusque domini Johannis Bellaii, cardinalis, cenomanensis episcopi et abbatis commandatarii Beatæ Mariæ Fontis Danielis.

30 decembri 1554.

[Jean Ursin, évêque de Tréguier, vicaire de monseigneur Jean de Bellay, cardinal, évêque du Mans et abbé commendataire de la Bienheureuse Marie de Fontaine-Daniel.

30 décembre 1554.]

CCCXXIV

Aveu par Hervé Eperon.

1572.

Messire Hervé Esperon, chevalier, sieur des Carthes, maistre dhostel de monseigneur le duc d'Alençon[3], fils et frere du roy, sest aujourdhuy transporté à labaye de

---

(1) Pescoux, terre et seigneurie en la paroisse de Louzes (actuellement du canton de la Fresnaye, Sarthe).

(2) Vernie, paroisse près Beaumont-le-Vicomte.

(3) François de Valois, duc d'Anjou et d'Alençon, fils de Henri II (1554-1584).

Fontaine-Daniel, pour faire à labé les foy et hommage de certaines choses dependant de la terre et seigneurie d'Arron, que ledict sieur Esperon a achetées......

25 aôst 1572.

CCCXXV

Prise de possession de l'abbaye par René du Bellay.

1583.

A tous ceulx qui ces présentes verront ou oyront :

Franchoys Rousseau, notaire et tabellion estably aulx seaulx et contractz du Mans et du Bourg nouvel, de la Bigottiere, certifie à toutes personnes à quil apartiendra que ce jourdhuy VIe jour de décembre mil cinq cens quatre vingtz et troys, instruit et en ce requerant vénérable, noble et discreet René du Bellay, seigneur de la Pallu, abbé commendataire de labbaye de nostre dame Fontenne Daniel lès Maine, je me suis apres transporté de ma maison, en compaigné dudict sieur abbé jusques en ladicte abbaye, en présence des tesmoings cy après inscriptz.

Estant arrivez en la quelle abbaye, en nostre presence ledict sieur abbé, en vertu de ses lettres, provision et bulles expediées en court de Romme, au profit et nom dudict du Bellay, desquelles nous a faict apparoitre expediées *anno Domini millesimo quingentesimo octuagesimo, primo iduum septembris*, a prins et apprehendé la possession publicque en ladicte abbaye et a icelle faict tous actes de possession notoyre, soy estant ledict du Bellay en premier lieu transporté en léglize dicelle abbaye, sest agenouillé davant le grand aultel et faict son oraison et prière à Dieu, est allé baiser iceluy aultel, sur lequel a trouvé plusieurs doubles et deniers dof-

frande y estans jusque à la concurance et valleur de
cinq solz ; sest semblablement ledict du Bellay transporté à tous les aultres aultelz dicelle abbaye, a faict
sonner et sonné les cloches dicelle eglize pour assembler
et convoquer tous les religieulx dicelle ; au son desquelles cloches se sont trouvés et assembléz lesdicts religieulx
et plusieurs aultres personnes, ausquelz a esté par ledict
sieur du Bellay declaré que ce quil faisoyt estoyt en
signe et pour acte possessoyre ; et par frère Jehan Coygner, docteur, prieur claustral de ladicte abbaye, estant
ledict sieur du Bellay à genoulx, en presence desdicts
religieulx au grand aultel, ont esté representez les livres
des sainctes evangilles audict du Bellay et iceluy admo-
nesté quil eust a garder inviolablement les droictz et
privileges,.... desdicts religieulx de ladicte abbaye. Nous
sommes transportez ès . . . .
ensemble en la . . . .
seigneur abbé . . . .
plusieurs aultres . . . .
abbé dicelle . . . .
et ses chambres . . . .
ou sont les pa . . . .
et en présence diceulx . . . .
personnes . . . .
et honorable . . . .
ès droictz . . . .
. . . .
Me Jehan . . . .
curé de . . . .
. . . .
du Bellay . . . .
Jehan Coyg . . . .
dicelle abbaye. . . . .
frère Jehan. . . . .
Franchoys Cesar, frère Jehan. . . . .

des religieulx dicelle abbaye sont signez avec les aultres dessusdictz en la minutte de ces présentes avec nous.

De laquelle acte de possession, comme personne publicque jay delivré ces présentes audict du Bellay ; et en tesmoing de verité, sont signez les tesmoingz suscriptz le jour et an que dessus.

Suivent les signatures : Rousseau. — Fontaine.

CCCXXVI

1593.

Noble homme Pierre de la Haye, sieur de la Roche et de Cour Janvier.

22 décembre 1593.

CCCXXVII

Aveu par Paul de l'Isle.

1613.

Messire Paul de Lisle [1], chevalier, sieur dudict lieu de Lisle, de Sainct Loup [2], la Marsillerie et Ollon [3], avoué de labé et couvent de Fontaine Daniel, au fief du bourg de Sainct Frambour, dépendant de ladicte abaye, une meson..........

19 septembre 1613.

---

(1) Paul de l'Isle du Gast, l'aîné des nombreux enfants de Jean de l'Isle et de Charlotte des Vaux, épousa, en 1616, Catherine de Jaucourt.
(2) Saint-Loup-du-Gast.
(3) La Marcillerie et Ollon, en Saint-Fraimbault-de-Prières.

CCCXXVIII

1618.

Jehan des Boisdecours, escuier, sieur de Lestang.
28 may 1618.

CCCXXIX

AVEU PAR LA DAME ET LES HÉRITIERS DE LA TOUCHE.
1619.

De vous les abé et couvent de nostre dame de Fontaine-Daniel....

Nous demoiselle Lezinne de Houssemaingne, dame de la Tousche, Charlote de la Tousche et Bernar Rabareu, escuier, sieur de la Tousche, avouons à foy et hommage simple le fief et seigneurie dudict lieu de la Tousche, paroisse d'Ambrières.
4 février 1619.

CCCXXX

AVEU PAR GUILLAUME CAZET, SIEUR DES FRESNES.
1624.

Guillaume Cazet, sieur des Fresnes[1], avoue des abé et couvent de Fontaine-Daniel, pour raison de leur fief de Gasté, en la paroisse de Chastillon, un pré..
29 novembre 1624.

---

(1) Guillaume Cazet, fils de Jean Cazet, sieur de la Fontaine et de Jeanne de Cotteblanche.

APPENDICE

A

Charte d'Hamelin, évêque du Mans[1].

1810.

Hamelinus, Dei gratiâ Cenomanensis Ecclesiæ humilis minister, universis Christi fidelibus, salutem in Domino perpetuam.

Justis petentium desideriis dignum est facilem præbere consensum, et vota quæ orationis tramite non discordant effectu sunt prosequente complenda. Ea propter honestis dilectorum fratrum nostrorum Rad....., abbatis et monachorum Savigneii postulationibus grato concurrentes assensu, pro amore Dei et salute nostrâ et amicorum nostrorum, ipsis omnes elemosinas et omnia beneficia quæ in diocesi a Deo nobis commissâ canonicè possident, concedimus confirmationem. In quibus hæc propriis duximus exponenda vocabulis:

Ex dono Johannis, regis Angliæ, et concessione Raginardi, comitis Moretonii et...... in forestâ de Passeis totam terram, cum bosco, quæ est inter aquam de Moretâ et ductum rivuli de Gulis et viam quæ tendit de Telleio ad Gorran, usquè ad aquam de Coulmont.

Ex dono Juhelli de Meduanâ, haiam de Coulmont, juxtà Domnipetrum, quantùm aqua stagni monachorum

---

[1] Cette pièce contient le détail des possessions de l'abbaye de Savigny, exemptes de droits coutumiers vis-à-vis de Fontaine-Daniel, et dont il est question dans la charte CLXXXVIII du Cartulaire.

poterit operire, et omnes redditus et omnia jura quæ ad eum pertinebant in illis terris, quas aqua stagni occupaverit.

Ex dono Guillelmi de Landevico, duodecim acras in Bosco Geslini.

Ex dono Philippi de Landevico, Ricardi de Poelo, concedentibus omnibus filiis ejusdem Ricardi, terram de Perdrieriâ, cum omnibus pertinentiis suis.

Ex dono Roberti Avenel, concedente Philippo de Landevico, oscam terræ in vico de Landevico.

Ex dono Radulphi Ansgier, concedente Hamelino de Exclusâ, terram de Tabueriâ.

Ex dono Hamelini de Exclusâ, concedente Gaufrido fratre ejus, terram suam de Bigoteriâ.

Ex dono Hugonis de Valletortâ et Engerranni, fratris ejus, et Radulphi de Valletortâ, decimam de Valletortâ et de Rogeaune et de Montehage, et decimam quæ fuit Gervasii de Sancto Hilario, et pratum de Destorne, et masuram unam in villâ de Tortâ, et masuram et clausum juxtâ capellam Sancti Albini.

Ex dono Gaufridi de Monte Girulfi, concedentibus Willelmo et omnibus aliis liberis suis, totam terram dominicam de Jarzeio, cum stagno et molendino, cum totâ moltâ suâ.

Habent prædicti monachi medietariam de Argenceio, quam emerunt de Guillelmo Fretigne, concedente Hamelino Poun, domino ejus.

Habent etiam prædicti monachi medietariam de Vallecurvâ, cum omnibus pertinentiis suis, quam emerunt de Radulpho de Chantrigne, concedente Guidone de Sancto Lupo domino, et Guillelmo Moricii jus suum similiter concedente.

Ex dono Juhelli Porci et Radulphi, filii sui, concedentibus Juhello et Guillelmo fratribus ejusdem Radulphi, apud Erneiâm domum et plateam, in quâ mansit

Radulphus de Sancto Salvatore, et oscam terræ et decem solidos cenomanensium annui redditûs in molendinis suis de Erneiâ.

Ex dono Hamelini Ferrant, in parochiâ Sancti Elerii, masuram unam.

Ex dono Pagani de Gardâ, concedentibus filiis Hamelino, Guillelmo et Roberto, et Pagano de Rochis, terram suam de Gardâ.

Habent etiam predicti monachi vineam, quam emerunt de Johanne Nepote et Oricul de Fontanâ.

Habent etiam apud Gardam predicti monachi totum tenementum quod fuit Ernulfi de Monte Ansgeri, in terris, pratis, vineis et nemore, Hamelino et Garino filiis suis concedentibus, et Pagano de Rochis, domino suo, et totum tenementum Alæ, uxoris Roberti Le Poconnier, in terris, pratis, vineis et nemore, concedente filio ejus, et Pagano de Rochis, domino suo.

Ex dono Ricardi Mansel, tringinta jornatas terræ et duas prati, continguas medietariæ de Argenceio, assensu Guillelmi de Vallibus et Guillelmi de Aviart, ad quorum feodum terra illa pertinebat.

Ex dono Parrochæ et Johannis Babin, filii sui, totam terram suam de Babinerià in Argenceio, concessione Gaufridi Crassi, cui et heredibus suis reddent predicti monachi annuatim quinque solidos cenomanensium, et terram de Mortiers, salvo servicio domini ipsius feodi.

Ex dono Guillelmi Fretigne, decem jugera terræ contingua medietariæ de Argenceio, assensu Radulphi, filii sui, et Hamelini Poun, domini sui.

Ex dono Guidonis de Sancto Lupo et Mariæ, uxoris suæ, quinque solidos cenomanensium et dimidium annui redditûs in frumentariis suis de Haià Meinart.

Ex dono Petri de Pocio, assensu Petri et Roberti, filiorum suorum, et Alinæ, uxoris suæ, concedente Philippo de Landevico, totum illud quod habebat in Bosco Jeslini, cum omnibus pertinenciis suis.

Ex dono Gorbini de Mortiers, concedente filio suo, totam (terram) suam de Mortiers, Hamelino de Exclusa et filiis suis Hamelino et Guillelmo, et Odone, fratre ejusdem Hamelini, totum jus suum concedentibus.

Ex dono Radulphi de la Hatonniere, concedentibus filiis suis Hamelino, Roberto et Radulpho, masuram de la Germelonniere, cum omnibus pertinentiis suis.

Ex dono Gervasii Probi, concedentibus filiis suis Andreâ et Hamelino, totum pratum de Valle Garnerii.

Ex dono Juhelli de Roisson, concedente Hugone, filio Guillelmi, fratris sui antenati, totum illud quod habuit Hubertus de Valleborel apud Oissel, in terris et hominibus et molendinis, et quamdam terræ particulam juxtà Ambrerias, quæ dicitur terra de Valle Seel.

Ex dono Radulfi de Landevico, concedentibus Juhello et Ales, liberis ejus, et Philippo de Landevico, domino ejus, totam terram suam de Telleio, scilicet masuram de Veteri Telleio, masuram Petri Hervei et masuram Bezni et masuram Rogeri Leporis, et masuram de Ailleharderiâ, cum omnibus pertinenciis suis, et duas burgesias in vico de Landevico.

Ex dono Hamelini Ferrant, unam burgesiam in eodem vico.

Ex dono Philippi de Landevico, concedente Philippo, filio ejus, masuram unam ad Crucem Huberti, cum omnibus pertinenciis suis.

Ex dono Avenel de Marcilleio et uxoris suæ, concedente Theobaldo, filio suo, et Philippo Laboer, domino suo, masuram suam de Marcilleio, cum omnibus pertinenciis suis.

Ex dono Hugonis Le Veier, concedente Hamelino de la Chise, masuram quam tenuit Guillelmus Avenel, cum omnibus pertinenciis suis, liberam et quietam.

Ex dono Hamelini de Landevi et Hamelini, nepotis sui, duas masuras in vico de Landevi.

Ex dono Roberti de Orseciis, masuram unam in parochiâ de Larchampe, cum omnibus pertinenciis suis.

Ex dono Raginaldi de Gaineio, concedente Guillelmo de Orengiâ, terram de Maineio, cum omnibus pertinenciis suis.

Ex dono Roberti Avenel, masuram unam Morgeriis, liberam et quietam.

Ex dono Guillelmi de Gorran, concedentibus filiis suis Roberto et Radulfo, quinquaginta solidos cenomanensium annui redditûs in molendinis suis de Thaoneriâ.

Ex dono abbatis et monachorum Fontis Danielis, duas partes decimæ rusticorum de Groileio, et decimam partem totius redditûs domini Juhelli de Meduanâ de eodem Groileio.

Item. Ex dono abbatis et monachorum ejusdem Juhelli de Meduanâ [1], totum jus suum quod habebat in predictis terris et possessionibus et aliis anno ab Incarnatione Domini Mº CCº septimo acquisitis, et libertates, et quietancias, et conventiones inter eum et dictos monachos factas, sicut in cartâ ejusdem Juhelli continetur.

Ex dono Guillelmi de Gorran et Radulfi et Roberti, filiorum suorum, apud Doretam, masuram quæ fuit Johannis Le Roier, cum terrâ et pratello eidem masuræ pertinentibus, quæ emit Michael Richeri, liberam et quietam.

Ex dono Henrici de Boslaio, concessione Hamelini filii ejus, unum sextarium frumenti in molendinum de Septem Forgis [2], reddendum annuatim in Exaltatione Sanctæ Crucis.

---

(1) Il s'agit des moines de l'abbaye de Fontaine-Daniel, dont Juhel III était fondateur.

(2) Le texte porte Septem Forgas.

Ex dono Roberti Boistart et Guillelmi, filii ejus, concessione Dionisiæ, filiæ Hugonis Motier, quamdam terram juxtà Chamocecium.

Ex dono Hervini de Bosco Engerinni, concedente Radulfo de Valletortâ, terram quæ dicitur La Fichepaliere, et terram quæ dicitur La Moranderia.

Ex dono Roberti de Landevico et Guillelmi, filii Guidonis, concedente Guillelmo dicti Guillelmi filio, terram quæ dicitur Leschaceria, cum omnibus pertinenciis suis.

Ex dono Hamelini de Columberiis, concedentibus liberis suis, quinque solidos cenomanensium annuatim reddendos de molendino suo dominico in Palmis.

Ex dono Garini de Sancto Bertivino, concedente Raginaldo, predecessore nostro, duas partes totius decimæ totius parrochiæ Sancti Bertivini.

Ex dono Herberti presbiteri, decimam quæ fuit Odonis Gastinel, in parrochiâ de Arono, Guillelmo Gueignart, clerico, omne jus quod in eâ reclamabat penitùs dimittente.

Ex dono Roberti Salsarii, concedentibus omnibus liberis suis, medietatem totius feodi de Montefricloâ.

Ex dono Rainerii Taillatoris, concedente Guillelmo de Ferrariâ, terram de Bozeio, cum domo in eâ sitâ, et furnum in castello de Danfront.

Ex dono Garini de Bozeio, duodecim cenomanences annui redditûs in Clauso Doelin, juxtà predictam terram de Bozeio, quos reddere tenentur Ranulfus, filius Mariæ, et hæres ejus.....

Ex dono Garnerii Jerbert, conductum aquæ quæ currit ad Stagnum de Fresnoliâ per terram suam et per terras hominum suorum, concedentibus filiis suis Jerberto et Hugone.

Ex dono Radulfi de Similieio, in parrochiâ Sancti Bomerii, dimidium feodum Ogeri, undè ipse Radulfus et heredes ejus tenentur reddere annuatim tres solidos cenomanensium predictis monachis, in festo Sancti Alvei.

Ex dono Jordani de Cortarvel, pasturam ad propria animalia dictorum monachorum et hominum eorum de Sillaco, per totum feodum ejusdem Jordani et in omni aliâ pasturâ suâ.

Ex dono Theobaldi Pichene, concessione Laurentii, filii sui, hoc etiam juramento firmantis, medictariam de Corteille, cum omnibus pertinenciis suis, ex quâ redduntur....... annuatim Henrico de Boscaio, domino ipsius terræ, et octo jornatas terræ in feodo Radulfi de Cortellâ, juxtà predictam medietariam, et quoddam pratum in eâdem medietariâ, de quo redduntur annuatim Roberto de Hoirelo duo cenomanenses.

Ex dono Henrici, regis Angliæ, antiquioris, in forestâ de Passeio, locum de Sancto Alveo, et locum de Dompetro, et locum de Fresnoliâ.

Ex dono Henrici regis, secundi, et Ricardi regis, filii ejus, ligna in eâdem forestâ ad focum et ædificia eorumdem locorum, et pasturam ad omnia animalia dictorum monachorum, et pasnagium propriorum porcorum suorum, et totam terram quæ est inter rivulum aquæ de Gulis et ductum Garini, et haiam de Coulmont, et viam de Gorran ad Telleiolum.

Libertates autem et quietancias et conventiones quas dominus Juhellus de Meduanâ predictis monachis dedit et concessit, sicut in cartâ suâ expressè conspeximus contineri, presenti paginâ duximus inferendas. Omnes enim donationes, elemosinas et possessiones, quas dominus Juhellus de Meduanâ predictis monachis dedit, sicut in cartâ anno ab Incarnatione Domini Mº CCº septimo in totâ terrâ acquisitas, ità liberè et quietè predictis monachis concessit, dedit et confirmavit, quòd nihil juris in eis et servicii secularis sibi vel heredibus suis retinuit, ob hoc solummodò divinam retributionem expectans. Et constituit quatenùs sepè nominati monachi supràdictas donationes, possessiones et elemosinas habeant, teneant et possideant liberè, quietè et pacificè, integrè, plenariè, cum omnibus pertinenciis suis, in hominibus, terris, vineis et nemoribus, in aquis, stagnis, molendinis et omnibus aliis rebus; et ipsi monachi et eorum conversi et famuli, et homines eorum in predictis terris manentes, et omnes res ad ipsos pertinentes, per totam terram predicti Juhelli habeant firmam pacem et perfectam libertatem et omnem quietanciam ab omni consuetudine, servicio et exactione, teloneo, pontagio, passagio, et cum hominibus suis legitimam communionem vendendo et emendo, in pascuis, aquis et semetis, haiis et riveriis, in bosco et plano, et in omnibus locis. Verumtamen inter ipsos monachos et dominum Juhellum constitutum est et pari voto concessum, quòd extraneos et fugitivos, fures, forisbanitos, qui non fuerint homines eorumdem monachorum vel servientes, etiam in elemosinâ suâ eidem Juhello et baillivis suis capere licebit, salvis monachorum et hominum suorum rebus et catallis; et si quis de hominibus eorumdem monachorum pro ipsis in curiâ suâ juri stare noluerit, ex quo eidem Juhello per ipsos innotuirit, ipse rebellem juxtà consuetudinem patriæ vocari faciet, et si venire noluerit, forisbannire et extere expositum ipsum, et protectione monachorum nudatum, et vel ballivis suis, etiam in elemosinâ ipsorum, capere licebit. Monachi catalla ejus retinebunt, nunquam ea ipsi in posterum reddituri. Concessit etiam predictus Juhellus eisdem monachis habere et facere judicium et justitiam de omni negotio, querelâ vel causâ quæ inter homines corum, vel contrà ipsos homines, in predictis terris vel elemosinis manentes, a quocumque fuerit mota; et si talis fuerit causa quòd convictus vel condemnatus membra seu vitam perdere debeat, monachi curiam suam, si voluerint, in curiam domini Juhelli adducere poterint et tenere ; et in dicto facto ipse de cetero convicto vel condemnato justiciam faciet. Monachi autem catalla et possessiones ejus habebunt, de cetero verò ipse Juhellus, vel baillivi, seu servientes sui in predictis nannum et possessiones capere, seu hominum injuriam, violenciam, seu gravamen facere, seu rapinam exercere, minimè poterint, vel rebus, vel possessionibus seu hominibus monachorum aliquo modo nocere. Hæc omnia quæ hic enumerata sunt, partim in cartis monachorum quas habent a donatoribus, partim in cartis episcoporum, predecessorum nostrorum, et principum, inspeximus contineri. Quæ ut perpetuam habeant firmitatem, in protectione Beati Juliani et nostrà suscipientes, sigilli nostri munimine duximus confirmanda.

Anno gratiæ millesimo ducentesimo decimo.

Sub testibus istis.....

B

REDDITUS REGISVILLE[1].

1301.

Heres Radulphi Toustain : II bussellos frumenti, 1 panem, 1 gallinam, et tenet dimidiam virgatam terre, per homagium.

Heres Roberti Troude : 1 p., 1 g., et tenet III virgatas terre, per homagium.

---

(1) L'original de cette pièce est aux archives de la Manche. Nous en devons la copie à M. Dolbet, archiviste, qui, en plusieurs circonstances, s'est montré d'une obligeance extrême à notre égard. Nous lui en exprimons tous nos remerciements.

Robertus Rampeulle : XIII b. frumenti, II p., II g., et tenet III virgatas terre, per homagium.

Item. Idem : IIII denarios de auxiliis ad Petronillam de venta a Larrabi, anno M° CCC° primo, super dictam terram, per homagium.

Sanson Picot : X d. de auxiliis ad Petronillam, 1 b. ordei de garbagio, I esclusam ad molendinum, totum servicium vavassorie, et tenet XXI virgatas et dimidiam terre, per residenciam et homagium.

Robertus Crestey : dimidium b. frumenti, I d. de auxiliis ad Petronillam, et tenet dimidiam virgatam terre, per homagium.

Item. Idem : II b. frumenti, et tenet I virgatam et quartam partem I virgate terre de feodo au Peignie.

Ansquetillus Joste : XXVII b. frumenti, V p., V g., VI d. de auxiliis ad Petronillam, I b. ordei de garbagio, I esclusam ad molendinum, et tenet XXIII virgatas, per residenciam et homagium.

Johannes de Cruce, pro feodo au Peignie : XIIII b. frumenti, IIII p., IIII g., VII d. de auxiliis ad Petronillam, XI ova ad Pascha, I b. ordei de garbagio, I esclusam ad molendinum et totum servicium bordagii, et tenet XII virgatas terre, per residenciam et homagium.

Petrus Pasnoel : XIII b. frumenti, VI d. de auxiliis ad Petronillam et partem escluse, et tenet VIIII virgatas terre, per residenciam et homagium.

Johanna, filia Ricardi Corbellon : VII b. frumenti, VII p., VII g., III solidos de censsu ad Petronillam, I b. ordei de garbagio, partem escluse et totum servicium bordagii, et tenet VII virgatas terre, per residenciam et homagium.

Item. Eadem : III b. frumenti de venta mariti sui et sue super dictum tenementum.

Item. Eadem : II d. ad Petronillam, II d. ad Montem Martini, II p., II g., et tenet dimidiam acram terre, per homagium de feodo Manssel.

Item. Eadem : I b. frumenti de venta sua super tenementum supradictum, anno M° CCC° secundo.

Guillelmus Barbey : VI b. frumenti, III d. de auxiliis ad Petronillam, I b. ordei de garbagio et partem escluse, et tenet VI virgatas terre, per residenciam et homagium.

Johannes Lebas : I quarterium frumenti, I d. de auxiliis ad Petronillam, II p., III g., et tenet II virgatas terre, per homagium.

Item. Idem : VIII d. ad Sanctum Michaelem de vendicione Guillelmi Manssel junioris, et tenet I virgatam et dimidiam terre.

Item. Idem : V d. de auxiliis ad Petronillam, et tenet VI virgatas et dimidiam terre, per homagium, de venta a Larrabi, anno M° CCC° primo.

Item. Idem : I g. super terram supradictam de venta Radulphi et Roberti Fabri, anno M° CCC° I°.

Guillelmus Le Nevou, filius Johannis : XIIII b. et terciam partem I b. frumenti, XII d. pro regardo, II p., II g. et XII d. pro parte sua unius quadrige, et tenet V virgatas terre, per residenciam et homagium.

Guillelmus Le Nevou : V b. frumenti et terciam partem II b., II p., II g., VI d. pro parte unius quadrige ad Michaelem, et tenet III virgatas terre, per residenciam et homagium.

Nicholaus Germain, ratione uxoris suæ : II b. frumenti super suum masnagium et terram eidem perti-

nentem de venta Henrici de Folia, anno M° CCC°
primo. Habemus litteram regis.

Johannes, filius Rogeri Lapostre : V b. frumenti ex
emptione, I b. ordei de garbagio et I esclusam ad molendinum, et tenet IIII acras terre, per homagium, de
feodo Manssel.

Item. Idem : III d. de auxiliis ad Petronillam de venta
a Larrabi super terram supradictam.

Item. Idem : I p., II g. de venta Radulphi et Roberti
Fabri super terram supradictam. Anno M° CCC° primo.

Heredes Thome Corbellon, pro Sebilia Corbellon :
II b. frumenti ex emptione et. . . . .

Un feuillet du texte manque en cet endroit.

Laurencius Travers, pro herede Roberti Lengleis :
III b. frumenti, I p., I g., et tenet II partes unius virgate
terre, per homagium.

Item. Idem, pro Guillelmo Malregart : III quarteria et
II b. frumenti, I p., I g., et tenet V virgatas et dimidiam
terre, per homagium.

Item. Idem, pro Vincentio Abbatis : II b. et dimidium
frumenti quartene et I b. frumenti siestene, et tenet
I virgatam et dimidiam terre, per homagium.

Item. Idem : II s. ad Sanctum Michaelem pro piscariis
et lentis Malregart, per homagium.

Item. Idem : I b. frumenti pro Jordano super totum
tenementum suum.

Johannes Le Dancis : IIII d. et obolem, dimidium
panem, dimidiam gallinam, et tenet dimidiam acram
terre pro Mabilia du Doit, per homagium.

Item. Idem et Johanna la Pislarde, pro feodo Malregart: III b. et quartam partem unius b. frumenti, et
tenent I virgatam terre, per homagium.

Item. Eadem Johanna : II b. frumenti, I p., I g., et tenet I virgatam terre pro Jemes Quenivet, per homagium.

Item. Eadem : XVIII d., I p., I g., pro piscariis, per homagium.

Guillelmus, filius a La Pislarde : II s. de censsu ad Sanctum Michaelem pro Radulpho Corbin, et tenet dimidiam acram terre, per homagium.

Ricardus Alain, pro feodo Malregart : III b. et quartam partem unius b. frumenti, et tenet I virgatam terre, per homagium.

Item. Idem : pro se, II quarteria et dimidium b. frumenti, et tenet V virgatas terre, per homagium.

Nicholaus Malregart, pro feodo Malregart : I quarterium frumenti, et tenet II partes unius virgate terre, per homagium.

Item. Idem : pro se, IIII b. frumenti, I p., I g., pro gardino Mabilie as Braies, et tenet dimidiam acram terre, per homagium.

Sanson Labbey, pro feodo Guillelmi Malregart : III b. frumenti, et tenet I virgatam terre, per homagium.

Item. Idem : I b. et dimidium frumenti, I d. de auxiliis ad Petronillam, de venta patris sui, super totum tenementum suum.

Item : IIII b. frumenti quartene et I b. frumenti siestene, et tenet I virgatam et dimidiam terre de feodo Gendoin, per homagium.

Item. I p., I g., pro quadam tenta.

Emma La Gorree : I b. frumenti quartene, I b. frumenti siestene, et tenet I virgatam et dimidiam terre de feodo Gendoin et de Malregart, per homagium.

Cecilia, filia Abbatis: I b. frumenti quartenc, I b. frumenti siestenc, et tenet I virgatam et dimidiam terre, per homagium.

Guillelmus Corpin, pro gardino Corbin et pro medietate Columbarii : III quarteria frumenti, et tenet III virgatas terre, per residenciam et homagium.

Item. Idem : VI b. frumenti pro Le Pyetel, et tenet III virgatas terre apud Crasvillam, ex emptione facta, per residenciam et homagium. Anno M° CCC° primo.

Item. Idem, pro terra de Glataigule apud Yonvillam. . . . . .

Item. Idem : III b. frumenti pro Jordano.

Emmelota, filia Petri Le Parfait : X b. frumenti, II p., II g., et tenet I acram terre, per residenciam et homagium.

Robertus Dromont, pro Perchot : V quarteria frumenti, VIII d. de auxiliis ad Petronillam, et partem escluse ad molendinum, et totum servicium bordagii, et tenet XX virgatas terre et I b. ordei de garbagio, per residenciam et homagium.

Rogerus Hue : XIIII b. frumenti, I p., I g., VIII d. de auxiliis ad Petronillam, I b. ordei de garbagio, et partem escluse ad molendinum, et totum servicium bordagii, et tenet XV virgatas terre, per residenciam et homagium.

Johanna Morin : II b. frumenti super totum tenementum suum, et de hoc habemus litteram regis.

Il manque ici un feuillet dans le texte.

..... tenet I virgatam terre de feodo Corbellon.

Item. I b. frumenti super totum tenementum quod tenet a nobis de venta Henrici de Folia, anno M⁰ CCC⁰ primo. Habemus litteram regis.

Petrus Loste : I quarterium frumenti ex venditione Stephani Le Nevou, et tenet I virgatam et dimidiam terre, sitam super clausum Johannis Le Nevou, per homagium.

Robertus Le Nevou : X quarteria frumenti, V p., V g., I d. de auxiliis ad Petronillam, I b. avene, et tenet XX virgatas terre, per residenciam et homagium.

Gaufridus Le Nevou : VII quarteria frumenti, III p., III g., VII d. de auxiliis ad Petronillam, I b. ordei de garbagio, I esclusam ad molendinum, et tenet XI virgatas terre, per residenciam et homagium.

Item. Idem Gaufridus Le Nevou, Johannes Muriel, heredes Johannis Blansgans, Guillelmus Le Clerc, ratione uxoris sue, et Guillelmus Torpin debent II quarteria frumenti, pro Johanne de Freno, pro pratis de la Saline, et tenent III virgatas et dimidiam terre, per homagium.

Johannes Saline : VIIII b. frumenti, II p., II g., II d. de auxiliis ad Petronillam, I b. ordei de garbagio, I esclusam ad molendinum, totum servicium bordagii, et tenet VIIII virgatas terre, per residenciam et homagium.

Petrus Estrille, pro feodo Gastebley : VI quarteria frumenti, VIII p., IIII g., XII d. de auxiliis ad Petronillam, I b. ordei de garbagio, I esclusam ad molendinum et tenet XVI virgatas.

Item. Idem : LXVII s. pro berqueria ad duo festa pro se et ejus participes, et tenent XII acras terre, per residenciam et homagium, et debent habere LXVII bidentes.

Heredes Ansquetilli Blansgans : III b. frumenti et dimidium, I p., I g. pro filia Quevinet, et tenet I virgatam et dimidiam terre, per homagium.

Nicholaus Gastebley : VII quarteria II b. frumenti, IIII p., IIII g., III d. de auxiliis ad Petronillam, XVIII d. pro piscariis ad Sanctum Michaelem, et tenet XIII virgatas et dimidiam terre, per residenciam et homagium.
Item. Idem : I quarterium frumenti, I p., I g. pro campo terre de via du Tot, quod tenet per homagium.

Petrus Lemintre : XIII b. frumenti, I d. de auxiliis ad Petronillam, et tenet I acram terre, per residenciam et homagium.

Johannes Hermer : VI b. frumenti, II d. pro pane, I g., dimidium b. ordei de garbagio, XII d. de censsu ad Petronillam.
Item. Idem : XVI s. VI d. pro berqueria ad duo festa et I esclusam ad molendinum, et tenet XII virgatas terre, per residenciam et homagium, et partem suam bident.

Guillelmus Herberti : VIIII quarteria frumenti, II b. et dimidium frumenti, II p., II g., XI d. de auxiliis ad Petronillam, VI d. de moute, I b. ordei de garbagio et partem escluse, et tenet VIII acres terre, per residenciam et homagium.
Item. Idem : ratione matris sue, et Robertus dictus Herberti, insimul (debent), VIII d. de auxiliis ad Petronillam, et tenent V virgatas et dimidiam terre, per homagium, pro Larrabi de feodo Manssel.

Michael de Bosco, pro Petro Le Sage : V b. frumenti,

XII d. pro piscariis, III p., III g., et tenet IIII virgatas terre cum piscariis, per residenciam et homagium.

Item. Idem : IIII s. ad Sanctum Michaelem pro domo sua.

Item. Idem : V s. pro Grasiquar ad duo festa, et tenet VI virgatas terre, per residenciam et homagium.

Item. Idem : II quarteria frumenti, II p., II g. de dimiss. Laurentii Travers, pro feodo Guillelmi Malregart, et tenet V virgatas terre, per homagium.

Idem. Item : II b. quartene et I b. siestene frumenti pro Johanne Labbey, et tenet I virgatam et dimidiam terre, per homagium, de feodo Gendoin.

Item. Idem : pro filia Abbatis, I b. frumenti quartene, et tenet I virgatam et dimidiam terre, per homagium.

Item. Idem : pro se, X quarteria frumenti, V p., V g., II d. de auxiliis ad Petronillam, et tenet IIII acras et dimidiam terre, per residenciam et homagium.

Item. Idem : I d. ad Petronillam, et tenet I virgatam terre de forefactura d'Argouges, per homagium.

Item. Idem et Thomas Quetel, ratione uxoris sue, pro porqueria : X b. frumenti, et tenent VI virgatas et dimidiam terre, per homagium.

Item. Idem et Sanson Labbey : I b. avene et tenent V virgatas et dimidiam terre in clausis Corbin, per homagium.

Heres Roberti de Monte : II b. et dimidium frumenti, VIII d. de auxiliis ad Petronillam, I p., I g., et tenet II virgatas et dimidiam terre, per residenciam et homagium.

Ansquetillus Leroillye : I b. frumenti, I d. de auxiliis ad Petronillam, et tenet dimidiam acram terre, cum la Quaneviere ante domum suam, per homagium.

Thomas Hamelin : XVIII d. de auxiliis ad Petronillam, I b. ordei de garbagio, I exclusam (ad) molendinum et totum servicium vavassorie, et tenet VIII virgatas terre, per residenciam et homagium.

Item. Idem, ratione uxoris sue : II b. frumenti pro porqueria, et tenet I virgatam terre, per homagium.

Item. Idem : V d. de auxiliis ad Petronillam pro Larrabi de feodo Manssel, et tenet I virgatam et dimidiam terre, per homagium.

Item. Idem : VIII d. ad Sanctum Michaelem de venta Guillelmi Manssel, et tenet I virgatam et dimidiam terre.

Item. Idem : I g. pro terra supradicta de venta Radulphi et Roberti Fabri, anno M° CCC° primo.

Petrus Osmont, pro Corpin : III s., II d. de auxiliis ad Petronillam, II b. ordei de garbagio et I exclusam ad molendinum et totum servicium vavassorie, et tenet XI acras terre, per residenciam et homagium.

Guillelmus Ruaut, pro Lyart de supra Sara : IIII d. de auxiliis ad Petronillam, et tenet I acram terre de feodo Gendoin, per homagium.

Robertus Boudin, pro herede Roberti Touletes : II quarteria frumenti, III d. de auxiliis ad Petronillam, I b. ordei de garbagio, I exclusam ad molendinum et totum servicium bordagii, et tenet I acram terre, per residenciam et homagium.

Johannes Lerainel : I b. frumenti, et tenet I virgatam et dimidiam terre, per homagium.

Item. Idem : XX b. avene, I p., I caponem, et tenet pratum de Vinea, per homagium.

Guillelmus Clericus, ratione uxoris sue, pro Guillelmo Le Raynel : I b. frumenti, I p., I g., II d. de berqueria ad duo festa, et tenet dimidiam virgatam terre, per homagium, de feodo Servain.

Guillelmus Morin : VI s. de berqueria ad duo festa, et tenet III virgatas terre, per homagium, de feodo Servain.

Laurentius Travers : VI s. de berqueria ad duo festa, et tenet III virgatas terre, per homagium, de feodo Servain.

Stephanus Picot : pro Unfrido Flont : IIII s. de berqueria ad duo festa, et tenet II virgatas terre, per homagium, de feodo Servain.

Petrus Reboule : III s. ad duo festa de berqueria, et tenet I virgatam et dimidiam terre, per homagium, de feodo Servain.

Robertus Fessier : III s. de berqueria ad duo festa, et tenet I virgatam et dimidiam terre, per homagium, de feodo Servain.
Item. Idem, de venta patris sui : II b. frumenti super terram supradictam.

Radulphus Clementis, pro Picot : VI s. de berqueria ad duo festa, et tenet III virgatas terre, per homagium, de feodo Servain.

Vincentius Leraynel : XII d. de berqueria ad duo festa, et tenet dimidiam virgatam terre, per residenciam et homagium, de eodem feodo Servain, et debent omnes tenentes de predicto feodo Servain I b. ordei de garbaglo, dimidiam esclusam ad molendinum.

Gaufridus Fevrier : X b. frumenti, I p., 1 g., et tenet II virgatas et dimidiam terre, per homagium.

Filia Guillelmi Quetel, pro Richecort : XVI s. VI d. de

bercqueria ad duo festa, I p. de II d., I g. et partem escluse, dimidium b. ordei de garbagio, et XVI bidentes, et tenet VI virgatas et dimidiam terre et partem Rippe, per residenciam et homagium.

Guillelmus Haye, clericus : I p., I g., et tenet III virgatas terre, per residenciam et homagium.

Item. Idem, pro herede au Bas : II b. frumenti, et tenet I virgatam et dimidiam terre subter Grandum Montem, per homagium.

Item. Idem, pro feodo Radulphi Leroillye : II b. frumenti, I b. ordei de garbagio, et tenet III virgatas terre, per residenciam et homagium.

Item. Idem, pro feodo Malregart : II p., II g., dimidium panem, dimidium caponem, et tenet dimidiam virgatam terre, per homagium.

Item. Idem : I d. de auxiliis ad Petronillam, et tenet dimidiam virgatam terre, per homagium, de venta a Larrabl. Anno M° CCC° primo.

Thomas Goscelin : XV b. et dimidium frumenti, I p., I g., XV d. de auxiliis ad Petronillam, I b. ordei de garbagio, I exclusam ad molendinum, totum servicium vavassorie, et tenet VI acras terre, per residenciam et homagium.

Item. Idem : XII d. de censsu ad Michaelem, pro situ grangie sue, et est residens, per homagium.

Gaufridus Ganigneblen : XI b. frumenti, VIII d. de auxiliis ad Petronillam, I b. ordei de garbagio.

Item. Idem, de venta sua : I b. frumenti, I p., I g., super totum hereditagium suum, I exclusam ad molendinum et totum servicium bordagii, et tenet XVIII virgatas terre, per residenciam et homagium.

Item. Idem : X b. frumenti de venta Gaufridi Achatevache, et tenet VIIII virgatas terre, per homagium. Anno M° CCC° primo. Habemus litteram regis.

Item. Idem : XXI d. de auxiliis ad Petronillam, II s. ad Montem Martini, III d. pro pane, I caponem, I g., XX ova ad Pascha, et tenet VIII acras terre, per homagium.

Rogerus Lefranc, ratione uxoris sue, pro Ade Anglico : II b. frumenti, et tenet dimidiam virgatam terre, per homagium.

Item. Idem, ratione dicte uxoris : I d. de auxiliis ad Petronillam, et tenet X percas terre, per residenciam et homagium.

Henricus Haye : V b. frumenti, pro quadam residencia, de venta Gaufridi Foliot, Ricardi et Johannis Lebuhot. Anno M° CCC° secundo.

Robertus Fessier : II b. frumenti, I p., I g. et dimidiam, I d. de auxiliis ad Petronillam de venta Malpetit, et tenet I virgatam terre, per homagium.

Sanson Maynier, pro herede Crochon : II b. frumenti, I p., I g. et dimidiam de venta Malpetit, et tenet I virgatam et XII percas terre, per homagium.

Item. Idem : I b. frumenti, I p., I g., et tenet I vigatam et dimidiam terre, per homagium.

Item. Idem : II b. frumenti, I p., I g., de venta filie Piquel, et tenet II partes unius virgate terre, per homagium.

Guillelmus Gervasii : XXI d. de auxiliis ad Petronillam, I b. ordei de garbaglo, I esclusam ad molendinum et totum servicium vavassorie, et tenetur observare prisonniarios et lechep, et tenet VI acras et dimidiam terre, per residenciam et homagium.

Item. Idem : XIIII b. frumenti, I g., et tenet I acram et II partes unius virgate terre, per homagium.

Tenentes de feodo Hastivel :
Thomas Quetel, ratione uxoris sue; Robertus Dromont; Alanus Rogere, ratione uxoris sue; Juliana, filia Baldoin.....
Ansquetillus Le Roillie, pro Hastivel : XVIIII b. frumenti, II p., II g., III d. de auxiliis ad Petronillam, I quadrigam ad boscum Herant..., et tenet I acram et dimidiam virgatam terre, per homagium.

Tenentes de feodo Carbonnel :
Robertus Normant : I quarterium frumenti, I p., I g., et tenet I virgatam et dimidiam terre, per homagium.

Ricardus Letyoc : VII b. et dimidium frumenti, III p., III g., III d. de auxiliis ad Petronillam et I virgatam terre et dimidiam, per homagium.

Nicholaus Malregart : I b. frumenti, et tenet dimidiam virgatam terre, per homagium.

Johannes Lorgueillous : I b. frumenti, II p., II g., et tenet I virgatam terre, per homagium.
Item. Idem : I d. de auxiliis ad Petronillam, pro Larrabi de feodo Manssel, et tenet I virgatam et IIII percas terre, per homagium.

Johannes, filius au Gascoing : I quarterium frumenti, I p., I g., et tenet I virgatam et dimidiam terre, per homagium.

Filia Guillelmi Leberquier : X b. frumenti, I p., I g., I d. de auxiliis ad Petronillam, et tenet II virgatas et dimidiam terre, per residenciam et homagium.

Guillelmus Morin, alias dictus Capey : V b. frumenti, I p., I g., VI d. de auxiliis ad Petronillam, et tenet I virgatam et dimidiam terre, per homagium.

Johannes, filius Amonde Esperital : II b. et dimidium frumenti, I p., I g., et tenet unam virgatam terre, per homagium.

Johannes Cornebois : I b. frumenti, et tenet V virgatas terre, per homagium.

Henricus de la Folie, ratione uxoris sue : II b. frumenti, dimidium panem, dimidiam gallinam, dimidium denarium de auxiliis ad Petronillam, et tenet I virgatam et dimidiam terre, per homagium.
Item. Idem : I d. de auxiliis ad Petronillam, pro Larrabl de feodo Manssel, et tenet II partes unius virgate terre, per homagium. Anno M° CCC° primo.

Guillelmus Ferrant : II b. frumenti, dimidium panem, dimidiam gallinam, dimidium denarium de auxiliis ad Petronillam, et tenet I virgatam et dimidiam terre, per homagium.

Ranulphus Routier vel Raalin : II b. frumenti, et tenet II partes unius virgate terre, per homagium.

Thomas Quetel, ratione uxoris sue : II b. et dimidium frumenti super totum manerium suum cum pertinenciis, et de hoc habemus litteram regis, de feodo Carbonnel usque huc.

Guillelmus Roussel : VIIII quarteria frumenti, III s. de auxiliis ad Petronillam, VII d. pro pratis falcandis, II b. ordei de garbagio, II esclusas ad molendinum et totum servicium bordagii, et tenet XII acras terre, per residenciam et homagium.

Item. Idem : VI d. de auxiliis ad Petronillam.

Robertus Boudin : XX b. et dimidium et quartam partem unius b. frumenti, II p., II g., V d. de auxiliis ad Petronillam, dimidium b. ordei de garbagio, I exclusam ad molendinum (se et tenentes de dicto feodo), totum servicium bordagii, et tenet XI virgatas terre, per residenciam et homagium.

Heredes Alani Boudin : VIIII b. frumenti, VIIII d. pro regardis et auxiliis et pro parte sua piscarie.
Item. Iidem, pro Nicholao Boudin : III b. et terciam partem unius virgate frumenti, III oboles pro regardis, auxiliis et piscariis.

Anicia Vivien, pro forefactura : III b. et dimidium frumenti, I p., I g., per residenciam et homagium.
Item. Eadem et Laurencius Travers, pro Guillelmo Boudin : VI b. frumenti quartene, I b. frumenti siestene, III d. pro regardis, auxiliis et piscariis, et debent insimul dimidiam virgatam ordei de garbagio, dimidiam exclusam ad molendinum et totum servicium bordagii, et tenent VIII virgatas et dimidiam terre, per homagium.

Petrus Rebouley : VIII b. frumenti, I p., I g.
Item. Idem : II b. frumenti de venta sua super totum tenementum suum, per residenciam et homagium.
Item. Idem, pro filio Gaufridi Lebreton : VII b. frumenti et dimidium, et tenet dimidiam acram terre, per homagium.
Item. Idem : I b. frumenti, I p., I g., super totum tenementum supradictum de venta heredis de Folia.
Anno M° CCC° primo.

Philippus Morin : III b. frumenti, et tenet III virgatas terre a Folvie, per homagium.

Item. Idem : I quarterium frumenti, I p., I g., et tenet I virgatam et dimidiam terre, per homagium, de feodo Corbin.

Item. Idem : I quarterium frumenti, I p., I g., I d. de auxiliis ad Petronillam, et tenet dimidiam acram terre super Lelot de feodo Corregis, per homagium.

Item. Idem : I quarterium frumenti, et tenet I virgatam et X percas, per homagium.

Item. Idem : III b. frumenti, et tenet I virgatam et dimidiam terre, per homagium.

Item. Idem, ratione uxoris sue : XI b. frumenti, I p., I g., et tenet VI virgatas terre apud Crasvillam, per homagium.

Item. Idem, ratione dicte uxoris : XIII b. frumenti, VI d. de auxiliis ad Petronillam, et exclusam ad molendinum, et tenet VIIII virgatas terre, apud Yonvillam, per residenciam et homagium.

Item. Idem, ratione predicte uxoris : I quarterium frumenti, I p., I g., et tenet dimidiam acram et quartam partem unius virgate terre, pro Vielleley apud Meletot, per homagium.

Item. Idem : I quarterium et dimidium b. frumenti, II p., II g., super omnibus supradictis de venta Piledroue, per homagium.

Item. Idem, pro feodo Ansgier : XV b. frumenti, XV cenomannenses pro regardis, XV cenomannenses de auxiliis ad Petronillam, VIII d. pro pratis falcandis, I b. ordei de garbagio, II esclusas ad molendinum et totum servicium bordagii, et tenet XI cras terre, per residenciam et homagium.

Item. Idem : VIIII s. ad duo festa, pro medietate piscarie du Nez.

Petrus Ansgier, pro Asira, filia Ansgeri : II b. frumenti, et tenet I virgatam terre de feodo Ansgeri, per homagium.

Sibilia, filia Ansgier : II b. frumenti, et tenet II virgatas terre de dicto feodo, per homagium.

Nicholaus de Sancto Vedasto, clericus, pro Maria, filia Aumonnier : I b. frumenti, I p., I g., et tenet dimidiam acram terre de predicto feodo, per homagium.

Nicholaus Herbert : II b. frumenti et tenet I virgatam terre pro Clopida Hochart, de feodo supradicto, per homagium.

Eufemia, relicta Rogeri Gavori : I quarterium frumenti, I p., I g., et tenet III virgatas et dimidiam terre, per homagium de feodo Ansgier.
Item. Eadem : I b. frumenti de venta Radulphi et Roberti Fabri, supra dictam terram.

Guillelmus Symon : XVI quarteria frumenti, dimidium b. ordei de garbagio, et tenet XV virgatas terre, per residenciam et homagium.

Guillelmus Corbin : XII d. de auxiliis ad Petronillam, dimidium b. ordei de garbagio, I esclusam ad molendinum, totum servicium vavassorie, et tenet VIII acras terre, per residenciam et homagium.
Item. Idem : XX b. et dimidium frumenti, VI d. pro pane, V g., I b. ordei de garbagio, totum servicium bordagii, et tenet VIII virgatas et dimidiam terre, per residenciam et homagium.
Item. Idem : I b. frumenti de venta filie Petri de Bosco, super Laforier.
Item. Idem, pro Alano Gendoin : XIIII b. frumenti,

II p., II capones, I quadrigam ad boscum, habeat vel non, I esclusam ad molendinum, et tenet X virgatas terre, per homagium.

Juliana, filia au Roillic, pro herede Diguet : II b. frumenti, I p., I g., et I...., per homagium.

Guillelmus Morin, pro feodo Malregart : I b. frumenti siestene, II p., II g., dimidium panem, dimidium caponem, et tenet II partes unius virgate terre, per homagium.

Item. Idem : IIII quarteria frumenti, I p., I g., I d. de auxiliis ad Petronillam, et tenet I acram terre, per homagium.

Item. Idem : I libbram cere, et tenet dimidiam virgatam terre apud Folevie, per homagium.

Item. Idem : XII d. pro piscaria de Haulluie, I p., I g., per homagium.

Item. Idem : XIIII b. frumenti, III p., III g., pro feodo au Bihois, et tenet I acram terre, per homagium.

Johannes Morin : VII b. et dimidium frumenti, et tenet II virgatas et dimidiam terre de Grindel et Produmo Robelin, per homagium.

Item. Idem, pro Roberto Ruffo : II quarteria frumenti, I p., I g., et tenet II virgatas et dimidiam terre de feodo Ansgier, per homagium.

Item. Idem : I b. frumenti, pro Asira, filia Ansgeri, super totum tenementum dicti Johannis, per homagium·

Item. Idem : II b. frumenti, II p., II g., XL ova ad Pascha de venta Philippi Manssel, et tenet X virgatas terre, per residenciam et homagium. Anno Mº CCCº primo.

Item. Idem Johannes : X d. de auxiliis ad Petronillam, de venta dicti Philippi, super terram supradictam. Anno M⁰ CCC⁰ primo.

Guillelmus Gerin, ratione uxoris sue, pro Guillelmo Ruffo : X b. frumenti, I p., I g., et tenet IIII virgatas terre, per homagium.

Item. Idem, ratione dicte uxoris, pro Roberto Roussel : XIIII b. et dimidium frumenti, III p., III g., II d. de monte ad Sanctum Michaelem, et tenet I acram terre, per homagium.

Item. Idem, ratione predicte uxoris : II s., III d. de auxiliis ad Petronillam, II b. ordei de garbagio, I esclusam ad molendinum, totum servicium vavassorie, et tenet VIII acras et dimidiam terre, per residenciam et homagium.

Guillelmus Vitulus : I b. frumenti, I p., I g., pro La Forge, et pro quadam pecia terre, continente I virgatam terre, per homagium.

Heres Ricardi Mahieu : III b. frumenti, II p., II g., et tenet I masnagium, cum terra eidem pertinente.

Item. Idem : III b. frumenti de venta Johannis Fabri. Anno M⁰ CCC⁰ primo, super omnia supradicta.

Johannes Yver : VIII d. de auxiliis ad Petronillam, II d. de garbagio, I exclusam ad molendinum, totum servicium vavassorie et VII virgatas terre, per residenciam et homagium.

Item. Idem : III s et II d. de auxiliis ad Petronillam, II p. de IIII denariis, II capones, de venta Roberti Manssel, et partem serviciorum vavassorie Manssel, et tenet VIII acras terre, per residenciam et homagium.

Item. Idem, ratione uxoris sue, pro herede Ricardi Lefauconnier : V s. de auxiliis ad Petronillam, II b. ordei de garbagio, I exclusam ad molendinum, totum servicium vavassorie, et tenet XXII acras terre, per residenciam et homagium.

Item. Idem : II b. frumenti, pro Johanne Lefauconnier, de venta sua, super feodum supradictum.

Item. Idem, ratione dicte uxoris : IIII quarteria et dimidium b. frumenti, IIII p., IIII g., II d. de monte ad Nativitatem Domini, et tenet.....

Item. Idem. : I b. et dimidium frumenti, I p., I g. pro Escollant, et tenet I virgatam terre, per homagium, de feodo Corbin.

Josiana, pro eodem feodo Cornart : V b. frumenti, et tenet dimidiam acram terre, per residenciam et homagium, et, post mortem ipsius, heredes sui reddent VI b. frumenti de venta Johannis Fabri, et de hoc habemus litteras domini regis, anno M° CCC° primo, et bonum contraplegium.

Item. Idem : II b. frumenti de venta mariti sui, et tenet dimidiam virgatam terre, per homagium. Habemus litteram regis.

Robertus Normant : X b. frumenti, III p., III g., III d. de auxiliis ad Petronillam, et tenet I acram et dimidiam virgatam terre, per homagium, et VI d., I p., I g. pro tentis.

Item. Idem Normant et Roussel : V s., I p., I g. pro piscaria, per homagium.

Ricardus Letyoc : I quarterium frumenti, II p., II g., II d. de auxiliis ad Petronillam, XII d. pro piscaria, et tenet I virgatam et dimidiam terre, per homagium.

Item. Idem : II d. de auxiliis ad Petronillam, pro Larrabi de feodo Manssel, et tenet dimidiam virgatam terre, per homagium.

Johannes Roussel : II b. et dimidium frumenti, I p.,

I g. et XVIII d., I p., I g. pro piscaria, et tenet I virgatam terre, per homagium.

Robertus Boulart, pro herede Guillelmi Vales : VI b. frumenti, I p., I g., dimidium b. ordei de garbagio, VI d., I p., I g. pro I tenta, et totum servicium bordagii, et tenet I acram terre, per residenciam et homagium.

Philippus Letrenchant, pro Rogero Canu : V b. frumenti, I p., I g., II d. de auxiliis ad Petronillam, totum servicium bordagii, et tenet V virgatas terre, per residenciam et homagium.

Item. Idem : II b. frumenti, III d. de auxiliis ad Petronillam, et tenet I virgatam terre, per homagium.

Robertus Guerret : II b. frumenti, I d. de auxiliis ad Petronillam, et tenet II partes unius virgate terre, per homagium, pro Petro Ronchete.

Guillelmus Mordret : IIII p., IIII g., X d. de auxiliis ad Petronillam, XX ova ad Pascha, I b. ordei de garbagio, I esclusam ad molendinum et totum servicium bordagii, et tenet XV virgatas terre, per residenciam et homagium.

Item. Idem, pro Beatrica Baude : II b. frumenti, II parisis pro regardis, et tenet V percas terre, sitas in suo masnagio, per homagium.

Item. Idem, pro herede Roberti Bauches : II b. frumenti, II d. de auxiliis ad Petronillam, et tenet I virgatam et dimidiam terre, per homagium.

Item. Idem, pro Cornet : III b. frumenti, II d. de auxiliis ad Petronillam, II p., I g., et tenet I virgatam terre, per residenciam et homagium.

Ricardus Johannis : II b. frumenti, pro Petro Ronchete, et tenet dimidiam virgatam terre, per homagium.

Radulphus Ferant junior : I quarterium frumenti et totum servicium bordagii, et tenet I acram terre, per homagium.

Item. Idem, de venta Petri Le Parfait : V b. frumenti, I p., I g., et tenet dimidiam acram terre, per homagium.

Item. Idem : VI quarteria, II b. et dimidium frumenti, VI p., VI g., et tenet VIII virgatas terre, per homagium, et V s., ad sanctum Michaelem, I p., I g., pro piscaria, per homagium.

Robertus Boitvin : II b. frumenti, I p., I g., et tenet II partes unius virgate terre, per residenciam et homagium.

Guerardus Buysson, pro se : III b. frumenti, I d. de auxiliis ad Petronillam, dimidium b. ordei de garbagio, et tenet dimidiam acram terre, per residenciam et homagium.

Item. Idem, ratione uxoris sue : XXXVII b. frumenti, VI p., VI g., V s. VIIII d. de auxiliis ad Petronillam, II b. ordei de garbagio, I esclusam ad molendinum et totum servicium vavassorie, et tenet XXII acras terre, per residenciam et homagium.

Item. Idem : I quarterium frumenti, III p., III g., II capones, VI d. de auxiliis ad Petronillam, et tenet I acram terre, per homagium, de venta Guillelmi Manssel.

Item. Idem : dimidium b. frumenti et tenet I virgatam terre, per homagium, de venta Philippi Manssel. Habemus litteram regis, anno M° CCC° primo.

Item. Idem : II d. de auxiliis ad Petronillam, et tenet I virgatam terre, per homagium, de venta dicti Philippi Manssel. Habemus litteram regis, anno M° CCC° primo.

Guillelmus Huc : III quarteria frumenti, IIII p., IIII g., et tenet VIII virgatas et dimidiam terre, per homagium.

Item. Idem, ratione dicte uxoris : II s. pro piscaria ad Sanctum Michaelem.

Item. Idem, ratione predicte uxoris, pro herede Gaufridi Lecelier : III b. frumenti, I p., I g., et tenet II partes unius virgate terre, per homagium.

Guillelmus, filius Gaufridi Clerici : I quarterium frumenti de venta Roberti du Puiz, super totum tenementum suum, per homagium.

Item. Idem : I b. frumenti, de venta patris sui, super dictum tenementum.

Item. Idem : II d. de auxiliis ad Petronillam, et tenet XXX percas terre, per homagium, pro Larrabi de feodo Manssel.

Petrus de Regisvilla : III b., et terciam partem unius b. frumenti, VI s. VII d. de auxiliis ad Petronillam, II b. ordei de garbagio, II esclusas ad molendinum, XL acras terre, per vavassoriam pro brevibus portandis, per residenciam et homagium.

Item. Idem : IIII d. et obolem, dimidium panem, dimidiam gallinam, et tenet dimidiam acram terre, pro Mabilia du Doit a Foulevic.

Item. Idem : VIIII s. ad duo festa, pro medietate piscarie du Nez.

Guillelmus Flout : XI b. frumenti, I p., I g., et tenet XI virgatas terre de feodo predicti Petri, per homagium.

Item. Idem : II b. et dimidium frumenti pro Petro Gasteblei, et tenet II partes unius virgate terre, per homagium.

Item. Idem : II p. de II denariis, II capones, et tenet II acras terre pro Alano Gendoin, de venta Guillelmi Manssel.

Item. Idem : I denarium de auxiliis ad Petronillam

de venta a Larrabi, et tenet dimidium acram terre, per homagium. Anno M° CCC° primo.

Hed. Paris : I b. frumenti, I p. de I denario, I caponem, I d. de auxiliis ad Petronillam super totum tenementum suum, per homagium.

Ricardus Lefauconnier, pro Stephano Lefauconnier : I quarterium frumenti, I p., I g., et tenet virgatam terre de feodo Manssel, per residenciam et homagium.

Nicholaus Lefauconnier : VI b. frumenti, I p., I g., super totum masnagium suum, cum dimidia acra terre, sita de super le Tot, per homagium.

Johannes, filius Petri Esperital, pro Gaufrido Preposito : VI b. frumenti, II p., II g., I d. de auxiliis ad Petronillam, dimidium b. ordei de garbagio, et tenet I acram terre, per residenciam et homagium.

Nicholaus Le Clerc : X b. et dimidium frumenti, II p., II g., I d. de auxiliis ad Petronillam, et tenet I acram terre, per homagium.

Item. Idem, pro Petro Clerici : V b. et dimidium frumenti, I p., I g., super totum tenementum dicti Nicholai.

Item. Idem : I b. frumenti, et tenet I virgatam terre, per homagium, de venta Philippi Manssel, anno M° CCC° primo, et I d. de auxiliis ad Petronillam.

Petrus Oreillon et Gaufridus Pouhier, ratione uxorum suarum, pro Maugero : I b. ordei de garbagio et tenent.....

Johannes, filius Amonde Esperital : I quarterium frumenti de venta patris sui, super totum tenementum suum.

Guillelmus de Paris : II b. frumenti de venta sua, et tenet I virgatam terre, ratione uxoris sue.

Johannes de Mara : II b. frumenti de venta Guillelmi Balevre, et tenet I virgatam terre, per homagium. Anno M° CCC° primo.

Boitvin de Brobore : XII d., II p., II g., pro herede Henrici Corbin super suum masnagium, cum terra eidem pertinente, sita apud Brobore, per homagium.

Philippus Esperital : VI d. de auxiliis ad Petronillam pro Larrabi de feodo Manssel, et tenet VI virgatas terre, per residenciam et homagium.

Thomas Piledroe : III b. frumenti, et tenet I virgatam terre apud Ortum Escaillon, de feodo Foliot.

Thomas des Veindis : I d. de auxiliis ad Petronillam, et tenet.....

Johannes Lebuhot : XII d. de auxiliis ad Petronillam, et tenet..... Anno domini M° CCC° secundo.

Petrus Estrille : I quarterium frumenti, I p. de II denariis, I caponem, II d. de auxiliis ad Petronillam, II s. ad Michaelem, et tenet III virgatas terre, per homagium, de feodo Henrici Corbin.
Item. Idem : III p., III g., V d. de auxiliis ad Petronillam, et tenet VI virgatas terre de feodo Manssel, per homagium.

Ricardus Richeber : I quarterium frumenti, I p., I g., III d. de auxiliis ad Petronillam, XII d. pro piscaria, et tenet I acram terre, per residenciam et homagium.

Ranulphus Hardoin : I b. frumenti, I p., I g., VI d.

de auxiliis ad Petronillam, et tenet VI acras et dimidiam terre de feodo Barbey.

Item. Idem : V b. et dimidium frumenti, II d. de auxiliis ad Petronillam, et tenet I acram terre, per homagium, de feodo Manssel.

Item. Idem : III b. frumenti, II d. pro pane, I caponem, et tenet I virgatam terre, per homagium, de feodo Ronchele, et partem suam garbagii et bordagii de feodo Boudin.

Radulphus Fabri : VII b. frumenti, VI s., VI d. de auxiliis ad Petronillam, III p., III g., II b. ordei de garbagio, I esclusam ad molendinum et totum servicium vavassorie, et tenet XXX acras terre, per residenciam et homagium.

Item. Idem : I p., I g., et tenet I acram terre, per homagium, de feodo Magni Manssel.

Item. Idem : III d. de auxiliis ad Petronillam, et tenet XIII virgatas et dimidiam terre, per residenciam et homagium, pro Larrabi de feodo Manssel.

Item, pro eodem Larrabi : VIIII d. et obolem de auxiliis ad Petronillam, V ova ad Pascha, I b. ordei de garbagio, et tenet VIII virgatas terre, per residenciam et homagium de feodo Manssel.

Item : VI d. ad Sanctum Michaelem, pro piscaria que vocatur Jambes et posuit in contraplegium I peciam terre, sitam juxta terram Guillelmi Fabri et terram Guillelmi Mordret a lateribus. Habemus litteram. Anno M° CCC° primo.

Radulphus Cornart : XXII b. et dimidium frumenti, V p., V g., VI d. de auxiliis ad Petronillam, et tenet VIII virgatas terre, per residenciam et homagium.

tenet VII virgatas et dimidiam terre, tam pro se quam pro Sanson Haye, per residenciam et homagium.

Item. Idem: II b. frumenti, II p., II g., XVII cenomannenses de auxiliis ad Petronillam, et tenet XXVII virgatas terre de venta dicti Philippi Manssel, per homagium. Anno M° CCC° primo.

Jacobus de Gonnovilla, clericus, pro feodo de Morssalines : VI s., III d. de auxiliis ad Petronillam, I b. ordei de garbagio, I exclusam ad molendinum et totum servicium vavassorie, et tenet XVI acras terre et dimidiam, per residenciam et homagium.

Thomas Cauvin, Durandus Le Saol, Robertus Cauvin et Petrus Le Saol : I quarterium frumenti, II p., II g., et tenent X virgatas terre, per homagium, de feodo Barbedorge.

Durandus Letrenchant, ratione uxoris sue : X b. frumenti, II p., II g., dimidium b. ordei de garbagio et totum servicium bordagii, et tenet VIII virgatas terre, per residenciam et homagium.

Gaufridus Poingdestre, pro Crassuel : I quarterium frumenti, I p., II g., XIII d. de auxiliis ad Petronillam, I acram terre, per residenciam et homagium.

Guillelmus Lorgueillous, pro feodo Baley : VI b. frumenti, I p., I g., II d. de auxiliis ad Petronillam, et totum servicium bordagii, et tenet VI virgatas terre, per residenciam et homagium.

Herbertus Barbey : VI s., III d. de auxiliis ad Petronillam, II b. ordei de garbagio, I esclusam ad molendinum, totum servicium vavassorie, et tenet XXX acras terre, per residenciam et homagium.

Item. Idem : III s. ad Sanctum Michaelem, II p., III g., pro piscaria, per homagium.

Item. IIII d. et obolem, et tenet I virgatam terre, per homagium.

Robertus Goscelin, ratione uxoris sue, pro feodo Gigais : XV d. de auxiliis ad Petronillam, VII d. pro pratis falcandis, I b. ordei de garbagio, I esclusam ad molendinum et totum servicium bordagii, et tenet XX virgatas terre, per residenciam et homagium.

Ricardus Sanson, pro Henrico Poingdestre : II quarteria frumenti, VI d. de auxiliis ad Petronillam, I b. ordei et III d. de garbagio, et tenet VI virgatas terre, per residenciam et homagium.

Relicta Belingree : I p., I g., et tenet III partes unius virgate terre, per homagium.

Robertus Escornegrue, pro Challemaine : II b. frumenti, II d. de auxiliis ad Petronillam, et tenet I virgatam terre, per homagium.

Ricardus Hervieu : III b. frumenti, I p., I g., VIIII d. de auxiliis ad Petronillam, dimidium b. ordei de garbagio, et tenet XIIII virgatas terre, per homagium.

Item. Idem, de venta Malpetit : II b. frumenti, per homagium.

Item. Idem, de venta Nicholai, fratris dicti Ricardi : III b. frumenti super totum tenementum supradictum.

Felrequoe, pro Johanne Fabri, senioris : V b. frumenti, I p., I g., et VIII ferra cum clavis equo, et tenet V virgatas terre, per homagium.

Radulphus Ferrant, nomine uxoris sue : IIII quarteria et dimidium b. frumenti, IIII p., IIII g., X d. de auxiliis ad Petronillam, VI d. ad Montem Martini et XX ova ad Pascha, et tenet IIII acras terre, per residenciam et homagium.

Gaufridus Leraynel, pro Guillelmo Manssel, juniori : III p., III g., I d. de auxiliis ad Petronillam, et tenet dimidiam acram terre, per residenciam et homagium.

Item. Idem : I quarterium frumenti de venta Roberti Fabri, anno M° CCC° primo, super terram supradictam.

Ricardus Legars : X b. frumenti, VIII d. pro pratis falcandis ad Petronillam, I b. ordei de garbaglo, I quadrigam ad boscum, habeat vel non, et totum servicium bordagii, et tenet XII virgatas terre, per residenciam et homagium.

Stephanus de Sancto Martino : I quarterium frumenti, VIIII s. IIII d. de auxiliis ad Petronillam, VI d. pro marisco ad eumdem terminum, II b. ordei de garbaglo, II esclusas ad molendinum et totum servicium vavassorie, et tenet XXXV acras terre, per residenciam et homagium.

Item. Idem : VI d. pro piscaria, inter mariscum suum et Saram, tradita sibi, per homagium, anno M° CCC° primo.

Nicholaus Le Haguels, pro Guillelmo Bence : VI b. frumenti, II p., II g., XX ova ad Pascha, dimidiam libbram cere ad Petronillam, et tenet I virgatam terre, per residenciam et homagium.

Heredes Stephani de La Valete : III b. frumenti de venta Roberti Fabri, super totum tenementum suum. Anno M° CCC° primo. Habemus litteram regis.

Robertus Gaugain, pro Halode : III b. frumenti, I d.

de auxiliis ad Petronillam, I p., I g., et tenet II partes unius virgate terre, per homagium.

Item. Idem : I b. frumenti de venta Philippi Manssel, super totum tenementum suum. Anno M⁰ CCC⁰ primo. Habemus litteram regis.

Item. Idem : XII d. de auxiliis ad Petronillam, XX ova ad Pascha, et tenet VIII virgatas terre, per residenciam et homagium, de venta a Larrabi. Anno M⁰ CCC⁰ primo.

Robertus, filius Henrici Goscelin : I quarterium frumenti ad mensuram de Quierquevilla, I p., III g., et tenet dimidiam acram terre, per residenciam et homagium, cum tota terra sua ante hostium suum.

Item. Pro masnagio Berlin : III p., III g., per residenciam et homagium.

Johannes Durville, pro Rogero de Haya : V b. frumenti ad mensuram de Quierquevilla, II p., II g., et tenet III virgatas terre, en la Coite, per homagium.

Robertus Amonde, pro herede au Putois : V b. frumenti, I p., I g., I d. de auxiliis ad Petronillam, et tenet I virgatam et dimidiam terre, per homagium.

Johannes Morice : II b. frumenti, et tenet I virgatam terre, per homagium, de feodo de Morsalines.

Item. Idem : III oboles de auxiliis ad Petronillam pro Larrabi, et tenet dimidiam virgatam terre, per homagium, de feodo Manssel.

Petrus Gerin : II b. frumenti, et tenet III virgatas terre, per homagium, de feodo de Morsalines.

Item. Idem : II b. frumenti, et tenet V virgatas terre, per homagium, de predicto feodo.

Filia au Berquier : XXXIII s. VI d. ad duo festa, X d. pro regardis, I b. ordei de garbagio, I esclusam ad molendinum, et tenet XVIII virgatas terre de berqueria, per homagium, et debet habere LXVII bidentes et II s. pro piscaria et tentis ad Sanctum Michaelem.

Item. Eadem : I d. de auxiliis ad Petronillam de venta a Larrabi de feodo Manssel, et tenet dimidiam virgatam terre, per homagium. Anno M⁰ CCC⁰ primo.

Johannes, Guillelmus, Guillotus Reissart et Johannes Poupart : XII d. ad Sanctum Michaelem, I p., I g. pro piscaria. De hoc habemus litteram regis.

Item. Idem Guillelmus Reissart, pro Ricardo Le Clerc : II b. frumenti, I p., I g., II d. de auxiliis ad Petronillam, X ova ad Pascha, et tenet I virgatam et II partes unius virgate terre de venta Guillelmi Manssel, per homagium.

Johannes Reissart aliàs Cauquignie : II quarteria frumenti, II p., II g., II d. de auxiliis ad Petronillam, XX ova ad Pascha, et tenet dimidiam acram terre de feodo Guillelmi Manssel, senioris, per homagium.

Item. VIIII d. de auxiliis ad Petronillam, et tenet XVII virgatas terre, per residenciam et homagium.

Gaufridus Queronchel : VII b. et dimidium frumenti, II p., II g., I d. de auxiliis ad Petronillam, XX ova ad Pascha, et tenet I virgatam et dimidiam terre, per residenciam et homagium.

Item. Idem : II d. de auxiliis ad Petronillam et V ova ad Pascha, pro Larrabi de feodo Manssel, et tenet V percas terre, per homagium.

Johannes Noel : I quarterium frumenti de venta sua super totum tenementum suum. Habemus litteram regis.

Item. Idem, ratione uxoris sue : II d. de auxiliis ad Petronillam, pro Larrabi de feodo Manssel, et tenet II partes unius virgate terre, per homagium.

Item. Idem : II p., II g., X d. de auxiliis ad Petronillam, et tenet dimidiam acram, per residenciam et homagium, de venta Radulphi et Roberti Fabri. Anno M° CCC° primo.

Rogerus Noel : IIII d. et obolem, et tenet I virgatam terre, per homagium.

Henricus Chevalier : I b. frumenti, II p., II g., II d. de auxiliis ad Petronillam, XX ova ad Pascha, et tenet I virgatam terre, per residenciam et homagium, de venta Philippi Manssel. Anno M° CCC° primo.

Guillelmus Barbedorge, ratione uxoris sue : III oboles de auxiliis ad Petronillam, III ova ad Pascha, pro Larrabi de feodo Manssel, et tenet I virgatam terre, per homagium.

Godefridus Morlee : I d. de auxiliis ad Petronillam, pro Larrabi de feodo Manssel, et tenet I virgatam terre, per homagium.

Robinus Manssel : I b. frumenti super terram de Capon, vel alibi excamblare. Habemus litteram regis. Anno M° CCC° primo.

Colinus Leveel : II p., II g., super terram de Capon, vel alibi excamblare.

Karetot et Maletot :
Relicta Roberti de Karetot, pro feodo Petri de Karetot : V s. VI d. de auxiliis ad Petronillam, III p., III g., III b. ordei de garbagio, II esclusas ad molendinum et totum

servicium vavassorie, et tenet XXI acras terre, per residenciam et homagium.

Item. Eadem, de venta mariti sui : III quarteria frumenti, et tenet I acram terre de feodo supradicto.

Stephanus de Karetot, de venta Petri de Karetot : II quarteria frumenti, II p., II g., et tenet III virgatas terre, per residenciam et homagium.

Stephanus de Lecto, de venta Roberti de Karetot : I quarterium frumenti, IIII p., IIII g., et tenet XXVIII virgatas terre.

Item. Idem, de venta Guillelmi de Karetot : VI b. frumenti super terram supradictam.

Item. Idem : II b. frumenti, I p., I g., et tenet I acram terre de Grasiquar et II s., I p., I g. pro piscaria, per homagium.

Guillelmus Levaufre : III b. frumenti, VI d. de auxiliis ad Petronillam, I b. ordei de garbaglo, I esclusam ad molendinum et totum servicium bordagii, et tenet XIII virgatas terre, per residenciam et homagium.

Guillelmus Le Chevalier et Roger Le Courooz, pro Postel : IIII b. frumenti et tenent I virgatam et dimidiam terre.

Georgius Bernart : IIII quarteria frumenti, V d. de auxiliis, ad Petronillam et totum servicium bordagii, et tenet X virgatas terre, per residenciam et homagium.

Item. Idem : I b. et quartam partem unius b. frumenti, I g., et tenet I virgatam et dimidiam terre, per homagium, de feodo Roberti Barrey.

Item. Idem : I d. de auxiliis ad Petronillam, pro Larrabi de feodo Manssel, et tenet II partes unius virgate terre, per homagium. Anno Mº CCCº primo.

Ranulphus Flout, alias Roulier : III quarteria et dimidium b. frumenti, V d. de auxiliis ad Petronillam, IIII p., IIII g., VIII s. I d. pro Gasiquar, dimidium b. ordei de garbagio et partem escluse, et tenet VI acras et dimidiam terre, per residenciam et homagium.

Item. Idem : XXVII d. de auxiliis ad Petronillam, I esclusam ad molendinum et totum servicium vavassorie, et tenet XVIII virgatas terre, per residenciam et homagium.

Item. Idem, pro herede Gastebley : XIIII b. et dimidium frumenti et II b. frumenti pro Gasiquar, II p. II g., XII d. ad Sanctum Michaelem, et tenet X virgatas terre per homagium.

Item. Idem, pro herede Guillelmi Hay : II quarteria frumenti, II p., II g., V s. VI d. pro Gasiquar ad duo festa ; dimidium panem, dimidiam gallinam pro dimidia piscaria de Hommet, et tenet X virgatas terre, per homagium.

Item. Idem : IIII d. de auxiliis ad Petronillam, et tenet III virgatas terre, per homagium, de venta a Larrabi. Anno Mº CCCº primo.

Petrus Hue : I b. et dimidium frumenti, I p. de II denariis, I caponem, II d. de auxiliis ad Petronillam, de venta illie Gaufridi Jordani, et tenet medietatem unius virgate et dimidie terre, per homagium.

Item. Idem : I b. et dimidium frumenti, I p. de II denariis, I caponem, et tenet quartam partem unius virgate terre, per homagium, de feodo Barrey, et I b. ordei de garbaglo super totum tenementum suum.

Radulphus Boin, ratione uxoris sue, pro herede Nicholai de Lecto : V quarteria et I b. frumenti, VIII d.

de auxiliis ad Petronillam, I b. ordei de garbagio, I esclusam ad molendinum et totum servicium bordagii, et tenet XIIII virgatas terre, per residenciam et homagium.

Item. Idem, ratione dicte uxoris : XI s., VIII d., II p., II g., pro Gasiquar, ad duo festa, et tenet VII virgatas terre, per homagium.

Heres Germani Reissart : II b. frumenti, I g., et tenet II partes unius virgate terre, per homagium.

Radulphus Clementis : VI b. frumenti, IIII d. de auxiliis ad Petronillam, I p., I g., et tenet III virgatas terre per..... de feodo Henrici de Reville.

Item. Idem : III s., VI d., I p., I g., ad duo festa pro Gasiquar, et tenet II virgatas et VIII percas terre, per homagium.

Guillelmus Luart : III b. frumenti, I p., III g., I d. de auxiliis ad Petronillam, VI d. ad Sanctum Michaelem, et tenet III virgatas et dimidiam terre, per homagium.

Petrus Hurel : II b. frumenti, II p., II g., XII d. pro Gasiquar ad duo festa, et tenet I virgatam et dimidiam terre, per residenciam et homagium.

Item. Idem, pro Avenel : VI s. II d. pro Gasiquar ad duo festa, II p., II g., et tenet I acram terre, per homagium.

Cecilia, filia au Picart, pro Roberto Torchie : V quarteria frumenti, II g., VII d. de auxiliis ad Petronillam, et teret XV virgatas terre, per residenciam et homagium.

Item. Eadem et Johannes Guy : VII b. frumenti, et tenent III virgatas terre, per homagium, de feodo de Karelot.

Alanus Le Couroor : VI b. frumenti, II d. de auxiliis ad Petronillam, I p., I g., et tenet I virgatam et dimidiam terre, per homagium.

Johannes Garin : I quarterium frumenti, III d. de auxiliis ad Petronillam, I b. ordei de garbagio et totum servicium bordagii, et tenet VIII virgatas terre, per residenciam et homagium.

Alanus Goscelin : I quarterium frumenti, II p., II g., pro matre sua, et tenet dimidiam acram terre pro Petralata, per homagium.
Item. Idem : I b. et dimidium frumenti, et tenet I virgatam terre, per homagium.

Robertus Le Clerc : III b. et dimidum frumenti, III p., III g., II capones, I d. de auxiliis ad Petronillam, V s. ad duo festa, et tenet II acras terre, per homagium.

Guillelmus Hamelin : I b. frumenti, et tenet I virgatam et dimidiam terre, per homagium.
Item. Idem : III p., III g., VI s. ad duo festa pro Gasiquar, et tenet III virgatas terre, per homagium.

Guillelmus de Maene : II b. frumenti, II p., II g., II s. pro Gasiquar, ad duo festa, VI d. ad Petronillam pro orto, et tenet dimidiam acram terre, per homagium.

Ricardus Alain : III quarteria frumenti, XII d. de auxiliis ad Petronillam, I b. et dimidium ordei de garbagio et partem escluse ad molendinum, et tenet VII virgatas terre, per residenciam et homagium.

Petrus Flout : VIIII b. frumenti, II d. de auxiliis ad Petronillam, III p., IIII g., VIII s. pro Gasiquar ad duo festa, et tenet XI virgatas et dimidiam terre, per residenciam et homagium.

Guillelmus Le Sage : III s. VI d., II p., II g. pro Gasiquar ad duo festa, et tenet dimidiam acram terre, per homagium.

Johanna, filia Nicholai Fauvel : I b. frumenti, et tenet dimidiam virgatam terre apud le Houet de Karetot.

Andreas Maugier, pro feodo au Quaisne : VI s. III d. de auxiliis ad Petronillam, I b. ordei de garbagio, I esclusam ad molendinum et totum servicium vavassorie, et tenet XIIII acras et dimidiam terre, per residenciam et homagium.

Johannes, filius Sansonis Goudart : I quarterium frumenti, de venta patris sui, et tenet I virgatam et dimidiam terre.
Item. Item : II b. frumenti, de elemosina Guillelmi Torpin, et tenet II partes unius virgate terre.

Robinus Loisel : I b. frumenti, XVI d. de auxiliis ad Petronillam, pro Ricardo Leclerc, et tenet I virgatam terre, per homagium.

Petrus de Morsalines, pro Lecucuel : I p., I g., et tenet II partes unius virgate terre, per homagium.

Oliverus Lecouvroor : I b. frumenti, de venta a la Parfaite, et tenet I virgatam terre, per homagium.
Item. Idem : II d. de auxiliis ad Petronillam, et tenet III virgatas terre, per homagium, apud les Flaz, pro Larrabi de feodo Manssel.

Johannes Osmont, ratione uxoris sue : I b. frumenti, I p., I g. de successione Guillelmi de Roqua, et tenet dimidiam acram terre, per homagium.

Robertus Barrey : III b. frumenti et dimidiam libbram

piparis ad Petronillam, et tenet dimidiam acram terre, per residenciam et homagium.

Rogerus Barrey : VIIII b. frumenti, IIII p., V g., II s. I d. de auxiliis ad Petronillam, I esclusam ad molendinum, se et participes feodi Roberti Barrey, et tenet dimidiam acram terre de predicto feodo, per homagium.

Nicholaus Loradin : I b. frumenti, et tenet I virgatam et III percas terre de feodo Roberti Barrey, per homagium.

Stephanus Picot : IIII s. ad duo festa, II p., II g. pro Gasiquar, et tenet II virgatas et dimidiam terre, per homagium.

Petrus Picot : VI b. et dimidium frumenti, II p., II g. de venta Ranulphi Legay, et tenet II virgatas et dimidiam terre de feodo Torchie.
Item. Idem : VI b. frumenti de venta Johannis Fabri, super totum tenementum suum, et de hoc habemus litteram regis. Mº CCCº primo.

Guillelmus Goscelin, aliàs Lebraquet : VI b. frumenti, I p., I g., et tenet dimidiam acram terre de feodo fille Pelerin, per homagium.
Item. Idem : IIII s. VIII d. ad duo festa, I p., I g. pro Gasiquar, et VI d., dimidium panem et dimidiam gallinam pro dimidia piscaria de Hommeto, et tenet III virgatas terre, per homagium.
Item. Idem : IIII d. de auxiliis ad Petronillam, et tenet II virgatas et dimidiam terre, per homagium, de venta a Larrabi pro feodo Manssel. Anno Mº CCCº primo.

Johannes Morel, ratione uxoris sue, pro herede Jouvente : XII d. ad Petronillam, XII d. ad Montem Martini de auxiliis, II p., II g., et tenet I acram terre de feodo Manssel, per residenciam et homagium.

Johannes Hay : II b. frumenti de venta Henrici de Folia, et tenet.....

Guillelmus de Karetot junior, pro Nicholao de Karetot : VII b. frumenti, et tenet I virgatam et dimidiam terre, de feodo de Karetot, per homagium.

Item. Idem : VI b. frumenti, II p., II g., et tenet V virgatas et dimidiam terre, per homagium, pro parte sua de venta Petri de Karetot.

Guillelmus Flout : I b. frumenti, I p., I g. pro Nicholao de Karetot, de dimissione Guillelmi de Karetot senioris, et tenet III virgatas et II partes unius virgate terre, per homagium.

Guillelmus de Maene : VI b. frumenti, pro Nicholao de Karetot, de dimissione Guillelmi de Karetot senioris, et tenet I virgatam et dimidiam terre, per homagium.

Item. Idem : I p., I g. de venta predicti Guillelmi, pro terra supradicta. Anno M° CCC° primo.

Crasvilla :

Johannes Troude, ratione uxoris sue, pro feodo du Hoet : VI s. III d. de auxiliis ad Sanctum Michaelem, se et participes, et debent preparare scutellas novas et stramen album et napas cum manutergis et cetera necessaria, quando abbas transfretabit in Angliam, servicium vavassorie, et tenent XXX acras terre, per residenciam et homagium.

Item. Idem : XII b. frumenti de venta Herberti du Hoet, et tenet XVII virgatas terre de feodo supradicto.

Rogerus du Hoet : VII b. frumenti, I p., I g. de venta

sua, super totum masnagium suum, cum tribus virgatis terre eidem pertinentibus, per homagium.

Stephanus de Sancto Martino, ratione uxoris sue : V b. frumenti de venta Rogeri du Hoet, et tenet.....

Henricus Murdrac, ratione uxoris sue : VI quarteria frumenti de venta Rogeri du Hoet, et tenet VI virgatas terre de feodo dicti Rogeri.

Johannes Lessage, ratione uxoris sue, pro Ricardo du Hoet : VIIII b. frumenti de venta Regis de Visebec, et tenet dimidiam acram terre, per homagium.
Item. Idem, pro se : I quarterium frumenti de feodo au Paer, per homagium.
Item. Idem, pro se : II b. et dimidium frumenti de venta Servain, et tenet dimidiam acram terre.
Item. Idem : I b. ordei de garbagio, I exclusam ad molendinum, et tenet XVI acras terre de feodo de Pierrefite.

Guillelmus, filius Sansonis Caperon : I quarterium frumenti, I p., I g., et tenet I virgatam et III percas terre de feodo Jordani, per homagium.
Item. Idem : III b. frumenti de venta Petri Caperon, et tenet dimidiam acram et quartam partem unius virgate terre.
Item. Idem : I quarterium frumenti, I d. de auxiliis ad Petronillam de venta Henrici de Revilla, et tenet I virgatam terre.
Item. Idem : I d. de auxiliis ad Petronillam, de venta a Larrabi, pro feodo Manssel, et tenet I virgatam et dimidiam terre. Anno M° CCC° primo.

Picardus Potier : III b. frumenti, I p., I g., et tenet I

virgatam et dimidiam terre de feodo a Lavoley, per homagium.

Item. Idem : I b. frumenti de venta Tropvit, et tenet dimidiam virgatam terre apud Grantmont.

Item. Idem, pro Guillelmo Le Chevalier : X b. frumenti, et tenet I virgatam et dimidiam terre, per residenciam et homagium.

Item. Idem : I b. frumenti, pro Matillida La Mousse, vel.....

Johannes de Cruce, pro Gaufrido dicto Le Chevalier : VII b. frumenti, et tenet I virgatam et XVI percas terre, per residenciam et homagium.

Johannes de Cruce, Ricardus Potier, relicta Henrici Goscelin, Johannes Osmont, Radulphus Le Feivre et Guillelmus Gaaignebien, omnes insimul : IIII p., IIII g., dimidium b. ordei de garbagio, et tenent VII virgatas terre, per homagium, de feodo au Chevalier.

Guillelmus Rouvel : XIII b. et dimidium frumenti, IIII p., IIII g., et tenet III virgatas terre et dimidiam terre, per homagium.

Johannes Goon : II b. et dimidium frumenti, I d. de auxiliis ad Petronillam, III p., III g., et tenet dimidiam acram terre, per homagium.

Item. Idem : I b. frumenti de venta Tropvit, et tenet dimidiam virgatam terre, sitam apud Grantmont.

Item. Idem : II d. de auxiliis ad Petronillam, pro Larrabi de feodo Manssel, et tenet I virgatam terre et dimidiam, per homagium.

Albinus Cornet : III b. frumenti, II d. pro pane, I caponem, et tenet dimidiam virgatam terre, per homagium.

Item. Idem : dimidium b. frumenti, I p., I g., de venta Rogeri de Hocto, et tenet dimidiam acram et dimidiam virgatam terre, de feodo dicti Rogeri.

Guillelmus Yon : II quarteria frumenti, I p., I g., et tenet III virgatas terre de feodo filie Pelerin, per residenciam et homagium.
Item. Idem : I d. de auxiliis ad Petronillam, de venta a Larrabi, et tenet VIIII virgatas terre, per homagium. Anno M° CCC° primo.

Henricus de Folia, ratione uxoris sue, Nicholaus de Duna, ratione uxoris sue, insimul : II b. frumenti, II d. de auxiliis ad Petronillam, pro Servain, et tenent dimidiam acram terre.

Johannes, filius Menuis : II b. frumenti, I p., I g., et tenet II partes unius virgate terre, per homagium, de venta Quorol et Gervasii.

Ricardus, filius Roberti Cornebols : II b. frumenti, super totum masnagium suum.

Guillelmus Lefranc : X b. frumenti, II p., II g., et tenet III virgatas et dimidiam terre, per homagium.

Guillelmus Le Moisson : II quarteria frumenti, II p., II g., III d. de auxiliis ad Petronillam, I libbram piperis, et tenet VII virgatas terre, per residenciam et homagium.

Gaufridus Le Moisson : II b. frumenti de venta sua, super totum masnagium suum, cum terra eidem pertinente.

Radulphus Morfouache : III quarteria frumenti, et tenet I acram et dimidiam terre, per homagium.
Item. Idem : IIII d. de auxiliis ad Petronillam, pro

venta a Larrabi, et tenet I acram terre, per homagium. Anno M° CCC° primo.

Johannes Fierebrache : III b. et dimidium frumenti, I p., I g., et tenet I virgatam et dimidiam terre, per homagium.
Item. Idem : I quarterium frumenti pro Le Quaynel, et tenet III virgatas et dimidiam terre.

Stephanus Picot, pro feodo Jordani : IIII quarteria I b. frumenti ex emptione, I b. ordei de garbagio, et tenet I acram, dimidiam virgatam et quartam partem unius virgate terre, per residenciam.

Ricardus Barberel : I quarterium, dimidium b. frumenti, III d. de auxiliis ad Petronillam, II p., II g., et tenet I virgatam et dimidiam terre, per homagium.
Item. Idem : I b. frumenti de retractu Johannis Follot, et tenet I virgatam terre de feodo a Larbalestrier. Anno M° CCC° primo.

Philippus, filius Petri de Visebec : I g., et tenet II virgatas et dimidiam terre, de feodo Barbedorge.
Item. II d. de auxiliis ad Petronillam, de venta a Larrabi, de feodo Manssel, et tenet II partes unius virgate. Anno M° CCC° primo.

Johannes Burnel, ratione uxoris sue, pro Ansquetillo Loquet : III quarteria frumenti, II p., II g., II s. ad Sanctum Michaelem de actornato Guillelmi Manssel, et tenet XII virgatas terre, per residenciam et homagium.

Heredes Regis de Visebec : I b. frumenti, I p., I g. et tenent......

Heres Symonis Johannis : VI b. frumenti, IIII p., III g., et tenet I acram terre apud les Tecgues.

Johannes Legaillart : II d. de auxiliis ad Petronillam, et tenet I virgatam terre, per homagium, pro Larrabi de feodo Manssel.

Nicholaus de Lengronne : VI d. de auxiliis ad Petronillam, XII ferra equo cum clavis, et tenet VI virgatas terre de feodo Manssel.

Petrus Morfouache : V b. frumenti, I p., I g., et tenet quatuor virgatas terre, per homagium.

Guillelmus, filius Unfridi Caperon : V b. frumenti de venta sua, super totum tenementum suum.
Item. Idem : XI b. frumenti, II p., III g., et tenet II virgatas et dimidiam terre, per homagium, de feodo Barrey.
Item. Idem, pro Cauchon : VIII d. ad Sanctum Michalem et tenet...
Item. Idem : V d. de auxiliis ad Petronillam, pro Larrabi, de feodo Manssel, et tenet III virgatas terre, per homagium.

Johannes de Haya : V b. et dimidium frumenti, I p., I g., et tenet dimidiam acram de retractu Johannis Durville. Anno M° CCC° secundo.

Magnum auxilium ad Petronillam :
Feodus Ricardi Manssel.
Filia Roberti Manssel : XVI d., et tenet XVIIII virgatas et dimidiam terre, per residenciam et homagium.
Robertus Manssel : II s. et tenet.....

Dominus Reginaldus de Tornay, ratione uxoris sue, pro feodo de Pierrefite : XX s., VIIII d., et tenet IIII^{XX}V acras terre.

Ambrosius de Barvilla, pro feodo Hugonis de Fonti-

bus : XXII s. XI d., et tenet VI^{xx} acras terre vel eo
circa, per residenciam et homagium.

Sanson Foliot, pro Sansone de Annevilla : VIII s.
VIII d. et tenet XLVII acras terre, per residenciam et
homagium.

Item. Idem : III s. VI d., pro brevibus portandis ad
Michaelem.

Item. Idem : XX d. ad Petronillam, VI d. ad Nativitatem, et tenet XVIII acras terre, de feodo G. Manssel,
per residenciam et homagium.

Auxilium de feodo à Larbalestier, pro Roberto de
Macsyͻ : XXX s. IIII d., et tenet IIII^{xx}XVII acras
terre, et isti debent :

Philippus de Houga, V s.

Heredes Radulphi Le Peytevin, III s. VIIII d.

Guillelmus Caperon, V s.

Heredes Haste-Vilain, V s.

Heredes relicte Barrey, II d.

Filius Guillelmi Tynel, II d.

Ranulphus Routier, X d.

Robertus Servain, II d.

Richecort, I d.

Guilllelmus Corbin, IIII d.

Guillelmus Roussel, IIII d.

Ansquetillus Loste, XV d.

Johanna, filia Corbellon, VII d.

Heredes Guillelmi Goon, XVII d.

Johannes de Cruce, pro Braban, XVIII d.

Guillelmus Le Nevou, I d.

Rogerus Bernart, VIII d.

Unfridus Redier, VII d.

Heredes Cesari, II d.

Heredes Petri Leballif, I d.

Heredes Ansquetilli Loquet, I d.

Nicholaus de Lengronne, pro heredibus Roberti de Crasvilla, IIII d., I esclusam ad molendinum, et tenet VII virgatas terre.

Thomas Danyel, XV d.

Albinus Cornet, I d.

Heredes a la Caynele, IIII d.

Petrus Pasnoel, XV d.

Tenentes de feodo a Larbalestrier :

Ricardus Le Bienfait : II b. frumenti, II p., II g., VIIII ova ad Pascha, et tenet I virgatam terre, per homagium.

Johannes Morin : XII d., et tenet I virgatam et dimidiam terre, per homagium.

Philippus Morin : III b. frumenti, I p., I g., X ova ad Pascha, et tenet I virgatam terre, per homagium.

Ricardus Corbin : II b. frumenti, I p., I g., et tenet I virgatam et dimidiam terre, per homagium.

Rogerus Huc, pro feodo Toque : II quarteria frumenti, X d., et tenet VI virgatas terre, per homagium.

Petrus Le Mintre : II b. frumenti, II p., II g.. et tenet dimidiam acram terre, per homagium.

Johannes Hervier : II d. pro pane, I g., et tenet dimidiam virgatam et VI percas terre, per residenciam et homagium.

Gaufridus Le Nevou : VIIII d. ad Nativitatem, et tenet II partes unius virgate terre, per homagium.

Guillelmus Le Nevou : VII b. frumenti, II p., II g., et tenet III virgatas terre, per homagium.

Johanna, filia Corbeillon : VIIII b. frumenti, I p., I g., et tenet I acram terre, per residenciam et homagium.

Petrus Pasnoel : XVIIII b. frumenti, IIII p., IIII g., X ova, et tenet VIIII virgatas terre, per residenciam et homagium.

Ansquetillus Loste : XII quarteria frumenti, XXI cenomannenses ad Nativitatem Domini pro regardis, et tenet VI acras terre, per homagium.

Guillelmus Crestez : III b. frumenti, II p., II g., et tenet I virgatam et dimidiam terre, per homagium.

Philippus Troude : I quarterium frumenti, I p., I g., et tenet dimidiam acram terre, per residenciam et homagium.

Item. Idem, pro herede Radulphi Tostain : I quarterium frumenti, I p., I g., et tenet III virgatas terre, per residenciam et homagium.

Germanus Neel : I b. frumenti, I anxer vel VI d. et tenet I virgatam terre, per homagium.

Johannes de Cruce, pro feodo Bacot : III quarteria frumenti, III, p., III g., XX ova ad Pascha, et tenet VI acras terre, per residenciam et homagium.

Alanus Lecouvroor : III b. fumenti, I p., I g., et tenet I virgatam terre, per homagium.

Heredes Picot : V b. frumenti, I p., I g., et tenent III virgatas terre, per homagium.

Heredes Fabri de Crasvilla : II b. frumenti, I p., I g., et tenent I virgatam et dimidiam terre, per homagium.

Guillelmus Caperon : V b. frumenti, XX d. pro regardis ad Nativitatem, et tenet XXIII acras terre, II b. ordei de garbagio, I esclusam ad molendinum et totum servicium vavassorie, per residenciam et homagium.

Nicholaus Renaut : V quarteria I b. frumenti, XX d. pro regardis ad Nativitatem, et tenet XIII virgatas terre, per residenciam et homagium.

Heres Guillelmi Goon : VI quarteria I b. frumenti, et XXII d., et tenet VI acras terre, per homagium.

Relicta Johannis de Cruce : II quarteria frumenti, II p., II g., et tenet V virgatas terre, per residenciam et homagium.

Heredes Petri Leballif : II p., II g., XX ova, et tenent I virgatam terre, per residenciam et homagium.

Heredes Hastevilain : XVI d., et tenent XX acras terre, per residenciam et homagium, III b. ordei de garbagio, I esclusam ad molendinum, et debent tenere gablum molendini prope queminum in statu et totum servicium vavassorie.

Johannes Tornebois : XIII b. et dimidium frumenti, II p., II g., et tenet II acras terre, per homagium.

Johannes Fierebrache : I b. et dimidium frumenti, II d., et tenet II partes unius virgate terre, per homagium.

Thomas Leduc, pro Hugone Cossart : V d. ad Nativitatem, et tenet I virgatam terre, per homagium.

Johannes Troude, ratione uxoris sue, pro feodo du Hoet : XI b. frumenti, VII d., et tenet II acras terre, per homagium.

Thomas Danyel : VI quarteria et dimidium frumenti, VIIII d., et tenet XV virgatas terre, per residenciam et homagium.

Heredes Bardoul : I quarterium frumenti, II p., II g., et tenent V virgatas terre, per residenciam et homagium.

Philippus de Houga, de Gatevilla : VIII quarteria frumenti, VIIII d. pro regardis, et tenet XII acras terre, per residenciam et homagium.

Ricardus Alain : I b. et dimidium frumenti, I p., I g., et tenet dimidiam virgatam terre, per homagium.

Radulphus Clement : VI b. frumenti, I p., I g., et tenet III virgatas terre, per residenciam et homagium.

Relicta Roberti de Karelot : II quarteria frumenti,

II p., II g., VI d. pro anxere, et tenet VIII virgatas terre, per homagium.

Stephanus de Lecto : I quarterium frumenti, I p., I g., et tenet I virgatam et dimidiam terre, per residenciam et homagium.

Unfridus Redier : VI b. frumenti pro regardis, et tenet VI virgatas terre, per homagium.

Robertus Leclerc : XI b. frumenti, II p., II g., et tenet VI virgatas terre, per homagium.

Georgius Bernart : XX b. frumenti, IIII p., IIII g., et tenet XII virgatas terre, per homagium.

Guillelmus Tynel : II b. frumenti, I p., I g., et tenet dimidiam acram terre, per homagium.

Johannes Lebas : III b. frumenti, I g., et tenet III virgatas terre, per residenciam et homagium.

Guillelmus Le Peytevin de Danevilla, de parrochia de Gatevilla : XII d., et tenet VI acras terre, per homagium.

Vincencius Lerainel : I p., I g., et tenet I virgatam et dimidiam terre, per homagium.

Albinus Cornet : III b. et dimidum frumenti, X d. pro regardis, et tenet III virgatas terre, per residenciam et homagium.

Johannes de Cruce : III b. frumenti, I p., I g., et tenet II virgatas et dimidiam terre, per homagium.

Guillelmus Corbin : IIII d., et tenet dimidiam virgatam terre, per homagium.

Heres Guillelmi Goon : II s., et tenet dimidiam virgatam terre, per homagium.

Guillelmus Roussel : IIII d., et tenet dimidiam virgatam terre, per homagium.

Petrus Leballif : XII d.

Albinus Cornet : XII d.

Colinus Tynel : IIII d.

Ansquetillus Loste : XVIII d.

Danevilla :
Guillelmus Davenay : I b. frumenti, et tenet dimidiam virgatam terre.

Thomas Le Peytevin : II quarteria frumenti siestenc, I p., I g., pro moutis.

Guillelmus Le Peytevin, pro Estacoal : XIIII b. frumenti siestenc, II p. de II denariis, II g., II s. ad Michaelem, III d. de auxiliis ad Petronillam, V ova ad Pascha, et tenet VIII virgatas terre, per residenciam et homagium.

Guillelmus, filium Gaufridi Quetel : II g., et tenet.....

Radulphus Pignel : VII b. frumenti siestenc, III d. de auxiliis ad Petronillam, II p. de IIII denariis, II g., et tenet III virgatas terre, per homagium.

Radulphus Le Vassal : I quarterium frumenti siestenc, I p. de I denario, I g., et tenet dimidiam acram terre de feodo Foliot, per homagium.

Johannes Cueros : I b. frumenti siestenc, et tenet I virgatam et dimidiam terre, per homagium.

Guillelmus Martin : VIIII b. frumenti siestenc, I p., I g., et tenet III virgatas et dimidiam terre, per homagium.

Johannes Le Vassal pro Roberto Pyoger : III s. ad Michaelem, III s. ad Petronillam, I p., I g., et tenet X virgatas et dimidiam terre, per residenciam et homagium.

Guillelmus Hoel : I b. frumenti siestenc, III d. de auxiliis ad Petronillam, de venta Radulphi Le Vassal, et tenet dimidiam acram terre, per homagium.

Guillelmus Lebrunet, pro Roberto Lehaguels : VI d. ad Petronillam, de venta Radulphi Le Vassal, et tenet quartam partem unius virgate terre.

Johannes de Hamello : X d. ad Petronillam, de venta dicti Radulphi Le Vassal, et tenet...

Ybranvilla :
Gaufridus Renaut : I b. frumenti de retracta nobis facta et sibi tradita, et tenet dimidiam virgatam terre, sitam juxta terram Guillelmi Guerout et Michaelem Renaut a lateribus. Anno Domini M° CCC° primo.

Toquevilla :
Ricardus Blanqueteste : XII b. frumenti, I p. de I denario, I g., et tenet I acram terre apud les Peraus, per homagium.
Item. Idem : VI b. frumenti, VI d. de auxiliis ad Petronillam, I b. ordei de garbaglo, III d. pro pane, II g., XX ova, pro suo masnaglo et pro VI virgatis terre, sitis in dicto masnaglo, pro Jameto de Mara, per homagium.
Item. Idem : VIII b. avene et tenet IIII virgatas terre, sitas es Pleins, per homagium.
Item. Idem : I quarterium frumenti, I p., I g., et tenet

II virgatas et terciam partem unius virgate terre apud Les Fossez, juxta Monsterol, per homagium.

Petrus Guerout : III d. pro pane, II g., XX ova, VI s., VI d. ad Petronillam, I b. ordei de garbaglo, et tenet XII virgatas terre, per homagium.

Heredes Radulphi Fabri : VIII cenomannenses ad Petronillam, I p., I g., X ova, I ordei de garbaglo, et tenent V virgatas terre apud les ommez, per homagium.

Guillelmus Cohuel : XV b. avene, I p., I g., et tenet V virgatas terre, sitas au val Dossey, per homagium.

Johannes Le Cousteur, pro feodo Radulphi Aze : III d., II g., XX ova, I b. de garbaglo super masnagium suum, et tenet I acram terre, per residenciam et homagium.

Robertus de Henout : I d. ad Nativitatem Domini, et tenet I acram terre in suo clauso, per homagium.
Item. Idem : I d. pro excambio de Roqua, per homagium.
Item. Idem : pro molendino, LV s., videlicet XXV d Michaelem et residuum ad Petronillam, per homagium. Habemus litteram regis.

Ricardus Milart : VIII d. de auxiliis ad Petronillam, III b. frumenti, III d. pro pane, II g., XX ova, I b. ordei de garbaglo, et tenet V virgatas et dimidiam terre, per residenciam et homagium.

Robertus Ledanels : I quarterium frumenti, XII d. de auxiliis ad Petronillam, III d. pro pane, II capones, II g., II chies daus, XX ova, I b. ordei de garbaglo, et tenet VII virgatas terre, per residenciam et homagium.

Guillelmus Le Daneis : IIII b. frumenti, pro parte sua feodo supradicti (*sic*). Habemus litteras regis.

Henricus du Mesnil, pro herede Barbou : III b. frumenti, IIII d. pro pane, II g., XX ova, et tenet I virgatam terre, per homagium.
Item. Idem : X b. frumenti, I d. ad Nativitatem, et tenet dimidiam acram terre apud les Peraus, per homagium.

Robertus Hervel : XXI cenomannences ad Petronillam, III d. pro pane, II g., XX ova, I b. ordei de garbagio et III s. ad Michaelem.
Item. Idem : VII s., I p., I g., ad Nativitatem Domini, de venta Johannis Morel. Anno M° CCC° primo. Habemus litteram regis. Et tenet VI virgatas terre, per residenciam et homagium.

Stephanus Hervell : IIII s. VI d. ad Petronillam, III d. pro pane, II g., XX ova, VIII d. ad Michaelem, I b. ordei de garbagio, et tenet VIIII virgatas terre, per residenciam et homagium.
Item. II b. frumenti, de venta sua, super terram supradictam. Anno M° CCC° secundo.

Guillelmus Monsterol : I quarterium frumenti, V d. pro pane, III g., XIIII b. avene, et tenet VIII virgatas terre in Magno Orto, per homagium.

Radulphus Le Moingne : II p., II g., et tenet VI virgatas terre apud Vallem d'Ossey, per homagium.

Ricardus Fabri : I d. ad Nativitatem, et tenet V virgatas terre apud le Hommel, per homagium.

Johannes Lecoustour : II d. pro pane, II g., XX ova,

et tenet II acras terre apud Buffez et apud le Hommet, per residenciam et homagium.

Guillelmus Le Pyetel, senior : I quarterium frumenti, II p., II g., et tenet III virgatas et dimidiam terre in Magno Orto, per homagium.

Ricardus Lecoustour : I d. de auxiliis ad Petronillam, pro excambio vie molendini, et tenet I virgatam terre, apud les Peraux, per homagium.

Robertus Fabri : I b. et dimidium frumenti, I p., I g., et tenet dimidiam acram terre, sitam in Magno Orto, per homagium.

Guillelmus Pyetel : VIIII b. frumenti, I p., I g., et tenet III virgatas et dimidiam terre in Magno Orto, per homagium.

Nicholaus de Mari : II b. frumenti, I p., I g., et II partes unius libbre cere, et tenet VII virgatas terre apud les Fossez, per homagium.

Ricardus Vadel : III b. et dimidium frumenti, et tenet I virgatam et dimidiam terre apud les Peraus, per homagium.

Radulphus de Henout : VIII b. frumenti, I p., I g., et tenet V virgatas terre, per homagium.

Ricardus Malhommet : III b. frumenti, et tenet I virgatam terre, per homagium.

Antonius de Mari : III b. frumenti, de venta sua. Habemus litteram regis.

Dicta La Coustorresse : IIII b. frumenti, et sunt in manu nostra. Habemus litteram regis.

Radulphus Lescroel, presbiter : XVI b. frumenti et post decessum ipsius XXVIII b. frumenti, et tenet VII virgatas et dimidiam terre et columbarium, per residenciam et homagium.

Cailleta, filia Pyetel : III b. frumenti, et tenet I virgatam terre.

C

BULLE DU PAPE EUGÈNE IV ET DÉCISION DE JEAN, ABBÉ DE CHAMPAGNE, CONCERNANT LA CURE DE SAINT-AUBIN-DE-FONTENAY-DE-PESNEL [1].

1444.

Universis et singulis præsentes litteras inspecturis, visuris, pariter et audituris, ad quos infrascriptum tangit negotium, seu tangere poterit quomodolibet in futurum, conjunctim et divisim, quibusque nominibus censeantur et quâcumque præfulgeant dignitate, — frater Johannes, permissione divinâ humilis abbas monasterii de Campaniâ, cenomanensis diocesis, commissarius et executor unicus ad infrascripta a Sanctâ Sede apostolicâ specialiter deputatus, salutem in Domino et præsentibus fidem indubiam adhibere.

Litteras sanctissimi in Christo Patris et Domini nostri Domini Eugenii divinâ providentiâ Papæ quarti, ejus verâ bullâ plumbeâ cum cordulâ canapis more Romanorum Curiæ impendente bullatas, sanas et integras, non viciatas, non cancellatas, nec in aliquâ sui parte

---

[1] Cette pièce nous est parvenue trop tard pour figurer à sa date dans le Cartulaire.

suspectas, sed omni prorsùs vitio et suspicione carentes'
ut in eis primâ facie apparebat, nobis per venerabilem
Patrem et Dominum Dominum Michaelem, abbatem
monasterii Beatæ Mariæ Fontis Danielis, cisterciensis
ordinis, cenomanensis diocesis, in eisdem litteris principaliter nominatum, coràm notario publico et testibus
infrascriptis præsentatas, nos cum eà quà decuit reverentià noveritis recepisse.

Quarum litterarum tenor de verbo ad verbum sequitur et est talis :

Eugenius episcopus, servus servorum Dei, dilecto
filio abbati monasterii de Campanià, cenomanensis
diocesis, salutem et apostolicam benedictionem.

Ex apostolicæ servitutis nobis desuper injunctæ
officio, ad ea libenter, prout tenemur, aciem nostræ
considerationis extendentes intendimus, per quæ monasteriorum omnium et aliorum piorum locorum
indemnitati valeat provideri, divinus quoque cultus inibi
continuum nostris præsidiis suscipiat incrementum.

Sanè pro parte dilecti filii Michaelis, abbatis monsterii Fontis Danielis, cisterciensis ordinis, cenomanensis
diocesis, petitio continebat quòd fructus, redditus et
proventus ejusdem monasterii, propter guerrarum turbines, mortalitatum pestes et alios sinistros eventus,
qui partes ipsas diutiùs afflixerant et in dies affligunt,
adeò attenuati existunt, quòd ex illis qui sexagenta
librorum turonensium pretiorum, secundùm communem æstimationem, valorem annuum non excedunt,
ipse abbas cum aliis religiosis viris inibi in copioso
numero degentibus juxtà abbatialis dignitatis exigentiam decenter sustentari, ac reparationibus dicti monasterii plurimùm tendentis ad ruinam, intendere, — et
alia sibi incumbentia onera commodè nequeunt supportare; — quòdque si capella seu cura sancti Albini

de Fonteneto Paganelli, Bajocensis diocesis, cujus fructus, redditus et proventus quinquaginta librarum turonensium similium, secundùm eamdem æstimationem, valorem universaliter non excedunt, quæ ad præsentationem abbatis et conventûs prædictorum de authenticâ et approbatâ hactenùsque pacificè observatâ consuetudine pertinere dignoscitur et per clericos sæcularium gubernari consuevit, eidem monasterio uniretur, annecteretur et incorporaretur, ac per hoc dicto abbati circà præmissa onera supportenda non modicum succederet relevamen, ipse que cultus in dicto monasterio feliciora suscipere incrementa.

Quarè pro parte abbatis et conventûs prædictorum nobis fuit humiliter supplicatum, ut capellam præfatam cum omnibus juribus et pertinentiis suis eidem monasterio unire in perpetuum, annectere et incorporare de benegnitate apostolicâ dignaremur.

Nos igitur de præmissis certam notitiam non habentes, hujusmodi supplicationibus inclinati, discretioni tuæ per apostolica scripta mandamus quatenùs de præmissis omnibus et singulis auctoritate nostrâ te diligenter informes, et si per informationem hujusmodi ea fore vera repereris, super quo tuam conscientiam oneramus, capellam prædictam cum omnibus juribus et pertinentiis suis eidem monasterio in perpetuum unias, incorpores et annectas, ità quòd decedente vel cedente ipsius capellæ rectore, aut aliàs illam quomodolibet dimittente, liceat præfato antedicti monasterii pro tempore illo existenti abbati, per se vel alium seu alios, corporalem possessionem capellæ juriumque et pertinentiarum prædictarum auctoritate propriâ liberè apprehendere, ac etiam retinere; necnon fructus, redditus et proventus capellæ hujusmodi in communes abbatis et dilectorum filiorum conventûs monasterii hujusmodi usus et utilitatem convertere, disponere et ordinare, ordinarii loci et cujuslibet alterius licentiâ super hoc minimè requisitâ, contradictores per censuram ecclesiasticam appellatione postpositâ compescendo, nonobstantibus constitutionibus, et ordinationibus apostolicis, necnon contitutionibus, statutis et consuetudinibus monasterii et ordinis prædictorum, juramento, confirmatione apostolicâ vel quâcumque firmitate aliâ roboratis, contrariis quibusque.

Undè si aliquandò super provisionibus sibi faciendis de hujusmodi speciales, vel aliis beneficiis ecclesiasticis in illis partibus generales, apostolicæ Sedis vel legatorum ejus litteras impetrarint, etiam super eas ad inhibitionem, reservationem et decretum, vel aliàs quomodolibet sit processum, quas quidem litteras, processus habitos et casus ad præfatam capellam volumus non extendi, sed nullum per hoc eis contrà ad assecutionem beneficiorum aliorum præjudicium generari et quibusvis aliis privilegiis, indulgentiis, necnon litteris apostolicis generalibus vel specialibus quorumcumque tenorum existent, per quæ præsentibus non expressa, vel totaliter non inserta, effectus eorumdem impediri valeat quomodolibet vel differri, et de qua cujusque toto tenore habenda sit in nostris litteris necessaria mentio specialis.

Volumus autem quòd si unionem, annexionem et incorporationem hujusmodi per te fieri et suum effectum sortiri contigerit, ut præfatus abbas et conventus præfati monasterii pro tempore existentes, in præfatâ capellâ, prout hactenùs fieri consuetum existit, divina officia celebrari facere teneantur, et illius onera consueta debitè supportentur. — Nos enim exindè irritum decernimus et inane, si secùs super his a quoquam, quâvis auctoritate, scienter vel ignoranter contigerit attemptari.

Datum Romæ apud Sanctum Petrum, anno Incarnationis dominicæ millesimo quadringentesimo quadragesimo quarto, pridie kalendarum decembris, Pontificatûs nostri anno quartodecimo.

Sic signatum : Ja. Bourin.

Post quarumquidem litterarum præsentationem et receptionem nobis et per nos, ut præmittitur, factas, prædictis primitùs coràm nobis pro parte dicti domini Michaelis abbatis non nullis testibus fide dignis et aliis juribus, litteris, instrumentis et momentis ad informandam actionem nostram de et super narratis et contentis in dictis litteris apostolicis, ipsis que testibus per nos in formâ juris receptis, admissis, juratis et examinatis, ac eorum dictis et depositionibus necnon juribus et momentis præfatis in scriptis fideliter redactis et per nos tandem visis, demùm fuimus per præfatum dominum Michaelem abbatem debitâ cum instantiâ requisiti, ut ad executionem dictarum litterarum apostolicarum et contentorum in eis procedere curaremus, juxtà traditam seu directam a sede præfatâ nobis formam.

Nos igitur frater Johannes abbas, judex et executor præfatus, attendentes requisitionem hujusmodi fore justam et rationi consonam, volentesque apostolicum mandatum supradictum nobis in hâc parte directum reverenter exequi, ut tenemur, et quia ex dictis et depositionibus eorumdem testium necnon juribus et momentis præfatis et aliis sufficientibus informationibus, omnia et singula in iisdem litteris narrata et expressa fore vera comperimus; idcircò, auctoritate apostolicâ nobis commissâ et quâ fungimur in hâc parte, capellam sive curam sancti Albini de Fonteneto Paganelli, Bajocensis diocesis, de quâ in præfatis apostolicis litteris sit mentio, præfato monasterio Beatæ Mariæ Fontis Danielis in perpetuum unimus, incorporamus et annexuimus, prout unimus, incorporamus et annectimus per præsentes, ità quòd cedente vel decedente ipsius capellæ rectore, aut aliàs illam quomodolibet dimittente, liceat præfato antedicti monasterii pro tempore existenti abbati, per se vel alium seu alios, corporalem et realem et actualem possessionem capellæ, juriumque et pertinentiarum omnium ejusdem auctoritate propriâ liberè apprehendere ac etiam retinere, necnon fructus, redditus et proventus capellæ hujusmodi, in communes antedictorum abbatis et venerabilium et religiosorum virorum dominorum conventûs ejusdem monasterii usus et utilitatem convertere et ordinare, ordinarii loci aut cujuslibet alterius licentiâ super hoc minimè requisitâ.

Quæ omnia et singula necnon præfatas litteras apostolicas et hunc nostrum processum, ac omnia et singula in eis contenta vobis omnibus et singulis supradictis intimamus, insinuamus et notificamus, ac ad universorum et cujuslibet vestrûm noticiam deducimus et deduci volumus per easdem præsentes.

In quorum omnium et singulorum fidem et testimonium præmissorum præsentes litteras, sive hoc præsens publicum instrumentum processum nostrum hujusmodi in se continens sive continendum exinde et fieri et per notarium publicum infrascriptum subscribi et publicari mandavimus, sigilli quoque nostri fecimus appensione communiri.

Datum et actum in capitulo prædictæ abbatiæ Fontis Danielis, sub anno Domini millesimo quadringentesimo quadragesimo quarto, indictione undecimâ mensis martii, pontificatûs sanctissimi domini nostri Domini Eugenii Papæ anno quarto decimo : præsentibus ibidem venerabilibus viris magistris Domino Simone Oliverii, doctore in theologiâ, Domino Johanne Balavoyne, cenomanensis diocesis, cum pluribus aliis vocatis specialiter et rogatis.

Et ego Robertus Martin, præsbiter cenomanensis dio-

cesis, publicus auctoritate imperiali notarius : quia
prædictarum litterarum apostolicarum præsentationis
receptioni, testium, instrumentorum, jurium, litterarum et momentorum productioni, requisitioni, unioni,
incorporationi et annexioni, cæterisque præmissis omnibus et singulis, dùm, sicut præmittitur, per venerabilem patrem et dominum Dominum Johannem, permissione divinà abbatem, commissarium et executorem
præfatum et coràm eo agerentur, dicerentur et fierent,
unà cum pluribus aliis testibus præsens interfui, et sic
fieri vidi et audivi. — Et ideo hoc præsens publicum
instrumentum per alium fideliter scriptum exindè con-
feci, et in hanc publicam formam redegi, signoque et
nomine meis solitis hic me subscribendo signavi, in
fidem et testimonium præmissorum omnium requisitus
et rogatus.

Signatum signo Martin in capite, et sigillo sigillato
apposito appendente ceræ rubræ in cordà sericà.

[Collation faite sur l'original apporté au greffe de mon-
sieur le bailly de Caen pour la vicomté dudit, à la re-
questre de Jean le Febvre, procureur des abbé et religieux de Fontaine-Daniel, ce lundi dix neufiesme jour de
novembre (mil) cinq cent quarante huit, la juridiction
dud. sieur bailly tenante : led. original apporté aud.
greffe par led. le Febvre et à lui présentement rendu.

Signature avec paraphe.]

[Collatio facta super copià in pergamenà scriptà et debitè collatà et signatà, per me notarium auctoritate
apostolicà publicum subsignatum (quà collatione factà,
reddita fuit copia), anno Domini millesimo sexcente-
simo octogesimo sexto, me commorantem Cadomi, in
utroque jure licentiatum, in parochià Sancti Stephani,
die verò sextà mensis Januarii.

Signé : J. Maillard, not. apostolicus.]

TABLE CHRONOLOGIQUE

DES

PIÈCES CONTENUES DANS LE CARTULAIRE [1]

I.	A. 1187.	Donation par Herbert de B....	1
II.	1188.	Gage par Guérin de St-Berthevin	3
III.	1188.	Donation par Horry en Gerennes	4
IV.	1189.	Transaction avec Fouques de Chalons.	4
V.	1191.	Accord avec Marcouf, prêtre de Martigné	6
VI.	V. 1195.	Donation par Guillaume de Mayenne	9
VII.	V. 1195.	Confirmation par Juhel III de Mayenne	10
VIII.	1197.	Accord avec Eudes Bifox et Eremburge, son épouse.	12
IX.	V. 1198.	Donation par Constance de Craon	13
X.	V. 1200.	Donation par Thibault de Mathefelon.	14
XI.	V. 1200.	Donation par Juhel III de Mayenne	15
XII.	V. 1200.	Donation par Pierre de Villeray.	16
XIII.	V. 1200.	Accord avec Jean de Montgenard	17
XIV.	1203.	Droits accordés par Hubert de Saint-Berthevin	
XV.	1203.	Transaction avec Hubert de St-Berthevin	19
XVI.	1204.	Ratification par Thibault de Mathefelon.	20

(1) Un certain nombre de fragments de pièces, qui ne comportaient pas de titres, n'a pu être indiqué dans cette table.

XVII.	1201.	Donation par Thibault de Mathefelon.	25
XVIII.	1205.	Fondation de l'abbaye de Fontaine-Daniel par Juhel III de Mayenne	26
XIX.	1205.	Confirmation par Marguerite de Sablé.	36
XX.	1205.	Confirmation par Hamelin, évêque du Mans.	37
XXI.	1205.	Donation par Constance de Craon, dame de la Garnesche	46
XXII.	1206.	Confirmation par Barthelemy, archevêque de Tours.	47
XXIII.	1206.	Confirmation par Philippe-Auguste, roi de France.	48
XXIV.	1206.	Donation par l'abbaye de Fontaine-Daniel.	52
XXV.	1206.	Règlement de droits avec le prieur de Mayenne et Fontaine-Géhard.	54
XXVI.	1206.	Donation par Juhel III de Mayenne.	56
XXVII.	1206.	Donation par Guillaume de Soudai et Philippe, son épouse.	57
XXVIII.	1207.	Donation par Robert de Landivy.	58
XXIX.	1207.	Donation par Juhel III de Mayenne.	59
XXX.	1207.	Donation par Juhel III et Gervaise, son épouse.	60
XXXI.	1207.	Donation par Herbert d'Andouillé	62
XXXII.	1207.	Donation par Juhel III.	63
XXXIII.	1208.	Vente par Ernault Morin.	64
XXXIV.	1208.	Donation et vente par Adam Morin.	64
XXXV.	1208.	Donation par Haois, épouse de Robert Chaperon.	65
XXXVI.	1208.	Donation par Guillaume du Creux	66
XXXVII.	1208.	Donation par Juhel III.	66

XXXVIII.	1208.	Accord avec Payen de Rouesson	67
XXXIX.	1208.	Donation par Juhel III. . . .	67
XL.	1208.	Donation par André II de Vitré. .	68
XLI.	1208.	Confirmation par le pape Innocent III.	69
XLII.	1209.	Donation par Juhel III. . . .	71
XLIII.	1209.	Echange avec le prieuré de Montguyon.	72
XLIV.	1209.	Donation par Amaury I de Craon	74
XLV.	1209.	Donation par Herbert de Logé. .	74
XLVI.	1209.	Donation par Guillaume de la Guerche.	75
XLVII.	1209.	Donation par Guillaume des Roches	76
XLVIII.	1209.	Confirmation par Jean, archevêque de Tours	76
XLIX.	1210.	Donation par Juhel III. . . .	80
L.	1210.	Donation par Philippe de Candé.	81
LI.	1210.	Donation par la veuve et les héritiers de Raoul du Coudray .	82
LII.	1210.	Donation par Juhel III. . . .	83
LIII.	1210.	Donation par Guillaume de Montgiroux.	83
LIV.	1211.	Translation de rentes par Juhel III.	84
LV.	1211.	Confirmation par Hamelin, évêque du Mans.	85
LVI.	1211.	Donation par Renouf le Flamand	86
LVII.	1211.	Donation par Juhel III. . . .	87
LVIII.	1211.	Donation et vente par Herbert de Vesins.	88
LIX.	1211.	Donation par Herbert de Vesins et Henri de Brecé.	89
LX.	1212.	Donation par Fouques de Châlons.	90
LXI.	1212.	Donation par Herbert de Vesins.	91
LXII.	1212.	Echange et donation par Hubert de Saint-Berthevin.	92

LXIV.	1212.	Donation par Juhel III. . . .	93
LXV.	1213.	Donation par Juhel III. . . .	94
LXVI.	1213.	Déclaration par Juhel III . . .	95
LXVII.	1213.	Convention avec Guillaume de Commer.	96
LXVIII.	1213.	Donation par Hamelin d'Inée. .	97
LXIX.	1213.	Donation par Hubert de Montigné.	98
LXXII.	1213.	Protection accordée par Hamelin, évêque du Mans. . . .	99
LXXIII.	1214.	Donation par Sylvestre de Rouperoux	100
LXXIV.	1214.	Donation par le même. . . .	101
LXXV.	1214.	Donation par R. abbé de Fontaine-Daniel	102
LXXVI.	1214.	Arrangement avec Hamelin et Guillaume de l'Ecluse . . .	103
LXXVII.	1215.	Abandon par Savary d'Anthenaise.	104
LXXVIII.	1215.	Donation par Jean d'Ecorcé . .	104
LXXIX.	1215.	Donation par Juhel III. . . .	105
LXXX.	1215.	Autre donation par le même. .	105
LXXXI.	1215.	Saisine accordée par Guillaume de Montgiroux.	106
LXXXII.	1216.	Consentement par Amaury I de Craon	107
LXXXIII.	1216.	Donation par Constance de Craon, dame de la Garnesche.	108
LXXXIV.	1216.	Donation par Geoffroy d'Arquenay	109
LXXXV.	1216.	Donation par Juhel III . . .	110
LXXXVI.	1217.	Echange avec les héritiers de Robert de la Rongère . . .	111
LXXXVII.	1218.	Donation par Philippe de Candé.	111
LXXXVIII.	1218.	Donation par Geoffroy de Monts.	112
LXXXIX.	1218.	Donation par Guillaume de Eirre	113
XC.	1218.	Donation par Guy de Saint-Loup	114
XCI.	1218.	Arrangement entre Huges et Hamelin Paon.	114

XCII.	1218.	Arrangement et vente intéressant Etienne Bruslon	115
XCIII.	1218.	Donation par Renauld d'Anjou .	116
XCIV.	1218.	Donation par le même.	117
XCV.	1218.	Donation par Guillaume d'Hauterives	118
XCVII.	1219.	Echange entre l'abbaye de Saint-Pierre de Fougères et Gaultier Levesel.	119
XCVIII.	1219.	Accord avec Jean de Montgenard	120
XCIX.	1219.	Garantie donnée par Hubert de Saint-Berthevin	121
C.	1219.	Donation par Payen de Vaiges .	122
CI.	1220.	Donation par Macée, dame de Cerisy	122
CII.	1220.	Confirmation par le pape Honorius III	124
CIII.	1220.	Donation par Gervais de St-Loup	124
CIV.	1220.	Donation par Renouf le Flamand	125
CV.	1220.	Décision contre Payen de Vaiges	126
CVI.	1221.	Arrangement avec Raoul le Flamand	126
CVII.	1221.	Donation par Guillaume de Soudai	127
CX.	1223.	Donation par Etienne Geré . .	128
CXII.	1224.	Abandon par Geoffroy de Carcou, Philippe de Dompierre et Guillaume d'Orne	129
CXIII.	1224.	Approbation par Mathieu de St-Berthevin	130
CXIV.	1224.	Accord entre Guillaume et Menard de Ganier	130
CXV.	1224.	Donation par Renauld Paon . .	131
CXVI.	1225.	Donation par Hamelin Coudabe.	132
CXVII.	1226.	Arrangement avec Dreux de Mello et Isabelle, son épouse .	132
CXVIII.	1226.	Vente par Michel Chauvin . .	133
CXIX.	1226.	Donation par Dreux de Mello .	135

CXX.	1227.	Vente par Nicolas de Saint-Loup	135
CXXI.	1227.	Donation par Robert de Gorron.	136
CXXII.	1227.	Donation par le même. . . .	137
CXXIII.	1228.	Lettre de Dreux de Mello et Isabelle, son épouse.	137
CXXIV.	1229.	Confirmation par Renauld Paon	139
CXXV.	1229.	Echange avec Raoul de Beauvoir	140
CXXVI.	1229.	Donation par Geoffroy de Mathefelon.	140
CXXVII.	1230.	Donation et vente par Geoffroy Beausoleil	141
CXXVIII.	1230.	Litige entre Jacques et Hamelin de la Motte.	142
CXXIX.	1230.	Abandon par Jean de Orthes. .	142
CXXX.	1231.	Reconnaissance par Geoffroy d'Amblou	143
CXXXI.	1231.	Echange avec Payen de Rouesson	143
CXXXII.	1231.	Confirmation par Geoffroy, évêque du Mans	144
CXXXIII.	1231.	Dation en paiement par Dreux de Mello et Isabelle, son épouse	145
CXXXIV.	1232.	Donation par Mathieu et Guillaume Boudier	146
CXXXV.	1233.	Donation par Eudeline de la Tortendière et son fils . . .	146
CXXXVI.	1233.	Donation par Aubert de l'Espinasse et son épouse	147
CXXXVII.	1233.	Donation par Dreux de Mello et Isabelle, son épouse. . . .	148
CXL.	1234.	Echange entre Georges de Mesbier et Robert de Gorron . .	150
CXLI.	1235.	Déclaration par Robert de Gorron	151
CXLII.	1235.	Translation de rente par Guillaume de Thuré	151
CXLIII.	1235.	Donation par Renauld Paon . .	152
CXLIV.	1235.	Confirmation par le Pape Grégoire IX.	153
CXLV.	1235.	Donation par Hamelin Coudabe.	155

CXLVI.	1236.	Arrangements avec l'abbaye de Savigny	156
CXLIX.	1238.	Vente par Jean dit Plainchamp, et son épouse	160
CL.	1238.	Donation par Orry Beraut. . .	160
CLI.	1238.	Donation par Raoul Levesel . .	161
CLII.	1239.	Donation par Pierre de Baselles	161
CLIII.	1239.	Donation par Hugues de Baselles	162
CLIV.	1239.	Donation par Hugues de Orthes.	162
CLV.	1239.	Donation par Philippe de Landivy, père, et son fils . . .	163
CLVI.	1239.	Donation par Jean de Vautorte .	164
CLVII.	1239.	Donation par Dreux de Mello et Isabelle, son épouse. . . .	165
CLVIII.	1239.	Donation par Robert de Gorron.	166
CLIX.	1239.	Abandon par Gilles de Saint-Loup et Fouques de Orthes .	167
CLX.	1240.	Arrangement avec Guillaume de la Hautonnière	168
CLXI.	1240.	Donation par Jean Goupil. . .	169
CLXII.	1240.	Ratification par Agnès, épouse de Jean Goupil.	169
CLXIII.	1240.	Donation par Hamelin de la Motte.	170
CLXV.	1240.	Donation par Guillaume de la Hautonnière	171
CLXVII.	1241.	Cession par Maurice de la Haie-Jouslin	172
CLXVIII.	1241.	Donation par Dreux de Mello et Isabelle, son épouse. . . .	173
CLXIX.	1242.	Donation par Fouques d'Hauterives	174
CLXXI.	1242.	Donation par Hamelin d'Anthenaise.	175
CLXXII.	1242.	Abandon par l'abbaye de la Réau.	175
CLXXIII.	1242.	Donation par Henri Corbin . .	176
CLXXVI.	1243.	Donation par Dreux de Mello et Isabelle, son épouse. . . .	177

CLXXVII.	1243.	Abandon par Jean de Trôo . .	189
CLXXVIII.	1244.	Autorisation d'acquérir donnée par Jean de Trôo.	190
CLXXIX.	1244.	Donation par Renauld Paon . .	191
CLXXX.	1244.	Vente par Ricard de Fontenay .	191
CLXXXI.	1244.	Donation par David de Châteaubriant	192
CLXXXII.	1245.	Donation par Jeanne du Boisthibault, veuve de Maurice de l'Ecluse.	193
CLXXXIII.	1246.	Donation par Dreux de Mello et Isabelle, son épouse. . . .	193
CLXXXIV.	1246.	Donation par Maheu des Tesnières	194
CLXXXV.	1247.	Donation par Galon de Torchamp	195
CLXXXVI.	1247.	Hommage par Jean Goupil . .	195
CLXXXVII.	1247.	Arrangement avec Gaultier du Pont.	196
CLXXXVIII.	1248.	Accords avec l'abbaye de Savigny	196
CLXXXIX.	1248.	Donation par Guillaume Boudier	204
CXC.	1248.	Translation de rente par Dreux de Mello et Isabelle, son épouse	205
CXCI.	1248.	Donation par Dreux de Mello et Isabelle, son épouse. . . .	206
CXCII.	1248.	Donation par Geoffroy de Montenay.	208
CXCIII.	1249.	Confirmation par Isabelle, veuve de Dreux de Mello	208
CXCIV.	1249.	Consentement donné par Jeanne, épouse de Jean d'Arquenay .	209
CXCV.	1249.	Donation par Isabelle, veuve de Dreux de Mello	210
CXCVI.	1249.	Ratification et donation par Guy de Saint-Loup.	211
CXCVII.	1250.	Cession à Hamelin Chambrier .	212

CXCVIII.	1250.	Transaction avec l'abbaye de Savigny.	212
CXCIX.	1250.	Accord avec l'abbaye de Savigny	218
CCI.	1250.	Donation par Guillaume de Colombiers	220
CCII.	1251.	Confirmation par Fouques d'Hauterives	221
CCIII.	1251.	Consentement par Agnès, veuve de Vivien Brochart	221
CCVI.	1252.	Donation par Renauld de Chauverie et Jeanne, son épouse .	223
CCVII.	1252.	Transaction avec Renauld de Chauverie	224
CCVIII.	1253.	Reconnaissance et abandon par Robert de Gorron.	224
CCIX.	1253.	Donation par Robin de Roillon.	225
CCXI.	1254.	Franchise accordée par Guillaume de la Guerche. . . .	226
CCXII.	1254.	Echange et vente par Raoul de la Hautonnière	227
CCXIII.	1255.	Abandon par Pierre de Saint-Denis et Lucie de Logé, sa femme	230
CCXIV.	1255.	Vente par Hamelot de Fichet. .	233
CCXV.	1256.	Donation par Hamelin de Trôo.	234
CCXVI.	1256.	Donation par Guy de la Billonnière.	235
CCXVII.	1256.	Vente par Gervais dit le Délivré et Léjarde, son épouse. . .	236
CCXVIII.	1256.	Oblation par Thomasse de Châtillon.	236
CCXIX.	1257.	Donation par Isabelle, épouse de Louis de Sancerre	237
CCXX.	1259.	Donation par Guillaume de Colombiers	238
CCXXI.	1259.	Donation par le même. . . .	239
CCXXII.	1261.	Confirmation par Charles I d'Anjou	240

CCXXIII.	1263.	Donation par Lucie de Logé, épouse de Pierre de St-Denis.	241
CCXXIV.	1264.	Donation par Alain d'Avaugour.	243
CCXXV.	1265.	Lettres d'Alain d'Avaugour	244
CCXXVI.	1266.	Bail à Guillaume Geré	246
CCXXVII.	1266.	Donation par Renouf de Planclo.	247
CCXXIX.	1270.	Donation par Hamelin Paon.	248
CCXXXI.	1273.	Legs par Guillaume Chaperon	249
CCXXXII.	1273.	Legs de Guillaume Chaperon.	250
CCXXXIII.	1275.	Lettres d'octroi de Symon Chamaillart.	250
CCXXXIV.	1277.	Donation par Agnès de Buttavent	251
CCXXXVII.	1281.	Quittance par Basile, veuve de Guillaume de Colombiers	252
CCXXXVIII.	1282.	Arrangement avec Guillaume de Montgiroux.	253
CCXXXIX.	1284.	Reconnaissance par Payen de Couesmes et Julienne de l'Ecluse, son épouse.	254
CCXLI.	1285.	Donation par Guillaume d'Augeard.	255
CCXLIII.	1290.	Reconnaissance par Henri d'Avaugour.	256
CCXLIV.	1291.	Donation par Guillaume d'Orange	257
CCXLVIII.	1306.	Vente par Fouques de Vautorte.	258
CCL.	1307.	Testament par Jean de Montourtier	259
CCLII.	1313.	Constitution de dot par Guillaume d'Aron à sa sœur Agnès	261
CCLIII.	1317.	Donation par Guillaume Boudier	261
CCLIV.	1319.	Reconnaissance par Raoul de la Motte.	262
CCLVI.	1328.	Confirmation par Philippe VI de Valois	262
CCLIX.	1351.	Constitution de rentes par Robert d'Oulefouli.	266
CCLX.	1358.	Confirmation de privilèges par Charles de Bretagne.	266

CCLXV.	1391.	Bail à rente perpétuelle au profit d'Etienne André	269
CCLXVI.	1393.	Franchise accordée par Pierre de Vendôme	272
CCLXVII.	1400.	Aveu par Jean du Fresne. . .	273
CCLXIX.	1402.	Accord avec Marguerite de Bouillé, veuve de Guillaume de la Croix.	274
CCLXX.	1407.	Commandement de Charles VI .	274
CCLXXI.	1413.	Délivrance d'un legs de Jeanne de Grazay	275
CCLXXIV.	1431.	Procuration par Adam Châtelain, évêque du Mans	276
CCLXXIX.	1439.	Testament par Geoffroy des Vaux	278
CCLXXXI.	1441.	Vente par Jacquet de Mascon. .	279
CCLXXXII.	1444.	Acquiescement par les héritiers de Jeanne de Grazay . . .	280
CCLXXXIV.	1453.	Aveu par Jean de Malétroit . .	281
CCLXXXV.	1460.	Aveu par Jean de Vendel. . .	282
CCXC.	1479.	Bulle accordée à Jean Courtin, abbé de F.-D	283
CCXCI.	1481.	Aveu par Michel de la Touche .	290
CCXCII.	1488.	Aveu par Agnès d'Evreux, veuve de Jean Levesel	290
CCXCIII.	1491.	Aveu par Pierre du Frêne. . .	290
CCXCIV.	1494.	Aveu par Pierre des Arglentiers, seigneur d'Aron	291
CCXCV.	1497.	Vente par Raoul des Ecottais. .	291
CCXCVII.	1500.	Accord avec Joachim de Mathefelon.	292
CCC.	1502.	Vente par Jean de Beaudenis .	293
CCCXI.	1517.	Aveu par Guillaume de la Touche	296
CCCXII.	1520.	Aveu par Guillaume de la Ruelle	296
CCCXIII.	V. 1520.	Aveu par Jean de Cléraunay. .	297
CCCXV.	1525.	Aveu par Guillemine de Sahur, dame de Loyère	297
CCCXVI.	1526.	Aveu pour les enfants de Jean de Cléraunay	298

CCCXVII.	1527.	Aveu par René de l'Isle . . .	299
CCCXVIII.	1528.	Aveu par Bernard de la Touche.	299
CCCXIX.	1536.	Aveu par Guillaume du Bailleul.	300
CCCXXIV.	1572.	Aveu par Hervé Eperon . . .	301
CCCXXV.	1583.	Prise de possession de l'abbaye par René du Bellay	302
CCCXXVII.	1613.	Aveu par Paul de l'Isle. . . .	304
CCCXXIX.	1619.	Aveu par la dame et les héritiers de la Touche	305
CCCXXX.	1624.	Aveu par Guillaume Cazet, sieur des Fresnes	305

TABLE ALPHABÉTIQUE

DES

NOMS PROPRES DU CARTULAIRE [1]

A

ABATANT (terra de), 73.
ADAM CHASTELAIN, cenomanensis episcopus, 276.
ADAM LARBALEISTRIER, 56.
ADAM MORIN, 64, 162.
ADAM MORIN (feodum) 162.
AGATA BRETEL, 93.
AGATHA DE COUDRE, 82.
AGNÈS D'AROON, 261.
AGNES, uxor GUILLELMI BODEIR, 201.
AGNES, uxor MATHEI BODER, 146.
AGNÈS DE BOTAVANT, 251.
AGNES, relicta defuncti VIVIANI BROCHART, 221.
AGNÈS COITE, 222.
AGNES DE COUDRE, 82.
AGNES, uxor GUILLELMI D'EIRRE, 113.
AGNÈS D'ESVREULX, 290.
AGNES, uxor JOHANNIS GOPIL, 169.
AGNES, filia LUCIE DE LOGE, 231.
AGNES, uxor THEODEBALDI DE MATHEFELON, 25, 77, 107.
AGNES DE ROORTA, 171.
AALARDUS, clericus, 15.
AGRAFFART (ANNE), vefve de JEHAN DE CLÉRAUNAY, 298.
ALAIN D'AVAUGOR, 241, 256.
ALANUS DE AVALGOR, 243, 247.
ALANUS DE DINANO, 30, 41.
ALANUS LEGEAI, 30, 41.
ALBIGENSES (heretici) 80, 94.
ALBIGENTIUM (terra) 94.
ALBINI ANDEGAVENSIS (frater Guillelmus, abbas Beati) 223.
ALBINIACO (B. de), 78.
ALENÇON (François de Valois, duc d'), 301.
ALES, uxor Adam Morin, 64.
ALESIA, relicta Ranulfi de Plancio, 247.
ALIGAUDERIA, 67.
ALLEMER (Hugo), 7.
ALLODIO (grangia de), 28, 39, 49, 77.

[1] Les noms contenus dans l'Appendice ne figurent pas dans cette table.

ALTANOISA (Robertus de), decanus Sabolli, 111.
ALTANOISA (Savericus de), 104.
ALTANOSIA (Petrus de), decanus de Sabolio, 7, 19, 91.
ALTANOYSIA (Hamelinus de), 175.
ALTARIPA (Fulcho de), 174.
ALTARIPA (Willelmus de), 118.
ALTISRIPIS (Fulco de), 221, 236.
ALTISRIPIS (Robertus de), 238.
ALTRACHA (Petrus de), 18.
ALVETO (feodum de), 88.
AMAURICIUS I DE CREDONE, 74, 107, 108.
AMBLOU (Gaufridus de), 143.
AMBLOU (molendina de), 143.
AMBRIERES (paroisse d'), 296, 299, 305.
AMBRIERES (parrochia de), 195, 246.
AMBRIERES (cour d'), 282.
AMELINA LE PORC, 164.
AMORRY DE LA MEUVRIERE, 275, 281.
ANCENIS (Jehan d'), 280.
ANDEGAVENSIS (Domus Dei Sancti Johannis), 269.
ANDEGAVIA, 25, 76, 273.
ANDEGAVIA (Johannes de), 5.
ANDEGAVIA (Michael de), 117.
ANDEGAVIA (Raginaldus de), 84, 85, 116, 117.
ANDEGAVIA (Robinus de), 15, 21, 67.
ANDEGAVIÆ (Karolus, comes), 210, 240.

ANDEGAVIS, 120, 150.
ANDOLLEII (Gauterius, presbyter), 62.
ANDOLLEIO (Hubertus, Herbertus de), 60, 62.
ANDOLLEIO (Eremburgis de), 61, 62.
ANDOLLEIO (Margarita de), 61, 62.
ANDRÉ-ETIENNE, 269.
ANDREAS DE BORGON, 10, 11.
ANDREAS BURGONENSIS, 2.
ANDREAS DE CROSO, 66.
ANDREAS, frater Eremburgis, 12.
ANDREAS LE GRAS, 238.
ANDREAS MEDUANENSIS, DE MEDUANA, 10, 11.
ANDREAS, dominus de Vitreio, 68, 76, 236.
ANGERS, 255, 283.
ANGIERS (cour d'), 270.
ANGLIA, 93, 99.
ANNE AGRAFFART, 298.
ANTOINE D'AUBUSSON, 282.
ANSQUETILLI (Willelmus), 101.
ANVORIA (Haia de), 26, 37, 48.
ANVORIÆ (aqua), 21, 26, 37.
ANVORIÆ (molendinum), 21, 37, 139, 140, 153.
AOLICIA DE SANCTO-LUPO, 211.
AOLIS, uxor Hamelini de Ygneio, 97.
ARENIS (Stephanus de), canonicus cenomanensis, 167.
ARGANTEL (molendina de), 205.
ARGLENTIERS (Pierre des), seigneur d'Aron, 201.

Aron (paroisse d'), 79.
Aron (Robertus de), 4.
Aron (Pierre des Arglentiers, seigneur d'), 291.
Aroon (Agnès d'), 261.
Aroon (Guillaume d'), 261.
Aroon (parochia de), 212.
Aroon (Robertus de), conversus Clarimontis, 7.
Arron (terre et seigneurie d'), 302.
Ascelina de Vilareio, 16.
Aubertus de Espinaz, 147.
Aubusson (Antoine d'), sieur du Montet, 282.
Aucquelin (Hugo), 7.
Augerus de Plesseaco, 151.
Aujart (Gervese d'), 255.
Aujart (Guillaume d'), 255.
Aujart (Jamet d'), 255.
Autesrives (Robin d'), 261.
Aupez (Christianus), 6.
Auver (baronia de), 138.
Avalgor (Alanus de), 243, 247.
Avaugor (Alain d'), 244, 256.
Avaugor (Henri d'), seignor de Goylou et de Maene, 256.
Avaugor (Juhes d'), 268.
Avrillé, 129.
Avrilleio (Hala de), 127, 129.
Avrilliacum, 147.
Avonio (Juhes de), 260.

B

B. de Albiniaco, 78.
Babel (Gaufridus), 91.
Bahoul (Jehan), 280.
Baillat (Radulphus de), 83.
Bailleul (Gilles du), sieur de la Pierre, 292.
Bailleul (Guillaume), seigneur du, 300.
Bailleul (Jean), seigneur du, 292.
Ballolio (Eudo de), 212.
Barberyo (Johannes, abbas de), 277.
Barbeflos (Nicholaus de), 238.
Bardonet (Colin), 280.
Barlobere (pratum de la), 131.
Barre (Foucquet de la), 282.
Bartholomeus, Turonensis archiepiscopus, 17, 78.
Baseille (Hugo de), 162.
Baseille (Radulfus de), 162.
Baseilleis (Petrus de) 161.
Basileia, 277.
Basileis (Hugo de), 64.
Basileis (Radulphus de), 64, 162.
Basilia, uxor Guillelmi Columbariis, 239, 252.
Basouge-des-Alleux (paroisse de la), 261.
Bazogia (M. de), decanus de Sabolio, 128.
Beaudenis (Jehan de), sieur du Bois, 293.
Beaufou (Brolium de), 122.
Becherel, 30, 41, 49.
Bellabrancha (Abbas de), 215.
Bellaii (Johannes), cardinalis, 283, 301.

Bellaquercu (Dominicum de), 135.
Bellaquercu (Radulphus de), 135.
Bellavalle (Johannes de), abbas commendatarius Font. Dan., 284, 285, 286.
Bellay (René du), seigneur de la Pallu, abbé de Font. Dan., 302.
Bellofoco (Medietaria de), 126.
Bellovisu (Radulphus de), 153.
Beloays (le fey), 261.
Belozeium, 94, 103.
Belsoleil (Gaufridus), 141.
Belvaier (Radulphus de), 140.
Benedicta, uxor Auberti de Espinaz, 147.
Benedicta, mater Robini, 147.
Beraut (Orricus), 160.
Bere (Robertus de), 26.
Berna (vinea de), 115.
Bernar de la Tousche, 299.
Bernar Rabareu, 305.
Bernardi (Hugerius), 167.
Bernehardiere (la), 281.
Berruer (Magister Martinus), 276.
Bertran Le Roux, 282.
Bicolna (Gaufridus), 93.
Bifox (Odo), 12.
Bignon (Hamelinus de), 195.
Bigottière (La), 302.
Bilehoudere (feodum de), 151.
Billete (feodum de), 136.

Billoniere (Guido de la), 235.
Blanchardere (feodum de la), 242.
Bobe (Thomas), 3.
Bochæ Meduanæ (parrochia), 172.
Boder (Matheus), 146.
Boder (Willelmus), 146.
Bodeir (Dionisia), 204.
Bodeir (Guillelmus), 204.
Bodeir (Juhellus), 204.
Bodeir (Matheus), 204.
Bodeir (Petronilla), 204.
Bohu (le fey), 266.
Boiatere, 227.
Bois (Jean de Beaudenis, sieur des), 293.
Boisdecours (Jehan des), sieur de Lestang, 305.
Boisfrost (Jehan du), 278.
Boisseria (Guillelmus, abbas Beatæ Mariæ de), 265.
Bolleio (Willelmus de), 56, 58, 59, 61.
Bolon (molendinum et feodum Drois), 12.
Bonetus, 27, 38, 49.
Bonshommes de Montguyon, 55.
Bondyæ, (stagnum et molendinum), 21, 26, 37, 48.
Bor (feodum de), 3.
Bor (Odo de), 3.
Borgnovel (court de), 262.
Boscum Bochardi, 21.
Botavant (Agnes de), uxor Reginaldi Le Héritié de Botavant, 231.

Botavant (Reginaldus Le Héritié de), 251.
Botavant villa de, 251.
Botavent, 253.
Boudier (Guillaume), 261, 262.
Bouillé (sieur de), 297.
Bouju (Jehan), sieur des Passons, 274.
Bouju (Pierre), 276.
Boullié (Marguerite de), veufve de Guillaume de la Crouez, 274.
Boullons (Estang des), 300.
Bourg-Nouvel (court du), 272.
Bourgnouvel (court du), 275, 302.
Bourgon (Loys de Montecler, sieur de), 297.
Boylesve (François de), abbé de Font.-Dan., 300.
Boylesve (Jehan de), seigneur de Versay, 300.
Boysberengier (Luce, dame du), 255.
Brachet (Radulphus), 227.
Brachet (Hugo), 227, 230.
Breceio (Henricus de), 89.
Bree (Robertus de), 18, 19.
Breeio (Gaudinus de), 213, 214, 219.
Bretaigne (Charles, duc de), 266.
Bretel (Agata), 93.
Bretel (Hugo), 93.
Bretignoles, 95.
Breton (Guilleminia le), 112.
Brichet, v. Brachet.
Brichet (Garinus), 230.

Brichet (Feodum Radulphi dicti), 242.
Briensaye (bailliage de la), 296.
Briton Faber, 25.
Brito (Willelmus), 56.
Brochardiere (feodum de la), 222.
Brochart (Vivianus), 222.
Brocier (Estiene), 264.
Brolio (medietaria de), 29, 41.
Brolium de Beaufou, 122.
Brolium-Legardis, 21, 27, 38.
Bruslon (Radulfus), 115.
Bruslon (Stephanus), 115, 152, 159.
Bueil (Pierre de), 274.
Buignon (Guillelmus de), cellarius Clarimontis, 7.
Bullo (Hamelinus de), 5.
Bulloys (Gabriel), 290.
Burgonensis (Andreas), 2.
Burgo Novo (medietaria de), 29, 40.
Burgulio (Guillelmus Chaperon, archipresbyter de), 250.
Burgun (foresta de), 17.
Burgus Novellus, 21, 27, 38.
Burgus Philippi, 163.
Buron (medietaria de), 109.
Buroneye (la), 249, 250.
Buslonio (Hamelinus de), 1.
Buslonio (Herbertus de), 1.
Buxellia (abbas de), 215.

C

Cadumi (Petrus de Tilieto, senescallus), 116.

CALOCHEIO (abbas de), 215.
CAMPANIA (abbas de), 157.
CAMPANIÆ (Guillelmus, abbas), 41.
CAMPANIÆ (Radulfus, abbas), 30.
CAMPOIO (herbergamentum de), 92, 121.
CANDE (Johanna de), 112.
CANDE (Philippus de), 81.
CANDEIO (Guillelmus de), 111.
CANDEIO (Philippus de), 111.
CARCERE (frumentagium de), 81, 86.
CARTHES (Hervé Esperon, sieur des), 301.
CASTELLIONE (burgus novus subtùs), 155.
CASTELLIONE, (molendina de), 76.
CASTELLIONE (Willelmus de), 62.
CASTELLOBRIEN (Philippus de), 112.
CASTELLON (Thomasia, domina de), 236.
CASTELLONIO (burgenses de), 83.
CASTRIGONTERII (territorium), 190.
CASTROBRIENTII (David de), 192.
CAZET (Guillaume), sieur des Fresnes, 305.
CENOMANIA, 29, 40.
CEPELARIA (terra de), 27, 38, 48, 72.

CERESEI, (Mathea, domina de), 122.
CERESEI (Guillelmus de), 123.
CERESEI (Robinus de), 123.
CESAR, clericus, 115.
CHAALUD, 97.
CHAALUN (Hugo de), 98.
CHAELON (Fulco, filius Garini de), 90.
CHAELON (Fulque de), 4, 5.
CHAELON (Garinus de), 90.
CHAELON (Guillelmus de), 3.
CHAMAILLART (Symon), 250.
CHAMBREL (Radulfus de), 19.
CHAMERARII (Hamelinus), 212.
CHAMPEON (paroisse de), 279.
CHAMPO (grangia de), 18.
CHAMPOEIO (grangia de), 28, 39, 49.
CHANDEMANCHE, 280.
CHANDON (Heremburgis de), 119.
CHANGE (Parrochia de), 222.
CHANGE (pieczo dito les), 281.
CHANTELOU (Renardus de), 18.
CHANTEPIE (Julien de Pennart, sieur de), 292.
CHANTOCE, 13, 108.
CHANTOCEIUM, 46, 50, 77.
CHAORCIN (Guillaume), 255.
CHAPERON (Guillelmus), 249, 250.
CHAPERON (Johannes), 250.
CHAPERON (Robertus), 65.
CHARLES IV D'ANJOU, comte du Maine, de Guise, de Mortaing et de Gien, 281.

CHARLES VI, roi de France, 275.
CHARLES, duc de Bretaigne, 266.
CHARLOTE DE LA TOUSCHE, 305.
CHASTELAIN (Adam), cenomanensis episcopus, 276.
CHASTELIIS (vineæ de), 74.
CHASTELLON (Thomasia, domina de), 236.
CHASTELLUM, 68.
CHASTENEIO (molendinum de), 166.
CHASTILLON (paroisse de), 305.
CHAUMONT (Haia de), 145.
CHAUVERI (Raginaldus de), 223, 224.
CHAUVIN (Johannes), 131.
CHAUVIN (Michael), 133, 134.
CHAUVONERIA (Galterius de), 7.
CHAUVONERIA (fayllium de), 27, 38.
CHAUVONNERIA (terra de), 27, 38, 48, 72, 163.
CHAVIN (Gaufridus), 174.
CHERONNÉ (fief de), 291.
CHEROT (Franciscus), abbas Fon.- Dan., 284.
CHETEAUBRIENT (Davi de), 250.
CHORIN (estant et moulin de), 269.
CHRISTIANUS AUPEZ, 6.
CIGNE (paroisse de), 282.
CLERAULNAY (Jehan de), sieur de la Roche de Jauzé et de la seigneurie du Petit Fresne, 297, 298.
CLAREI (Laurentius, abbas), 14, 16.
CLAREIO (abbatia de), 13, 15, 16, 20.
CLAREVALLENSIS (abbas), 215.
CLAREVALLENSIS (frater Stephanus, abbas), 196, 212, 218.
CLARIMONTIS (abbatia), 1, 3, 4, 5, 6, 7, 9, 11, 12, 14, 17, 18, 19, 21, 28, 30, 39, 49, 174, 222.
CLARIMONTIS (Gaufridus, abbas), 12, 16, 18, 19, 28, 39, 41.
CLARIMONTIS (Girardus de Filgeriis, prior), 10.
CLARIMONTIS (frater Simo, monachus), 238.
CLAROMONTE (abbas de), 157, 215.
CLEMENCE, épouse de Guillaume d'Aujart, 255.
Clementia, uxor Juhelli II, de Meduanâ, 9, 11.
COITE (Agnès), 222.
COLDABUS (Guillelmus), 155, 173.
COLDABUS (Hamelinus), 132, 155, 173.
COLDABUS (Hugo), 155.
COLDREIO (Yvo de), 92, 95, 96, 121.
COLIN BARDONET, 286.
COLLE (campus de), 227, 230.
COLONGIS (Ernulfus de), 5.

COLUMBARIIS, COLUMBERIIS (Guillelmus de), 236, 238, 239, 252.
COLUMBERS (Guillelmus de), 220.
COLUMBERS (villa de), 220.
COMMER (decima de), 95.
COMMER (Guillelmus de), 95.
COMMEREIO (Willelmus de), 96.
CONDOYN (Radulphus), 164.
CONSTANCIA DE CREDONE, 13, 46, 77.
CONSTANCIA DE GASNASSIA, 108.
CONSTANCIA, uxor REGINALDI DE ANDEGAVIA, 117.
CONTEST (Hamelinus Poon, dominus de), 248.
CONTEST (parrochia de), 251.
CONTEST (paroisse de), 55, 262, 269, 281.
CORBAUT (G.), 77.
CORBIN (Henricus), 176.
CORCESIERS (Gervasius de), 59, 61.
CORCESIERS (Matheus de), 100.
CORDIER (Pierre), abbé de Font.-Dan., 298, 299.
CORLOCIT (terra de), 98.
CORMEIS (Raginaldus de), 65, 66.
CORMERIIS (Hamelinus de), miles de Templo, 7.
CORTENDIRE (medietaria de), 89.
COUAILLER (Frère Macé), procureur de Font.-D., 276.

COUAILLIER (Frère Macé), abbé de Font.-Dan., 278.
COUDRE (Agatha de), 82.
COUDRE (Agnes de), 82.
COUDRE (Heremburgis de), 82.
COUDRE (Radulphus de), 82.
COUDRE (Radulphus de), junior, 82.
COUDRE (Renoldis de), 82.
COUDRE (Yvo de), 82.
COUDREIS (homines de), 253.
COUDREIZ (terra del), 163.
COUDROIS (medietaria des), 134.
COULLONGES (Geffrai de), 268.
COUTEBLANCHE (Jehan), 275.
COUR-JANVIER (Guillaume de Romaigné, sieur de), 283.
COUR-JANVIER (Jehan du Goustel, sieur de), 294.
COUR-JANVIER (Pierre de la Haye, sieur de), 294, 301.
COURT DE CLORT (Thomas de la), 258.
COURT (Henri), lieutenant de Maienne la Juhes, 279.
COURTEILLE (Emery de la), 261.
COURTIN (Johannes), abbas Font.-Dan., 63.
COYGNER (Jehan), prieur de Font.-Dan., 303.
COYMES (Paien de), 254.
CRAON (ville et chastel de), 296.
CREDONE (Amauricius I, dominus de), 74, 107, 108.

CREDONE (Constancia de). V. CONSTANCIA.
CREDONE (Mauricius III de), 13, 46, 77.
CREDONE (passagium de), 25, 77, 107.
CREDONE (Petrus de), 30, 47, 108.
CREON (Petrus de), 41.
CRISTOFLE PEROT, sieur de Pescoux, 301.
CROMEREIO (Rainaldus de), 10, 11.
CROSO (Andreas de), 66.
CROSO (Garinus de), 66.
CROSO (Johannes de), 66.
CROSO (Willelmus de), 66, 77.
CROUEZ (Guillaume de la), 274.
CURIA-DEI (abbas de), 94.
CURTUS (Hugo), 7.
CURTUS (Raginaldus), 7.
CYRAL (Marguerite de), épouse de Raoul des Escotais, 291.

D

DAVID DE CASTROBRIENTII, 192.
DAVI DE CHETEAUBRIENT, 250.
DEFAIS (nemus de), 227.
DEFEIS DE BOUTAVANT, 163.
DELIVRE (Gervasius, dictus le), 230.
DESCORCE (Johannes), 251.

DINANI (Gervasia), uxor Juhelli de Meduanâ, 14, 30, 41, 203.
DINANI (Juhellus, dominus), 26, 58, 59, 60, 66, 71, 80, 82, 83, 84, 87, 89, 93, 94, 95, 99, 101, 103, 104, 105, 109, 110, 120.
DINANI (territorium), 203.
DINANO (Alanus de), 30, 41.
DINAYE (la), 250.
DIONISIA BODEIR, 204.
DONNA-PETRA (Philippus de), 129.
DOREIA, 94.
DOREIA (burgus de), 87.
DORNE (Willelmus), 129.
DROCO, constabularius, 50, 263.
DROCO DE MELLOTO, 132, 137, 145, 148, 165, 173, 177, 193, 205, 207, 208, 209. V. DROGO.
DROGO DE MELLOTO, 135. V. DROCO.
DROIS BOLON (molendinum et feodum), 12.
DURANDI (terra), 126.
DURESTAL, 22.

E

EBRONII (Matheus de Corcesiers, decanus), 100.
EBRONIO (Guillelmus, decanus de), 225.
EBRONIO (H. decanus de), 151.

EBRONIO (Johannes de), 59.
EGIDIUS DE GORRAN, 135.
EGIDIUS DE SANCTO-LUPO, 107, 211.
EGIDIUS, Sanctorum Cosmæ et Damiani diaconus cardinalis, 154.
EIRRE (Agnes, uxor Guillelmi de), 113.
EIRRE (Galterius de), 113.
EIRRE (Guillelmus de), junior, 113.
EIRRE (Maria de), 113.
EIRRE (Odo, filius Guillelmi de), 113.
EIRRE (Odo, frater Guillelmi de), 113.
EIRRE (Radulphus de), 113.
ELISABET, uxor Droconis de Melloto. V. Isabellis.
EMMA, uxor Garini de Sancto-Bertivino, 3, 19.
EMMA, uxor Roberti de Brce, 19.
EMMA, uxor Georgii de Mesbier, 150.
ENTRAME (Robertus de), 3.
EREMBURGIS, filia HUBERTI DE ANDOLLEIO, 61, 62.
EREMBURGIS, soror Andreæ, 12.
EREMBURGIS, uxor Odonis Bifox, 12.
ERKENIO (Hugo de), 56, 126.
ERNEIA (Michael, decanus de), 196, 241.
ERNULFUS DE COLONGIS, 5.

ERQUENE (Johannes de), 209.
ERQUENE (Willelmus de), 30.
ERQUENEIO (Gaufridus de), 109.
ERQUENEIO (Guillelmus), 109.
ESCLUSE (Jouachin de Mathefelon, sieur de l'), 292.
ESCLUSE (Julienne, dame de l'), 255.
ESCORCE (Johannes de), 104.
ESCOTAIS (Raoul des), sieur de Seurgon, 291.
ESPERON (Hervé), sieur des Carthes, 301.
ESPINAZ (Aubertus de), 147.
ESTIENNE ANDRÉ, 269, 270, 271, 272.
ESTIENNE BROCIER, 264.
ESUVARDI (pratum), 172.
ESVREULX (Agnès d'), veuve de Jehan Le Vexel, 290.
EUDO DE BALLOLIO, 212.
EUGENIUS, papa V, 277.
EXCLUSA (Guillelmus de), 149.
EXCLUSA (Hamelinus de), 103.
EXCLUSA (Mauricius de), 193.
EXCLUSA (Willelmus de), 103, 130, 131.
EVESCUS DE MONTGÉNART, 18, 19.

F

FABER (Johannes), 6, 119.
FAIL (feodum et oremus de), 228, 242.

FALCONARIUS(Raginaldus),21, 22, 26, 37, 48.
FAUCONIER, 253.
FAUVELIERE (la), 249, 250.
FAY (estant du), 269, 270.
FERENTINUM, 70.
FICHEIZ (Guillelmus de), 204.
FICHEIZ (H. de), 77.
FICHEIZ (Hamelinus de), 204.
FICHEIZ (Hamelot), 204, 233.
FICHEIZ (Petrus de), 204.
FILGERII (curia), 119.
FLAMENC (Hamelinus le), 87, 126.
FLAMENC (Johanna le), 87.
FLAMENC (Mathildis le), 87.
FLAMENC (Radulphus le), 87, 126.
FLAMENC (Radulphus le), junior, 77, 87.
FLAMENC (Ranulfus le), 87, 94, 125, 160.
FLAMENGERIA, 160.
FOLLIEE (Guillaume d'Orenge, seigneur de la), 257.
FONTAINE-GEHARD, 55.
FONTENEIO-PAGANELLI (ecclesia Sancti-Albini de), 56.
FONTENEIUM - PAGANELLI, 40, 56, 59.
FONTENETO (Ricardus de), 191.
FONTENETUM, 85.
FONTANETUM - PAGANELLI, 49, 84, 116, 191.
FONTINEUM, 29.
FONTIS-GYARDI (prior), 54.
FORAMEN-LOVIN, 195.

FORCALQUERI (Karolus, comes), 240.
FORCHES (H. de), 77.
FORDERIE (feodum de la), 228.
FORESTA (Fulcho, miles de), 118.
FORTESTU (Jehan), 278.
FOSSA-LOVEIN, 169.
FOSSAM-LOVEN (molendinum juxtà), 28, 39.
FOSSA-LOVEN (foresta de), 28, 39, 49, 63.
FOSSA-LOVEN (masura in), 49.
FOSSA-LOVEN (masura in foresta de), 63.
FOSSA-LUPINA, 170.
FOSSE-LOVEIN, 197.
FOSSATORUM (clausura), 191.
FOUGEROLES (parrochia de), 171, 242.
FOUQUE DE VAUTORTE, 258.
FOUCQUET DE LA BARRE, 282.
FOUQUEYT DE LOGÉ, 265.
FRAMBOUR (fief du bourg de Saint), 304.
FRANC (Fulco le), 159.
FRANCHOYS ROUSSEAU, 302.
FRANÇOIS DE BOYLESVE, abbé commandataire de Font.-Dan., 300.
FRANÇOIS DE HERCÉ, 294.
FRANCISCUS CHEROT, abbas Fon.-Dan., 284.
FRAXINO (uillotus, dominus de), 252.
FRAXINO (Hamelinus de), 228.
FREMBAAUT (paroisse de Sainct), 265.

Fresne (Guillot, seignor dou), 252.
Fresne (Jehan du), 273.
Fresne (Pierre du), 291.
Fresne (terre et seigneurie du Petit), 291, 297, 298.
Fresnes (Guillaume Cazet, sieur des), 305.
Fulcho de Altaripa, 174.
Fulcho, miles de Foresta, 118.
Fulco, Fulcho, abbas Clarimontis, 3, 4, 5, 10, 11.
Fulco, archidiaconus transmeduanus, 149.
Fulco de Altisripis, 221, 236.
Fulco Girardus, prior Clarimontis, 3.
Fulco Le Franc, 159.
Fulco de Orte, 167.
Fulco de Roez, 150.
Fulque de Chaelon, 4, 5, 90.
Fulgerii (curia), 119.
Fulgeriis (Galterius, abbas Sancti-Petri de), 119.
Fulgeriis (Johannes de), monachus, 238.
Fulgeriis (feodum Roberti de), 125.

G

G. Corbaut, 77.
G. decanus de Meduana, 229.
G. de Mongerol, 106.
G., transmeduanus decanus, 111.

Gabriel Bulloys, 290.
Galischar (maresium), 22, 28.
Galo de Tortocampo, 105.
Galteri (pratrum), 204.
Galterius, abbas Beati Petri de Fulgeriis, 119.
Galterius de Chauvoneria, 7.
Galterius de Eirre, 113.
Galterius Leveseil, Levesel, 77, 119, 126, 163, 166, 168.
Galterius de Meduana, 29, 41.
Galterus de Ponte, 196.
Galterus de Rongeria, 163.
Gandia (dominicum de), 208.
Gandie (manerium de la), 208.
Ganier (Gervasius de), 131.
Ganier (Menardus de), 130.
Ganier (Willelmus de), 130.
Ganier (Willelmus de,) junior), 131.
Garinus Brichet, 230.
Garinus de Chaelon, 90.
Garinus de Croso, 66.
Garinus Havart, 7.
Garinus Milecent, 125.
Garinus Mocart, 5.
Garinus de Sancto Bertivino, 3, 19.
Garinus de Sancto Bertivino (juvenis), 4.
Garnesche (Constancia, domina de la), 46, 108. V. Constancia de Credone.
Garnesche (Petrus de la), 46, 47.

Gasichar (marestum), 39.
Gasnassia (Constancia de), 108. V. Constancia de Credone.
Gasté (fief de), 305.
Gauberteria (feodum de), 77.
Gaudaicha (nemus de), 150.
Gaudeharidere, 227, 230.
Gaudesche (Philippus de la), 164.
Gaudeschia (Hugo de), 16.
Gaudineria (grangia de), 3, 28, 39, 49, 120.
Gaudinière (la), 291, 299.
Gauldinière (la), 297.
Gaudinus de Breeio, 213, 214, 219.
Gaufredus Jollain, 141.
Gaufredus de Monteneio, 208.
Gaufridus de Amblou, 143.
Gaufridus Babel, 91.
Gaufridus Belsoleil, 141.
Gaufridus Bicolna, 93.
Gaufridus Chavin, 174.
Gaufridus, abbas Clarimontis, 12, 14, 16, 18, 19, 28, 30, 39, 41.
Gaufridus, cœnomanensis ecclesiæ magister, 144, 183, 211.
Gaufridus de Erqueneio, 109.
Gaufridus de Gerene, 4.
Gaufridus, dictus de Gorram, 239.
Gaufridus de Karcou, 129.
Gaufridus de Landa, 5.

Gaufridus de Landivico, 163.
Gaufridus, prior Lavallensis, 7.
Gaufridus de Mathefelon, 140, 143.
Gaufridus de Meduana, 11.
Gaufridus, decanus Meduanæ, 201, 209.
Gaufridus de Montibus, 112.
Gaufridus de Origné, 122.
Gaufridus Pictor, 220.
Gaufridus, abbas de abbatiâ Regali, 175.
Gaufridus Rosée, 104.
Gaufridus de Sancto-Carileffo, 222.
Gaufridus de Turonis, 57.
Gaufridus Valerius, miles de Templo, 7.
Gauterius, presbyter Andolleii, 62.
Gauterius de Novilete, 12.
Geffrai de Coullonges, 268.
Geffroy des Vaulx, 278.
Géhard, 55.
Gelin (Ricardus), burgensis de Castellonio, 83.
Gelinus de Montigneio, 98.
Gelousiere (la), 290.
Gelutiere (villa), 103.
Genes (molendinum de), 126.
Georgius de Mesbier, 150.
Gerbertus de Sancto-Bertivino, 3.
Geré (Guillelmus), 246.
Gere (Stephanus), 128.
Gerene (Gaufridus de), 4.
Gerene (Horricus de), 4.

GERENE (Hugo de), 1.
GERVASIA DINANI, uxor JU-
  HELLI DE MEDUANA, 14, 30,
  41, 59, 60, 61, 71, 80, 99,
  205.
GERVASIA, uxor NICHOLAI DE
  SANCTO-LUPO, 130.
GERVASIUS DE CORCESIERS, 59,
  61.
GERVASIUS dictus LE DELIVRÉ,
  236.
GERVASIUS DE GANIER, 131.
GERVASIUS DE SANCTO-LUPO,
  124.
GERVASIUS DE TROEE, 231.
GERVESE D'AUJART, 255.
GERVESIÈRE (la), 281.
GIHARDERIA (terra de), 61, 62.
GILLAUDIERE (feodum de la),
  259, 260.
GILLES DU BAILLEUL, 292.
GILO TRABANT, 106.
GIRARDUS DE FILGERIIS, prior
  Clarimontis, 10, 11.
GIRARDUS (Fulco), prior Cla-
  rimontis, 3.
GIRAUDI (Helyas), 2.
GOLEGASTIÈRE (feodum de la),
  242.
GONDOINUS DE ROINES, 194.
GOPIL (Johannes), 169, 170.
GORRAM (furnus de), 239.
GORRAM (frater Gaufridus,
  dictus de), 239.
GORRAM (Guillelmus de), cle-
  ricus, 238.
GORRAM (Radulfus de), 224.
GORRAN (Egidius de), 135.

GORRAN (Guillemere de), 63.
GORRAN (Robertus de), 135,
  136, 137, 150, 151, 166, 167,
  224.
GORRAN (Willelmus), 135.
GOUÉ (Jehan de), sieur de
  Goué, 392.
GOULEGASTE (Radulphus),
  227, 230.
GOULEGATE (h ardus), 227,
  230.
GOULEGATE (Stephanus), 227,
  230.
GOULEGASTIERE (terra de la),
  227. V. GOLEGASTIÈRE et
  GUOLEGASTIÈRE.
GOULU (Johannes), abbas
  Font.-Dan.. 281.
GOUPIL (Johannes), 169, 195.
GOUSTEL (Jehan du), sieur de
  Court-Janvier, 294.
GOUSTEL (Jehanne du), épouse
  de Pierre de la Haie, 294.
GOUSTEL (Michelle du), 294.
GOYLOU (Henri d'Avaugor,
  seignor de), 256.
GRANDIMONTE (fratres de), 72.
GRANDIMONTIS (prior), 73.
GRANGIA (Hugerius de), 137.
GRAS (Andreas le), burgensis
  de Lavalle, 238.
GRASDEVE (Johannes), bur-
  gensis Castrigonterii, 234.
GRAZAY (Jeane, Jehane de),
  275, 280.
GRAZAY (Jehan de), 280.
GREGORIUS IX, papa, 153, 154.
GREGORIUS, (Sancti Georgii ad

velum aureum diaconus cardinalis, 70.
GRENOR (molendinum de), 21, 27, 38, 49.
GRENOR (parrochia de), 159.
GRIARDERIA (tenementum de), 16.
GRILLEMONT (Jehan de la Masvrière ou Meuvrière, seigneur de), 275, 280.
GROLEIO (molendinum de), prope Filgerias, 119.
GROLEIO (terra de), 28, 39, 52, 53.
GRUDE (Raginaudus), 2.
GRUEL (Johannes), 58, 59.
GRUEL (Nicholaus), 115.
GRUEL (Thomas dictus), 252.
GUĀCELIN (Rorgo), 56.
GUARINUS, frater, 50, 263.
GUAUDEHARDIERE. V. GAUDE-HARIDERE.
GUEGNART (Guillelmus), 191.
GUICHART (Robertus), 18.
GUIDO, Autisiodorensis episcopus, 206.
GUIDO DE LA BILLONIERE, 235.
GUIDO, buticularius, 50, 263.
GUIDO DE LAVALLE, 18, 19, 77.
GUIDO, Sancti Nicholai in Carcero Juliano diaconus cardinalis, 70.
GUIDO DE SANCTO LUPO, 102, 114, 124, 135, 211.
GUIFREDUS, tituli Sancti Marci presbyter cardinalis, 151.
GUILLAUME D'AUJART, 255.

GUILLAUME D'AROON, 261.
GUILLAUME, seigneur du Bailleul, 300.
GUILLAUME BOUDIER, 261.
GUILLAUME CAZET, sieur du FRESNE, 305.
GUILLAUME CHAORCIN, 255.
GUILLAUME DE LA CROUEZ, 274.
GUILLAUME JAGU, 290.
GUILLAUME LAMBIN, seigneur de la Haie-Peau-de-Loup, 295.
GUILLAUME DE LOGÉ, 256.
GUILLAUME D'ORENGE, seignor de la follice, 257.
GUILLAUME DE ROMAIGNÉ, sieur de Cour-Janvier, 283.
GUILLAUME DE LA RUELLE, 296.
GUILLAUME DE LA TOUSCHE, 296.
GUILLAUME, seigneur DE LA VAIRIE, 292.
GUILLELMUS (frater), abbas Beati Albini andegavensis, 223.
GUILLELMUS, andegavensis episcopus, 112.
GUILLELMUS, archidiaconus, 7.
GUILLELMUS, archipresbyter, 7.
GUILLELMUS BODEIR, 204.
GUILLELMUS, abbas Beatæ Mariæ de Boisseriâ, 265.
GUILLELMUS DE BUIGNON, cellarius Clarimontis, 7.
GUILLELMUS, abbas Campaniæ, 41.

Guillelmus de Candeio, 111.
Guillelmus de Ceresei, 123.
Guillelmus de Chaelon, 3.
Guillelmus Chaperon, 249, 250.
Guillelmus Coldabus, 155, 173.
Guillelmus de Columbers, Columberiis, Columbariis, 220, 236, 238, 239, 252.
Guillelmus de Commer, 95.
Guillelmus, decanus de Ebronio, 225.
Guillelmus de Eirre, 113.
Guillelmus de Eirre, junior, 113.
Guillelmus de Erqueneio, 109.
Guillelmus de Ficheiz, 204.
Guillelmus de Exclusa, 149.
Guillelmus (frater), abbas Font.-Dan., 276.
Guillelmus Gere, 246.
Guillelmus de Gorram, 238.
Guillelmus Guegnart, 191.
Guillelmus de Guirchia, 75, 226.
Guillelmus, dictus Haier, magister Domûs Dei de Lavalle, 238.
Guillelmus de la Hautonniere, 168, 171.
Guillelmus de Herquene, 41.
Guillelmus de Meduana, 9, 10, 40.
Guillelmus de Montgirol, Montgerol, 98, 253.
Guillelmus de Oyssel, 198.

Guillelmus Paris, 118.
Guillelmus Pavo, 131, 152, 191.
Guillelmus de Rupibus, 76.
Guillelmus de Sancto-Georgio, 211.
Guillelmus, vice-cancellarius Sanctæ Romanæ ecclesiæ, 124, 151.
Guillelmus de Soldaio, 57, 127.
Guillelmus de Tuire, 151, 152.
Guillelmus de Valle, 173.
Guillelmus de Villana, cellarius Clarimontis, 10, 12.
Guillelmus Villicus, 259.
Guillelmus Viscunsus, Lavallensis decanus, 7.
Guillemere de Gorran, 63.
Guillemine de Sahur, 297.
Guilleminia Le Breton, 112.
Guillononis heredes, 161.
Guillot, seignor dou Fresne, 252.
Guillotus, dominus de Fraxino, 252.
Guirchia (Guillelmus de), 75, 226.
Guischart, monachus, 59.
Guise (Charles, seigneur de), 266.
Guopil (Johannes), 224.
Guolegastière (la), 228, 230. V. Goulegastiere.
Guorran (Radulphus de), 87.
Guyon Lambin, 295.

H

H., decanus de Ebronio, 151.
H., de Ficherz, 77.
H., de Forches, 77.
Haia de Anvoria, 26, 37, 48.
Haia de Avrilleio, 127, 192.
Haia de Chaumont, 145.
Haia Joslani (Mauritius de), 172.
Haia de Larchamp (decima de), 77.
Haia-Menart, 124.
Haia (terra de), 160.
Haiæ Joslani (Mauritius, dominus), 172, 192.
Haie d'Avrillé (la), 251.
Haie (Morice de la), 251.
Haier (Guillelmus, dictus), 238.
Hamelin, évêque du Mans, 55.
Hamelinus de Altanoysia, 175.
Hamelinus de Bignon, 195.
Hamelinus de Bullo, 5.
Hamelinus de Buslonio, 1.
Hamelinus Chamerarii, 212.
Hamelinus, cœnomanensis episcopus, 6, 37, 48, 85, 86, 90, 98, 99.
Hamelinus Coldabus, 132, 155, 173.
Hamelinus de Cormeriis, 7.
Hamelinus de Exclusa, 103.
Hamelinus de Ficheiz, 204.
Hamelinus le Flamenc, 87, 126.
Hamelinus de Fraxino, 228.
Hamelinus de Hatonallia, 7.
Hamelinus de Mota, 142, 170.
Hamelinus Orbus, 4, 5, 6.
Hamelinus Poon, 248.
Hamelinus Pavo, 114, 115.
Hamelinus Porin, 66.
Hamelinus Roussel, 62.
Hamelinus de Troee, 234.
Hamelinus de Ygneio, 97.
Hamelinus de Ygneio, junior, 97.
Hamelot de Ficheiz, 204, 233.
Hamelot Pavo, 191.
Han (parrochia de), 144.
Han (Thomas), 144.
Haois, uxor Roberti Chaperon, 65.
Haois, filia Mariæ de Eirre, 113.
Haoys Platon, 113.
Haoys, uxor Raginaldi Pavonis, 159.
Hardangia (foresta de), 29, 40.
Harperia, 12, 13, 14, 15, 21, 27, 29, 30, 38, 40, 41.
Hasleyo (Radulphus de), 102.
Hatonallia (Hamelinus de), 7.
Hautonniere (feodum de la), 168, 255.
Hautonniere (Guillelmus de la), 168, 171.
Hautonnière (Radulfus de la), 227, 228, 231.
Hautonnière (terra de la), 227.

Havart (Garinus), 7.
Havoys de Lavalle, 30, 41.
Haye-Peau-de-Loup (Michel Lambin, seigneur de la), 295.
Haye (Pierre de la), seigneur de la Roche et de Cour-Janvier, 294, 301.
Haye (Pierre de la), 294.
Haye sur Coulmont (seigneurie de la), 297, 299.
Haye sur Quoumont (terre de la), 291.
Heaumes (feodum des), 163.
Helisabeth, domina et heres Meduanæ, 165. V. Isabellis.
Helluiniere (metaerie de la), 256.
Helyas Giraudi, 2.
Heloys, uxor Raginaldi Pavonis, 191.
Hemery de la Courteille, 261.
Henri d'Avaugor, 256.
Henri Court, 279.
Henricus de Breceio, 89.
Henricus Corbin, 176.
Hercé (François de), 294.
Hercé (Jehan, sieur de), 293, 295.
Hercé (Marguerite de), 295.
Hercé (paroisse de), 295.
Herceio (Radulfus, presbyter de), 63.
Herbertus de Andolleio, 62.
Herbertus de Buslonio, 1.
Herbertus et Hubertus de Logé, senescallus, 30, 41, 58, 59, 61, 63, 74, 77, 87, 96, 113, 211.
Herbertus de Vesins, 88, 89, 91, 92.
Heremburgis de Chandon, 119.
Heremburgis de Coudre, 82.
Hermengardis de Sancto Germano de Prato, 210.
Hernaldus Morini, 64.
Herneia (Petrus, decanus de), 164.
Herneya (costumæ de), 77.
Herneya (molendina de), 28, 39, 49.
Herquene (Guillelmus de), 41.
Hersendis, abatissa de Caritate Sanctæ Mariæ Andegavensis, 116.
Herve Esperon, sieur des Carthes, 301.
Hodeardis (molendina), 196.
Honorius III, papa, 123.
Hornele (aqua), 21.
Hornele (molendina), 28, 39.
Horricus de Gerenne, 4.
Houdou (Jehan), 264.
Houssemaingne (Lezinne de), dame de la Tousche, 305.
Huaudus Theiher, 152.
Hubertus de Andolleio, 60.
Hubertus de Logé, V. Herbertus.
Hubertus de Montigneio, 98.

Hubertus de Sancto-Berti-
vino, 17, 19, 92, 121.
Hugerius Bernardi, 167.
Hugerius de Grangia, 137.
Hugo Allemer, 7.
Hugo Aucquelin, 7.
Hugo de Baseille, 162.
Hugo de Basileis, 64.
Hugo Bretel, 93.
Hugo Brichet, V. Brachet.
Hugo de Chaalun, 98.
Hugo Coldabus, 155.
Hugo Curtus, 7.
Hugo de Erkeneio, 56, 126.
Hugo de Gaudeschia, 16.
Hugo de Gerene, 4.
Hugo, abbas Majoris Monas-
terii, 128.
Hugo Molendinarius, Senes-
callus, 5.
Hugo de Montetorterii, 259.
Hugo de Orta, 162.
Hugo de Orte, 167.
Hugo Pavo, 114.
Hugo de Sancto-Georgio, 211.
Hugo Tuebof, 3.
Hugo, Transmeduanus archi-
diaconus, 149.

I

Ierosolima, 117.
Ierosolimitanæ partes, 116.
Ineio (Johannes de), 150.

Innocentius III, papa, 69, 70.
Isabel, Isabellis, Isabella,
relicta Gaufridi iv de Me-
duana, 12, 14, 19, 30, 41,
47, 58, 59, 61, 74, 88, 110.
Isabella, Isabellis, domina
et heres Meduanæ, uxor
Droconis de Melloto, pos-
teà uxor Ludovici Sacri-
Cesaris, 132, 135, 137, 145,
148, 165, 173, 177, 182, 193,
205, 207, 208, 210, 237.
Isabellis, uxor David de
Castrobrientii, 192.
Isle (Jehenne, dame de l'),
268.
Isle (Jehan de l'), 294.
Isle (Jehanne de l'), 268.
Isle (manoir et chapelle de
l'), 299.
Isle (Paul de l'), sieur de
l'Isle, 304.
Isle (René de l'), 294, 299.

J

Jacobus (frater), Prenestrinus
episcopus, 154.
Jacobus, Judeus, 77.
Jacobus de Mota, 142, 170.
Jacquet de Mascon, 279.
Jagu (Guillaume), 290.
Jamet d'Aujart, 235.
Jarnigan de Malni, 58, 59, 61.

Jarnota (Petrus de), 83.
Jean, seigneur du Bailleul, 292.
Jean, abé de Font.-Dan., 291.
Jeane, Jehane, de Grazay, 275, 280.
Jehan d'Ancenis, 280.
Jehan Bahoul, 280.
Jehan de Beaudenis, 293.
Jehan des Boisdecours, sieur de Lestang, 305.
Jehan du Boisfrost, 278.
Jehan Bouju, sieur des Passons, 274.
Jehan de Boylesve, 300.
Jehan de Cleraunay, sieur de la Roche de Janzé, 297, 298.
Jehan Coutteblanche, 275.
Jehan Coyoner, prieur de Font.-Dan., 303.
Jehan Fortestu, 278.
Jehan du Fresne, 273.
Jehan de Goué, 292.
Jehan du Goustel, seigneur de Cour-Janvier, 291.
Jehan de Grazay, 280.
Jehan sieur de Hercé, 293, 295.
Jehan Houdou, 264.
Jehan de Lisle, 291.
Jehan de Malestroit, 281.
Jehan de la Masvriere, 275.
Jehan de la Meuvriere, 280.
Jehan de Monouerré, 275, 280.
Jehan d'Ouleioulı, 266.
Jehan Quinart, 256.

Jehan de Surmeraine, 280.
Jehan de Susmerayne, 275.
Jehan de la Vallée, 275.
Jehan Le Vexel, 290.
Jehan de Vendel, seigneur de Loyère, 282.
Jehanne du Goustel, 291.
Jehenne, dame de l'Isle, 268.
Jehenne de la Mote, 282.
Jerusalem (Marie de Blois, reine de), 268.
Jevroneis (R. de Sancto-Juliano, decanus de), 64.
Johanna de Candé, 112.
Johanna, uxor Raginaldi de Chauveri, 223.
Johanna, uxor Johannis de Erquene, 210.
Johanna Flameng, 87, 160.
Johanna de Nemore Theobaldi, 103.
Johanna, uxor Raginaldi Pavonis, 152.
Johanna, uxor Johannis Plant-Campi, 160.
Johannes, Albanensis episcopus, 69.
Johannes de Andegavia, 5.
Johannes, évêque d'Angers, abbé commandataire de Font.-Dan., 283.
Johannes, abbas de Barbereyo, 277.
Johannes Bellah, cardinalis, abbas de Font.-Dan., 283, 301.
Johannes de Bellavalle, ab-

bas commend. de Font.-Dan., 284, 285, 286.
JOHANNES DE CHAMPOU, 18.
JOHANNES CHAPERON, 250.
JOHANNES CHAUVIN, 134.
JOHANNES COURTIN, abbas Font.-Dan., 283.
JOHANNES DE CROSO, 66.
JOHANNES DESCORCÉ, D'ESCORCÉ, 104, 251.
JOHANNES DE EBRONIO, magister, 59.
JOHANNES DE ERQUENE, 209.
JOHANNES FABER, 6, 119.
JOHANNES, abbas Font.-Dan., 195, 238, 257.
JOHANNES (frater), abbas Font.-Dan., 172, 174, 235.
JOHANNES GOPIL, 169, 170.
JOHANNES GOULU, abbas Font.-Dan., 284.
JOHANNES GOUPIL, 169, 195.
JOHANNES GUOPIL, 224.
JOHANNES DE FULGERIIS, monachus, 238.
JOHANNES GRASDEVE, 231.
JOHANNES GRUEL, 58, 59.
JOHANNES DE INEIO, 150.
JOHANNES DE LANDA, 4, 5.
JOHANNES, dictus Mauhet, abbas Font.-Dan., 239.
JOHANNES MEDICUS, 2.
JOHANNES de MONFORTERII, 258, 259, 260.
JOHANNES DE MONTGENART, 17, 18, 19.
JOHANNES DE MONTEGENARDI, 120, 121.
JOHANNES DE ORTIS, 142.
JOHANNES dictus PALEFREY, 237.
JOHANNES decanus DE PASSEIS, 2.
JOHANNES PLANI-CAMPI, 160.
JOHANNES, presbyter de Martinelo, 5, 7.
JOHANNES RUELLEM, 77.
JOHANNES RUFER, 41.
JOHANNES RUFUS, 30.
JOHANNES, Sabinensis episcopus, 154.
JOHANNES, Sanctæ Mariæ in Cosmedin diaconus cardinalis, 70.
JOHANNES, Sanctæ Mariæ in viâ latâ diaconus cardinalis, 70.
JOHANNES, Sanctæ Praxedis presbyter cardinalis, 154.
JOHANNES DE TORTANDIERE, 146.
JOHANNES DE TROHEE, 189, 190.
JOHANNES, Turonensis episcopus, 76.
JOHANNES URSINUS, 301.
JOHANNES DE VALLETORTA, 164.
JOHANNES DE VANIO, 161.
JOHANNES DE VITREIO, 12.
JOHANNES DE YONEIO, 97.
JOLLAIN (Gaufredus), 141.
JOSCIA, soror Ascelinæ de Vilareio, 16.
JOSIANI (Mauricius de Halâ), 172.
JOSLENUS DE TURONIS, 57.

JOUACHIN DE MATHEFELON, sieur de l'Escluse, 292.
JOUFFRAUDRIERE (feodum de la), 259, 260.
JOUHENNE, épouse de Guillaume Boudier, 261.
JUHEL II DE MEDUANA, 11.
JUHEL III DE MEDUANA, 4, 10, 11, 12, 13, 14, 15, 16, 18, 20, 21, 22, 25, 26, 30, 36, 37, 38, 39, 40, 41, 47, 48, 49, 50, 52, 53, 54, 58, 59, 60, 61, 63, 66, 67, 69, 71, 72, 73, 74, 77, 80, 82, 83, 84, 85, 86, 87, 89, 90, 91, 95, 99, 101, 103, 104, 105, 109, 110, 114, 115, 120, 133, 138, 145, 148, 152, 197, 198, 209, 263.
JUHELLUS BODEIR, 201.
JUHES D'AUVAUGOUR, 268.
JUHEUS DE AVONIO, 260.
JULIANA, soror Raginaldi de Andegavia, 116.
JULIANA, uxor Herberti de Andollelo, 61, 62.
JULIANA, uxor Gaufridi Babel, 91.
JULIANA, uxor Johannis Descorce, 251.
JULIANA, uxor Radulfi de la Hautonnière, 227, 228.
JULIANA PAVO, 101.
JULIANA, mater Herberti de Vesins, 91.
JULIEN DE PENNART, sieur de Chantepie, 202.
JULIENNE, dame de Lesclusse, 251.

K

KARCOU (feodum de), 129. V. QUARCOU.
KARCOU (Gaufridus de), 129.
KAROLUS, filius regis Francorum, 210.
KAROLUS VI, francorum rex, 268.

L

LACAIO (firma de), 110.
LACCU (decima de), 77.
LAMBIN (Guillaume), sieur de la Haye-Peau-de-Loup, 295.
LAMBIN (Guyon), 295.
LAMBIN (Michel), 295.
LAMORANDA (Maria), 142).
LANDA (Gaufridus de), 5.
LANDA (Johannes de), 4, 5.
LANDEJEN (parrochia de), 110.
LANDIVIACO (Robertus de), 58, 77.
LANDIVICO (Gaufridus), 163.
LANDIVICO (Philippus), 163.
LANDIVICO (Philippus), junior, 163.
LANDRINI (Pons), 71.
LARBALEISTRIER (Adam), 56.
LARCHAMP (decima de Halà de), 77.
LASSAY, 294.
LAURENTIUS, abbas Clarel, 14, 16.

Laurentius, frater, 19, 52, 54, 56.
Laurentius, frater, dictus Rex, 239.
Lauwin (paroisse de Sainct), 290.
Laval (Court de), 278.
Lavalle (Guido VI de), 18, 19, 77.
Lavalle (Havoys, domina de), 30, 41.
Lavallense (Domus-Dei de), 238.
Lavallis, 65, 66.
Lavallis Guidonis, 238, 239.
Leaniere (feodum de la), 161.
Le Franc (Fulco), 159.
Legai (Alanus), 30. V. Legeai.
Legeai (Alanus), 30, 41.
Legras (Andreas), 238.
Leiardis, uxor Gervasii dicti Le Delivré, 236.
Le Nein (Raginaldus), 113.
Lerru (manerium de), 273.
Lesclusse (Julienne, dame de), 254.
Lestang (Jehan des Boisdecours, sieur de), 305.
Leveseil, Levesel (Galterius), 77, 119, 126, 163, 166, 168.
Levesel ou Leveseil (Radulfus), 161, 166.
Lezinne de Houssemaingne, 305.
Ligeris (passagium), 46.
Ligeris (toulcium), 108.

Lignou, 152.
Lignou (Raginaldus de), 7, 152.
Limoges (Charles de Bretaigne, viconte de), 266.
Lineriis (Willelmus de), 119.
Lisle (Jehan de), 294.
Lisle (Jehenne, dame de), 268.
Lisle (René de), 294, 299.
Lisle (Paul de), seigneur de l'Isle, de Saint-Loup, de la Marcillerie et Ollon, 301.
Lisle (terre, court, manoir et chapelle de), 299.
Livare (Robertus de Gorram, dominus de), 224.
Locharum (Drogo de Melloto, dominus), 135, 137, 145, 148, 165, 173, 177, 193, 205, 207. V. Droco de Melloto.
Logé (Fouqueyt de), 265.
Logé (Guillaume de), 256.
Loge (Lucia de), 230, 231.
Logeio (Herbertus et Hubertus de), senescalcus, 30, 41, 58, 59, 61, 63, 74, 77, 87, 96, 113, 241.
Loges (Pierre de Roesson, seigneur des), 258.
Loheria, 21, 26, 29, 38, 40, 48.
Loinnon (Robertus de), 171.
Longa Sylva, 91.
Lou (paroisse de Sainct), 258, 273.
Loudiere (metaerie de), 266.

Loup (Paul de l'Isle, sieur de Sainct), 304.
Loyere (Guillelmine de Sahur, dame de), 298.
Loyere (terre de), 282, 298.
Loyere (Jehan de Vendel, seigneur de), 282.
Loys de Montecler, sieur de Bourgon, 297.
Lozeium, 91, 103.
Luca, Radulphi filius, 83.
Luce, dame dou Boysberengier, 255.
Lucia, uxor Petri de Sancto Dionisio, 241, 242.
Ludovicus, comes Sacri Cesaris, 237, 238.
Lusoneio (decima de), 111.

M

M., decanus de Meduanâ, 133, 143, 146.
M., decanus de Sabolio, 142.
Mabo de Sancto Bertivino, 3.
Mabo, avunculus Huberti de Sancto Berthivino, 18, 19.
Mace Couailler (frère), procureur de Font.-Dan., 276.
Macé Couailler, abbé de Font.-Dan., 278.
Mace, abé de Font.-Dan., 293, 291.

Maene (Henri d'Avaugor, seignor de), 256.
Maenne (paroisse de N.-D. de), 269.
Maesne (Alain d'Avaugor, seigneur de), 241.
Maesne (forest de), 241.
Maheus de Tesneriis, 194.
Maheuz, soror Henrici Corbin, 176.
Maienne (rivière de), 269.
Maine (Charles, seigneur de), 266.
Maine (conté du), 264.
Maine (chasteaus et forteresses de), 267.
Majoris Monasterii (Hugo, abbas), 128.
Malenffant (Thomas), 78.
Malestroit (Jehan de), 281.
Malni (Jarnigan de), 58, 59, 61.
Malus-Infans (Thomas), 16, 30, 41.
Marcileio (pratum de), 29, 41.
Marcillé (paroisse de), 252, 279.
Marcillé-la-Ville (paroisse de), 292.
Marcillerie (Paul de l'Isle, sieur de la), 301.
Marcireio (ortus et feodum de), 5.
Marculfus de Martignelo, 6, 7.
Margarita de Andolleio, 61, 62.

Margarita, domina Sabolii, 36, 76.
Marguerite de Bouillié, 274.
Marguerite de Cyral, 291.
Marguerite de Hercé, 295.
Maria Lamoranda, 142.
Maria (feodum Willelmi de la), 88.
Maria de Eirre, 113.
Maria, uxor Guidonis de Sancto-Lupo, 124, 135.
Marie, femme de Davi de Cheteaubrient, 250.
Marquisia, uxor Johannis de Trohee, 190.
Martione (parrochia de), 260.
Martioneio (parrochia de), 90, 259.
Martioneio (Marculfus de), 6, 7.
Martioneio (Symo, persona de), 90.
Martineio (Johannes, presbyter de), 5, 7.
Martiniere (la), 249, 250.
Martinus Berruer, 276.
Mascharderia (medietaria de), 74, 77, 87.
Mascon (Jacques de), sieur de la Perrière, 279.
Massileia, 28, 39, 49.
Masvriere (Jehan de la), 275.
Mathea de Ceresei, 122.
Mathefelon (Gaufridus de), 140, 143.
Mathefelon (Jouachin de), sieur de Lesclusse, 292.

Mathefelon (Theobaldus de), 14, 20, 22, 25, 77, 107.
Matheia, uxor Raginaldi de Pinu, 139.
Matheus de Sancto-Bertivino, 130.
Matheus Boder, 146.
Matheus Bodeir, 204.
Matheus camerarius, 50, 263.
Matheus de Corcesiers, 100.
Matheus de Pratellis, 81.
Mathildis le Flamenc, 87.
Mathildis, uxor Johannis Guopil, 224.
Mauhet (Johannes, dictus), 239.
Mauni (Radulphus de), 30, 41.
Maurice, évêque du Mans, 114.
Mauricius, cœnomanensis ecclesiæ minister, 135.
Mauricius III de Credone, 13, 77.
Mauricius II de Credone, 40.
Mauricius de Exclusa, 103.
Mauricius de Haia-Joslani, 172, 192.
Mauritius, dominus Haiæ Jolani, 192.
Mauritius, cenomanensis episcopus, 130, 133, 137.
Mayenne (moines de), 55.
Medicus (Johannes), 2.
Meduana (castrum de), 248.
Meduana (cohuæ de villâ), 66.
Meduana (firma de), 165.

MEDUANA (G., decanus de), 248.
MEDUANA (Galterius de), 29, 41.
MEDUANA (M., decanus de), 143, 146.
MEDUANA (Michael, decanus de), 140.
MEDUANA (mercatus de), 156.
MEDUANA (molendina de), 21, 27, 38, 73.
MEDUANA (Philippus de), burgensis de Lavalle, 221.
MEDUANA (præpositura de), 105, 138, 205.
MEDUANA (prior de), 51.
MEDUANA (terra de), 77, 148, 253.
MEDUANÆ (aqua, riparia), 21, 27, 38, 49, 71.
MEDUANÆ (Alanus de Avalgor, dominus), 213, 217.
MEDUANÆ (Castellum), 237, 268.
MEDUANÆ (curia), 5.
MEDUANÆ (Droco, Drogo de Melloto, dominus), 135, 137, 145, 148, 165, 177, 193, 205, 207, 209.
MEDUANÆ (foresta), 135, 210.
MEDUANÆ (Gaufridus IV), 11.
MEDUANÆ (Gaufridus, decanus) 201, 209.
MEDUANÆ (Guillelmus), 9, 10, 40.
MEDUANÆ, (ISABEL, ISABELLIS, ISABELLA), relicta Gaufridi IV, 12, 14, 19, 30, 41, 47, 58, 59, 61, 74, 88, 110.
MEDUANÆ (Isabellis, Isabella, domina et heres), uxor Droconis de Melloto, posteà uxor Ludovici Sacri-Cœsaris. V. ISABELLIS.
MEDUANÆ (Juhellus II de), 11.
MEDUANÆ (Juhellus III), 4, 10, 11, 12, 13, 14, 15, 16, 18, 20, 21, 22, 25, 26, 30, 36, 37, 38, 39, 40, 41, 47, 48, 49, 50, 52, 53, 54, 58, 59, 60, 61, 63, 66, 67, 69, 71, 72, 73, 74, 77, 80, 82, 83, 84, 85, 86, 87, 89, 93, 94, 95, 99, 101, 103, 104, 105, 109, 110, 114, 115, 120, 133, 138, 145, 148, 152, 173, 197, 198, 209, 263.
MEDUANÆ (Parcus), 21, 26, 27, 48, 99.
MEDUANÆ (passagium de ponte), 77.
MEDUANÆ (piscariæ in aquâ), 27.
MEDUANÆ (pons), 71.
MEDUANÆ (R. decanus), 62.
MEDUANÆ (villa), 9, 11, 15, 16, 21, 27, 38, 39, 49, 66, 199.
MEDUANÆ (Willelmus), 29.
MEDUANENSIS, DE MEDUANA (Andreas), 10, 11.
MELLOTO (Droco de), 132, 137, 145, 148, 165, 173, 177, 193, 205, 207, 208, 209.
MELLOTO (Drogo de), 135.
MENARDI (Michael), 173.
MENARDUS DE GANIER, 130.
MESAMIART, 21.
MESBIER (Georgius de), 150.

Meuvriere (Amorry de la), 275, 281.
Meuvriere (Jehan de la), 280.
Michael Chauvin, 133, 134.
Michael, filius Raginaldi de Andegavià, 117.
Michael, decanus de Ernetà, 196, 227, 230, 241.
Michael, decanus de Meduanà, 140.
Michael Menardi, 173.
Michael Moter, 63.
Michael, decanus de Passclo, 160.
Michel (frère), abé de Font.-Dan., 276.
Michel Lambin, sieur de la Haye Peau de Loup, 295.
Michel de la Tousche, 290.
Michelle du Goustel, 291.
Milecent (feodum Garini), 125.
Mocart (Garinus), 5.
Moceleria, 95.
Molendinarius (Hugo), senescellus, 5.
Molleris (Robertus, comes de), 16.
Monchamp (Pierre de Percy, sieur de), 206.
Mongerol (Guillelmus de), 253.
Mongerol (G. de), 106.
Mongerol (Willelmus de), 83, 106.
Monguerre (Jehan de), 275, 280.

Monguion (fratres de), 38, 51, 72, 73.
Monmacever (medictaria de), 5.
Montauber, 250.
Monstereulx (frère de), sénéchal de Font.-Dan., 298.
Montauldain (terre de), 297.
Montauldain (Guillemine de Sahur, dame de), 297.
Montguyon (Bonshommes de), 27, 55.
Montecler (Loys de), sieur de Bourgon, 297.
Monte-Escouble (talliæ, molturæ et servicia de), 115.
Montefolor (parrochia capellæ de), 173.
Montegeruli, Montegor'li, (dominium), 259, 260.
Monteneio (Gaufredus de), 208.
Monteselk (feodum de), 88.
Montet (Antoine d'Aubusson, sieur du), 282.
Montetorterii (Hugo de), 259.
Montetorterii (Johannes de), 258, 259, 260.
Montgenart (Evescus de), 18, 19.
Montgenart (Johannes de), 17, 18, 19.
Montegenardi (Johannes de), 120, 121.
Montgirol (Guillelmus de), 98.
Montegoruli (feodum domini de), 260.

27

MONTENEIO (parrochia de), 208.
MONTIBUS (Gaufridus de), 112.
MONTIBUS (terra de), 12.
MONTIGNEIO (feodum de), 211.
MONTIGNEIO (Gelinus de), 98.
MONTIGNEIO (Hubertus de), 98.
MONTIGNEIO (parrochia de), 173.
MONTMARNIER (Remo de), 6.
MONTORTERIUM, 151.
MONTORTIER (feodum de), 101, 175.
MONTORTIER (parrochia de), 100, 101.
MORANDA (Maria la), 142.
MORICE DE LA HAIE, 251.
MORIN (Adam), 64, 162.
MORIN (feodum Adam), 112, 118, 162.
MORIN (manerium de), 273.
MORINI (feodum), 64.
MORINI (Hernaldus), 64.
MOSCHANS, 29, 40, 49, 59, 84, 85.
MOSCHARDERIA (medietaria de). V. MASCHARDERIA.
MOTA (Hamelinus de), 142, 170.
MOTA (herbergamentum de), 170.
MOTA (Jacobus de), 112, 170.
MOTA (molendinum de), 247.
MOTA (stagnum de), 21, 26, 29, 37, 41, 48.
MOTA (terra de), 112, 170.
MOTE-BOUDIER (la), 262.

MOTE DE LESBOYS (la), 290.
MOTE (Jehenne de la), épouse de Foucquet de la Barre, 282.
MOTE (moulin de la), 262.
MOTE (Raoul de la), 262.
MOTER (Michael), 63.

N

N... tituli Sanctæ Anastasiæ presbyter cardinalis, 69.
N... Sanctæ Suzannæ presbyter cardinalis, 69.
N..., decanus de Sabolio, 146.
NANTES, 267.
NEIN (Raginaldus le), 143.
NEMORE-THEOBALDI (Johanna de), 193.
NICHOLAUS DE BARBEFLOS, 238.
NICHOLAUS GRUEL, 115.
NICHOLAUS OLIVARIUS, 252.
NICHOLAUS DE SANCTO LUPO, 124, 135.
NICHOLAUS DE VILAREIO, 16.
NICHOLAUS, nepos Petri de Vilarelo, 16.
NICOLAUS, tusculanus episcopus, 69.
NOERS (medietaria de), 89.
NORMANIA, 29, 40, 59, 85.

O

ODELINA DE TORTANDIERE, 146.
ODO BIFOX, 12.
ODO DE BOR, 3.
ODO DE EIRRE, filius Guillelmi, 113.
ODO DE EIRRE, frater Guillelmi, 113.
ODO, frater Eremburgis, 113.
ODO DE SANCTO BERTIVINO, 18, 19, 130, 175.
ODO, avunculus Herberti de Sancto-Bertivino, 18.
OGELINUS SEBAUT, 155.
OLIVERIUS (Nicholaus), 252.
OLIVERIUS DE PLUMAGAT, 247.
OLLON (Paul de Lisle, sieur d'), 301.
OLLON (René de Lisle, sieur d'), 299.
OMNIUM SANCTORUM ANDEGAVENSIUM (frater Raginaldus, abbas), 177.
ORBUS (Hamelinus), 4, 5, 6.
ORENGE (Guillaume d'), seignor de la Follée, 2.
ORIONE (Gaufridus de), 122.
ORRICUS BERAUT, 160.
ORTA (Hugo de), 162.
ORTA (Rachardus de), 162.
ORTE (Fulco de), 167.
ORTE (Hugo de), 167.
ORTIS (Johannes de), 142.
OSSANA, mater Radulphi Levesel, 161.
OSSANA, uxor Galteri Levesell, 166.
OTTO, Sancti Nicholai in carcere Juliano diaconus cardinalis, 151.
OULEIOULI (Jehan d'), 266.
OULEIOULI (Robert, seigneur d'), 266.
OYSSEL (Guillelmus de), 198.

P

P., abbas Sanctæ Mariæ Regalis, 176.
PAGANUS DE ROISSON, 62, 67, 143.
PAGANUS DE VEGIA, 122, 126.
PAGANUS DE YONEIO, 97.
PAIEN DE COYMES, 251.
PALEFREY (Johannes dictus), 257.
PALLU (René du Bellay, seigneur de la), abbé commendataire de Font.-Dan., 302.
PARC DE MAYENNE (Défrichements et panage du), 55.
PARC (grange du), 55.
PARCUS DE MEDUANA, 21, 26, 37, 48, 51, 99.
PARIS (Guillelmus), faber, 148.
PARISIUS, 261.
PARRINEIO, (parrochia de), 131.
PARRIGNÉ (paroisse de), 269.

Passeio (Michael, decanus de), 160.
Passeio (Stephanus, decanus de), 160.
Passons (Jehan Bouju, sieur de), 274.
Paul de Lisle, 304.
Paumerie (feodum de la), 171.
Pavo (Guillelmus), 131, 152, 191.
Pavo (Hamelinus), 114, 115.
Pavo (Hamelot), 191.
Pavo (Hugo), avunculus, 114.
Pavo (Juliana), 191.
Pavo (Raginaldus), 131, 139, 152, 159, 191.
Pavo (Raginaldus), filius Raginaldi, 191.
Pavo (Raginardus), 128.
Pelagius, Sanctæ Luciæ ad Septem Solia diaconus cardinalis, 70.
Peldeloup (Willelmus), 63.
Penlivart (vallis de), 142.
Pennardo (decima de), 77.
Pennart (Julien de), sieur de Chanteple, 292.
Percy (Pierre de), sieur de Monchamp, 296.
Peregrina (feodum de), 150.
Perot (Cristofle), sieur de Pescoux et de Vernye, 301.
Perriere (Jacquet Mascon, sieur de la), 279.
Perrina, 191.
Perrine Le Roux, 283.

Pescoux (Cristofle Perot, sieur de), 301.
Petesveneria (feodum de), 88.
Petronilla Bodeir, 204.
Petrus de Altanosia, 7, 19.
Petrus de Altaracha, 18.
Petrus de Baseilleis, 161.
Petrus de Credone, 30, 47, 108.
Petrus de Creon, 41.
Petrus de Ficheiz, 204.
Petrus de la Garnesche, 46, 47.
Petrus, decanus de Herneia, 161.
Petrus de Jarnota, 83.
Petrus Redonensis episcopus, 119.
Petrus, decanus Saboliï, 15.
Petrus de Sancto Dionisio, 230, 231, 241.
Petrus de Tilieto, 116.
Petrus de Vendousme, 272.
Petrus de Vilareio, 16.
Philippa, uxor Guillelmi de Soldaio, 57, 127.
Philippus II Augustus, Francorum rex, 48, 263.
Philippus de Cande, 81.
Philippus de Candeio, 111, 112.
Philippus de Castellobrien, 112.
Philippus de Donna-Petra, 129.
Philippus de la Gaudesche, 164.

Philippus de Landevico, 163.
Philippus de Landivico, junior, 163.
Philippus de Meduana, burgensis de Lavalle, 221.
Philippus vi de Valois, roi de France, 263.
Pictor (Ganfridus), 220.
Pierre des Arglentiers, 291.
Pierre (Gilles du Bailleul, sieur de la), 292.
Pierre Bouju, 276.
Pierre du Bueil, 274.
Pierre Cordier, abbé commend. de Font.-Dan., 268, 269.
Pierre, abé de Font.-Dan., 268, 273.
Pierre du Fresne, 291.
Pierre de la Haie, sieur de Cour-Janvier, 291, 301.
Pierre de la Haie, sieur de la Roche, 301.
Pierre de Percy, sieur de Monchamp, 296.
Pierres Le Poayrt, 261.
Pierre Le Porc, 280.
Pierre de Roesson, 258.
Pierre de Saint-Denis, 255.
Pinu (Raginaldus de), 139, 153.
Place (cheminus de), 201.
Planeio (Ranulfus de), 217.
Plani-Campi (Johannes), 166.
Platon (Haoys), 113.
Platon (Radulfus), 113.
Plesseaco (Augerus de), 151.
Plumagat (Oliverius de), 217.
Poayrt (Pierres le), 261.

Poillé (affrichements et panage de), 55.
Poilleio (faillia, foostcia de), 27, 38, 140.
Poilleio (Plessium de), 140.
Poilleio (nemus de), 21, 26, 37, 48, 54, 99, 163.
Poilleio (homines de), 253.
Pontmain, 59.
Pont-Main (chasteau et forteresse de), 267.
Pons-David, 143.
Pons Landrini, 71.
Ponte (Galterus de), 196.
Poon (Hamelinus), dominus de Contest, 248.
Porc (Amelina le), 164.
Porc (Pierre le), 280.
Porc (Radulphus le), 164.
Porc (Thephana le), 164.
Porn (feodum Hamelini), 66.
Porn (Hamelinus), 66.
Portus Reingardis, 175.
Pratellis (Matheus de), 81.
Provincie (Karolus, comes et marchio), 240.
Puisart (Stephanus de), 106.

Q

Quarcou (feodum militum de), 147. V. Karcou.
Quercus de Garda, 141.
Querccturmel (feodum de), 211.
Quierqueville (campania de), 176.
Quinart (Jehan), 256.

R

R..., abbas de Font.-Dan., 62, 102, 109.
R..., de Sancto Juliano, decanus de Jevroneis, 61.
R..., decanus Meduanæ, 62.
R..., DE TAONERIA monachus, 58, 59.
R..., (frater), abbas Veteris-Villæ, 226.
RABAREU (Bernar), sieur de la Tousche, 305.
RACHARDUS DE ORTA, 162.
RADULFI (Luca), 83.
RADULFUS DE BAILLAT, 83.
RADULFUS DE BASEILLE, 162.
RADULFUS DE BASILEIS, 61.
RADULFUS DE BELLAQUERCU, 133.
RADULFUS DE BELLOVISU, 153.
RADULFUS DE BELVAIER, 110.
RADULFUS BRACHET, 227.
RADULFUS BRUSLON, 115.
RADULFUS, abbas Campaniæ, 30.
RADULFUS DE CHAMBREL, 19.
RADULFUS, Ebronensis præfectus, 7.
RADULFUS DE GORRAM, 224.
RADULFUS GOULEGATE, 227.
RADULFUS DE GUORRAN, 87.
RADULFUS DE LA HAUTONNIÈRE, 227, 228, 231.
RADULFUS LEVESEL, 161, 166.
RADULFUS PLATON, 113.
RADULPHI BRICHET (feodum), 242.
RADULPHUS CONDOYM, 161.
RADULPHUS DE COUDRE, 82.
RADULPHUS DE COUDRE, junior, 82.
RADULPHUS DE EIRRE, 113.
RADULPHUS LE FLAMENC, 77, 87, 126.
RADULPHUS LE FLAMENC, junior, 87.
RADULPHUS (frater), abbas Font.-Dan., 248.
RADULPHUS DE HASLEYO, 102.
RADULPHUS, presbyter de Herccio, 63.
RADULPHUS DE MAUNI, 30, 41.
RADULPHUS LE PORC, 161.
RADULPHUS DE RUNGERIA, 102.
RAGINALDUS DE ANDEGAVIA, 81, 85, 116, 117.
RAGINALDUS DE CHAUVERI, 223, 224.
RAGINALDUS, Cœnomanensis episcopus, 4.
RAGINALDUS DE CORMEIS, 65, 66.
RAGINALDUS CURTUS, 7.
RAGINALDUS FALCONARIUS, 21, 22, 26, 37, 48.
RAGINALDUS LE HERITIE DE BOTAVANT, 251.
RAGINALDUS DE LIGNOU, 7, 152.
RAGINALDUS LE NEIN, 143.
RAGINALDUS (frater), abbas Omnium Sanctorum Andegavensium, 177.

Raginaldus Pavo, 131, 139, 152, 159, 101. V. Raginardus.
Raginaldus de Pinu, 139, 153.
Raginaldus de Villa Avis, 236.
Raginardus Pavo, 128. V. Raginaldus.
Raginaudus Grude, 2.
Rainaldus de Cromereio, 10, 11.
Rainaldus de Viers, 3.
Rainerius, Sanctæ Mariæ in Cosmedin diaconus cardinalis, 154.
Ranulfus le Flameng, 87, 94, 125, 160.
Ranulfus de Planeio, 217.
Raoul des Escotais, 291.
Raoul de la Mote, 262.
Rebidoysiere (feodum de la), 260. V. Robidoysiere.
Regalis (abbatia), 175, 176.
Reginaldus de Andegavia, 116. V. Raginaldus.
Regisvilla, 21, 22, 28, 39, 49, 197.
Remo de Montmarnier, 6.
Renardus de Chantelou, 18.
René du Bellay, seigneur de la Pallu, abbé de Font.-Dan., 302.
René de Lisle, 291, 299.
Renoldis de Coudre, 82.
Revilla, 122, 123.
Revilla (manerium de), 59, 263.

Rex (frater Laurentius, dictus), 239.
Ricardus Gelin, 83.
Ricardus de Foneneto, 191.
Richarda, uxor Radulphi de Coudre, 82.
Richardus Goulegate, 227.
Richendis, mater Eremburgis, 12.
Roaut (feodum), 77.
Robert d'Ouleiouli, 266.
Robertus de Altanoisa, decanus Sabolii, 111.
Robertus de Altisripis, 238.
Robertus d'Aron, 4, 5.
Robertus d'Aroon, conversus Clarimontis, 7.
Robertus de Bere, 62.
Robertus de Bree, 18, 19.
Robertus Chaperon, 65.
Robertus de Entrame, 3.
Robertus de Fulgeriis, 125.
Robertus de Gorran, 135, 136, 137, 150, 151, 166, 167, 221.
Robertus Guichart, 18.
Robertus de Landiviaco, 58, 77.
Robertus de Loirron, 174.
Robertus, comes de Molleris, 16.
Robertus de Rungeria, 111.
Robertus, abbas Troarnensis, 93.
Robidoysiere, 259. V. Rebidoysiere.
Robin d'Autesrives, 261.
Robinus de Andegavia, 13, 21, 67.

Robinus, filius Benedicte, 147.
Robinus de Ceresei, 123.
Robinus de Roillon, 225.
Rocha (terra de), 27, 38, 48.
Roche de Jauzé (Jehan de Clernulnay, seigneur de la), 297, 298.
Roche (Pierre de la Haye, sieur de la), 291, 301.
Rochere (Jehan Levexel, sieur de la), 290.
Rocherium, 221.
Roesson (Pierre de), seigneur des Loges, 258.
Roez (Fulco de), Transmeduanus archidiaconus, 150.
Rogerii (domus), 220.
Roillon (Robinus de), 225.
Roines (Gondoinus de), 194.
Roisson (Paganus de), 62, 67, 113.
Roisson (Thomas de), 143, 251.
Romanus, Portuensis Sanctæ Rufinæ episcopus, 151.
Romaigné (Guillaume de), sieur de Cour-Janvier, 283.
Romilleio (passagium de), 30, 41, 49.
Rongeria (Galterus de), 163.
Roorta (Agnez de), abatissa Beatæ Mariæ Andegavensis, 171.
Rorgo Guacelin, 56.
Rosee (Gaufridus), 101.
Rouperrous (Sylvester de), 100, 101, 104. V. Ruperrous.

Rousseau (Franchoys), 302.
Roussel (Hamelinus), 62.
Roussel (Willelmus), 30.
Roux (Bertran le), 282.
Roux (Perrine le), épouse de Jehan de Vendel, 282.
Ruelle (Guillaume de la), 296.
Ruellem (Johannes), 77.
Ruffer (Johannes), 41.
Rufus (Johannes), 30.
Rungeria (Radulphus de), 102.
Rungeria (Robertus de), 111.
Rupes-Fruborch, 72. V. Ruppes-Freiborc.
Ruperrous (Sylvester de), 175. V. Rouperrous.
Rupibus (Guillelmus de), 76.
Ruppes-Freiborc, 253. V. Rupes-Fruborch.

S

Sabolii (Margarita, domina), 36, 76.
Sabolii (Petrus, decanus), 15.
Sabolii (Robertus de Altanoisa, decanus), 111.
Sabolio (Petrus de Altanosia, decanus de), 7, 19, 91.
Sabolio (M... de Bazogia, decanus de), 128.
Sabolio (M..., decanus de), 142.

— 425 —

Sabolio (N..., decanus de), 146.
Sacri-Cesaris (Ludovicus, comes), 237, 238.
Sahur (Guillelmine de), dame de Montauldain, de Torbéchet et de Loyère, 297.
Sainct George de Boutavant (paroisse de), 291.
Sainct Lauwin (paroisse de), 290.
Sainct Lou (paroisse de), 258, 273.
Sainct-Loup (Paul de l'Isle, sieur de), 304.
Saint-Baudelle (paroisse de), 269, 270, 271.
Saint-Denis (Pierre de), 255.
Saint-Georges (paroisse de), 55.
Saint-Martin de Maenne (paroisse de), 269.
Saint-Pierre de la Court (paroisse de), 293.
Salair (défrichements et panages de), 255.
Salerto (nemus de), 99.
Saleth (nemus), 163.
Saleto (abbatia de), 36.
Saletum ou Salertum (nemus), 21, 26, 30, 37, 41, 48, 54, 69, 99, 204.
Salix Reginaldi, 5, 6, 28, 39, 49.
Salmurum, 211.
Salomo, judeus, 15, 21, 27, 38, 49.
Salomonis (herbergamentum), 15, 21, 27, 39, 49.
Sancta-Gauborge (Theobaudus de), 112.
Sancti-Georgii (burgus), 21, 26, 37, 48, 199, 251.
Sancti-Germani li Guilaume (parochia), 97.
Sancti-Johannis Andegavensis (Domus Dei et Elemosinaria), 269.
Sancti-Melanii (parochia), 221, 236, 238.
Sancto-Andrea (abbas de), 215.
Sancto-Bertevino (feodum domini de), 175.
Sancto-Bertivino (Garinus de), 3, 19.
Sancto-Bertivino (Garinus de), juvenis, 4.
Sancto-Bertivino (Gerbertus de), 3.
Sancto-Bertivino (Hubertus de), 17, 19, 92, 121.
Sancto-Bertivino (Mabo de), 3, 18, 19.
Sancto-Bertevino (Matheus de), 130.
Sancto-Bertivino (Odo de), 3, 18, 19, 130, 175.
Sancto-Carileffo (Gaufridus de), 222.
Sancto-Dionisio (Petrus de), 230, 231, 242, 255.
Sancto-Georgio (Guillelmus de), 211.

Sancto-Georgio (Hugo de), 211.
Sancto-Germano de Prato (Hermengardis de), 210.
Sancto-Juliano (R. de), 61.
Sancto-Lupo (Aolicia de), 211.
Sancto-Lupo (Egidius de), 167, 211.
Sancto-Lupo (Gervasia, uxor Nicholai de), 136.
Sancto-Lupo (Gervasius de), 124.
Sancto-Lupo (Guido de), 102, 114, 124, 135, 211.
Sancto-Lupo (Maria, uxor Guidonis de), 135.
Sancto-Lupo (Nicholaus de), 124, 135.
Sanctus Albinus de Fontineio Paganelli, 56.
Saudeeie (medietaria de la), 175.
Saudreia (medietaria de), 91, 92.
Savaricus de Altanoisa, 101.
Savigneum, Savigniacium, 53, 200, 214, 215.
Savigniacenses, 198, 199, 213, 214.
Savigniacii, Savigneii, Savigné (abbas et conventus), 56, 155, 157, 197, 199, 212, 215, 218, 219, 269.
Sebaut (Ogelinus), 155.
Segre (terra de), 273.
Segre (Petrus de Vendousme, dominus de), 272.
Segrevilla, 49.

Seurgon (Raoul des Escotais, sieur de), 201.
Sicille (Regina), [Marie de Blois], 268.
Silvestri (medietaria), 12.
Simo (frater), monachus Clarimontis, 237.
Sinibaldus, tituli Sancti Laurentii in Lucina presbyter cardinalis, 151.
Sixtus, papa, 283.
Soldaio (Guillelmus, Willelmus de), 57, 76, 127.
Soldaio (Stephanus de), 127.
Stephanus de Arenis, 167.
Stephanus Bruslon, 115, 152, 159.
Stephanus (frater), abbas Clarevallensis, 196, 212.
Stephanus Geré, 128.
Stephanus Goulegate, 227.
Stephanus, decanus de Passeio, 160.
Stephanus de Puisart, 106.
Stephanus de Soldaio, 127.
Stephanus de la Troser, 3.
Sylvester de Rouperrous, 100, 101, 104, 175.
Symo, persona de Martigneio, 90.
Symon (frater), prior et administrator Domûs-Dei et Elemosinariæ Sancti Johannis Andegavensis, 269.
Symon Chamaillart, 250.
Surmeraine (Jehan de), 280.
Susmerayne (Jehan de), 275.
Sussana, 235.

T

TALLEFERRARIA, 58, 77.
TANNERIA (Robertus de Gorran, dominus de), 166, 224.
TANNERIE (Robertus de Gorran, dominus), 151.
TANNERIA (stagnum de), 163.
TAONERIA (R... de), monachus, 58, 59.
TEMPLO (Hamelinus de Cormeriis, miles de), 7.
TEMPLO (Gaufridus Valerius, miles de), 7.
TERRA-SANCTA, 207.
TESNERIIS (Maheus de), 194.
THAONNEIRE (mensura de), 137.
THEHIER (Huaudus), 152.
THEOBALDUS DE MATHEFELON, 14, 20, 22, 25, 77, 107.
THEOBAUDUS DE SANCTA-GAUBORGE, 112.
THEOPHANIA, uxor Mahei de Tesneriis, 194.
THEPHANA LE PORC, 164.
THOMAS BOBE, 3.
THOMAS DE LA COURT DE CLORT, 258.
THOMAS, dictus Gruel, 252.
THOMAS DE HAN, 144.
THOMAS MALEFFANT, 78.
THOMAS MALUS-INFANS, 16, 30, 41.
THOMAS DE ROISSON, 143, 251.
THOMAS, tituli Sanctæ Sabinæ presbyter Cardinalis, 154.
THOMASIA, domina de Chastellon, 236.
THOMASIA, uxor Andreæ, domini de Vitrelo, 236.
TILIETO (Petrus de), senescallus Cadumi, 116.
TOCHES (Les), 236.
TORBECHET (Guillemine de Sahur, dame de), 298.
TORCEILLE (feodum de la), 193.
TORNEÆ (stagnum et molendinum), 163.
TORTENDIERE (feodum de la), 147.
TORTENDIERE (Johannes de la), 146.
TORTENDIERE (Odelina de la), 146.
TORTOCAMPO (Galo de), 195.
TOSCLE, 221.
TOUSCHE (Bernar de la), 299.
TOUSCHE (Bernar Rabareu, sieur de la), 305.
TOUSCHE (Charlotte de la) 305.
TOUSCHE (fieu et domaine de la), 290.
TOUSCHE (Guillaume de la), lieutenant et garde des ville et chastel de Craon, 296.
TOUSCHE (Lezinne de Houssemaingne, dame de la), 305.
TOUSCHE (Michel de la), 290.
TOUSCHE (terre et seigneurie de la), 206, 299, 305.
TOUCHIS (vinea in), 174.

TRABANT (Gilo), 106.
TRIGUELERE (feodum de la), 242.
TROARNENSIS (Robertus, abbas), 93.
TROEE (Gervasius de), 231.
TROEE (Hamelinus), 234.
TROHEE (Johannes de), 189, 190.
TROSER (Stephanus de la), 3.
TUEBOF (Hugo), 3.
TUIRE (Guillelmus de), 151, 152.
TUSCA (medietaria de), 9, 11.
TUSCHIS (census de), 111.

U

URSINUS (Johannes), Trecorensis episcopus, 301.

V

VAHAIA (molendina de), 28, 39, 49.
VAIRIE (Guillaume, seigneur de la), 292.
VALERIUS (Gaufridus), miles de Templo, 7.
VALLE (Guillelmus de), 173.
VALLE-JUHAS (feodum de), 190, 234.
VALLE-JUHAS (manerium de), 235.
VALLETORTA (Johannes de), 164.
VALLEE (Jehan de la), 275.
VALLEIS (medietaria de), 146.
VALLONGNE (vicomté de), 278.
VANIO (Johannes de), 161.
VARENLE (molendina in aquâ), 140.
VAULX (Geffroy, seigneur des), 278.
VAUTORTE (Fouque de), 258.
VENDEL (Jehan de), 282.
VENDOUSME (Petrus de), 272.
VEGIA (Paganus de), 122, 126.
VERNYE (Cristofle Perot, sieur de), 301.
VERSAY (Jean de Boylesve, seigneur de), 300.
VESINS (Herbertus de), 88, 89, 91, 92.
VETERI-VILLA (abbas de), 215.
VETERIS-VILLE (Frater R... abbas), 226.
VEXEL (Jehan Le), sieur de la Rochère, 290.
VIERS (Rainaldus de), 3.
VIEZ-SOL (terra dicta), 125.
VILAREIO (Ascelina de), 16.
VILAREIO (Joscia de), 16.
VILAREIO (Nicholaus de), 16.
VILAREIO (Petrus de), 16.
VILAREIO (Willelmus de), 16.
VILERS, 106.
VILLA AVIS (Raginaldus de), 236.

VILLA MEDUANA (molendina de), 21.
VILLANA (Willelmus de), cellarius, 2.
VILLICUS (Guillelmus), 239.
VITERBIUM, 124, 151.
VITREO (Andreas de), 68.
VITREIO (Andreas de), 236.
VITREYO (Andreas de), 76.
VISCUNSUS (Guillelmus), Lavallensis decanus, 7.
VIVIANUS BROCHART, 222.

WILLELMUS DE ERQUENE, 30.
WILLELMUS DE EXCLUSA, 103, 130, 131.
WILLELMUS DE GANIER, 130.
WILLELMUS DE GANIER, junior, 131.
WILLELMUS DE GORRAN, 135.
WILLELMUS DE LINERIIS, 119.
WILLELMUS DE LA MARIA, 88.
WILLELMUS DE MEDUANA, 29.
WILLELMUS DE MONGEROL, 83, 106.
WILLELMUS DORNE, 129.
WILLELMUS PEL DE LOUP, 63.
WILLELMUS ROUSSEL, 30.
WILLELMUS, abbas Savigniensis, 56.
WILLELMUS DE SOLDAIO, 76, 127.
WILLELMUS DE VILAREIO, 16.
WILLELMUS DE VILLANA, 2.

W

WILLELMUS DE ALTARIPA, 118.
WILLELMUS Andegavensis episcopus, 25, 57, 81.
WILLELMUS ANSQUETILLI, 191.
WILLELMUS BODER, 146.
WILLELMUS DE BUGNON, 16, 18, 19.
WILLELMUS DE BOLLEIO, 56, 58, 59, 61.
WILLELMUS BRITO, 56.
WILLELMUS DE CASTELLIONE, 62.
WILLELMUS, Cenomanensis episcopus, 1.
WILLELMUS, clericus, 15, 56.
WILLELMUS DE COMMERIO, 96.
WILLELMUS DE CROSO, 66, 77.

Y

YGNEIO (Hamelinus de), 97.
YGNEIO (Hamelinus de), junior, 97.
YGNEIO (Johannes de), 97.
YGNEIO (Paganus de), 97.
YVO DE COLDREIO, 92, 95, 96, 121.
YVO DE COUDRE, 82.

ERRATA

PAGES	LIGNES	LISEZ :	AU LIEU DE :
7	16	Lavallensis decanus	Lavallensis decamus
31	13	au contraire, les moines	au contaire, les moines
70	31	évêque de Tusculum	évêque de Tusculun
72	21	Cepeleriâ	Capeleriâ
73	8	in terrâ de Abatant	in terrâ d'Abatant
86	26	nous avons fait sceller	nous avons fait seller
87	29	medietariæ	medietarlæ
90	22	Nous avons donné	Nous donné
92	13	de Saudreiâ	de Sandreiâ
93	22	Sachent tous...	Sachant tous...
98	2	Hubert de Montigné	Hubert de Martigné
101	18 & 19	et sous réserve	et sous réserves
105	14	annui redditus.	omni redditûs.
112	2 & 3	contulerunt	coutulerunt
113	20	et filia prædictæ	et filiæ prædictæ
113	22	Concessit Agnes	Concessit Agnès
116	2	Renault d'Anjou	Renault d'Angers
145	8	reddere monachis	reddere, monachis
145	11 & 12	ecclesiæ	Ecclesiæ
145	23	de bonne mémoire, naguère	de bonne mémoire naguère
146	17	des Vallées	dss Vallées
157	26	sexto, mense julio.	sexto mense julio.
174	8	Gaufrido Chavin	Gaufridro Chavin
176	24	abbas Sanctæ Mariæ Regalis	abbas de Sanctæ Mariæ de Regalis
177	3	Omnium Sanctorum	omnium Sanctorum
202	6	ces terres libres.	ces terres.
206	31	Autisiodorensis	Antisiodorensis
209	32	1249.	1248.
237	10	épouse de noble homme	épouse du noble homme
238	8	à mon abbaye	a mon abbaye
253	32	de Coudreis	de Condreis
255	27	Sorsin a donné	Sorsin a dondé
297	5 & 6	Roche de Jauzé	Roche de Janzé
319	17	VIIII b. frumenti	IIII b. frumenti
419	6	Meduanæ (Jubellus II)	Meduanæ (Jubellus II de)

www.ingramcontent.com/pod-product-compliance
Lightning Source LLC
Chambersburg PA
CBHW051825230426
43671CB00008B/840